dtv

Deutschland wird sich von Grund auf verändern. Weil seit Jahrzehnten weniger Kinder geboren werden, als Menschen sterben. Weil wir immer älter werden. Und weil nur Zuwanderer die demografischen Lücken füllen können. Regional wird diese Entwicklung zu enormen Verwerfungen führen. Schon jetzt leiden die neuen Bundesländer, aber auch die klassischen Industriereviere Ruhrgebiet und Saarland unter massiver Überalterung und Bevölkerungsschwund. Bis 2020 wird über die Hälfte aller deutschen Kreise vom Schrumpfen betroffen sein.
Wie gut sind die Regionen auf den vorhersagbaren Wandel vorbereitet? Wo wird die Wirtschaft blühen – wo wird sie untergehen? Wo und wie werden wir wohnen, arbeiten und unseren Lebensabend verbringen? Auf der Basis aktueller Zahlen dokumentiert und bewertet das Berlin-Institut bundesweit die demografische Zukunftsfähigkeit aller deutschen Kreise.

»Noch nie hatte eine demografische Studie in Deutschland ein solches Echo«, schrieb die *Frankfurter Allgemeine Zeitung* über die erste Ausgabe.

Das Berlin-Institut für Bevölkerung und Entwicklung ist eine gemeinnützige Stiftung mit Sitz in Berlin (www.berlin-institut.org).

DIE DEMOGRAFISCHE LAGE DER NATION

Wie zukunftsfähig sind Deutschlands Regionen?

Von Steffen Kröhnert, Franziska Medicus und Reiner Klingholz
Berlin-Institut für Bevölkerung und Entwicklung

Deutscher Taschenbuch Verlag

Das Berlin-Institut dankt folgenden Organisationen für die Unterstützung dieses Forschungsprojektes:
Robert Bosch Stiftung, Stuttgart
Deutsche Krankenversicherung AG (DKV), Köln
Software AG – Stiftung, Darmstadt

Originalausgabe
April 2006

www.dtv.de

Herausgegeben vom Berlin-Institut für Bevölkerung und Entwicklung
Schillerstraße 59
10627 Berlin
e-mail: info@berlin-institut.org
www.berlin-institut.org

Autoren: Steffen Kröhnert, Franziska Medicus, Reiner Klingholz
Datenbank: Nienke van Olst
Dokumentation: Ronald Smutny
Umschlagkonzept: Balk & Brumshagen
Umschlagbild: Traktor, Köln
Gestaltung und Satz: Jörg Scholz (Traktor, Köln)
Gesetzt aus der FF Unit
Druck und Bindung: APPL, Wemding
Gedruckt auf säurefreiem, chlorfrei gebleichtem Papier
Printed in Germany
ISBN-13: 978-3-423-34296-4
ISBN-10: 3-423-34296-X

INHALT

Die Veränderung der Altersstruktur in Deutschland als Daumenkino: Die durch das Buch fortlaufende Bevölkerungs-„Pyramide“ verformt sich von einem ausgefransten Tannenbaum im Jahr 1960 zu einem Pilz im Jahr 2050.

HANDELN STATT JAMMERN

Auch drei Jahrzehnte nachdem die Kinderzahl in Deutschland unter jenen Wert gefallen ist, der für eine langfristig stabile Bevölkerungsentwicklung notwendig wäre, stellt sich immer wieder die Frage: Wo liegt denn das Problem, wenn wir ein paar weniger werden? Wer hätte etwas gegen weniger Stau auf den Straßen einzuwenden? Gegen weniger Lärm, weniger Zersiedelung und weniger Umweltbelastung? Haben wir nicht auch zu früheren Zeiten mit weniger Mitbürgern ganz passabel gelebt?

Natürlich gibt es keinen grundgesetzlichen Anspruch auf 83 Millionen Mitbürger zu verteidigen. Das Problem steckt auch gar nicht in der absoluten Zahl der in Deutschland Lebenden. Es verbirgt sich vielmehr in der zweiten Ebene der Statistik – in der Dynamik der Entwicklung und in den regionalen Auswirkungen des Wandels.

Tatsächlich hat die Bevölkerung Deutschlands erst seit dem Jahr 2003 angefangen zu schrumpfen. Im ersten Jahr lag der Verlust bei 5.000 Einwohnern, im nächsten waren es 31.000. Diese Zahlen werden über die Jahre weiter steigen, weil immer stärker besetzte Kohorten ins hohe Alter kommen und sich gleichzeitig der Nachwuchsmangel verschärft: Denn längst dünnen sich die Elternjahrgänge aus und diese Menschen bekommen ihrerseits eher noch wenige Kinder als früher. Somit beschleunigt sich der Bevölkerungsrückgang aus sich selbst heraus.

Den meisten Industrienationen geht das mehr oder weniger so, denn alle haben in den 1970er Jahren mit dem so genannten Pillenknick einen Geburtenrückgang erlebt. Dies ist jedoch nur ein schwacher Trost, denn im internationalen Vergleich liegt Deutschland mit einer Kinderzahl je Frau von unter 1,4 ziemlich weit am Ende der Skala. Deutschland war nicht nur weltweit unter den ersten Nationen, in denen die Nachwuchszahlen unter die „Erhaltungsquote" gesunken sind, sondern es ist auch das Land, in dem die meisten Menschen zeitlebens ohne Kinder bleiben. Vor allem aber weist es relativ zur Einwohnerzahl die niedrigste Geburtenrate der Welt auf.

Diese Kennziffer ist besonders wichtig, denn sie beschreibt das Verhältnis der nachwachsenden Generation zu den schon heute Lebenden, die ihrerseits immer älter werden. Deutschland hat heute nur noch etwa halb so viele Kinder wie vor 40 Jahren, obwohl die Einwohnerzahl seither um 6,5 Millionen gestiegen ist. Gleichzeitig wird sich die Zahl der über 60-Jährigen binnen 20 Jahren um ein Drittel erhöhen. Wachsen wird vor allem die Gruppe der „Hochaltrigen". Gab es im Jahr 2000 gerade mal 7.200 über Hundertjährige, werden es im Jahr 2025 vermutlich schon 44.000 sein.[1] Tendenz: weiter steigend.

So erfreulich es für jeden Einzelnen ist, ein längeres Leben bei guter Gesundheit zu verbringen, so wenig ist die Gesellschaft auf die damit verbundenen Kosten vorbereitet. Das gesamte System der sozialen Versorgung, der Renten-, Kranken- und Pflegeversicherung muss mit höheren Kosten bei sinkenden Leistungen rechnen. Der Kollaps sei programmiert, schreibt dazu die Kommission „Familie und demographischer Wandel" der Robert Bosch Stiftung. Dies sind nicht nur schlechte Nachrichten für die Rentner von morgen, sondern insbesondere für die nachwachsende Generation, die zahlenmäßig immer kleiner wird, und zusätzlich die Verbindlichkeiten einer steigenden Staatsverschuldung zu tragen hat.

Keiner weiß, wie die Alterung die Gesellschaft verändern wird. Aber sicher ist, dass ein besonders altes Deutschland innerhalb eines alten Europas im internationalen Wettbewerb Nachteile haben wird. Die Vorstellung, eine alte Gesellschaft sei wie eine junge, nur einfach etwas älter, sei völlig falsch, sagt Meinhard Miegel, einer der Wenigen, die seit Jahrzehnten vor den Folgen des demografischen Wandels warnen und daraus fast schon eine fatalistische Grundeinstellung entwickelt hat. Ganz sicher ist Deutschland mit einem Durchschnittsalter von 42 Jahren weniger kreativ, innovativ und risikobereit als etwa Indien, wo das Durchschnittsalter gerade mal 24 Jahre beträgt, wo eine Entwicklung quer durch alle Bevölkerungsschichten eingesetzt hat und wo eine aktive, fleißige, wissensgierige und wettbewerbsorientierte junge Generation momentan eine regelrechte Bildungsexplosion erlebt.

Hierzulande ist angesichts des Bevölkerungsrückgangs nicht einmal mit einem Sinken der Arbeitslosenzahlen ist zu rechnen. Denn wer heute keine Arbeit hat, ist häufig gering oder gar nicht qualifiziert und hat auch langfristige schlechte

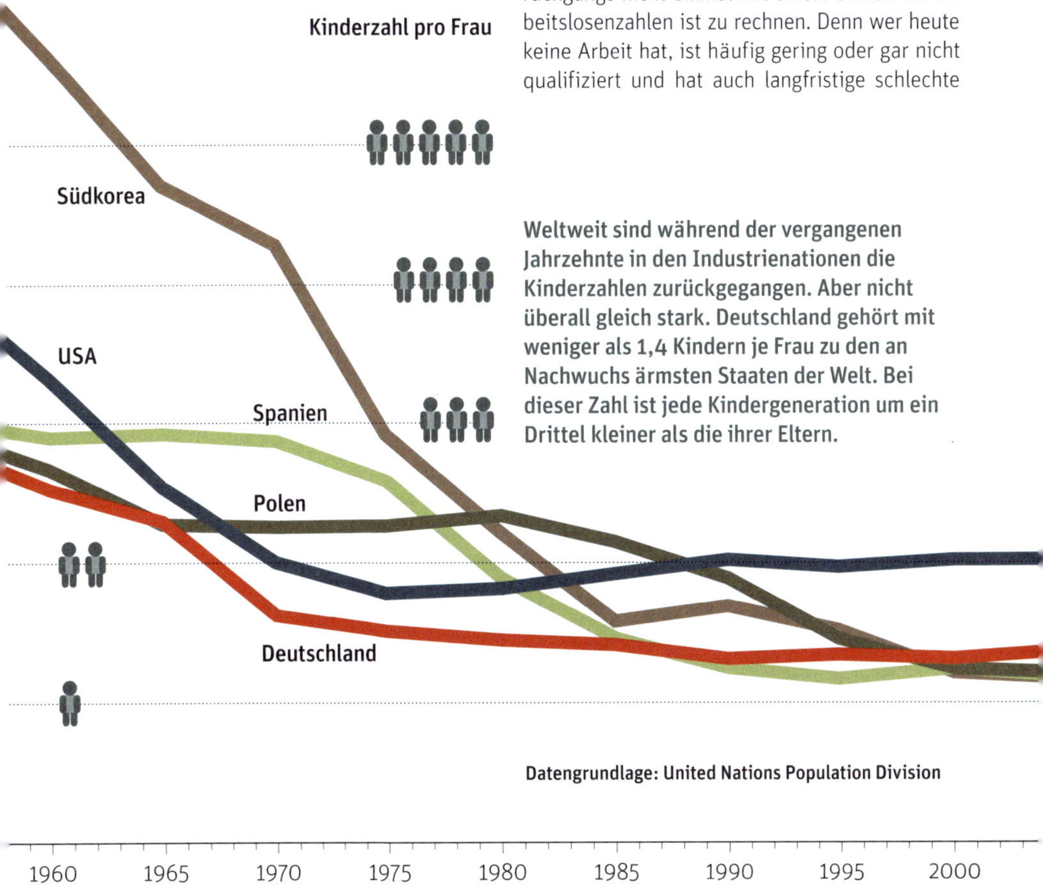

Weltweit sind während der vergangenen Jahrzehnte in den Industrienationen die Kinderzahlen zurückgegangen. Aber nicht überall gleich stark. Deutschland gehört mit weniger als 1,4 Kindern je Frau zu den an Nachwuchs ärmsten Staaten der Welt. Bei dieser Zahl ist jede Kindergeneration um ein Drittel kleiner als die ihrer Eltern.

Datengrundlage: United Nations Population Division

Betrachtet man die Zahl der Geburten je 1.000 Einwohner, so liegt Deutschland seit über 30 Jahren weltweit auf dem letzten Platz. Dieser Messwert ist besonders wichtig, denn er beschreibt die Kopfstärke der nachwachsenden Generation, die für die Lösung der Zukunftsaufgaben zur Verfügung steht. Sie ist im Vergleich zur den Älteren, die es zu versorgen gilt, nirgendwo so klein wie in Deutschland.

Geburten je 1.000 Einwohner

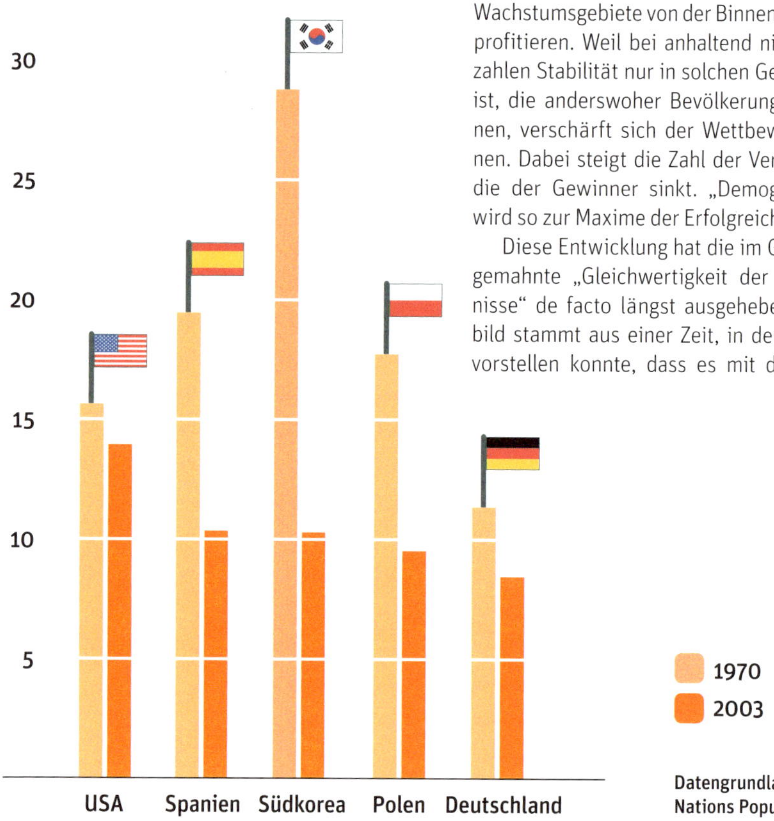

Datengrundlage: United Nations Population Division

Aussichten auf einen Job. Hingegen droht der deutschen Wirtschaft durch den altersmäßig bedingten Rückgang der Erwerbspersonenzahlen, der sich spätestens von 2015 an erheblich verschärfen wird, ein empfindlicher Mangel an gut ausgebildeten Mitarbeitern. Groteskerweise können sich somit Arbeitslosigkeit und Personalmangel gleichzeitig ausweiten.

Die vorliegende Studie zeigt vor allem, welche Folgen der demografische Wandel für die Regionen hat. Denn aufgrund der unterschiedlichen wirtschaftlichen Entwicklung in den einzelnen Bundesländern haben sich Hunderttausende auf die Wanderschaft gemacht. In der Folge leiden die Problemregionen umso mehr, während die Wachstumsgebiete von der Binnenmigration noch profitieren. Weil bei anhaltend niedrigen Kinderzahlen Stabilität nur in solchen Gebieten möglich ist, die anderswoher Bevölkerung anlocken können, verschärft sich der Wettbewerb der Regionen. Dabei steigt die Zahl der Verlierer während die der Gewinner sinkt. „Demografischer Klau" wird so zur Maxime der Erfolgreichen.

Diese Entwicklung hat die im Grundgesetz angemahnte „Gleichwertigkeit der Lebensverhältnisse" de facto längst ausgehebelt. Dieses Leitbild stammt aus einer Zeit, in der sich niemand vorstellen konnte, dass es mit dem Wachstum einmal ein Ende haben könnte. Hinter dem Gleichheitsanspruch verbarg sich stets das Ziel, die Lebensverhältnisse überall auf ein höheres Niveau hin anzugleichen. Bis heute ist im deutschen Raumordnungsrecht der Sachverhalt des „Schrumpfens" nicht geregelt. Dabei ändert sich das Land in seiner Wirtschafts- und Sozialstruktur längst schneller als die Planer reagieren können. Während viele noch bürokratisch verklausuliert von „räumlichen Disparitäten" sprechen, die es aufzuhalten gelte, verfallen längst ganze Regionen.

Ein paar Zahlen sollen zeigen, was sich hinter diesen Disparitäten verbirgt: Kreise wie das sächsische Hoyerswerda haben seit der Wende ein Drittel ihrer Anwohner verloren, während Erding bei München in fast gleichem Ausmaß zugelegt hat. Nicht nur zwischen Ost und West liegen Welten: In der Südwestpfalz erreicht das Bruttoinlandsprodukt, also die vor Ort geschaffenen Summe aller Werte, rund 11.000 Euro; im Landkreis München sind es 78.000 Euro. Selbst die Lebenserwartung differiert aufgrund ungleicher Lebensverhältnisse: Sieben Jahre leben die Frauen im bayerischen Kreis Fürstenfeldbruck länger als im pfälzischen Pirmasens. Bei den Männern beträgt der Unterschied sogar acht Jahre zwischen dem (reichen) bayerischen Kreis Starnberg und dem (armen) mecklenburgischen Demmin.

Diese Studie beschreibt die demografische Lage der Nation. Dies ist notwendig, denn über Jahrzehnte haben sich Politik und Öffentlichkeit geweigert, die demografische Entwicklung zur Kenntnis zu nehmen. Noch 1996 hatte die Opposition den Vorschlag des damaligen Bundessozialministers Norbert Blüm abgelehnt, bei der Rentenreform einen „demografischen Faktor" zu berücksichtigen.

Aber mit einer Bestandsaufnahme ist es nicht getan. Jetzt, wo die Diskussion um den Wandel begonnen hat, muss das Land reagieren. Weiteres Abwarten wäre fatal, denn die Entwicklung schreitet fort und die Probleme werden täglich größer. Tatsächlich bewegen sich mittlerweile Dinge, die lange als unverrückbar galten. So hat sich die Familienpolitik, die noch vor ein paar Jahren stark von Ideologie geprägt war, von ihren doktrinären Fesseln befreit. Über die Parteigrenzen hinweg ist plötzlich klar, dass immer besser ausgebildete Frauen mit dieser Bildung auch etwas anfangen, also einem Beruf nachgehen wollen. Dass sie womöglich auch noch eine Familie gründen wollen, aber keine Lust haben, als Rabenmütter beschimpft zu werden, nur weil sie beides tun. Und endlich wagt die Politik einen Blick über die Ländergrenzen hinweg, wo es Nationen gibt, in denen Familie und Beruf leichter unter einen Hut zu bringen sind, in denen Kinder den Tag selbstverständlich in einer guten Betreuung verbringen und wo die Nachwuchszahlen höher sind.

Es ist bemerkenswert, dass die notwendige Entideologisierung in Deutschland erst unter einer großen Koalition mit einer Frau an der Spitze möglich wurde. Und dass jene drei Ministerien, die am meisten Einfluss auf die Lösung demografischer Probleme haben, nämlich die für Familie, Bildung und Integration allesamt mit Frauen besetzt sind (letztere als Staatministerin im Bundeskanzleramt). An ihnen liegt es, die künftigen Konflikte der Gesellschaft zu entschärfen: Die zwischen Eltern und Kinderlosen, zwischen Alten und Jungen, zwischen der Bildungselite und den Unqualifizierten sowie zwischen Zuwanderern und Alteingesessenen.

Berlin, im Februar 2006

Dr. Reiner Klingholz
Direktor
Berlin-Institut für Bevölkerung und Entwicklung

GESAMTBEWERTUNG

Der Süden bleibt zukunftsfähig – im Osten häufen sich die Probleme – der Nordwesten überrascht

Eine funktionierende Gesellschaft braucht eine im Altersaufbau gut gemischte Bevölkerung und eine Wirtschaft, die ausreichend Werte schafft und alle notwendigen Dienstleistungen zur Verfügung stellt. Demografische und ökonomische Entwicklung sind somit für die Zukunftsaussichten der Regionen gleichermaßen wichtig. Und sie beeinflussen und steuern sich gegenseitig: Eine florierende Wirtschaft sorgt für Wohlstand. Doch sie ist nichts ohne Konsumenten und Nachwuchs an motivierten, gut qualifizierten Arbeitskräften und Unternehmern. Eine junge, kinderreiche Region bietet somit beste Voraussetzungen für eine stabile ökonomische Entwicklung.

Kinder binden ihre Eltern an den Wohnort, sorgen für bürgerschaftliches Engagement etwa in Schulen und Sportvereinen. Kinder stärken den Arbeitsmarkt, denn sie brauchen Menschen, die ihnen beim Erwachsenwerden helfen – von der Lehrerin bis zum Schulbusfahrer. Später, als Berufseinsteiger, beleben sie mit frischem Wissen die lokale Wirtschaft.

Junge Menschen zieht es möglicherweise aber auch fort aus ihrer Heimat. Dann etwa, wenn sie anderenorts bessere Ausbildungs- und Arbeitsplätze finden. Deshalb können wirtschaftsstarke Gebiete oder Hochschulstandorte ihren eigenen Nachwuchsmangel durch Zuwanderung ausgleichen. Erreichen sie eine stabile Bevölkerungszahl bei möglichst junger Altersstruktur, ist es um die Zukunftsfähigkeit der Kommunen gut bestellt: Steuereinnahmen sind gesichert, Innenstädte bleiben belebt und die lokale Infrastruktur wird genügend ausgelastet.

Aber nicht alle Regionen können demografisch stabil bleiben: Da die geburtenschwachen Jahrgänge der 1970er Jahre heute bereits das Elternalter erreicht haben und ihrerseits auch nur wenige Kinder bekommen, sinkt deutschlandweit die Zahl der unter 35-Jährigen. So entsteht eine wachsende Konkurrenz der Regionen um produktive junge Menschen. Mit einer stabilen Entwicklung ist deshalb nur in Gebieten zu rechnen, die entweder genug Nachwuchs haben, um sich ein eigenes demografisches Fundament zu bauen (von denen es in Deutschland nur sehr wenige gibt), oder die ökonomisch attraktiv genug sind, um anderswoher Bevölkerung anzulocken. Die Zahl der Verliererregionen wird demnach zu- und die der Gewinnerregionen abnehmen. Der Wettbewerb der Regionen um Bewohner verschärft sich.

Die vorliegende Studie bildet diesen Wettbewerb ab. Die in der Karte auf Seite 14 dargestellte Gesamtnote bündelt verschiedene demografische, ökonomische und soziale Indikatoren und gibt einen Überblick über die Zukunftsfähigkeit deutscher Städte und Landkreise. Die Vielfalt der einfließenden Daten sorgt für ein differenziertes Bild: Wirtschaftsstarke Kreise punkten vor allem durch ihre Wertschöpfung, ländliche Kreise können auch bei schwächerer Wirtschaftskraft durch günstige Demografiewerte und eine bessere soziale und natürliche Umwelt Boden gut machen.

Die Bewertungen sind weniger als „Urteil" denn als Orientierungshilfe für künftige Entscheidungen zu verstehen. Wobei sich nicht jede Entwicklung steuern lässt und demografische Trends nur sehr langfristig zu beeinflussen sind. Diese Erkenntnis zwingt dazu, Abschied von Wunschbildern zu nehmen, sich der Realität einer alternden und schrumpfenden Republik zu stellen und entsprechend zu planen. Denn nicht alle

Die besten Landkreise und kreisfreien Städte

1	**Biberach** (Baden-Württemberg)	2,66
2	**Freising** (Bayern)	2,70
3	**Erding** (Bayern)	2,72
4	**Tuttlingen** (Baden-Württemberg)	2,77
5	**Vechta** (Niedersachsen)	2,80
6	**Böblingen** (Baden-Württemberg)	2,81
7	**München** (Bayern)	2,83
8	**Freudenstadt** (Baden-Württemberg)	2,83
9	**Ludwigsburg** (Baden-Württemberg)	2,83
10	**Hohenlohekreis** (Baden-Württemberg)	2,85
11	**Bodenseekreis** (Baden-Württemberg)	2,85
12	**Dingolfing-Landau** (Bayern)	2,85
13	**Dachau** (Bayern)	2,85
14	**Rottweil** (Baden-Württemberg)	2,86
15	**Ravensburg** (Baden-Württemberg)	2,88
16	**Eichstätt** (Bayern)	2,90
17	**Reutlingen** (Baden-Württemberg)	2,92
18	**Kelheim** (Bayern)	2,93
19	**Schwarzwald-Baar-Kreis** (Baden-W.)	2,95
20	**Esslingen** (Baden-Württemberg)	2,96

Regionen werden die gleichen Chancen haben. Es besteht dort wenig Hoffnung auf Stabilität, wo sowohl wirtschaftliche wie auch demografische Indikatoren schon über längere Zeit nach unten weisen. Zukunftsorientierte Planung kann dann bedeuten, sich schrittweise aus solchen Regionen zurückzuziehen.

Die schlechtesten Landkreise und kreisfreien Städte

420	**Spree-Neiße** (Brandenburg)	4,41
421	**Gelsenkirchen** (Nordrhein-Westfalen)	4,44
422	**Quedlinburg** (Sachsen-Anhalt)	4,44
423	**Wismar** (Mecklenburg-Vorpommern)	4,45
424	**Uckermark** (Brandenburg)	4,45
425	**Aschersleben-Staßfurt** (S.-Anhalt)	4,48
426	**Weißenfels** (Sachsen-Anhalt)	4,50
427	**Schönebeck** (Sachsen-Anhalt)	4,50
428	**Bitterfeld** (Sachsen-Anhalt)	4,51
429	**Löbau-Zittau** (Sachsen)	4,51
430	**Kyffhäuserkreis** (Thüringen)	4,54
431	**Altenburger Land** (Thüringen)	4,58
432	**Hoyerswerda** (Sachsen)	4,60
433	**Prignitz** (Brandenburg)	4,61
434	**Sangerhausen** (Sachsen-Anhalt)	4,63
435	**Demmin** (Mecklenburg-Vorpommern)	4,65
436	**Köthen** (Sachsen-Anhalt)	4,68
437	**Mansfelder Land** (Sachsen-Anhalt)	4,74
438	**Burgenlandkreis** (Sachsen-Anhalt)	4,75
439	**Bernburg** (Sachsen-Anhalt)	4,77

Die besten Bewertungen in Sachen Zukunftsfähigkeit erhalten fast ausschließlich Kreise im Umland großer, wirtschaftsstarker Städte. Angesichts des seit Jahrzehnten anhaltenden Strukturwandels, der weg von Bergbau, Landwirtschaft und arbeitsintensiver Massenfertigung führt und hin zu hochwertigen, wissensintensiven Produkten und Dienstleistungen, bieten diese Metropolregionen jungen Erwerbstätigen die attraktivsten Lebensbedingungen. Diese Personen sind im Mittel höher qualifiziert als es ihre Eltern waren, und sie haben auch höhere Ansprüche an Kultur- und Freizeitmöglichkeiten, die sich in urbanen Gebieten eher befriedigen lassen. Ländliche, abgelegene Kreise gehören fast überall zu den Verlierern der demografischen und wirtschaftlichen Entwicklung. Eine Ausnahme davon bilden nur solche Gegenden, die entweder touristisch besonders attraktiv sind oder eine vergleichsweise hohe Geburtenrate aufweisen.

Die Gesamtnoten der Studie reichen von 2,66 für Biberach bei Ulm bis 4,77 im Kreis Bernburg in Sachsen-Anhalt. Am zukunftsfähigsten erweisen sich die süddeutschen Bundesländer Baden-Württemberg und Bayern. Dort lockt eine moderne, innovative Wirtschaft seit Jahrzehnten Zuwanderer aus dem In- und Ausland an. Lebten im Jahr 1961 lediglich 23 Prozent der Deutschen in Bayern und Baden-Württemberg, liegt dieser Anteil heute bereits bei 28 Prozent – und es kamen vor allem Junge und gut Qualifizierte. In Baden-Württemberg liegen sieben der 20 besten Kreise der Gesamtbewertung. Das Bundesland ist noch weitgehend frei von demografischen Problemzonen. Spitzenwertungen erzielen die Kreise der Region Stuttgart, der Region Ulm und des südlichen Schwarzwalds.

Im Nachbarland Bayern, wo sich sieben der 20 deutschen Spitzenkreise versammeln, liegen die meisten gut bewerteten Regionen im Städtedreieck München – Ingolstadt – Landshut. Auch in Franken, in der Region Erlangen-Nürnberg finden sich überaus zukunftsfähige Kreise. Doch im Gegensatz zu Baden-Württemberg weist der Freistaat an seinen Rändern erste Problemzonen auf. Zahlreiche Grenzkreise zur Tschechischen

Rangliste der Bundesländer

		GESAMTNOTE	TRENDNOTE DEMOGRAFIE	TRENDNOTE WIRTSCHAFT	Demografie						
					Kinderzahl	Unter 35-Jährige	Frauenanteil	Wanderung	Über 75-Jährige	Prognose 2020	ZWISCHENNOTE
1	Baden-Württemberg	3,12	3,0 →	3,0 →	4,5	2,6	1,8	1,9	4,0	2,2	2,83
2	Bayern	3,37	3,3 →	3,4 →	4,6	3,0	1,8	1,8	4,3	2,4	2,99
3	Hamburg, Land	3,44	1,6 ↑	2,6 ↗	6,0	3,0	1,0	2,0	5,0	2,0	3,17
4	Hessen	3,53	3,2 →	2,9 ↗	4,8	3,5	1,6	2,1	4,5	2,7	3,22
5	Rheinland-Pfalz	3,56	3,3 →	3,2 →	4,7	3,6	1,9	2,0	4,9	2,5	3,27
6	Nordrhein-Westfalen	3,58	3,1 →	3,3 →	4,3	3,3	1,9	2,2	4,3	2,9	3,16
7	Schleswig-Holstein	3,60	2,8 ↗	4,1 ↘	4,3	3,8	1,9	1,8	4,5	2,5	3,13
8	Niedersachsen	3,62	3,6 →	3,5 →	3,9	3,5	2,4	2,0	4,5	2,9	3,21
9	Saarland	3,75	3,8 →	2,3 ↗	6,0	4,7	2,0	2,0	4,8	3,5	3,83
10	Brandenburg	3,81	4,1 ↘	4,3 ↘	5,9	4,9	4,6	3,5	3,1	3,5	4,26
11	Thüringen	3,89	4,1 ↘	4,3 ↘	5,7	4,7	4,8	4,2	4,3	4,5	4,69
12	Mecklenburg-Vorpommern	3,98	4,0 ↘	4,4 ↘	5,4	4,4	4,7	4,4	3,0	3,8	4,29
13	Bremen	3,99	2,5 ↗	3,3 →	4,5	4,0	2,0	3,0	5,5	3,5	3,75
14	Sachsen	4,00	4,0 ↘	4,0 ↘	5,3	5,3	4,6	4,5	5,3	4,6	4,93
15	Berlin	4,08	1,8 ↑	5,1 ↓	6,0	3,0	1,0	2,0	3,0	3,0	3,00
16	Sachsen-Anhalt	4,29	4,4 ↘	4,0 ↘	6,0	5,4	4,9	4,9	4,5	5,0	5,12

Republik, zu Sachsen und Thüringen, vor allem in Oberfranken sind bereits in den demografisch-wirtschaftlichen Abwärtsstrudel geraten.

Überaus kritisch ist die Lage vielerorts in den neuen Bundesländern. Seit 15 Jahren verlassen junge Menschen den Osten und ein guter Anteil der dortigen Wirtschaftsschwäche könnte bereits auf das Fehlen einer aktiven, motivierten und gut qualifizierten jüngeren Bevölkerungsschicht zurückgehen. Selbst Kreise, in denen die Wirtschaftskraft stark wächst, können davon demografisch kaum profitieren. Denn viele der neu entstandenen Firmen benötigen zwar hoch qualifizierte, aber nur relativ wenige Beschäftigte. Junge, gut ausgebildete Menschen, die keine Arbeit finden, ziehen weiterhin fort und für zehntausende Arbeitssuchende mit geringen und mittleren Qualifikationen gibt es kaum einen Job. Die Kommunen bleiben bei sinkenden Einnahmen auf hohen Kosten für eine häufig überdimensionierte Infrastruktur sitzen. Vielerorts können sie nur durch weitere Verschuldung ihre laufenden Ausgaben decken. Hier rächt sich auf fatale Weise, dass der Aufbau Ost im Wesentlichen ohne Berücksichtigung der demografischen Entwicklung geplant wurde. Am schlimmsten trifft es Sachsen-Anhalt, wo die Hälfte der 20 deutschen Kreise mit den schlechtesten Wertungen liegt. Fast flächendeckend lasten auf Sachsen-Anhalt, wo kaum eine Ausnahme von der allgemeinen Entwicklung auszumachen ist, hohe Zukunftsrisiken.

Inseln der Stabilität finden sich in den neuen Bundesländern ausschließlich im Umfeld wichtiger Großstädte. So erzielen die Umlandkreise von Berlin, Dresden und entlang der thüringischen Städtereihe Jena-Weimar-Erfurt-Eisenach günstige Bewertungen. Dort ist die Abwanderung zum Stillstand gekommen; einige Städte wie Dresden, Leipzig, Jena oder Potsdam gewinnen sogar wieder Bevölkerung hinzu. Die Menschen machen somit vor, was die Politik erst langsam erkennt: Dass sich angesichts des massiven Bevölkerungsrückgangs von alleine Leuchttürme, Zentren oder Kerne herausbilden, in denen der Erhalt wichtiger Infrastruktur lohnt.

Anlass zur Entwarnung gibt diese Stabilisierung jedoch nicht. Denn in den kommenden fünf

	Wirtschaft									Integration			Bildung				Familienfreundlichkeit			
	Verfügb. Einkommen	Bruttoinlandsprod.	Kommunale Schulden	Erwerbstätigkeit	Arbeitsl.+Sozialh.	Erwerbstät./Frauen	Erwerbstät./Ältere	Fremdenverkehr	ZWISCHENNOTE	Bildungschancen	Ausländer/Arbeitsl.	ZWISCHENNOTE	Ohne Abschluss	Jugendarbeitslosigkeit	Hochqualifizierte	ZWISCHENNOTE	Personen je Wohnung	Baulandpreise	Freifläche	ZWISCHENNOTE
	1,6	1,8	2,3	2,3	2,1	3,8	3,9	4,5	2,80	5,0	4,2	4,57	2,3	1,5	3,7	2,50	4,5	4,5	3,9	4,28
	2,8	2,4	3,7	2,3	2,1	3,7	5,2	4,3	3,32	4,9	3,4	4,13	3,0	2,2	4,7	3,30	4,5	4,1	3,0	3,86
	1,0	1,0	6,0	4,0	4,0	4,0	5,0	5,0	3,75	4,0	3,0	3,50	4,0	2,0	2,0	2,67	6,0	0,0	5,0	5,50
	2,8	2,3	4,8	3,0	2,7	3,7	4,9	4,6	3,60	4,1	5,1	4,60	3,3	2,0	3,3	2,88	4,7	4,1	4,0	4,26
	3,4	3,3	4,0	3,1	2,5	4,0	5,5	4,4	3,77	4,8	3,4	4,13	3,1	2,2	4,8	3,34	4,7	3,2	3,1	3,64
	2,2	2,5	4,1	3,6	2,9	4,5	5,4	5,2	3,80	4,9	3,7	4,28	2,2	2,2	3,8	2,73	4,4	4,3	4,7	4,47
	3,3	2,7	3,3	4,0	3,3	3,9	5,5	4,1	3,75	4,4	3,3	3,87	3,5	2,9	5,0	3,78	5,1	3,1	3,3	3,84
	3,6	3,3	3,4	3,5	3,0	4,2	5,5	4,5	3,87	5,0	3,8	4,38	3,8	2,4	4,7	3,62	4,6	2,6	2,8	3,33
	3,2	2,8	3,2	3,8	2,5	4,5	6,0	4,8	3,85	5,5	2,8	4,17	3,2	2,3	4,5	3,33	5,0	2,3	4,3	3,89
	5,1	4,3	2,2	3,6	4,7	2,5	4,9	4,7	3,99	4,7	1,8	3,25	2,8	4,6	3,2	3,54	4,7	2,1	1,5	2,78
	5,0	4,4	4,4	2,7	4,1	2,2	4,1	4,6	3,93	4,5	1,7	3,13	3,3	4,0	3,0	3,42	5,0	1,7	2,3	2,99
	5,6	4,4	5,0	3,6	5,2	2,4	5,0	3,4	4,33	4,4	1,5	2,97	3,6	4,8	3,4	3,93	5,1	1,9	1,9	2,98
	0,0	1,0	6,0	5,0	5,5	4,5	5,5	5,0	4,64	4,0	3,0	3,50	3,5	3,0	3,5	3,33	6,0	3,0	5,0	4,67
	5,1	4,7	3,9	2,8	4,7	2,1	4,4	4,9	4,07	4,2	1,8	2,98	3,5	4,2	2,5	3,38	4,7	1,8	3,3	3,28
	5,0	3,0	6,0	6,0	5,0	4,0	6,0	5,0	5,00	4,0	3,0	3,50	4,0	4,0	1,0	3,00	6,0	5,0	6,0	5,67
	5,5	4,5	4,8	2,9	5,3	2,5	4,7	5,0	4,41	4,5	2,7	3,58	5,2	4,8	3,0	4,31	4,5	1,7	2,4	2,85

Jahren treten die extrem geburtenschwachen Jahrgänge aus der Zeit nach der Wende in die Ausbildungsphase. Zunächst wird sich die Zahl der Lehrlinge, dann die der Studienanfänger und schließlich jene der Berufseinsteiger halbieren. Ob die Unternehmen der schwächelnden Ost-Wirtschaft dann ihre notwendigen Nachwuchskräfte finden werden, ist zumindest fraglich. Schon heute mangelt es mancherorts an jungen Fachkräften in den technischen Berufen. Setzt sich dieser Trend fort, steht die wirtschaftliche Entwicklung in den neuen Bundesländern vor einer zusätzlichen Herausforderung.

Auf der Verliererseite finden sich deutschlandweit einerseits altindustrialisierte Regionen und anderseits ländliche, strukturschwache Kreise. Zu den alten Industrieregionen gehören im Osten die vom Braunkohlenbergbau geprägte Lausitz, die Chemieregion des südlichen Sachsen-Anhalts sowie die Randregionen Thüringens. Wo einst Kohle, Kalisalz oder Uran abgebaut wurden und die Schwerindustrie zu Hause war, sind nach der Wende ganze Branchen weg gebrochen. Eine wirtschaftliche Wiederbelebung auf das frühere Niveau wird es für diese Gebiete nicht geben.

Zu den ländlichen Problemzonen gehören die anhaltinische Altmark, die Prignitz im Westen Brandenburgs, aber auch Kreise Vorpommerns und des östlichen Mecklenburgs. Manche Dörfer und Kleinstädte, in denen nur noch wenige Menschen leben, werden sich langfristig kaum am Leben erhalten lassen.

Doch auch im Westen der Republik schlägt der demografische Wandel Schneisen. Wirtschaftlich und demografisch schwach entwickeln sich zahlreiche Kreise des ehemaligen Zonenrandgebietes, vom Harz in Niedersachsen über Nordhessen und die Rhön bis ins fränkische Fichtelgebirge von Nordbayern. In der Gesamtbewertung stehen diese Gebiete kaum besser da als die neuen Bundesländer. Auf der Westseite der einstigen innerdeutschen Grenze, wo zu Zeiten des Kalten Krieges ganze Industrien subventioniert wurden, die längst ihre Zeit überlebt hatten, begann nach der Wende die ökonomische Wirklichkeit: Die meisten Betriebe brachen zusammen. Bis heute gehen die Erwerbstätigenzahlen zurück, die Be-

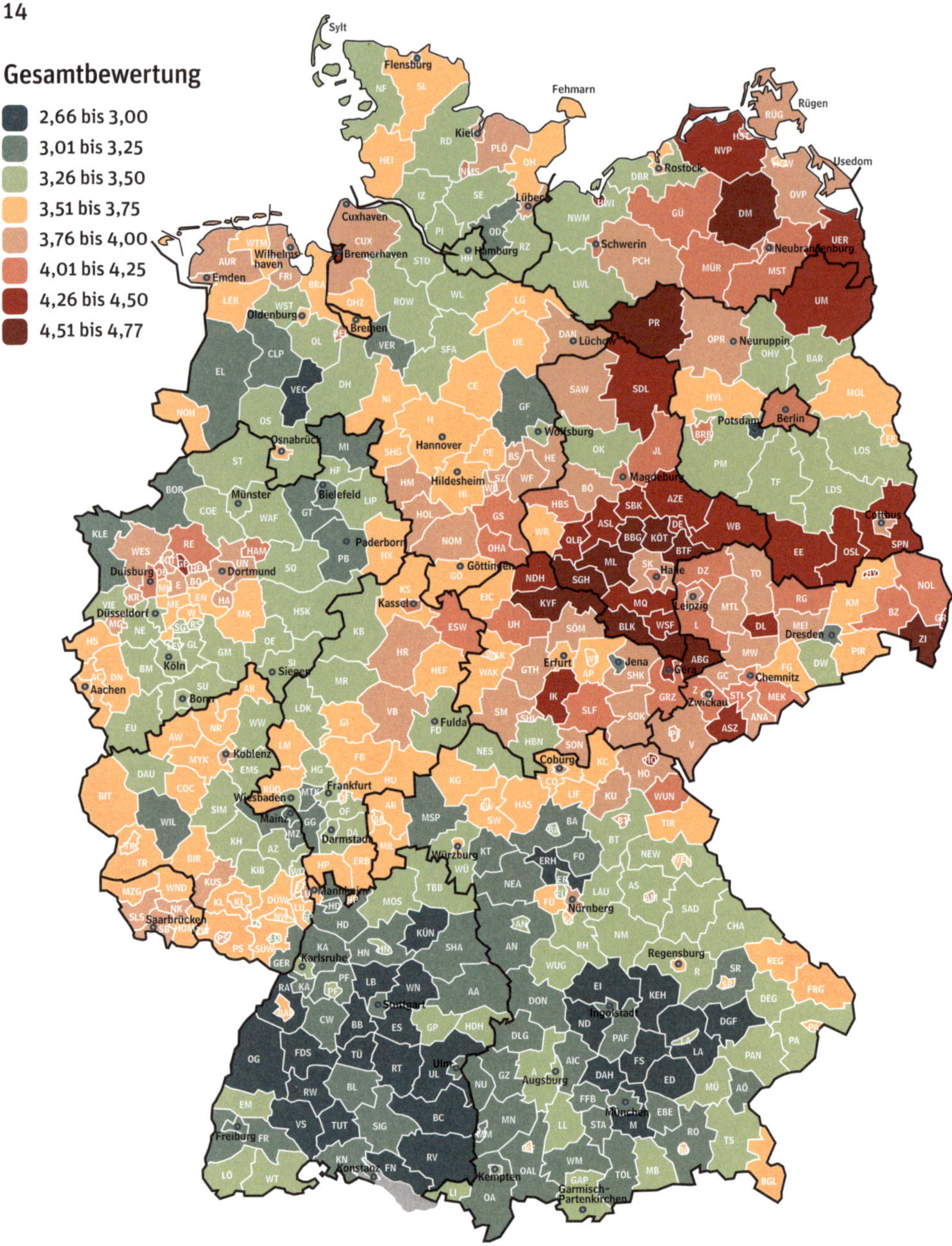

völkerung überaltert und mit einer Neuansiedlung zukunftsfähiger Industrien ist kaum zu rechnen.

Die Folgen ausgiebiger Subventionen in langfristig nicht zu haltende Industrien erleben im Westen Deutschlands auch Küstenstädte wie Kiel, Bremerhaven und Wilhelmshaven, wo der Schiffbau trotz Förderung weitgehend verschwunden ist, sowie die einstigen Hochburgen von Schwerindustrie und Bergbau, das Saarland und das Ruhrgebiet. Obwohl es im Saarland gelungen ist, viele neue Betriebe anzusiedeln und die Wirtschaft sich stabilisiert, leidet das Bundesland als erstes im Westen unter Bevölkerungsverlust durch hohe Überschüsse der Sterbefälle gegenüber den Geburten. Hieran zeigt sich, dass eine demografische Abwärtsentwicklung nur sehr schwer umzudrehen ist, wenn sie einmal ihren Lauf genommen hat. Denn zu Zeiten der Krise in den siebziger Jahren sind aus dem Saarland so viele junge Menschen abgewandert, dass die Bevölkerung heute überdurchschnittlich gealtert ist. Weil das Land gleichzeitig die geringste Geburtenrate eines westdeutschen Flächenlandes aufweist, reicht die moderate Zuwanderung der letzten Jahre nicht aus, um den Schwund zu kompensieren. Das Saarland macht damit vor, was auf ganz Deutschland zukommt: Ein sich stetig beschleunigender Bevölkerungsrückgang durch hohe Sterbefallüberschüsse.

Das eigentliche Krisenzentrum im Westen ist das Ruhrgebiet. Von der Fläche vergleichsweise klein, leben hier 7,5 Millionen Menschen – halb so viele wie in allen neuen Bundesländern zusammen. Das Ruhrgebiet koppelt sich immer mehr von der positiven Entwicklung in anderen Teilen Nordrhein-Westfalens ab, etwa des Münsterlandes oder des Köln-Bonner Raumes. Der Pott leidet noch immer unter der einst einseitigen Wirtschaftsstruktur, die lange auf Kohle und Stahl aufgebaut hatte. 50 Jahre Kohlesubventionen haben den Aufbau konkurrenzfähiger Industrien eher gehemmt und verhindert, als dass eine Modernisierung eingeleitet wurde. Trotz vieler Vorzeigeprojekte und erfolgreicher Unternehmen hat das Ruhrgebiet den Anschluss an die innovativen Regionen im Süden der Republik unterm Strich verloren.

Heute finden sich im Ruhrgebiet die höchsten Arbeitslosenzahlen Westdeutschlands. Noch immer gehen Arbeitsplätze verloren und die Kommunen sind hochverschuldet, da sie aus Steuereinnahmen ihre Ausgaben nicht decken können. Der deutsche Mittelstand hat die Städte des Ruhrgebietes vielfach aufgegeben und sich in den umgebenden Landkreisen niedergelassen. In den Städten bleiben häufig die sozial Schwachen zurück: Vor allem Rentner und von Arbeitslosigkeit betroffene Zuwanderer. Die triste Lage strahlt auch auf die demografische Entwicklung aus: Das Ruhrgebiet ist die nachwuchsärmste Großregion in Westdeutschland.

Weil demografische Hochrechnungen über einen Zeitraum von etwa 20 Jahren im Wesentlichen den heutigen Bevölkerungsstand buchhalterisch fortschreiben, sind sie, anders als Wirtschaftsprognosen, vergleichsweise zuverlässig. Aber nicht alles, was schlecht ist, muss schlecht bleiben. Es gibt immer wieder einzelne Überraschungen und Entwicklungen, die kaum vorherzusagen sind. Zu solch einer Trendwende ist es in den letzten Jahrzehnten im Westen von Niedersachsen gekommen. Die Region um die Städte Vechta und Cloppenburg galt einst als Armenhaus der Nation. Mit etwas Anderem als Schweinezucht ließ sich dort früher kaum Geld verdienen. Vor 30 Jahren hätte dieser Region, die auch landschaftlich nicht allzu viel zu bieten hat, kaum ein Mensch eine Zukunft vorhergesagt. Doch mittlerweile spielt sich ein wenig beachtetes Wirtschaftswunder ab.

Die Zahl der Erwerbstätigen ist dort seit 1995 stärker gestiegen als im Regierungsbezirk Oberbayern, jenem Gebiet, das gemeinhin als wirtschaftliche Boomregion eingestuft wird. Der Großraum Cloppenburg-Vechta hat zugleich die höchsten Geburtenraten der Republik. Die Tradition der ländlichen Großfamilie hat sich dort stärker gehalten als in anderen Landwirtschaftsregionen Deutschlands. Abwanderung kennt das Gebiet nicht, denn es gibt genug Arbeit für fast alle. Vielmehr müssen die Kommunen permanent Bauland und Gewerbegebiete neu ausweisen, um dem Zuzug gerecht zu werden. Die Sozialstrukturen sind intakt und der Zusammenhalt der Generationen erleichtert das Familiengründen. Die überproportional hohen Geburtenraten und der dadurch hohe Anteil junger Menschen strahlen deshalb positiv auf die Wirtschaftsentwicklung aus – und umgekehrt. Das Gebiet ist deshalb das einzige fernab der deutschen Metropolregionen, das als besonders zukunftsfähig gilt. Der Großraum Cloppenburg-Vechta könnte damit zu einem Vorbild für strukturschwache Zonen werden, die heute in großen Problemen stecken.

TRENDWERTUNG

Wo tut sich was?

Für die Zukunftsfähigkeit einer Region ist nicht nur der Ist-Zustand von Bedeutung, sondern auch der **Entwicklungstrend**. Wer schlecht ist, muss nicht schlecht bleiben. Immer wieder steigen einstmals schwache Regionen auf – weil sie staatliche Unterstützung erhalten und/oder weil sie aus eigener Kraft ihre Potenziale mobilisieren. Bestes Beispiel dafür liefern die heutigen Erfolgsländer Baden-Württemberg und Bayern, die auf eine lange, von Landwirtschaft und Armut geprägte Geschichte zurückblicken.

Bei den **demografischen Trends** liegen die Städte vorn. Dies deutet auf eine Renaissance der Städte hin, die, nach oft jahrelangen Abwanderungsverlusten, nun wieder attraktiv für junge Menschen zu werden scheinen. In Potsdam, Jena und Dresden, aber auch in Mainz, Kiel und Düsseldorf hat sich die demografische Lage etwas entspannt. Dort sank der Anteil an jungen Menschen deutschlandweit am geringsten, die Abwanderung wurde gestoppt und es zog wieder Menschen in die Städte. Die Kinderzahl je Frau stieg, allerdings von sehr niedrigen Werten kommend, leicht an.

In umgekehrter Richtung haben sich strukturschwache Landkreise fern der städtischen Zentren entwickelt. Vor allem jene Kreise, die auch in der Gesamtbewertung auf den hinteren Rängen zu finden sind. Die Lage am Arbeitsmarkt und die wirtschaftliche Situation verschaffen wenig Zukunftshoffnung und treiben nach wie vor junge Bürger in die Abwanderung: Entsprechend

Die Landkreise und kreisfreien Städte mit den besten demografischen Trends

Potsdam (Brandenburg)	1,0
Jena (Thüringen)	1,0
Mainz (Rheinland-Pfalz)	1,2
Dresden (Sachsen)	1,2
Kiel (Schleswig-Holstein)	1,4
Düsseldorf (Nordrhein-Westfalen)	1,4
Bonn (Nordrhein-Westfalen)	1,4
Darmstadt (Hessen)	1,4
Freiburg im Breisgau (Baden-Württemberg)	1,4
München (Bayern)	1,4
Landshut (Bayern)	1,4
Straubing (Bayern)	1,4
Regensburg (Bayern)	1,4
Nürnberg (Bayern)	1,4
Leipzig (Sachsen)	1,4
Hamburg	1,6
Bielefeld (Nordrhein-Westfalen)	1,6
Worms (Rheinland-Pfalz)	1,6
Stuttgart (Baden-Württemberg)	1,6
Heilbronn (Baden-Württemberg)	1,6

Die Landkreise und kreisfreien Städte mit den besten ökonomischen Trends

Schweinfurt (Bayern)	1,38
Dachau (Bayern)	1,63
Waldeck-Frankenberg (Hessen)	1,63
Saarlouis (Saarland)	1,63
Dingolfing-Landau (Bayern)	1,75
Pfaffenhofen a. d. Ilm (Bayern)	1,75
Cloppenburg (Niedersachsen)	1,75
Frankfurt am Main (Hessen)	1,88
Vechta (Niedersachsen)	1,88
Kaiserslautern (Rheinland-Pfalz)	1,88
Saarbrücken (Saarland)	1,88
Hersfeld-Rotenburg (Hessen)	1,88
Leverkusen (Nordrhein-Westfalen)	2,00
Ortenaukreis (Baden-Württemberg)	2,00
Böblingen (Baden-Württemberg)	2,00
Neunkirchen (Saarland)	2,00
St. Wendel (Saarland)	2,00
Kempten (Allgäu) (Bayern)	2,13
Kleve (Nordrhein-Westfalen)	2,13
Wolfsburg (Niedersachsen)	2,13

hat sich die demografische Lage vor allem in den östlich des Harz gelegenen Kreisen Kyffhäuser und Sangerhausen verschlechtert, im sachsen-anhaltinischen Bernburg, in Mecklenburg-Strelitz, aber auch in den westdeutschen Landkreisen Coburg (Franken), Amberg-Sulzbach (Franken) und Unna (Ruhrgebiet).

Die besten **ökonomischen Trends** weisen nicht etwa ostdeutsche Kreise auf, die aufgrund ihres niedrigen Ausgangsniveaus und der hohen Transferleistungen eigentlich die besten Voraussetzungen für den Aufstieg haben sollten, sondern ausschließlich Kreise im Westen. Darunter viele, die ohnehin als wirtschaftsstark gelten – wie Dachau, Wolfsburg, Ingolstadt, München oder Frankfurt am Main. Auch die Boomregion West-Niedersachsen ist mit Vechta und Cloppenburg an der Spitze der ökonomischen Trendwertung zu finden. Dass die Entwicklung generell keiner Einbahnstraße folgen muss, zeigt sich an Bad Hersfeld oder Waldeck-Frankenberg in Hessen, die in der Vergangenheit mit Strukturschwäche und wirtschaftlichen Problemen zu kämpfen hatten, sich aber in den jüngsten Jahren erholen. Vom Verlierer zum Gewinner hat sich auch das Saarland gewandelt: Vier von sechs saarländischen Kreisen liegen auf vorderen Rängen – allerdings ist die demografische Entwicklung dort noch negativ. Kreise in den neuen Bundesländern können solche Fortschritte kaum vorweisen: Unter den hundert Kreisen mit den besten Wirtschaftstrends finden sich mit Dessau und Schönebeck nur zwei aus den neuen Bundesländern. Eine negative Entwicklung haben vor allem altindustrialisierte Regionen im Osten wie im Westen zu vermelden, wie Hof, Bayreuth, Nordhausen oder das Altenburger Land. Aber nicht nur randständige Gebiete, auch Städte können zu ökonomischen Problemfällen werden: Weimar, Leipzig und Berlin sollten aufgrund ihrer zentralen Lage eigentlich günstige Voraussetzungen haben, sind jedoch im betrachteten Zeitraum wirtschaftlich nicht vorangekommen.

Insgesamt teilt sich die Republik zusehends in Verlierer- und Gewinnerregionen. Die Trennung zwischen Ost und West verfestigt sich: In weiten

Besonders negative demografische und ökonomische Trends

Coburg, Lk	Bayern
Hof, Lk	Bayern
Elbe-Elster	Brandenburg
Spree-Neiße	Brandenburg
Uecker-Randow	Mecklenburg-Vorpommern
Muldentalkreis	Sachsen
Köthen	Sachsen-Anhalt
Merseburg-Querfurt	Sachsen-Anhalt
Nordhausen	Thüringen
Kyffhäuserkreis	Thüringen
Sömmerda	Thüringen
Ilm-Kreis	Thüringen
Altenburger Land	Thüringen

Besonders positive demografische und ökonomische Trends

Stuttgart	Baden-Württemberg
Karlsruhe	Baden-Württemberg
Ingolstadt	Bayern
Schweinfurt	Bayern
Kempten (Allgäu)	Bayern
Frankfurt a. M.	Hessen
Düsseldorf	Nordrhein-Westfalen

Teilen Baden-Württembergs, und Bayerns, im Westen Niedersachsens, im Rhein-Main-Gebiet und sogar in Nordrhein-Westfalen (außerhalb des Ruhrgebietes) verändern sich **wirtschaftliche und demografische Trends** gleichermaßen positiv – und das, obwohl sich viele dieser Regionen bereits auf einem hohen Niveau befinden.

Zu den eindeutigen Verlierern mit negativen demografischen und wirtschaftlichen Trends gehören elf Kreise in den neuen Bundesländern und zwei im oberfränkischen Grenzland zu Thüringen. Diese Gebiete, in denen sich die Lage an allen Fronten verschlechtert, die mit weniger Einnahmen und steigenden Ausgaben zu rechnen haben, die Beschäftigung verlieren und wo die Alten und Bedürftigen zurückbleiben, laufen Gefahr, im Wettbewerb der Regionen den Anschluss zu verlieren.

Demografischer und ökonomischer Trend

- besonders positiv
- positiv
- negativ
- besonders negativ

Die übrigen Kreise und kreisfreien Städte zeigen eine uneindeutige Entwicklung.

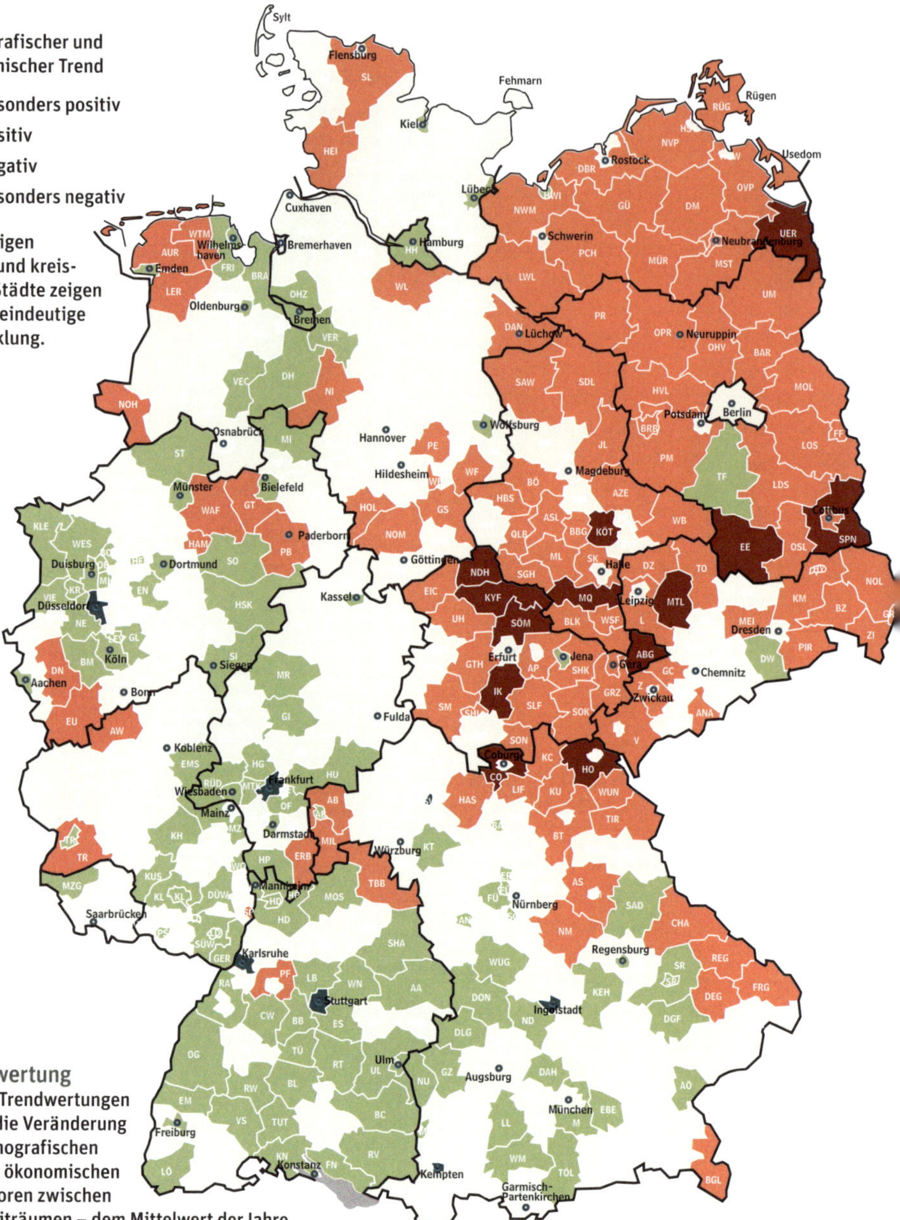

Trendwertung

Für die Trendwertungen wurde die Veränderung der demografischen und der ökonomischen Indikatoren zwischen zwei Zeiträumen – dem Mittelwert der Jahre 1998 bis 2000 sowie 2001 bis 2003 – ermittelt. Größe und Richtung der Veränderungen spiegeln den Entwicklungstrend wieder. Im Gegensatz zur absoluten Benotung der Grundindikatoren erfolgt die der Trends relativ zu den anderen Kreisen. Die beste Bewertung erhalten die Kreise, die sich im Vergleich zu allen anderen am besten entwickeln. Regionen mit einer schwachen Ausgangslage können sich somit leichter verbessern, als Gebiete, die in der Vergangenheit bereits gute Werte erzielt haben, auf diesem hohen Niveau aber stagnieren (siehe auch Seite 188).

DIE ZWÖLF WICHTIGSTEN ERGEBNISSE

Wie und wo werden wir in Zukunft leben? Was werden wir arbeiten und mit welchem Einkommen werden wir unser Dasein finanzieren? Wie werden unsere Schulen aussehen und wie wird sich das Zusammenleben mit den aus dem Ausland zugewanderten Menschen entwickeln? Welche Lasten haben unsere Kinder zu tragen?

All diese Fragen hängen eng mit dem demografischen Wandel zusammen. Auf den nächsten Seiten sind die zwölf wichtigsten Problemfelder dieses Wandels zusammengefasst. Doch nach der oft bedrückenden Analyse stellt sich die Frage: Was tun?

Auf die Herausforderungen des demografischen Wandels gibt es keine Patentantworten. Weder werden hierzulande ab morgen ausreichend Kinder geboren, um die über drei Jahrzehnte entstandenen Lücken zu füllen, noch können dies immer neue Zuwanderer leisten. Die dazu erforderliche Anzahl an Migranten würde die Aufnahmefähigkeit selbst einer liberalen und bekennend ausländerfreundlichen Gesellschaft bei weitem überfordern. Mehr Familienfreundlichkeit und eine gesteuerte Zuwanderung sind deshalb die Grundvoraussetzungen für die Zukunftsfähigkeit des Landes. Darüber hinaus gibt es nur eine Anpassung an die zu erwartenden Veränderungen. Das Berlin-Institut benennt eine Reihe von Maßnahmen, mit denen sich die negativen Auswirkungen des Wandels abfedern lassen.

1 Ohne Kinder keine Zukunft

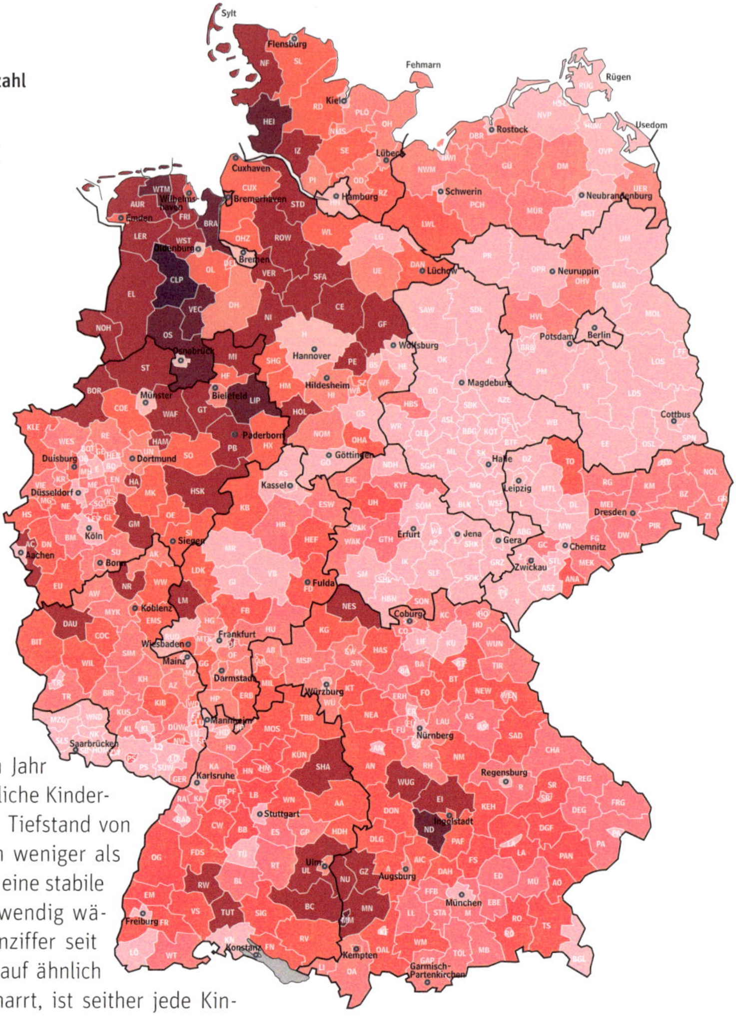

Durchschnittliche Kinderzahl pro Frau 2003 (Datengrundlage: Statistisches Bundesamt)

- 1,3 und weniger
- 1,31 bis 1,4
- 1,41 bis 1,5
- 1,51 bis 1,6
- 1,61 bis 1,7
- mehr als 1,7

In Deutschland lag im Jahr 2004 die durchschnittliche Kinderzahl je Frau auf einem Tiefstand von 1,36. Dies ist deutlich weniger als jene 2,1 Kinder, die für eine stabile Bevölkerungszahl notwendig wären. Weil die Geburtenziffer seit über drei Jahrzehnten auf ähnlich niedrigem Niveau verharrt, ist seither jede Kindergeneration um ein Drittel kleiner als die ihrer Eltern. Dadurch beschleunigt sich der Schwund von Jahr zu Jahr. Lange konnten Zuwanderungen aus dem Ausland den Überschuss der Sterbefälle über die Geburten ausgleichen: Seit dem Jahr 2003 ist auch dies vorbei und die Bevölkerung der Bundesrepublik nimmt seither ab.

Nach wie vor ist ein deutliches Ost-West-Gefälle bei den Kinderzahlen zu beobachten. Während die Fertilität in Ostdeutschland vor dem Fall der Mauer etwas höher als im Westen lag, brach die Kinderzahl je Frau im Osten nach dem Mauerfall um die Hälfte auf einen Wert von 0,7 ein. Bei einer Kinderzahl von 1,37 im Westen und

1,3 im Osten nähern sich mittlerweile die neuen Bundesländer den alten wieder an.

Größere Städte sind generell kinderarm, weil sie den Familien zu wenig geeigneten Entfaltungsraum bieten. Diese bevorzugen das grüne Umland der Städte. Selbst das Ruhrgebiet, Deutschlands größter urbaner Raum, in dem überproportional viele Migranten leben, ist heute so familien- und kinderarm wie die neuen Bundesländer. Den Städten fehlen damit nicht nur Steuerzahler und Konsumenten, sondern ihnen geht auch das demografische Fundament für die Zukunft verloren.

Der mit Abstand meiste Nachwuchs kommt im Westen Niedersachsens zur Welt, in den Kreisen Cloppenburg und Vechta und deren Umland. Die einst arme, landwirtschaftlich geprägte Region ist traditionell kinderreich. Mittlerweile ist sie aber dank einer effizienten Agrarwirtschaft und einer starken mittelständischen Industrie zu einer Vorzeigeregion mit besten Arbeitsmarktdaten geworden. Interessanterweise sind dabei nicht, wie sonst bei einem Wirtschaftsaufschwung üblich, die Kinderzahlen gesunken. Ein Grund dafür sind die vielen Aussiedlerfamilien, die sich in den letzten Jahren in Westniedersachsen niedergelassen haben. Bei ihnen sind Mehrkindfamilien keine Seltenheit. Aber auch ohne diese Auffrischung wäre das Gebiet eines der kinderreichsten der Republik.

Seit Jahrzehnten nimmt in Deutschland der Anteil der Kinderlosen zu. Zudem sinkt die Zahl der Geschwisterkinder kontinuierlich. Dennoch sind die Zweikindhaushalte noch immer die häufigste Familienform. Frauen mit hohen Bildungsabschlüssen haben besonders wenige Kinder. Das liegt daran, dass Familie und Beruf in Deutschland gerade für Qualifizierte schwer zu vereinbaren sind.

Die Entscheidung für Kinder haben in der Vergangenheit überwiegend die Frauen gefällt. In ihrer Hand lag meist auch die Fürsorge für die Nachkommen. Die Männer waren in gewisser

Unverändert niedrig

Bereits Anfang der 1970er Jahre sank in beiden Staaten des geteilten Deutschlands die Kinderzahl je Frau unter 2,1 – jenem Wert, der nötig wäre, um die Bevölkerungszahl ohne Einwanderung stabil zu halten. Im Westen liegt er seither nahezu unverändert bei 1,3 bis 1,4 Kindern. Im Osten Deutschlands gelang es, durch massive Familienförderung die Kinderzahlen in den 1980er Jahren vorübergehend deutlich zu steigern. Nach der Wende fielen sie dann auf den niedrigsten jemals in einem Land gemessenen Wert.

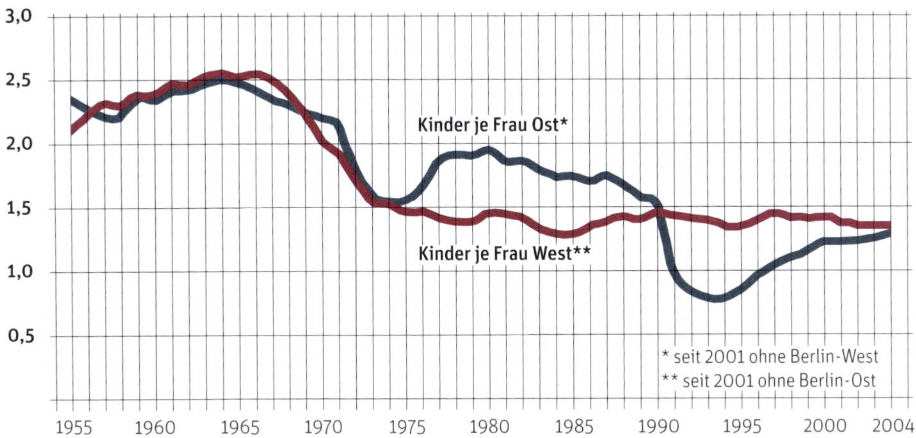

Kinderzahl je Frau 1955 bis 2004 (Datengrundlage: Statistisches Bundesamt)

Weise biologische Erfüllungsgehilfen – und in den meisten Fällen auch die Ernährer der Familie. Heute sind Kinder eher das Ergebnis eines gemeinsamen Projektes.[2] Nach Ansicht des Berliner Familienforschers Hans Bertram fehlt dabei den Männern eher der Mut für eine dauerhafte Partnerschaft und das Abenteuer Familie als den Frauen. Deutsche Männer zwischen 40 und 44 Jahren sind – unabhängig von ihrem Bildungsstand – deutlich häufiger kinderlos als Frauen. Bei den männlichen Akademikern hat sich der Anteil seit 1971 sogar mehr als verdoppelt. Interessanterweise geht der Bindungsunwille der Männer mit einem steigenden Trend einher, nicht aus dem Elternhaus auszuziehen. Während die Hälfte der deutschen Männer mit 25 Jahren noch zuhause wohnt, ziehen die Männer in den kinderreicheren Ländern Dänemark oder Finnland schon wesentlich früher aus. Nur spanische, griechische und italienische Männer hängen noch länger am „Hotel Mama". Entsprechend liegen dort die Kinderzahlen noch niedriger als in Deutschland.

Immer weniger

Seit den Zeiten des Babybooms in den 1960er Jahren ist die Zahl der Kinder in Deutschland um fast die Hälfte gesunken.

Jahr	Geburten in Deutschland
1960	1.261.641
1970	1.047.737
1980	865.789
1990	905.675
2000	766.999
2001	734.475
2002	719.250
2003	706.721
2004	705.631

(Datengrundlage: Statistisches Bundesamt)

Was tun?

1 Kinder selbstverständlich machen. In den meisten Ländern gelten Kinder als Selbstverständlichkeit, während sie in Deutschland häufig als Kosten- und Problemfaktor diskutiert werden. Erst wenn lärmende Kinder nicht mehr als Ruhestörung, sondern als Zukunftsmusik verbucht werden, hat das Land eine Zukunft.

2 Ganztägige Kinderbetreuung sichern. Auch wenn auf dem Papier heute jedes Kind Anspruch auf einen Kindergartenplatz hat, sind Ganztagsplätze vielerorts Mangelware. Vor allem Betreuungseinrichtungen für unter 3-Jährige und Schulkinder gibt es viel zu wenige. Nur eine Ganztagsbetreuung ermöglicht Eltern eine Fortsetzung ihrer Berufstätigkeit – worauf viele der jungen Frauen und Männer hierzulande nicht verzichten wollen.

3 Familie und Beruf vereinbar machen. Unternehmen sollten flexiblere Arbeitszeiten, Universitäten Kindergärten anbieten. Politische Entscheidungen sind vor ihrer Umsetzung auf ihre Familienfreundlichkeit zu prüfen. Eine familienfreundliche Arbeitswelt sollten sich auch die Gewerkschaften auf die Fahne schreiben, die die gesellschaftspolitischen Probleme des demografischen Wandels bisher weitgehend ignoriert haben.

4 Familien mit Kinderlosen finanziell gleichstellen. Trotz Kindergeld stehen Paare, die Kinder zu versorgen haben und obendrein häufig auf ein zweites Einkommen verzichten müssen, vor allem aber Alleinerziehende finanziell häufig viel schlechter da als Kinderlose. Eine deutliche Entlastung von Eltern sollte verhindern, dass Familiengründung Wohlstandsverlust bedeutet.

2 Frauenmangel im Osten

Anzahl Frauen je 100 Männer in der Gruppe der 18- bis 29-Jährigen 2003 (Datengrundlage: Statistisches Bundesamt)

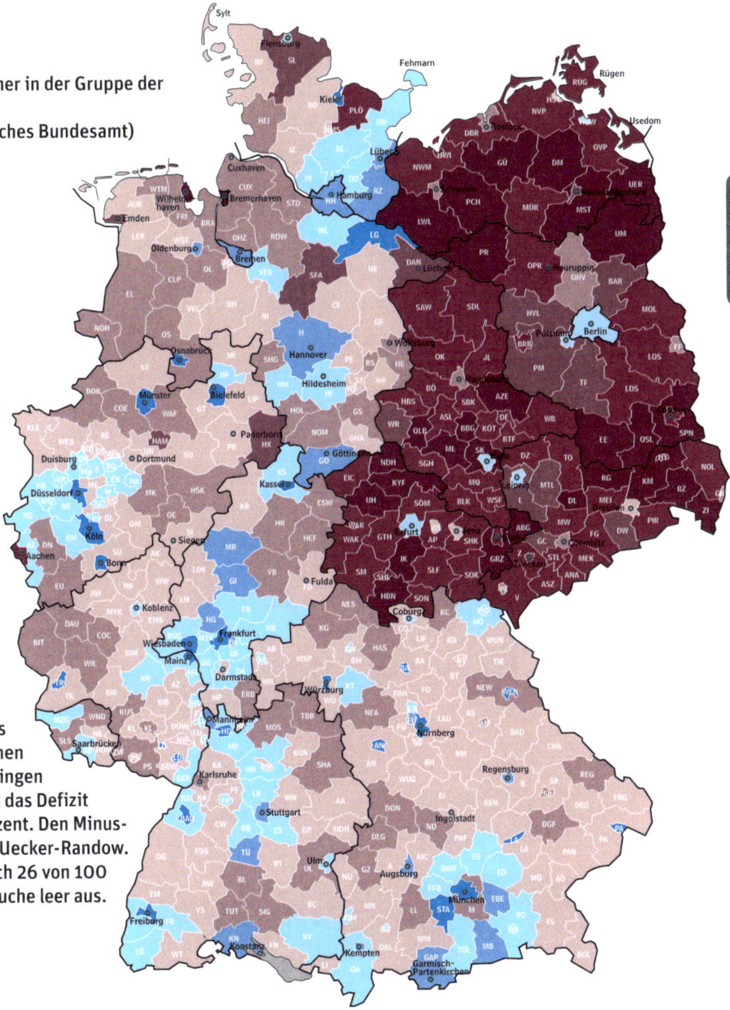

63 Prozent aller Personen, die seit 1991 von Ost- nach Westdeutschland gezogen sind, waren Frauen. Bei den 18- bis 29-Jährigen fehlen in den neuen Bundesländern (mit Berlin) zehn Prozent der weiblichen Bevölkerung. In besonders strukturschwachen Regionen wie Ostsachsen, Nordthüringen oder Vorpommern beträgt das Defizit teilweise mehr als 20 Prozent. Den Minusrekord hält der Landkreis Uecker-Randow. Hier gehen rein rechnerisch 26 von 100 Männern bei der Partnersuche leer aus.

In den ersten Monaten nach dem Fall der Mauer wanderten überwiegend Männer aus dem Osten Deutschlands ab. Doch bereits 1991 überstieg die Zahl der weiblichen Auswanderer aus den neuen Bundesländern deutlich die der Männer – und das blieb so. Zwischen 1991 und 2004 haben 513.000 Frauen die neuen Bundesländer verlassen, die meisten davon im besten Familiengründungsalter zwischen 18 und 29 Jahren. Damit waren 63 Prozent aller Fortzügler weiblich.[3] Dies hat zu einem historisch einmaligen zahlenmäßigen Missverhältnis der Geschlechter zwischen Vorpommern und dem Vogtland geführt. Mittlerweile gibt es dort in den jungen

Erwachsenenjahrgängen der 18- bis 29-Jährigen ein Defizit von etwa 140.000 Frauen. Je 100 Männer dieser Altersklasse lebten 2004 in Ostdeutschland (einschließlich Berlin) nur noch 90 Frauen. Zwei Gründe sind für diese ungleiche Verteilung verantwortlich: Erstens weisen Frauen heute im Durchschnitt bessere Schul- und Ausbildungsergebnisse auf, was es ihnen leichter macht, anderenorts auf Job- oder Studienplatzsuche zu gehen. Darüber hinaus machen sie häufiger

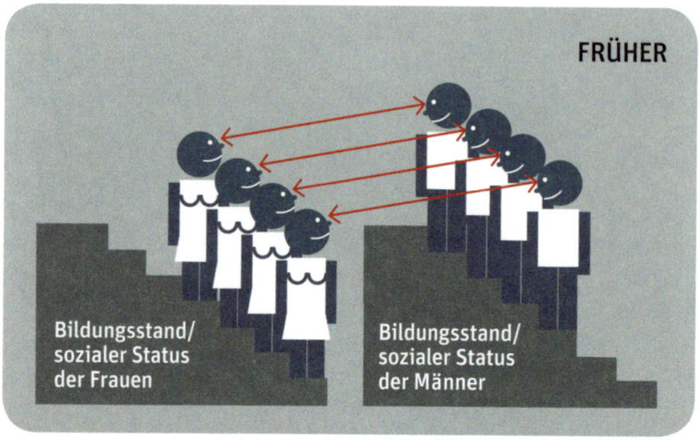

Moderne Zeiten

Früher waren Männer besser gebildet und von höherem sozialen Stand als Frauen. Bei der Partnersuche orientierten sich beide Geschlechter an diesen Verhältnissen, so dass Frauen im Allgemeinen „nach oben" heirateten – also etwa die Krankenschwester den Oberarzt. Ein hoher Prozentsatz der Bevölkerung trug so zur Familiengründung bei.

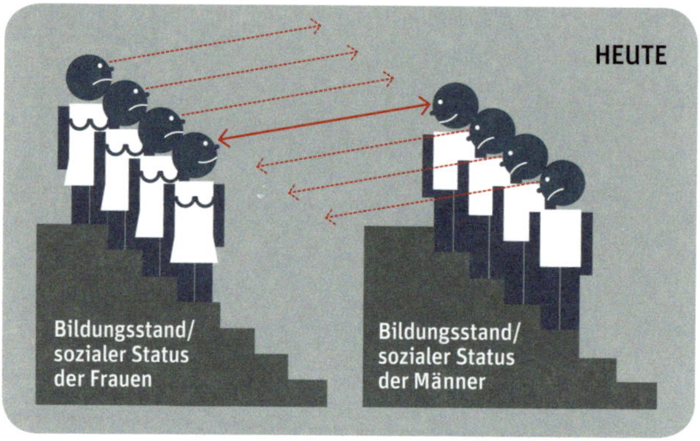

Heute sind jungen Frauen besser qualifiziert als Männer. Auch ihr sozialer Status ist gestiegen. Nur leider hat sich die Erwartungshaltung bei der Partnersuche wenig geändert: Vielfach suchen Männer noch immer eine sozial tiefer stehende Frau zur Familiengründung. Auch Frauen reagieren noch nach diesem Muster, denn selten heiratet die Oberärztin den Pfleger. In der Folge bleiben sowohl hoch qualifizierte Frauen wie auch sozial tief stehende Männer häufig partner- und kinderlos.

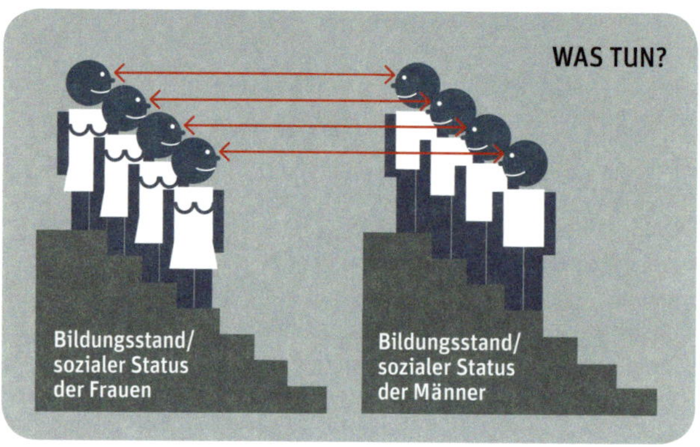

Zur Lösung gibt es theoretisch drei Möglichkeiten: Erstens, die soziale Uhr zurück drehen und Frauen wieder unterprivilegieren. Dies ist aus verschiedenen Gründen nicht zu empfehlen. Zweitens, den Bildungstand der jungen Männer aufbessern. Und drittens und am wichtigsten, die Erwartungshaltung verändern. In modernen Gesellschaften werden dort am meisten Kinder geboren, wo die Gleichstellung der Geschlechter an weitesten fortgeschritten ist und sich Frauen und Männer am ehesten auf gleicher Augenhöhe begegnen.

Abitur und verlassen die Schule wesentlich seltener ohne Abschluss, sind also motivierter als Männer, etwas für ihre berufliche Zukunft zu tun. Und zweitens haben es Frauen deutlich schwerer als Männer, im Osten einen Job zu finden. Während zu DDR-Zeiten für beide Geschlechter eine staatlich verordnete Vollbeschäftigung galt und über 80 Prozent aller ostdeutschen Frauen im erwerbsfähigen Alter einen Beruf ausübten, meist sogar Vollzeit, hat sich der Arbeitsmarkt nach der Wende zuungunsten der Frauen entwickelt. Bereits im Jahr 1992 lag die Arbeitslosenquote der Frauen dort doppelt so hoch wie die der Männer.[4] Da die Erfahrung beruflicher Gleichberechtigung die ostdeutschen Frauen auch über die Wendezeit hinaus prägt, lastet auf ihnen ein deutlich höherer Wanderungsdruck als auf ihren männlichen Altersgenossen. Obwohl sich die Arbeitslosigkeit der Männer mittlerweile an die hohe Quote der Frauen angeglichen hat, zogen auch 2004 noch 20 Prozent mehr Frauen in den Westen.

Frauen erlernen häufig einen Beruf im Dienstleistungsbereich, etwa in Handel, Tourismus, Bildungs- oder Sozialwesen. Gerade an diesen Jobs fehlt es in den ländlichen, strukturschwachen Räumen des Ostens. Die höchsten Frauendefizite haben deshalb Regionen, in denen der Arbeitsmarkt für qualifizierte junge Frauen besonders wenig zu bieten hat: In Vorpommern, Ostsachsen, der Prignitz oder Nordthüringen. Dort ist in einigen Kreisen das Verhältnis von Frauen zu Männern in der Altersgruppe der 18- bis 29-Jährigen auf weniger als 80 zu 100 gesunken. Rein rechnerisch bleibt dort ein Fünftel der jungen Männer partnerlos. Auch in der Praxis gehen diese Männer immer häufiger leer aus, weil die tendenziell besser gebildeten Frauen sich im Allgemeinen ein Gegenüber auf gleichem Niveau oder von höherem sozialem Status suchen.

Bislang ist ungeklärt, welche Folgen eine stark männerlastige Bevölkerung für das Zusammenleben hat. Vor allem, wenn die zurückbleibenden Männer am unteren Rand der Gesellschaft stehen, häufig arbeitslos, schlecht ausgebildet und sozial unterprivilegiert sind. Es ist zu erwarten, dass dieses zum Teil extreme Geschlechtermissverhältnis ein erhöhtes Konfliktpotential in sich birgt. Das Ungleichgewicht hat dramatische Folgen für die weitere demografische Entwicklung: Denn die Frauen, die fort gegangen sind, werden bestenfalls anderenorts Kinder bekommen. Und die zurück gelassenen, sozial schwachen Männer tragen ihrerseits kaum mehr zur Familiengründung bei.

Was tun?

1 Dörfer, Städte und Unternehmen familienfreundlich machen. Um beide Geschlechter an eine Region zu binden, muss es die Möglichkeit geben, Familiengründung und die Berufstätigkeit beider Partner unter einen Hut zu bekommen. Kommunen wie Arbeitgeber können nur verlieren, wenn sie dieses Bedürfnis übersehen. Flexible, familienfreundliche Arbeitszeiten und das Angebot an Männer, eine Erziehungsauszeit zu nehmen, gehören deshalb zu den wichtigsten Zukunftsinvestitionen.

2 Gezielt Arbeitsplätze für Frauen anbieten. In absehbarer Zeit werden in den neuen Bundesländern qualifizierte technische Fachkräfte fehlen. Die Unternehmen werden zunehmend Probleme bekommen, (meist männliche) Techniker anzuwerben oder zu halten, wenn sie deren ebenfalls qualifizierten Partnerinnen keine Stelle vermitteln können.

3 Männliche Jugendliche stärker unterstützen. Förderprogramme für Frauen sind auf dem Arbeitsmarkt nach wie vor nötig. Doch in den Schulen und Ausbildungsstätten sind die jungen Männer häufiger die Problemfälle. Sie bringen schlechtere Leistungen, sind häufiger verhaltensauffällig und sozial weniger kompetent. Als Schulversager haben sie weder auf dem Arbeitsmarkt noch bei der Partnersuche eine Chance.

3 Eine neue Unterschicht verlässt die Schulen

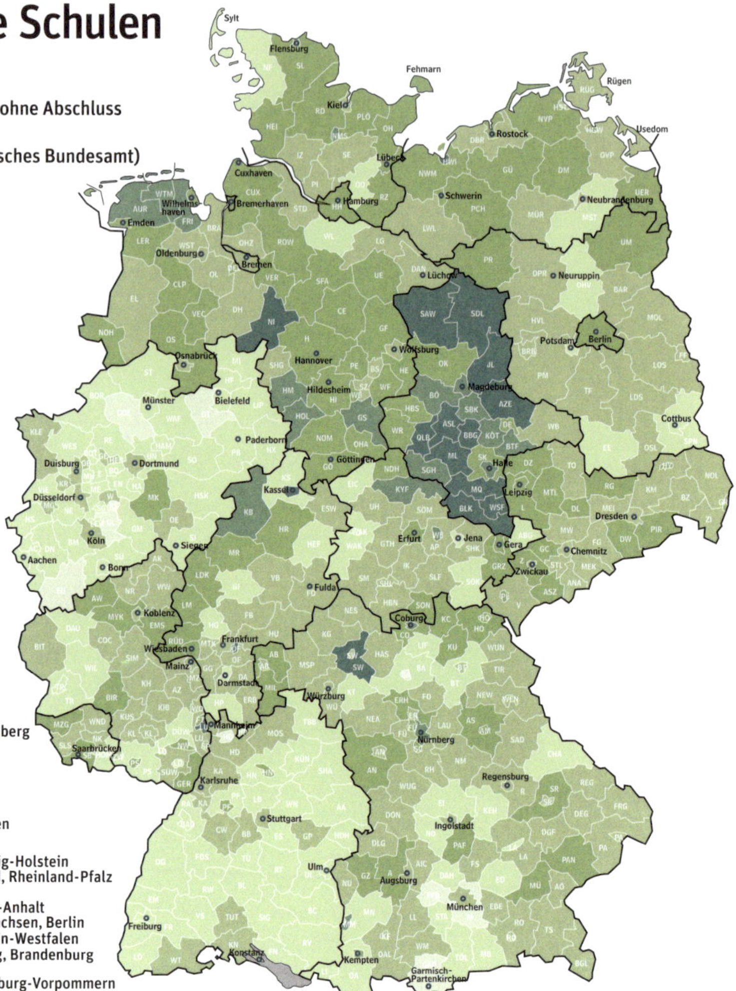

Anteil der Schulabgänger ohne Abschluss in Prozent 2003 (Datengrundlage: Statistisches Bundesamt)

- 5 und weniger
- 5,01 bis 7,5
- 7,51 bis 10
- 10,01 bis 12,5
- 12,51 bis 15
- mehr als 15

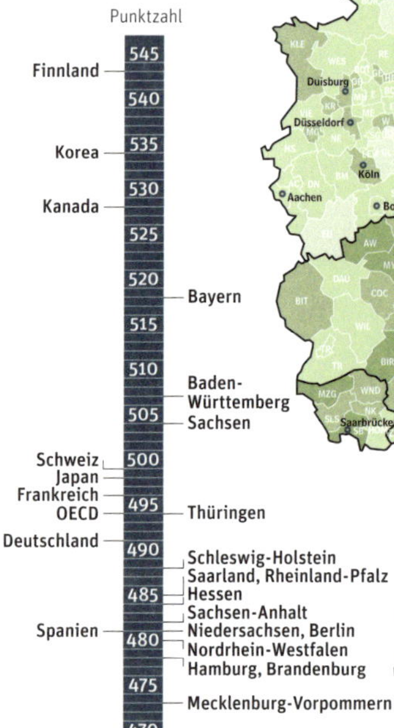

Lesen: ungenügend

Obwohl in Ländern wie Nordrhein-Westfalen und Bremen relativ wenige Schüler ohne Schulabschluss bleiben, bleibt deren Lesekompetenz ungenügend. Offenbar wurden dort einfach die Anforderungen gesenkt. (Datengrundlage: Pisa 2003 Ergebnisse der Lesekompetenz)

Rund neun Prozent aller Jugendlichen verlassen das deutsche Schulsystem ohne Abschluss. Einem Teil davon gelingt es, diesen später auf der Berufsschule nachzuholen, doch viele der jungen Menschen haben kaum die Chance, einen Ausbildungsplatz zu finden. Vielmehr gleiten sie häufig direkt in die Arbeitslosigkeit ab. Schon heute ist ein Viertel der gering Qualifizierten ohne Job.[5] Regional gibt es große Unterschiede im Ausbildungsniveau der Jugendlichen. Sachsen-Anhalt hat mit 14,3 Prozent die höchste Rate an Schulabgängern ohne Abschluss. In den Stadtstaaten Hamburg und Berlin sind es elf, in Nordrhein-Westfalen lediglich sieben Prozent. Hinter den vermeintlich guten Werten Nordrhein-Westfalens verbirgt sich freilich nur eine Scheinqualifikation. An Rhein und Ruhr hat man lediglich die Anforderungen gesenkt und händigt den Schülern auch bei schlechten Leistungen noch ein Abschlusszeugnis aus.

Dies zeigt sich auch an den Ergebnissen der Pisa-Studie: Trotz geringer Schulabbrecherquote und hoher Abiturientenanteile liegen die nordrhein-westfälischen Schüler in ihren Bildungswerten deutlich unter jenen ihrer Kollegen etwa aus Bayern, Baden-Württemberg oder Sachsen. Mit schlecht ausgebildeten jungen Menschen und hoher Arbeitslosenquote droht insbesondere dem Ruhrgebiet ein weiterer Rückschlag im wirtschaftlichen Wettbewerb der Regionen. Die Pisa-Studie hat zudem gezeigt, dass der Bildungserfolg in Deutschland besonders stark vom sozialen Status der Eltern abhängt, weshalb Migrantenkinder sich im Mittel durch schlechte Schulleistungen auszeichnen.

Aus den unqualifizierten Schulabbrechern entsteht derzeit eine neue Unterschicht. Sie lebt vorwiegend in Städten und in jenen Regionen, die stark von Abwanderung betroffen sind. Denn dort, wo die Wirtschaft lahmt, machen sich zuerst die besser Ausgebildeten auf die Reise. Die neue Unterschicht rekrutiert sich vor allem aus jungen Männern, die häufig aus Migrantenfamilien stammen. 20 Prozent der Ausländerkinder erhalten nicht einmal ein Hauptschulzertifikat, zwei Drittel der Schulabgänger ohne Abschluss sind Jungen. Das Bildungsniveau der Mädchen ist durchweg besser – vor allem in der Lesekompetenz. Junge Frauen machen häufiger Abitur als ihre männlichen Kollegen, erzielen bessere Noten und studieren häufiger.

In Zukunft muss Deutschland mit weniger Köpfen mehr Leistung erzielen. Unzureichend ausgebildete junge Menschen gefährden somit Wohlstand und Wachstum.

Was tun?

1 Beitragsfreie Betreuung für Kinder in Ganztages-Einrichtungen anbieten. Mindestens ein Vorschuljahr (wie etwa in den Niederlanden) verpflichtend einführen. Dies ist notwenig, um die Kinder vor dem Eintritt in die Schule auf den gleichen Stand der Sprachfähigkeit zu bringen und die durch sozialen Status bedingten Chancenungleichheiten rechtzeitig zu mildern.

2 Begabungsunterschiede akzeptieren. Es existiert in jeder Bevölkerungsgruppe eine statistische Verteilung von Begabung und Intelligenz. Nur ein bestimmter Teil der Menschen ist in der Lage, intellektuelle Höchstleitungen zu vollbringen. Deshalb sollten die Kinder in allen Gesellschaftsschichten, ob arm oder reich, einheimisch oder ausländisch, ihren Fähigkeiten entsprechend gefördert werden. Und zwar früh, um die speziellen Lernkompetenzen im Alter von drei bis sechs Jahren besser auszunutzen. Voraussetzung dafür ist ein ausreichend geschultes pädagogisches Personal bereits in den Kindergärten.

3 Kürzere Ausbildungs- und Studienzeiten einführen. In kaum einem Industrieland beginnen die Menschen so spät mit dem Berufsleben wie in Deutschland. Dies bewirkt eine zu lange Abhängigkeit vom Elternhaus, behindert die finanzielle Selbstständigkeit und das Erwachsenwerden. Und es lässt wenig Zeit zum Familiengründen.

4 Bundesweite Standards hinsichtlich der Lehrpläne und Prüfungsanforderungen erstellen. Nur so können Lehrbetriebe ihre Lehrlinge nach einheitlichem Standard auswählen und Hochschulen ihren Zweck als weiterbildende Anstalten wirklich erfüllen. Bisher beginnen die jungen Menschen ihre Ausbildung mit extremen Qualifikationsunterschieden.

4 Hoher Aufwand für wenige Menschen

Siedlungs- und Verkehrsfläche pro Kopf und Bevölkerungsentwicklung bis 2020 (Datengrundlage: Statistisches Bundesamt)

dünne Besiedlung, Bevölkerung

- nimmt zu
- bleibt gleich
- nimmt ab

mittlere Besiedlung, Bevölkerung

- nimmt zu
- bleibt gleich
- nimmt ab

dichte Besiedlung, Bevölkerung

- nimmt zu
- bleibt gleich
- nimmt ab

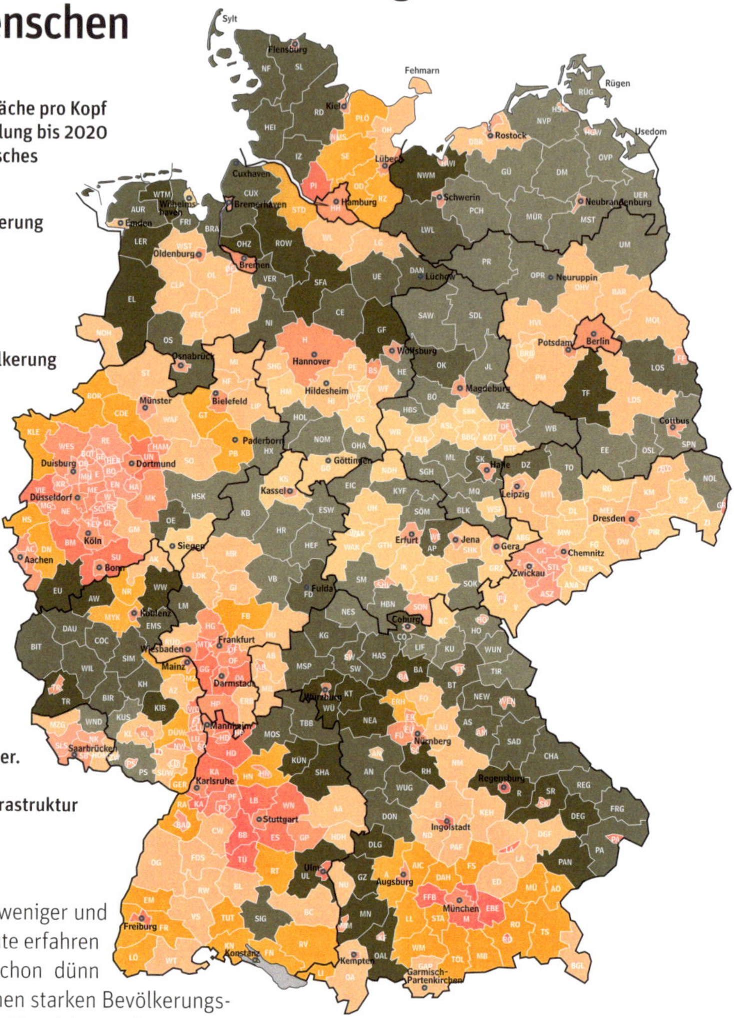

Dünn besiedelte Regionen haben bereits heute die größte Siedlungs- und Verkehrsfläche je Einwohner. Immer weniger Menschen müssen dort eine teure Infrastruktur finanzieren.

Die Deutschen werden weniger und immer älter. Bereits heute erfahren abgelegene, ohnehin schon dünn besiedelte Regionen einen starken Bevölkerungsrückgang, der sich bis 2020 nicht nur fortsetzen, sondern ausdehnen wird. In diesen Gebieten ist kaum zu erwarten, dass neue Arbeitsplätze entstehen, um die jungen Menschen zu halten. So sterben nach und nach die Dörfer – vor allem in den ostdeutschen Ländern Mecklenburg-Vorpommern, Thüringen und Sachsen-Anhalt. Zeitversetzt erleben Nordhessen, Südniedersachsen oder Oberfranken die gleiche Entwicklung. Europaweit ist dieses Phänomen der Landflucht zu beobachten.

Die Planungen (lange Zeit auch für den „Aufbau Ost“) bauen allerdings oft noch auf der Vorstellung von Bevölkerungswachstum auf und beschränkten sich häufig auf eine Verteilung von „mehr“:

Mehr Einwohner, mehr Wohnungen, mehr Gewerbeflächen, mehr Wirtschaftskraft, mehr Einnahmen. Doch längst geraten die Finanzen der Schrumpfregionen unter Druck, denn weniger Einwohner bedeuten sinkende Steuererträge, weniger Ausgleichszahlungen und sinkende Gebühreneinnahmen. Die Tatsache, dass vorwiegend junge Menschen wegziehen, verschärft die Lage zusätzlich. Denn bereits die über 50-Jährigen konsumieren weniger als Jüngere. Mit dem Renteneintritt sinkt auch die zu zahlende Einkommenssteuer rapide. In einigen Schwundgebieten liegt bald schon die Hälfte der Kaufkraft in Rentnerhand.

Gleichzeitig steigen die Kosten für die technische und soziale Infrastruktur – für Verkehrsnetze, Ver- und Entsorgungseinrichtungen, Theater, Sportstätten oder Freizeitanlagen. Gas-, Wasser- und Stromversorger haben hohe Fixkosten, die auch dann unverändert bleiben, wenn weniger Menschen diese Einrichtungen nutzen. Bei Abwassernetzen machen diese Kosten rund drei Viertel der Gesamtmenge aus. Die technische Infrastruktur wird aber stets für lange Zeiträume geplant – eine Wasserleitung etwa soll bis zu 80 Jahre halten. Entsprechend lang sind die Abschreibungszeiten. Überdimensionierte Einrichtungen hängen den Schwundkommunen deshalb wie ein teurer Klotz am Bein. Entweder sie werden unter steigenden Kosten für immer weniger Menschen weiterbetrieben. Oder sie müssen neu und kleiner gebaut werden, was ebenfalls teuer ist, zumal, wenn die Altanlagen auch noch abgerissen werden müssen. Zusatzkosten entstehen auch in anderen Bereichen: Wo sich nicht mehr genug junge Leute für die Freiwillige Feuerwehr finden, muss die Berufsfeuerwehr ran und die will bezahlt sein. In der Folge steigen die Gebühren für die verbliebenen Einwohner, was die Standortqualität weiter verschlechtert. Noch mehr Abwanderung ist die Folge. Vor allem dann, wenn auch die letzte Schule ihre Pforten schließt. Dann packen die Familien ihre Koffer.

Doch während sich Schulen schließen und Bus- und Bahnlinien stilllegen lassen, können die Kosten für die öffentliche Verwaltung häufig nicht in dem Maße reduziert werden, wie die Einwohnerzahl sinkt. Bleibt alles beim Alten, müssen die Kommunen einen immer größeren Teil ihrer sinkenden Einnahmen für Personal- und sonstige Festkosten aufwenden und haben immer weniger Spielraum für Investitionen. Im schlimmsten Fall nehmen sie Schulden auf, um laufende Ausgaben zu decken – Verbindlichkeiten, deren Rückzahlung künftig immer kleiner werdenden nachwachsenden Generationen aufgebürdet werden.

Was tun?

1 Sämtliche öffentlichen Ausgaben auf ihre „Demografiesicherheit" überprüfen. Kommunale Aufgaben auf das Notwendige reduzieren. Vieles kann von privaten Anbietern kostengünstiger und vor allem flexibler angeboten werden. Schrumpfende Regionen sollten Personal und Schulden abbauen, um nicht in eine Kostenfalle zu geraten.

2 Neue Wege gehen. Kreativität und bürgerschaftliches Engagement können die Lebensqualität bei geringen Kosten verbessern. Ruftaxen, die von pensionierten Freiwilligen gefahren werden, sind billiger als Busse. In Zwergschulen kann auch ein Dutzend Kinder noch gut unterrichtet werden und eine rollende Bankfiliale oder ein fahrender Bäcker können den Weg in die nächste Stadt ersparen.

3 Entleerung zulassen. In stark schrumpfenden Regionen sollten wichtige Bildungs-, Sozial-, oder Kultureinrichtungen nur noch an wenigen Zentren vorgehalten werden. Nur so lassen sich angesichts knapper Kassen die Menschen in der Fläche mit den notwendigen Leistungen wenigstens an den zentralen Orten versorgen.

5 Arbeit ist die beste Integration

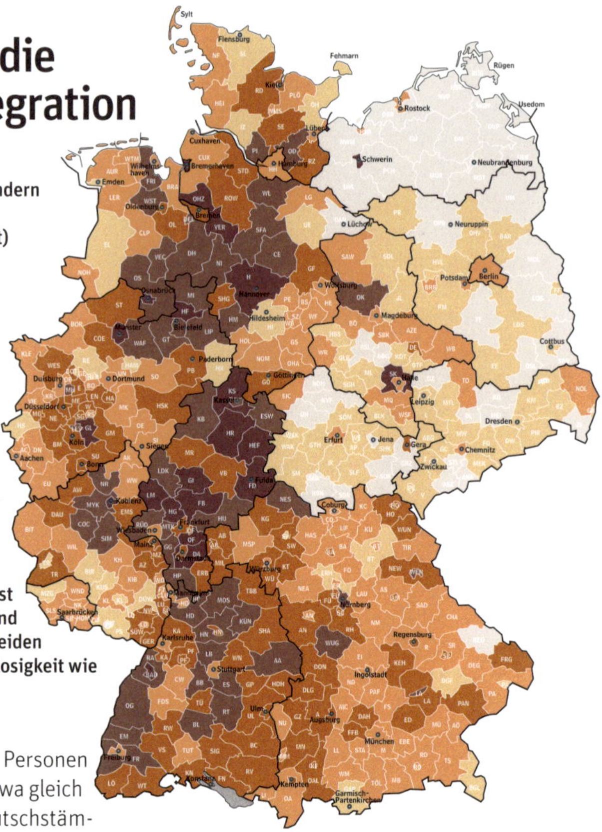

Arbeitslosigkeit und Sozialhilfe von Ausländern im Verhältnis zu Deutschen 2003 (Datengrundlage: Statistisches Bundesamt)

- 1 und weniger
- 1,01 bis 1,5
- 1,51 bis 2
- 2,01 bis 2,5
- 2,51 bis 3
- mehr als 3

Seit einem Dritteljahrhundert ist Deutschland ein Einwanderungsland. Doch gekümmert haben sich die Deutschen wenig um ihre Neubürger. Oder diese hatten wenig Interesse, sich einzugliedern. Offensichtlichste Folge der mangelnden Integration ist die überproportional hohe Arbeitslosen- und Sozialhilfequote unter Ausländern. Diese leiden im Schnitt doppelt so häufig unter Arbeitslosigkeit wie die Alteingesessenen.

In Deutschland leben 7,3 Millionen Personen mit ausländischem Pass sowie eine etwa gleich hohe Zahl an Eingebürgerten und deutschstämmigen Aussiedlern, die vorwiegend aus dem Gebiet der ehemaligen Sowjetunion stammen. Insgesamt hat damit etwa jeder sechste Einwohner Deutschlands einen „Migrationshintergrund". Weil die Ausländer in den 1960er Jahren als Industriearbeiter angeworben wurden, haben sie sich vor allem in den großen Städten niedergelassen. Weitere Zuwanderer folgten dorthin, wo bereits Landsleute saßen. Bis heute liegt deshalb der Ausländeranteil in ländlichen Gebieten niedrig – aber auch in ganz Ostdeutschland, wo es zu DDR-Zeiten kaum Zuwanderung gab.

Trotz der hohen Zuwanderungszahlen können die rund 14 Millionen Migranten die demografischen Lücken Deutschlands nicht länger füllen. Einer Prognose des Statistischen Bundesamtes zufolge wird trotz einer angenommen Netto-Einwanderungszahl von 200.000 Personen pro Jahr die Bevölkerung Deutschlands bis 2050 um acht Millionen abnehmen. Möglicherweise sogar um deutlich mehr, denn in den Jahren 2003 und 2004 kamen im mittleren Saldo nur noch rund 110.000 Personen ins Land.

Große Teile der Ausländer sind schlecht integriert. Dies zeigt sich daran, dass sie mehr als doppelt so häufig von Arbeitslosen- oder Sozialhilfe abhängig sind wie Deutsche. Die Kinder der Zugewanderten nehmen das hiesige Bildungsangebot nur unzulänglich wahr. An Hauptschulen sind sie mehr als zweimal so häufig, an Gymnasien nicht einmal halb so oft vertreten, wie es ihrem Bevölkerungsanteil nach zu erwarten wäre. Dafür bleiben 18 Prozent der Ausländerkinder ganz ohne Schulabschluss, was den Weg in die Arbeitslosigkeit fast programmiert. Die zweite und dritte Generation von Migranten ist deshalb oft noch

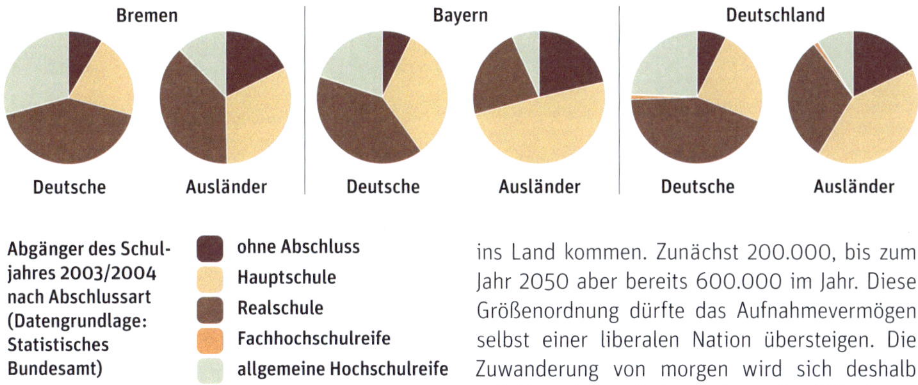

Abgänger des Schuljahres 2003/2004 nach Abschlussart (Datengrundlage: Statistisches Bundesamt)

schlechter integriert als die ihrer Eltern. Obwohl die Zugewanderten aufgrund ihres vergleichsweise jungen Alters bei der Einreise und der höheren Kinderzahl der Einwanderfamilien eigentlich einen ökonomischen und demografischen Nutzen für die Gesellschaft darstellen, werden sie bei schlechter Integration zu einem Kostenfaktor.

Generell sind die statistischen Daten über Ausländer in Deutschland unzureichend.[6] Sowohl die Einwohnermelderegister wie auch das Ausländerzentralregister gelten als stark fehlerhaft. Die Zahl der illegal hier lebenden Ausländer kann nur grob geschätzt werden. Je nach Annahme sind es 100.000 bis zu einer Million.[7] Über Aussiedler und eingebürgerte Ausländer erhebt die deutsche Statistik überhaupt keine Daten. Sie werden in den Zahlenkolonnen wie alteingesessene Deutsche geführt, als würden sich alle Anpassungsprobleme automatisch mit dem Erhalt eines deutschen Passes auflösen. Der Bildungs- und Integrationsstand dieser Menschen ist deshalb nicht systematisch zu ermitteln.

Trotz der massiven Integrationsprobleme braucht Deutschland Zuwanderung. Ohne sie würde die Bevölkerung in den nächsten 20 Jahren noch stärker als ohnehin schon altern und schrumpfen. Ganz ohne Zustrom von außen würden bei gleich bleibend niedrigen Kinderzahlen im Deutschland von 2100 gerade noch 24 Millionen Menschen leben.[8] Um den Bevölkerungsschwund annähernd wettzumachen, müssten jährlich steigende Zahlen von Zuwanderern ins Land kommen. Zunächst 200.000, bis zum Jahr 2050 aber bereits 600.000 im Jahr. Diese Größenordnung dürfte das Aufnahmevermögen selbst einer liberalen Nation übersteigen. Die Zuwanderung von morgen wird sich deshalb auf Menschen mit besonderen Qualifikationen konzentrieren müssen, die sich problemlos in den Arbeitsmarkt integrieren lassen und dem Gemeinwesen nützen.

Was tun?

1 Den Kindern der in Deutschland lebenden Migranten die gleichen Bildungschancen geben wie Einheimischen. Besonders wichtig ist der Erwerb der deutschen Sprache bereits im Vorschulalter, wenn das Fenster für das Erlernen von Sprache weit offen steht. Dies gelingt am besten in Kindergärten, in denen mehrheitlich deutsch gesprochen wird.

2 Das Zuwanderungsgesetz so umgestalten, dass Migranten nach den Bedürfnissen des Arbeitsmarktes angeworben werden können. Weil die Zahl der Erwerbsfähigen bald schon deutlich zurückgehen wird, sind an dem High-Tech-Standort Deutschland künftig vor allem hoch qualifizierte Zuwanderer gefragt.

3 Akzeptanz auf beiden Seiten fördern. Schulen, Nachbarschaftsinitiativen, Sportvereine sowie alle anderen Institutionen der Bürgergesellschaft sind ideale Orte der Integration. Funktionierende Modelle sollten analysiert und anderenorts vervielfältigt werden.

6 Sozialsysteme in Gefahr

Als Reichskanzler Bismarck im Jahr 1889 die ursprünglich kapitalgedeckte Rentenversicherung einführte, war die Altersversorgung vergleichsweise einfach zu finanzieren:[9] Viele Menschen fingen damals schon mit 15 Jahren an zu arbeiten und erst mit 70 ging man in Rente. Dieses begnadete Alter erreichten damals gerade mal drei Prozent aller Bürger.[10]

Nach zwei Währungsreformen, die alles angehäufte Geld vernichtet hatten, wurde die Rentenversicherung 1957 auf eine Umlagenfinanzierung umgestellt. Jede Generation finanziert so mit ihren Beiträgen nicht ihre eigene Altersversorgung, sondern die der Eltern und Großeltern. Jede Einzahlung wird sofort an die Empfänger weitergeleitet. Vorräte werden nicht angelegt. Schon damals forderten führende Ökonomen, das für die Sicherheit des Systems unabdingbare Aufziehen von Kindern mit in die Rechnung einzubeziehen, etwa durch eine Kinderrente für Eltern und Extrabeiträge für Kinderlose. Der damalige Bundeskanzler Konrad Adenauer setzte sich mit dem Argument „Kinder bekommen die Leute sowieso“ gegen diese Formel durch. Seither steigen die Beiträge zur gesetzlichen Rentenversicherung. Das Prinzip der Frühverrentung sowie die solidarische Aufnahme von Aussiedlern und ehemaligen DDR-Bürgern in das System haben die umlagenfinanzierte Rente de facto ausgehebelt. Zusätzlich mangelt es

Verkehrte Welt

Heute, wo der Durchschnittsbürger mit etwas über 60 Jahren in Rente geht, lebt ein Viertel der Gesamtbevölkerung im Pensionsalter. Im Jahr 2050 werden 37 Prozent aller Deutschen die 60 überschritten haben. Entsprechend wenige Erwerbstätige stehen dann zur Finanzierung der Rentenversicherung bereit.

Deutschland im Jahr 2005

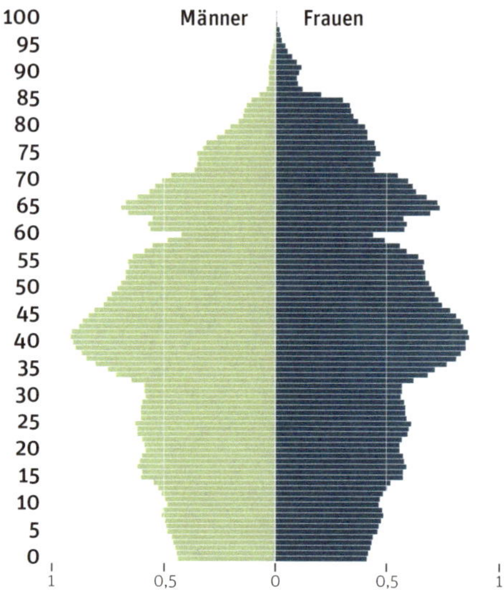

Deutschland im Jahr 2050

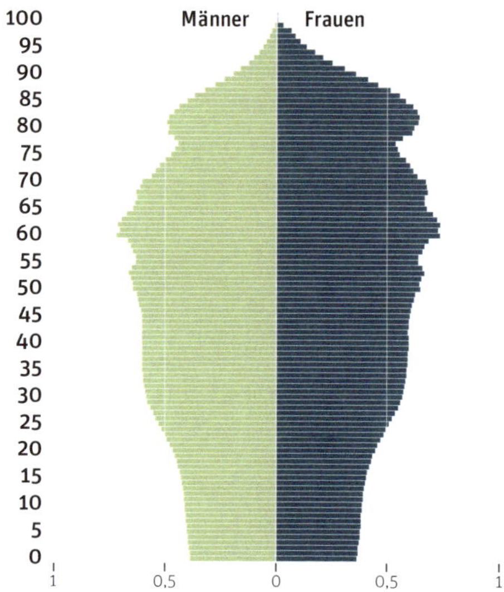

Anteil der jeweiligen Altersklassen in Prozent der Gesamtbevölkerung (Datengrundlage: Statistisches Bundesamt)

aufgrund der vielen Arbeitslosen an Einzahlern. Heute stammen jährlich über 80 Milliarden Euro der ausgezahlten Renten aus dem Staatshaushalt.[11] Zu über einem Drittel ist das System damit steuerfinanziert.

Das eigentliche demografische Problem der Rentenkassen steht allerdings noch bevor. Denn heute stehen die geburtenstarken Jahrgänge der 1960er Jahre im Erwerbsleben. Wenn sie, etwa von 2015 an, in den Ruhestand gehen, verändert sich das Verhältnis von Einzahlern zu Rentenempfängern von heute etwa 2:1 in Richtung 1:1. Entweder gilt es dann den Einzahlern mehr abzunehmen oder den Empfängern weniger auszuhändigen. Tatsächlich hat schon seit einigen Jahren mit der Einführung des „Nachhaltigkeitsfaktors“ die Ära nominal stagnierender, inflationsbereinigt also sinkender Rentenbezüge begonnen.

Kindermangel und steigende Lebenserwartung lassen das ganze Land bald schon sehr alt aussehen. Im Jahr 2020 werden 24 Millionen über 60-Jährige in Deutschland leben – vier Millionen mehr als heute. Die Zahl der alten Menschen, die einer besonderen Pflege bedürfen, wird in den kommenden drei Jahrzehnten zunächst um 20 Prozent und später auf noch höhere Werte ansteigen.[12] Diese Hochaltrigen, die in der Vergangenheit oft durch Töchter oder Schwiegertöchter gepflegt wurden, bedürfen in zunehmendem Maße einer professionellen und damit kostenintensiven Betreuung. Denn diese klassische Art der Fürsorge wird dort zum Problem, wo es mangels Nachwuchs weniger Töchter und mangels langlebiger Ehebeziehungen immer weniger Schwiegertöchter gibt.

Ein besonderes Thema stellt die Alterung von Behinderten dar. Diese Bevölkerungsgruppe, die durch den medizinischen Fortschritt ein deutlich höheres Alter erreicht als früher, wird häufig noch von ihren eigenen Eltern umsorgt. Da diese aber selbst in ein Alter kommen, in dem sie sich immer weniger um ihre Kinder kümmern können, kommen auf Betreuungseinrichtungen und Pflegepersonal Aufgaben zu, die bisher in keiner Weise erkannt, geschweige denn abgedeckt sind.

Jährliche Gesundheitskosten je Einwohner nach Altersgruppen in Euro 2002 (Datengrundlage: Statistisches Bundesamt)

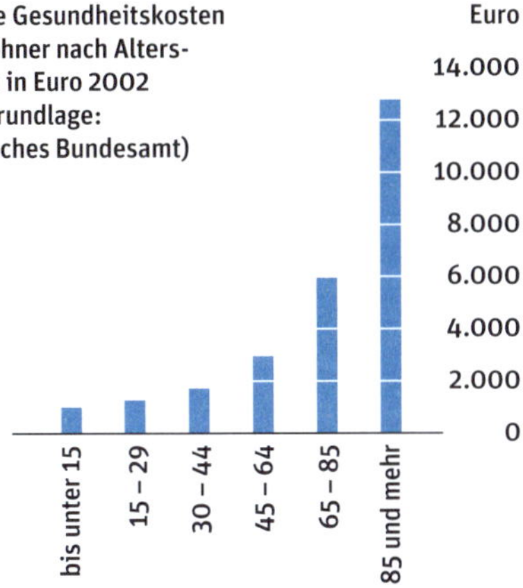

Was tun?

1 Kinderlose stärker zur Finanzierung der Sozialsysteme heranziehen. Studien zufolge leisten Eltern je Kind einen gesellschaftlichen Beitrag von etwa 80.000 Euro.[13] Um diese Summe müssten Familien ent- oder Kinderlose belastet werden, um eine finanzielle Gleichbehandlung von Eltern und Kinderlosen zu erreichen.

2 Länger arbeiten. Eine Gesellschaft, die wenig Nachwuchs hat, die gewonnenen Lebensjahre aber dennoch im Wohlstand verbringen will, muss zwangsläufig auch im Alter volkswirtschaftlich produktiv bleiben.

3 Privat vorsorgen. Die Versicherten sollten im Krankheitsfall die erforderliche medizinische Grundversorgung erhalten. Weitergehende Maßnahmen sind über eine private Zusatzversicherung zu finanzieren. Das gleiche Prinzip gilt für die Pflegeversicherung.

4 Renteneintritt komplett freistellen. Dafür ist es notwendig, die versicherungsmathematisch korrekten Zu- und Abschläge auf die Rentenzahlungen einzuführen. Das heißt: Wer früh in Rente gehen will, erhält weniger Zahlungen. Wer länger arbeitet, kann auf eine bessere Versorgung bauen.

7 Deutschland wird zur Altenrepublik

Die Lebenserwartung der Deutschen ist im zurückliegenden Jahrhundert um über 30 Jahre gestiegen. Dies ist eine gute Nachricht, denn wir werden nicht nur immer älter, sondern erleben die gewonnenen Jahre auch bei erstaunlich guter Gesundheit. Noch nie in der Geschichte der Republik gab es so viele „junge" 60- und 70-Jährige, die sich engagiert und leistungsfähig für die Gesellschaft einsetzen – oder dies zumindest tun könnten. Etwa drei Viertel der Lebenszeit jenseits der 65 lassen sich ohne wesentliche gesundheitliche Beeinträchtigungen verbringen.

Der individuelle Vorteil des längeren Lebens schlägt sich bisher allerdings nicht in einem gesellschaftlichen Nutzen nieder. Denn die Menschen, die sich über die gewonnenen Jahre freuen können, haben so wenige Kinder in die Welt gesetzt, dass die wenigen Jüngeren schon bald nicht mehr die Kosten werden tragen können, die von der wachsende Zahl der Rentner und Pensionäre verursacht werden. Kindermangel und steigende Lebenserwartung werden das ganze Land bald schon sehr alt aussehen lassen: Der Anteil der 65- bis 79-Jährigen an der Gesamtbevölkerung wird bis 2020 um fünf Prozent zunehmen, jener der über 80-Jährigen aber bereits um 60 Prozent.

Das Leben jenseits des klassischen Pensionsalters wird sich zukünftig in zwei Teile aufspalten. Der erste Teil wird seine Funktion als reine Konsum- und Freizeitphase verlieren. Denn angesichts der Krise der Rentensysteme wird diese Phase je nach Fähigkeiten und finanziellen Bedürfnissen mit Erwerbsleben oder bürgergesellschaftlichem Engagement zu füllen sein. Die Voraussetzungen dafür sind so gut wie nie zuvor: Die geburtenstarken Jahrgänge der „Babyboomer", die in den nächsten Jahren dem Rentenalter nahe kommen, sind die erste deutsche Generation mit ungewöhnlich hohem Bildungsstand und einem hohen Anteil an Abiturienten und Hochschulabgängern. Diese gute Grundausstattung lässt sich aber nur durch gute Weiterbildung in eine Qualifikation umwandeln, die den Anforderungen einer Wissensgesellschaft gewachsen sind. Der zweite

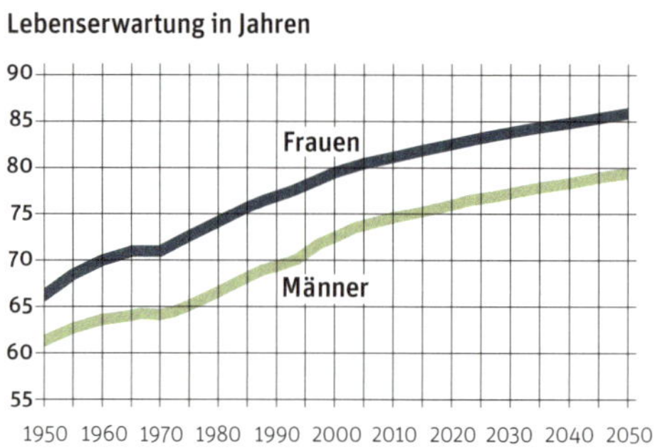

Entwicklung der Lebenserwartung bei der Geburt 1950 bis 2050 (Datengrundlage: United Nations Population Devision)

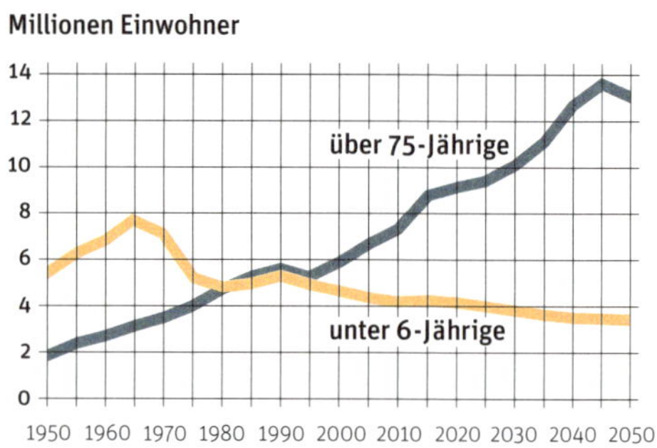

Entwicklung der unter 6- und über 75-Jährigen an der Gesamtbevölkerung 1950 bis 2050 (Datengrundlage: Statistisches Bundesamt)

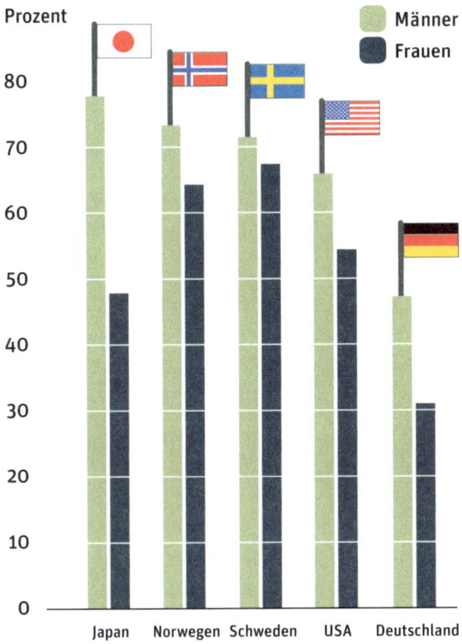

Erwerbsbeteiligung der 55- bis 64-Jährigen (Datengrundlage: OECD)

Teil des Rentnerdaseins, die so genannte Hochaltrigkeit, treibt eine steigende Zahl von Menschen in die Abhängigkeit (siehe auch Seite 32).

Bisher ist Deutschland weit davon entfernt, das Potenzial seiner fähigen älteren Menschen zu nutzen. In Deutschland stehen lediglich 41 Prozent der Männer und kaum mehr als 30 Prozent der Frauen im Alter von 50 bis 65 Jahren in Lohn und Brot. In vergleichbaren Industrienationen sind es deutlich mehr. Weniger als die Hälfte aller deutschen Betriebe beschäftigt derzeit über 50-Jährige. Die Arbeitslosigkeit in dieser Alterklasse liegt bei über 30 Prozent. Generell gibt es in Deutschland wenig Anreize, im Alter ökonomisch aktiv zu sein. Nach wie vor werden produktive Menschen zu Lasten der Sozialsysteme frühverrentet. Für viele Berufe wie Richter oder Ärzte gibt es Altersgrenzen für eine Arbeitserlaubnis. Einige Großkonzerne, wie etwa das Medienunternehmen Bertelsmann, entlassen Vorstandsmitglieder mit dem 60. Lebensjahr aus ihrer Funktion. Dass sich die Schaffenskraft allerdings nicht an künstlich gesetzte Grenzen orientiert, belegt ein Beispiel aus den frühen Tagen der Bundesrepublik: Konrad Adenauer war mit 73 Jahren noch jung genug, um einen völlig neuen, verantwortungsvollen Posten anzutreten – den des Bundeskanzlers.

Was tun?

1 Lebenslang lernen. Eine Industrienation, die international wettbewerbsfähig bleiben will, in der aber zu wenig junge, kreative Köpfe nachwachsen, muss aus älteren Köpfen junges Wissen generieren. Das ist nur möglich, wenn die Erwerbstätigen ein Berufsleben lang in ihre eigene Weiterbildung investieren.

2 Das Zusammenleben der Generationen fördern. Auch Menschen ohne Kinder sind auf die Hilfe von jüngeren und älteren Mitbürgern angewiesen – genau wie Eltern, die Hilfe bei der Betreuung ihres Nachwuchses suchen. Mehrgenerationenhäuser und -projekte können die sozialen Lücken füllen, die durch das Verschwinden der Großfamilien und den Zerfall der Kernfamilien entstanden sind.

3 Lebensabläufe reformieren. Während auf jungen Menschen im Alter zwischen 25 und 40 Jahren die enorme Bürde lastet, Ausbildung, Berufseinstieg, Partnersuche und Familiengründung zu organisieren, werden produktive Menschen mit 60 auf das Altenteil geschickt. Sinnvoller wäre es, die Arbeitsbelastung in der ersten Karrierephase zu reduzieren und stattdessen die Fähigkeiten jenseits der 50 Jahre besser zu nutzen.

8 Deutschland zerfällt in Schwund- und Boomregionen

Bevölkerungsentwicklung 1990 bis 2004 in Prozent (Datengrundlage: Bundesamt für Bauwesen und Raumordnung)

- – 15 und weniger
- – 14,9 bis – 10
- – 9,9 bis – 5
- – 4,9 bis 0
- 0,1 bis 5
- 5,1 bis 10
- 10,1 bis 15
- mehr als 15

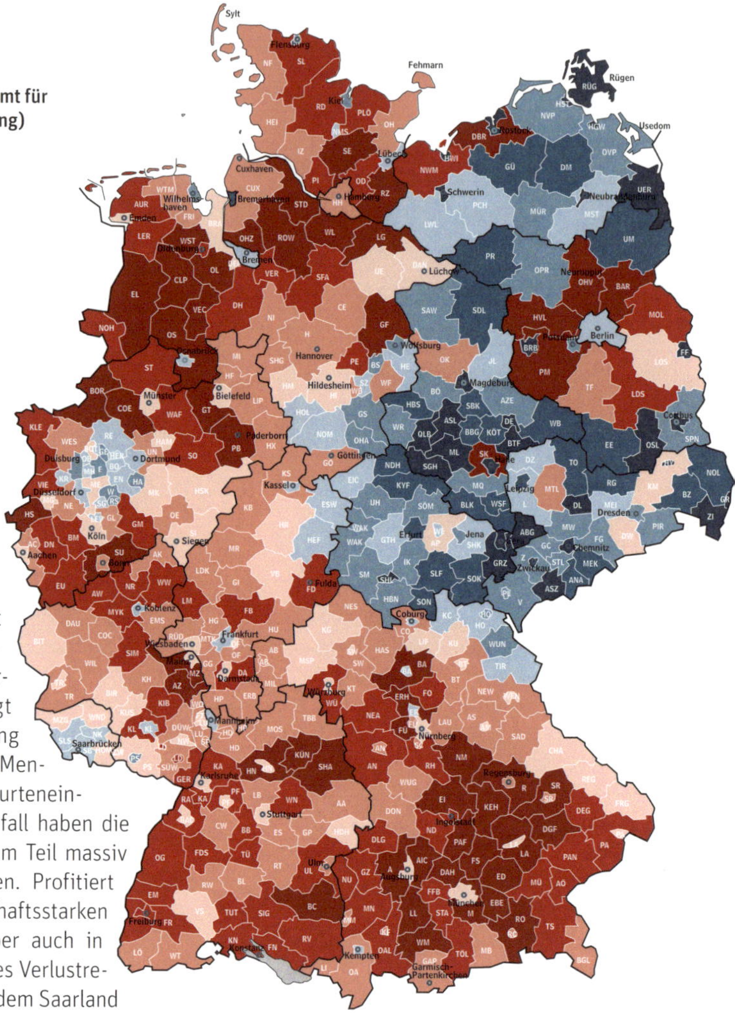

Seit der Wende hat Deutschland enorme demografische Verwerfungen erlebt. Bedingt durch die Abwanderung von rund 1,5 Millionen Menschen und den Geburteneinbruch nach dem Mauerfall haben die neuen Bundesländer zum Teil massiv an Bevölkerung verloren. Profitiert haben davon die wirtschaftsstarken Räume im Westen. Aber auch in den alten Ländern gibt es Verlustregionen: Im Ruhrgebiet, dem Saarland und entlang der ehemaligen deutsch-deutschen Grenze. Diese lange von Subventionen gestützten Gebiete haben den Strukturwandel nur unzureichend bewerkstelligt und in der Folge Arbeitsplätze und damit Bewohner verloren.

In der Prognose bis 2020 setzt sich der Trend der Vergangenheit fort: Der Osten entleert sich weiter, ebenso das Ruhrgebiet, eine vergleichsweise kleine Region, in der aber immerhin halb so viele Menschen leben wie in den neuen Bundesländern. Beide Schwundzonen überaltern rasch und werden künftig durch Sterbefallüberschüsse verstärkt Bevölkerung verlieren.

In ohnehin dünn besiedelten, peripheren Gebieten wird sich kaum noch eine angemessene öffentliche Infrastruktur aufrechterhalten lassen. Bei bundesweit rückläufigen Einwohnerzahlen werden nur Gebiete weiter wachsen, die attraktiv genug sind, um junge Menschen anzuziehen. Dies gilt vor allem für die Umlandgebiete der großen Städte, das kinderreiche, ökonomisch florierende Oldenburger Münsterland und den wirtschaftsstarken Süden der Republik.

Die Prognose bis 2020 stammt vom Bundesamt für Bauwesen und Raumordnung (BBR), der einzigen Institution, die derartige Vorausberechnungen regelmäßig und kleinräumig erstellt.[14] Der Prognose liegen so genannte Wenn-dann-Aussagen zu Grunde. Die in der Karte vorgezeichnete Regionalentwicklung wird also eintreffen,

- wenn, wie angenommen, die durchschnittliche Kinderzahl je Frau im Westen konstant bei knapp 1,4 bleibt, im Osten mittelfristig auf Westniveau steigt und sich das durchschnittliche Alter der Frauen, in dem sie ein Kind bekommen, weiter leicht erhöht;
- wenn die Lebenserwartung der Menschen weiter steigt und sich dabei die heute noch bestehenden Unterschiede zwischen West- und Ostdeutschland auflösen;
- wenn das Wanderungsverhalten in den alten Ländern konstant bleibt und sich die Fortzüge aus den Städten ins Umland (Suburbanisierung) im Osten auf das Niveau des Westens einpendeln;
- und wenn die Netto-Zuwanderung aus dem Ausland im Mittel 230.000 Personen pro Jahr beträgt.

Bevölkerungsentwicklung 2004 bis 2020 in Prozent (Datengrundlage: Bundesamt für Bauwesen und Raumordnung)

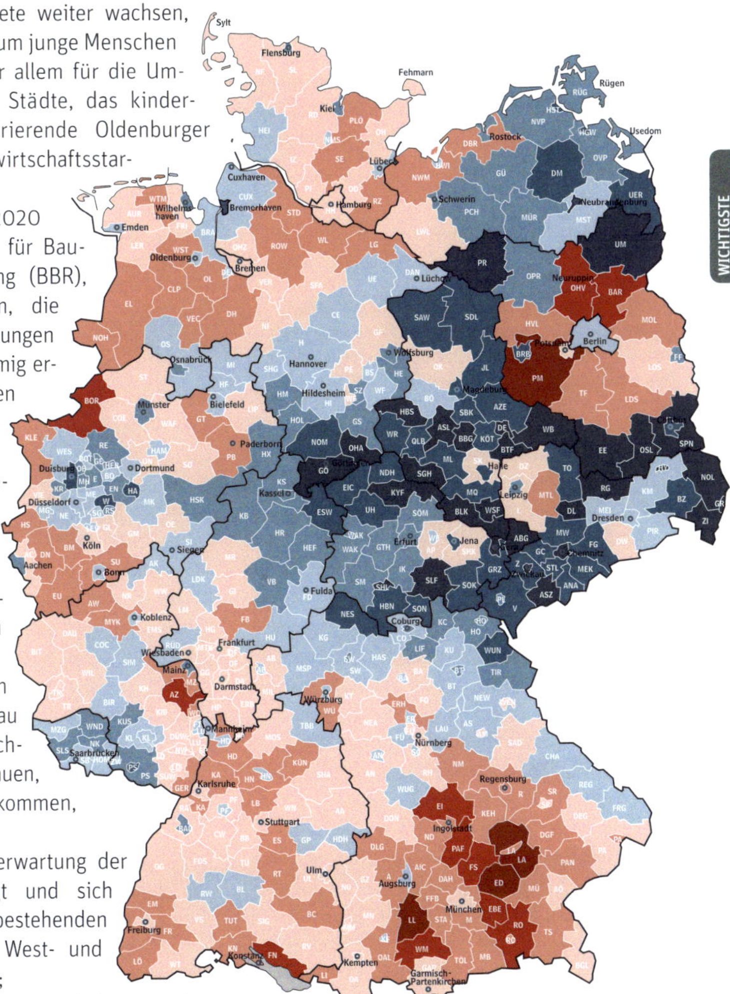

In der Modellrechnung des BBR werden all diese Annahmen auf Ebene der 439 Kreise und kreisfreien Städte umgesetzt und für die Jahre bis 2020 fortgeschrieben. Das Ergebnis ist als „prognostizierte Bevölkerungsentwicklung" in allen Länderkapiteln nachzulesen. In einzelnen

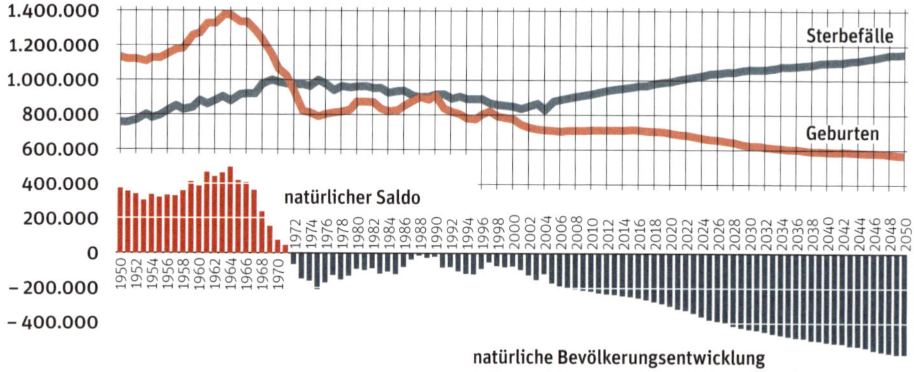

natürliche Bevölkerungsentwicklung in Deutschland zwischen 1950 und 2050 (Datengrundlage: Statistisches Bundesamt)

Natürlicher Schwund

Seit 1972 sterben in Deutschland mehr Menschen, als geboren werden. Seither hätte die Bevölkerung schwinden müssen, wären die Verluste nicht durch Zuwanderung ausgeglichen worden. Künftig wird die Zahl der Sterbefälle deutlich steigen, während jene der Geburten weiter sinkt. Einwanderer werden die Lücke dann nicht mehr schließen können.

Stadt- und Landkreisen, die einen hohen, häufig zeitlich begrenzten Wanderungsaustausch erleben, lässt sich die Entwicklung nur mit einer gewissen Unsicherheit abschätzen. Statistische Landesämter, die in ihren eigenen Vorausberechnungen andere Annahmen zugrunde legen, kommen damit zwangsläufig zu unterschiedlichen Prognosewerten.

Insgesamt enthält die BBR-Prognose zwei größere Unwägbarkeiten: Erstens ist unbekannt, ob sich die Fertilität in den neuen Bundesländern von heute 1,3 Kindern je Frau tatsächlich dem Niveau des Westens annähern wird. Denn in den alten Ländern liegt sie nur aufgrund der höheren Kinderzahl von Migrantenfamilien auf dem jetzigen Niveau von 1,4. Im Osten aber gibt es aus historischen Gründen nur sehr wenige Zuwanderer. Zweitens liegt die Netto-Zuwanderung derzeit deutlich unter den angenommenen 230.000 pro Jahr. Dies gründet auf den verschärften Zuwanderungsgesetzen und auf der schlechten wirtschaftlichen Lage in Deutschland. Die Gewinne in den wirtschaftlich florierenden Regionen in Süd- und Südwestdeutschland könnten demnach bis 2020 geringer ausfallen als vom BBR berechnet.

Was tun?

1 Länder- und kommunalen Finanzausgleich überdenken. Bei den derzeitigen Transfers (auch aus Mitteln des EU-Strukturfonds) fließen große Summen in demografisch und ökonomisch schwache Regionen, die langfristig kaum Entwicklungschancen haben und sich zum Teil sogar entleeren werden. Gleichzeitig werden die Geberregionen in ihrer für die gesamte Volkswirtschaft wichtigen Entwicklung geschwächt.

2 Bundesländer zusammenlegen. Stadtstaaten und angrenzende Flächenländer sind in Wirklichkeit funktionale Einheiten. Die Verwaltungsgrenzen zwischen den Bundesländern Berlin und Brandenburg, Bremen und Niedersachsen, Hamburg, Schleswig-Holstein und Niedersachsen stören eine effektive Planung und verursachen unnötige, teure Bürokratie. Hochverschuldete Flächenländer wie das Saarland oder Sachsen-Anhalt sind alleine nicht mehr lebensfähig.

3 Anpassungs- statt Erhaltungssubventionen zahlen. Damit lässt sich die Infrastruktur auf niedrigem Niveau stabilisieren, um den verbliebenen Anwohnern hohe Kosten zu ersparen.

9 Arbeit: zu wenig und zu teuer

Arbeitslose und Sozialhilfeempfänger je 100 Einwohner zwischen 18 und 65 Jahren 2003 (Datengrundlage: Statistisches Bundesamt)

- 5 und weniger
- 5,01 bis 9
- 9,01 bis 13
- 13,01 bis 17
- 17,01 bis 21
- mehr als 21

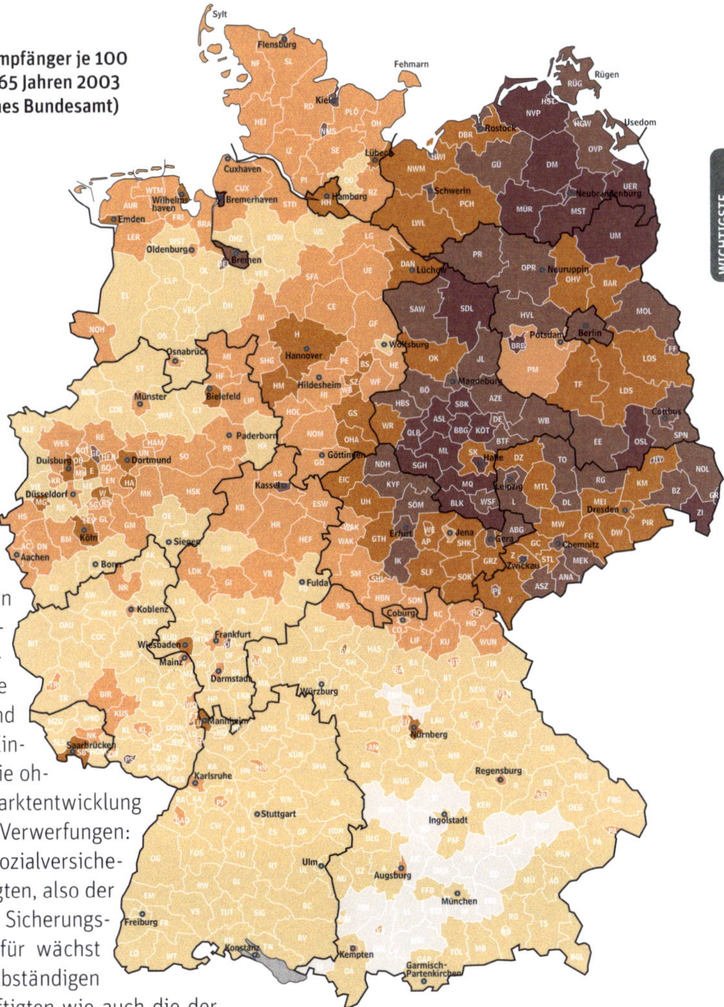

Im Jahr 2004 waren in Deutschland 38,9 Millionen Menschen erwerbstätig – etwa so viele wie 1991, obwohl das Land damals 2,5 Millionen Einwohner weniger hatte. Die ohnehin negative Arbeitsmarktentwicklung verbirgt enorme interne Verwerfungen: So ist die Zahl der sozialversicherungspflichtig Beschäftigten, also der Einzahler in die sozialen Sicherungssysteme, rückläufig. Dafür wächst die Ziffer der kleinen Selbständigen und geringfügig Beschäftigten wie auch die der Arbeitslosen. Letztere steigt, mit kurzen Unterbrechungen, seit 30 Jahren an, und liegt derzeit (2005) bei etwa 4,6 Millionen.

Deutschland ist nach wie vor ein konkurrenzfähiges Industrieland, steuert ein Zehntel der weltweiten Warenausfuhr bei und gilt als Exportweltmeister. Doch die hochwertigen und hochpreisigen Produkte der deutschen Unternehmen werden von immer weniger Beschäftigten entwickelt und hergestellt und zu einem Großteil nur aus anderenorts vorgefertigten Teilen zusammengesetzt. Einfache Tätigkeiten, die nur geringe Qualifikationen verlangen, gibt es immer weniger – sie werden automatisiert oder ins billigere

Entwicklung der Erwerbstätigen 1995 bis 2003 in Prozent (Datengrundlage: Arbeitskreis Volkswirtschaftliche Gesamtrechnungen der Länder)

- – 15 und weniger
- – 14,99 bis – 10
- – 9,99 bis – 5
- – 4,99 bis 0
- 0,01 bis 5
- 5,01 bis 10
- 10,01 bis 15
- mehr als 15

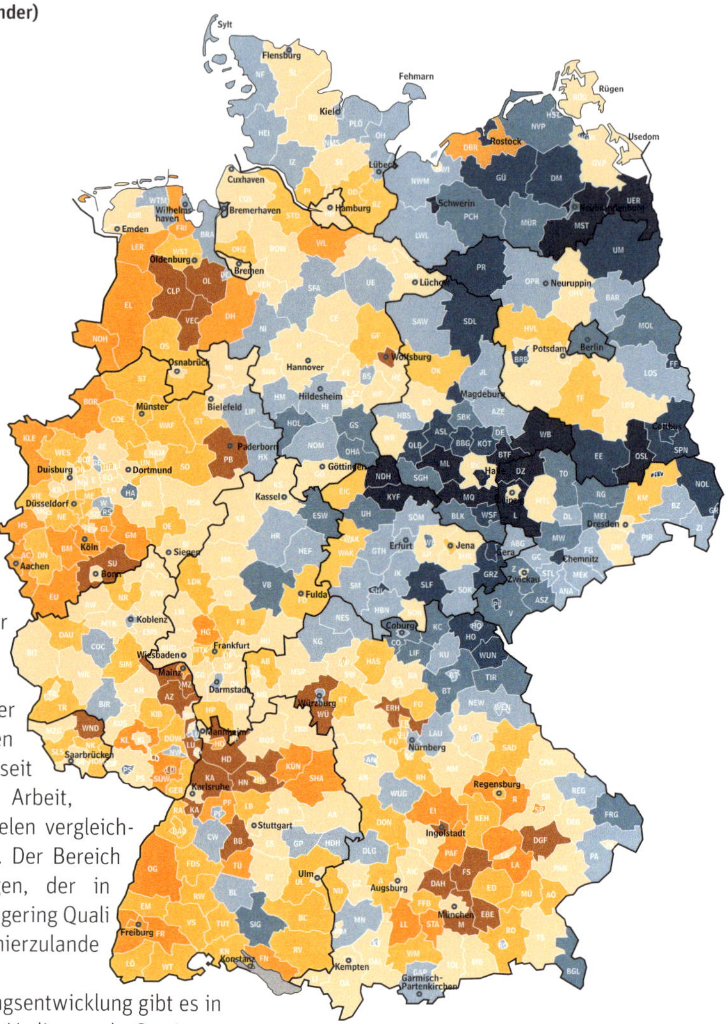

Ausland verlagert. Wer seinen Job in der Produktion verliert, findet selten einen neuen: Über die Hälfte aller deutschen Arbeitslosen ist schon seit über einem Jahr ohne Arbeit, deutlich mehr als in vielen vergleichbaren Industrieländern. Der Bereich privater Dienstleistungen, der in anderen Ländern vielen gering Qualifizierten Arbeit gibt, ist hierzulande unterentwickelt.

Bei der Beschäftigungsentwicklung gibt es in Deutschland weit mehr Verlierer- als Gewinnerregionen. In allen ostdeutschen Bundesländern sank zwischen 1995 und 2003 die Zahl der Erwerbstätigen. Am schlimmsten betroffen sind dort altindustrialisierte Gebiete wie die Chemie-Region um Halle und Bitterfeld, die einst vom Braunkohlenabbau geprägte Lausitz oder die Randregionen Thüringens, wo zu DDR-Zeiten der Uran- und Kalibergbau zu Hause war. Doch auch ländliche Gebiete stürzen ab: Die Uckermark und die Prignitz in Brandenburg, sowie die sachsen-anhaltinische Altmark verloren mehr als zehn Prozent ihrer Erwerbstätigen. Noch härter traf es einige strukturschwache Kreise in Vorpommern, wo rund ein Viertel aller Jobs verloren ging.

Doch auch der Westen Deutschlands bleibt von Arbeitsplatzverlusten nicht verschont. Vom ehemaligen Zonenrandgebiet ausgehend, hat sich der Rückgang der Erwerbstätigkeit mittlerweile auf mehrere Kreise Nordbayerns, Nordhessens und den Harz in Ostniedersachsen ausgedehnt. Im Ruhrgebiet stagnierte die Erwerbstätigenzahl oder geht, bei einer bedrückend hohen Quote an Arbeitslosen und Sozialhilfeempfängern, sogar weiter zurück. Auffällig ist auch die schwache bis negative Entwicklung des Arbeitsmarktes in Schleswig-Holstein.

Gute Werte verzeichnen vor allem Regionen in Süddeutschland. Der Großraum München, die Region Nürnberg-Erlangen, weite Teile Baden-Württembergs und das Rhein-Main-Gebiet bieten heute deutlich mehr Arbeitsplätze als 1995. Einzelne Kreise verzeichnen einen Zuwachs von 25 Prozent. Auch in Nordrhein-Westfalen außerhalb des Ruhrgebiets entwickelt sich der Arbeitsmarkt positiv. Beeindruckend präsentiert sich das einst arme Westniedersachsen. Dort ist es gelungen, die gesamte Wertschöpfungskette von landwirtschaftlicher Produktion, Weiterverarbeitung und Zulieferindustrie vor Ort zu halten und auszubauen. Im Raum Vechta-Cloppenburg finden auch gering qualifizierte Personen ausreichend Arbeit. Zusätzlich verursachen die hohen Kinderzahlen eine stete Nachfrage nach Dienstleistern – von der Kindergärtnerin über den Schulbusfahrer bis zum Lehrpersonal.

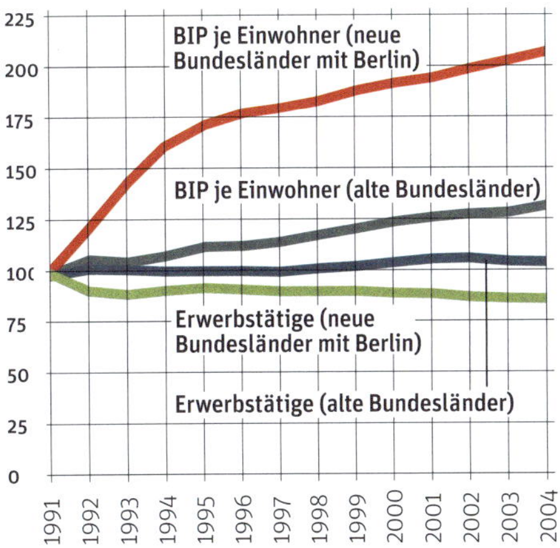

Entwicklung Erwerbstätige und BIP je Einwohner 1991 bis 2004 (1991 = 100 Prozent)
(Datengrundlage: Arbeitskreis Volkswirtschaftliche Gesamtrechnungen der Länder)

Was tun?

1 Den starren Arbeitsmarkt aufbrechen. Der hohe Kündigungsschutz und die Regulierungswut des deutschen Arbeitsrechts nützen hauptsächlich den immer weniger werdenden Beschäftigten in der Großindustrie und im öffentlichen Dienst. Doch sie belasten den Mittelstand, bremsen Einstellungen und die Neugründung von Unternehmen.

2 Lohnnebenkosten senken. Nicht die Nettolöhne der Deutschen sind im internationalen Vergleich zu hoch, sondern der Anteil, den der Staat und die Sozialversicherungen für sich beanspruchen. Bei geringeren Lohnnebenkosten könnten vor allem im Bereich privater Dienstleistungen mehr Jobs entstehen.

3 Arbeitsplätze für gering Qualifizierte schaffen. Bio- oder Informationstechnologie sind wichtige Standbeine eines modernen Industrielandes, können aber die hohe Arbeitslosigkeit in Deutschland nicht abbauen. Sie brauchen nur vergleichsweise wenige Hochqualifizierte. Die Hunderttausenden arbeitslosen Angelernten und Facharbeiter aus den alten Industrien bleiben dort chancenlos. Auf der anderen Seite bleibt der Bedarf an privaten Dienstleistungen unbefriedigt, weil diese Jobs in Deutschland zu teuer sind. Aus demografischen Gründen steigt die Nachfrage an Dienstleistungsjobs, weil mehr ältere Menschen einfache Arbeiten nachfragen werden. Damit diese auch bezahlbar werden, sollten sie weniger mit Sozialabgaben belastet, sondern gegebenenfalls staatlich unterstützt werden.

10 Manche Stadt verliert ihre Funktion

Zuerst fallen die dunklen, vorhanglosen Fenster der Wohnungen und die leeren Geschäfte auf, vor allem in den weniger attraktiven Stadtgebieten. Dann bleiben öffentliche Einrichtungen wie Schwimmbäder und Bibliotheken ungenutzt. Irgendwann kommt der öffentliche Nahverkehr zum Erliegen, weil ihn keiner mehr benutzen will. Das Gemeinwesen kollabiert. Schließlich rücken die Bagger an und reißen alles ein. Alltag in Deutschland.

In vielen Industriestädten Deutschlands schwand im vergangenen Jahrzehnt mit den Arbeitsplätzen auch die Bevölkerung. In Hoyerswerda etwa, der einstigen „sozialistischen Wohnstadt der DDR“ mit Europas größtem „Braun- und Steinkohleveredlungskombinat“ ging mit dem Zusammenbruch der Industrie seit der Wende ein Drittel der Bewohner verloren. Bis ins Jahr 2020 werden es voraussichtlich noch einmal so viele sein. Hoyerswerda ist eine Stadt ohne Funktion geworden. Denn Städte können nur dort existieren, wo die Menschen Arbeit finden.

Hoyerswerda ist überall: Allein in Ostdeutschland stehen etwa 1,3 Millionen Wohnungen leer – etwa 16 Prozent des Bestandes. Städte

Bevölkerungsentwicklung und der Anteil von Arbeitslosen und Sozialhilfeempfängern in den am stärksten schrumpfenden Städten. Zum Vergleich: die beiden Kreise mit dem stärksten Wachstum. (Datengrundlage: Statistisches Bundesamt, Bundesamt für Bauwesen und Raumordnung)

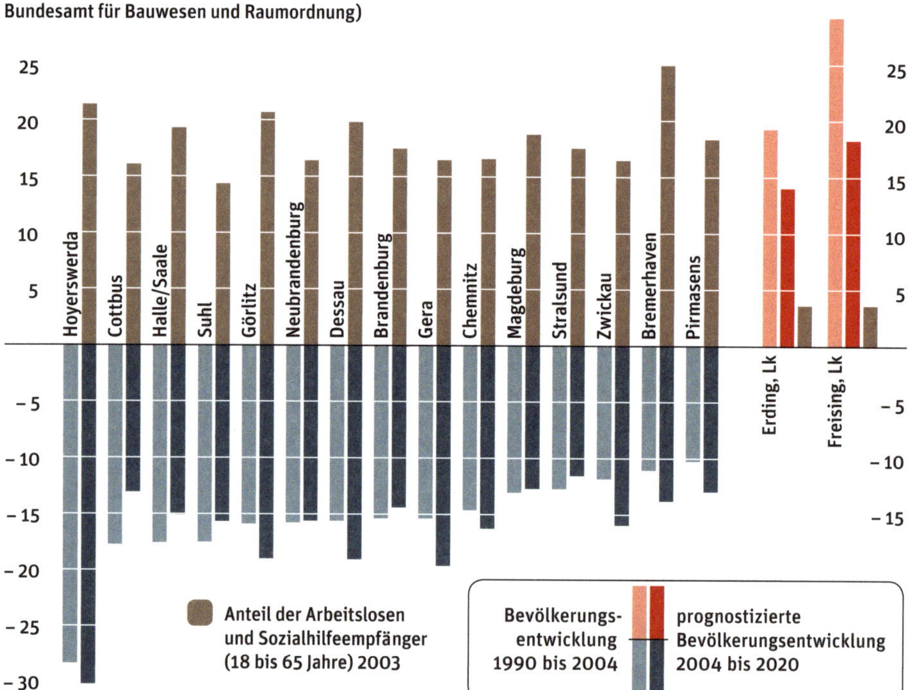

wie Gera und Dessau, aber auch Pirmasens oder Bremerhaven im Westen tragen inzwischen das Stigma des Verfalls. Überall, wo traditionelle Arbeitgeber verschwunden sind und nichts Neues an ihre Stelle getreten ist, gibt es aufgrund der Altersstruktur der Bevölkerung kaum Chancen, die demografische Entwicklung aufzuhalten. Denn für einen Wiederaufschwung müssten entweder viele Familien viele Kinder bekommen oder massenweise Menschen zuwandern. Beides ist nicht zu erwarten. Für die 15 kreisfreien Städte, die seit 1995 die größten Bevölkerungsverluste vermelden, werden bis 2020 weitere prognostiziert. Wer so viel verloren hat, wird weiter verlieren.

Dass vor allem Städte in den neuen Bundesländern von dieser extremen Krise betroffen sind, liegt auch an der Hypothek der sozialistischen Stadtplanung, die das Wohnen und Arbeiten als planbare Einheit gesehen hatte. Eine Utopie, die in sich zusammenstürzt, sobald den Werktätigen in den kompakten Wohneinheiten des Plattenbaus die Arbeit genommen wird. Wie etwa in dem mecklenburgischen Städtchen Teterow, dem zu DDR-Zeiten ein Panzerreparaturwerk und eine Näherei für NVA-Uniformhosen die Existenzberechtigung gaben.[15] Vielerorts in der DDR (und weit mehr als im ebenfalls vom Kalten Krieg geprägten Westen) sorgten allein die „bewaffneten Organe" für Beschäftigung. Heute können diese Orte nur aufgrund hoher staatlicher Transferleistungen überleben. Die bisher mit über 2,5 Milliarden Euro subventionierte „Wohnungsmarktbereinigung" (im wesentlichen Abriss) soll den Wert der verbleibenden Wohnungen retten, kann dies aber kaum, da die Bevölkerung weiter schrumpft. Bis 2009 sollen allein in Ostdeutschland 390.000 leer stehende Wohnungen abgerissen werden. Für diese Art von „Stadtentwicklung" gibt es keine Vorbilder. Denn was Manchester oder Liverpool vor drei Jahrzehnten erlebt haben und was den Ruhrgebietsstädten heute widerfährt, basiert auf einem industriellen Strukturwandel, während die neuen Bundesländer vielerorts mit einer Deindustrialisierung zu kämpfen haben.

Im Westen rächen sich die Planungsfehler der 1970er Jahre. In vielen Städten wurden die Zentren vernachlässigt und der Fortzug von Familien ins grüne Umland oder in synthetische Stadtrandsiedlungen aus Beton gefördert. Der demografische Wandel entzieht jetzt den unattraktiven Wohnorten die Anwohner. Von der zaghaften Renaissance der Städte profitieren deshalb nur solche, die über die Jahre baulich und/oder kulturell interessant geblieben sind und deshalb vor allem junge Menschen anziehen. Nur wenn sich diese auch in den Städten halten lassen und wenn sie dort auch Familien gründen, kann es – im Westen und im Osten – zu einer wirklichen Auferstehung der Städte kommen.

Was tun?

1 Funktionslose Städte beziehungsweise Quartiere aufgeben. Viele Sanierungen von Plattenbauten endeten dennoch im Abriss, weil niemand leben will, wo es weder Arbeitsplätze noch eine gewachsene Infrastruktur gibt. Dies gilt nicht nur für manche Stadtviertel aus Zeiten des Sozialismus sondern auch für einige der sozialutopischen Trabantenstädte im Westen. Den verbliebenen Bewohnern bei der Umsiedelung helfen.

2 Schrumpfende Städte mit Potenzial gezielt familienfreundlich machen. Die Kommunen müssen begreifen, dass sie aus Eigeninteresse in Familien und Kinder investieren müssen. Denn ohne diese sind langfristig keine Steuereinnahmen zu generieren. Kinder sind der Garant für Konsum und für die Nachfrage nach Dienstleistungen.

3 Leerstehende und unsanierte Häuser preiswert an private Interessentengruppen verkaufen. Wo sich künftige Bewohner mit eigenen Ideen bei dem Umbau und der Instandsetzung einbringen, entsteht vor allem in innenstädtischen Altbauquartieren eine höhere Bindung an die Immobilie als in Mietwohnungen. Solche Baugruppenmodelle haben sich in verschiedenen Städten als erfolgreich erwiesen.[16]

11 Der große Treck gen Westen

Wanderungsgewinne und -verluste der Bundesländer in Prozent der Bevölkerung (Hintergrundkarte) sowie absolute Wanderungsverluste der ostdeutschen Länder (Pfeile) 2000 bis 2004. Für Hamburg, Bremen und das Saarland geben die Zahlen die Summe aller Nettozuwanderer aus dem Osten an. (Datengrundlage: Statistisches Bundesamt)

- 3 und weniger
- 3 bis - 2
- 1 bis -2
- 1 bis 0
0 bis 1
1 bis 2
2 bis 3

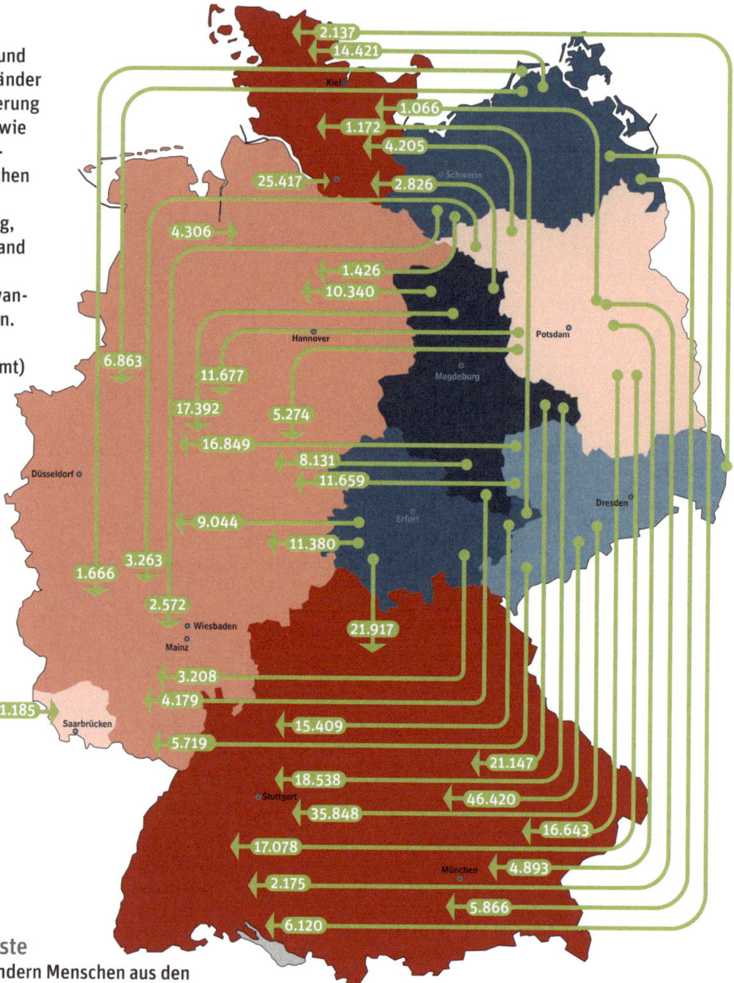

Ungebremste Verluste

Seit dem Mauerfall wandern Menschen aus den neuen Bundesländern in den Westen ab. Allein in den Jahren zwischen 2000 und 2004 waren es unterm Strich fast 350.000. Häufig endet die Reise in jenem westlichen Bundesland, das der eigenen Heimat am nächsten liegt. Wegen des günstigen Arbeitsmarktes profitiert vor allem Süddeutschland von den meist jungen und gut qualifizierten Ostdeutschen. Bayern und Baden-Württemberg nahmen im genannten Zeitraum rund 60 Prozent aller Ost-West-Wanderer auf.

Deutschland hat in den vergangenen 15 Jahren Wanderungen erlebt wie seit dem Zweiten Weltkrieg nicht mehr. Seit der Wende haben netto über 1,5 Millionen Menschen den neuen Bundesländern den Rücken gekehrt. Die meisten davon in den ersten Jahren nach dem Fall der Mauer. Mitte der 1990er Jahre ging der Exodus fast auf Null zurück, weil durch die massiven Förderungsprogramme viele Menschen im Osten vom Glauben an blühende Landschaften erfasst wurden und auch Ausländer und Westpersonal verstärkt in den Osten zogen. Als der erhoffte Aufschwung ausblieb, stieg die Abwanderung 1998 erneut an. 2001 gingen wieder fast 100.000. Mittlerweile verlassen im Saldo „nur" noch 50.000 Menschen die neuen Länder. Diese geringe Zahl gründet vor allem auf dem nachlassenden Potenzial an jungen Menschen. Prognosen des Bundesamtes für Bauwesen und Raumordnung zufolge werden die Verluste auf sinkendem Niveau weitergehen.

Die Wanderungen sind, in Verbindung mit niedrigen Geburtenzahlen, der Grund für erhebliche Bevölkerungsverluste der neuen Bundesländer. Betroffen sind vor allem entlegene Gebiete, die nur unzureichend Beschäftigung bieten, sowie jene Städte, in denen ganze Industriebereiche zusammengebrochen sind. Da vor allem junge Menschen auf der Suche nach Arbeit und Ausbildungsmöglichkeiten sowie junge Familien abgewandert sind, fehlt mittlerweile vielerorts das demografische Zukunftskapital. Ohne diese Altersklassen wird es selbst bei deutlich höheren Kinderzahlen je Frau zu einem weiteren Schwund der Bevölkerung kommen.

Aber auch im Westen verlassen viele Menschen ihren angestammten Wohnort. Die Gründe dafür sind ähnlich wie im Osten: Bevölkerung verlieren jene Regionen, die nach dem wirtschaftlichen Wandel zu wenig Arbeit und kaum berufliche Aufstiegsmöglichkeiten bieten. Dazu gehören vor allem die alten Industriereviere des Ruhrgebietes und des Saarlands, die strukturschwachen Küstenstandorte und die Regionen entlang der ehemaligen deutsch-deutschen Grenze in Niedersachsen, Hessen und Bayern. Gewinner sind die wirtschaftsstarken Bundesländer im Süden, aber auch die Umlandgebiete der großen Metropolen Berlin, Hamburg und Bremen. Sie profitieren nach wie vor von der Stadtflucht junger Familien.

Generell wandern die wirtschaftlich Aktiven und Qualifizierten eher als Arbeitslose und Menschen mit schlechter Ausbildung. Dieses Phänomen führt zu einer Trennung der Gesellschaft, bei der in demografischen und ökonomischen Problemregionen eher die sozial Schwachen zurückbleiben. Darunter sind im Westen Deutschlands besonders viele Migranten.

Im Rahmen der so genannten Ruhestandswanderung zieht es Menschen über 50 vor allem in landschaftlich attraktive Gebiete mit guten Freizeit- und Erholungsmöglichkeiten – an die Nord- und Ostseeküste, ins Alpenvorland, an den Bodensee oder das Umland von Berlin. Diese Art der Wanderung, die in den Vereinigten Staaten weit stärker ausgeprägt ist als hierzulande, wird in Zukunft vermutlich zunehmen. Denn bald kommen die geburtenstarken, gut ausgebildeten und wohlhabenden Jahrgänge der Babyboomer ins Rentenalter. Wenn diese dann verstärkt ihre Immobilien – oft Eigenheime in den Stadtrandgebieten – auf den Markt werfen, könnte es zu einem massiven Preisverfall bei diesen Einfamilienhäusern kommen.

Was tun?

1 Die Binnenwanderung nicht mit Subventionen aufhalten. Der Wohnortwechsel ist eine Volksabstimmung mit den Füßen. Er folgt einem wirtschaftlichen Gefälle und lässt sich langfristig nicht durch staatliche Eingriffe aufhalten.

2 „Leuchttürme" oder „Wachstumskerne" fördern. Bei der Regionalplanung sind innerhalb strukturschwacher Räume Zentren mit wirtschaftlichem Potenzial zu identifizieren. Jede Unterstützung sollte sich auf diese Zentren konzentrieren, damit dort eine ausreichende Infrastruktur aufrechterhalten werden kann, die auch den Bürgern in der Fläche zugute kommt.

3 Familien aller Einkommensklassen in den urbanen Zentren halten. Um das weitere Ausbluten von Städten zu unterbinden, ist es wichtig, dort ein kinderfreundliches Umfeld zu errichten. Dazu gehören vor allem sicher und rasch zu erreichende Kindergärten und jugendgerechte Bildungs- und Freizeitangebote.

12 Nach dem Mensch kommt der Wolf (oder zumindest der Luchs)

Kleinräumige Bevölkerungsdichte und -trends 2005 (Datengrundlage: Statistisches Bundesamt)

Schwundregionen mit
- mehr als 150
- 25 bis 150
- 25 und weniger

Einwohnern pro km²

Wachstumsregionen mit
- mehr als 150
- 25 bis 150
- 25 und weniger

Einwohnern pro km²

- dauerhaftes Vorkommen
- Sichtung einzelner Exemplare

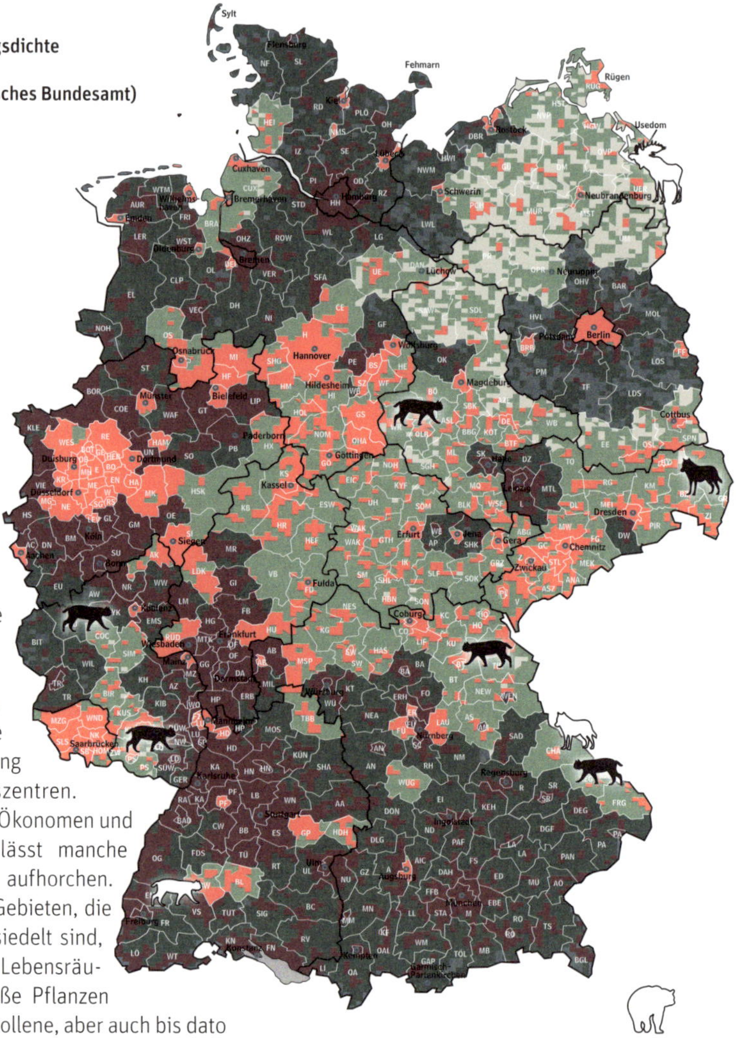

Allen Prognosen zufolge wird die Zahl der in Deutschland lebenden Menschen abnehmen. Gleichzeitig zieht es die verbleibende Bevölkerung weiter in die Ballungszentren. Doch was Raumplaner, Ökonomen und Demografen betrübt, lässt manche Naturschützer freudig aufhorchen. Denn insbesondere in Gebieten, die bereits heute dünn besiedelt sind, erschließen sich neue Lebensräume für kleine und große Pflanzen und Tiere. Lange verschollene, aber auch bis dato regional unbekannte Arten machen sich diesen Wandel zunutze. Diese Entwicklung lässt sich besonders in Mecklenburg-Vorpommern, in Sachsen-Anhalt und Ostsachsen, in der Eifel und dem Pfälzer Wald beobachten. Hier verlieren die meisten Kreise bis 2020 Teile ihrer Bevölkerung. Dies bietet vielen Arten eine Rückkehrchance – selbst Großwildtieren, die über Jahrhunderte als ausgerottet galten. In allen Mittelgebirgen und den geschlossenen Wäldern des deutschen Tieflands bietet sich beispielsweise potenzieller Lebensraum für den Luchs. Im Harz, in der Eifel, im Pfälzer und im Bayerischen Wald leben inzwischen wieder Exemplare dieser bis zu 28 Kilogramm schweren Katzen.[17] Teils wurden sie ausgewildert, teils sind sie aber auch auf eigenen Pfoten aus der Schweiz, aus den Vogesen oder aus Tschechien eingewandert.

Ostdeutschland, wo ohnehin die meisten Nationalparks der Republik zu finden sind, bietet das größte Potenzial für die Renaturierung. Besonders im bereits heute dünn besiedelten Mecklenburg-Vorpommern und Brandenburg, aber auch in den Mittelgebirgsregionen eröffnet sich ein zusammenhängender Lebensraum. Er reicht vom Norden her über den Harz, den Thüringer Wald bis in die Rhön und den fränkischen Spessart, gen Osten über das Erzgebirge, die Sächsische Schweiz in das Zittauer Gebirge. Sowie nach Süden über den Frankenwald bis zum Bayrischen- und Böhmerwald. Hier könnte sich etwa der Luchs ansiedeln. Die scheuen, nachtaktiven Tiere könnten leben und jagen, ohne allzu oft einem Menschen zu begegnen.

Dies gilt auch für den Wolf, der bald nach der Wende von Polen über die Neiße in die sächsische Lausitz eingewandert ist. Im Gegensatz zur dortigen menschlichen Population erlebt er eine beeindruckende demografische Entwicklung: Dort leben mittlerweile zwei Rudel mit ausreichend Nachwuchs. Wildbiologen gehen allerdings davon aus, dass sich der Wolf nur sehr langsam gen Westen ausbreitet, obwohl sich Einzeltiere häufig auf Wanderschaft machen. Die aber fallen dann dem Autoverkehr oder einem wütenden Jäger zum Opfer oder sie kreuzen sich mit Hunden. Dies ist aus Naturschutzsicht unerwünscht, weil sich so die Eigenschaften von wilden und domestizierten Tieren mischen. Solche Nachkommen werden möglichst eingefangen und in Gehegen untergebracht.

Mit dem Bären, dem größten aller in Mitteleuropa vorkommenden Raubtiere, der sich seine Reviere in vielen europäischen Ländern zurückerobert, ist in Deutschland vorerst nicht zu rechnen. Männliche Exemplare, die gerne auf die Reise gehen, sind aus Slowenien bis Innsbruck oder aus Italien nach Graubünden vorgedrungen. Aber sie bleiben ohne Partnerinnen und deshalb ohne Zukunft. Zudem haben Bären eine sehr gemächliche Populationsdynamik: Die Weibchen bringen nur zwei Junge zur Welt und verwenden bis zu drei Jahre für die Nachwuchspflege, bevor sie sich erneut paaren.

Manche Naturschützer träumen schon davon, auch Wisente (die in der Ukraine und Weißrussland zuhause sind) oder Auerochsen in den leeren Weiten Ostdeutschlands anzusiedeln. Zumindest aus touristischer Sicht wäre dies ein interessantes Projekt. Selbst für wild lebende Elche wäre Platz in Deutschland. Jungtiere verirren sich gelegentlich nach Mecklenburg-Vorpommern – aber sie bleiben dort nicht, weil es ihnen zu warm ist. Im polnischen Masuren, wo sie sich in den weiten Gewässern abkühlen können, fühlen sie sich wesentlich wohler.

Was tun?

1 Regionen, die sich demografisch entleeren, als Erholungsflächen und Regenerationsräume für den Naturhaushalt nutzen. Dort lassen sich beispielsweise dringend benötigte Überflutungsgebiete, so genannte Retentionsflächen, für Hochwasser führende Flüsse schaffen.

2 Gewerbebrachen, alte Industriebauten und Militärflächen sich selbst überlassen. Diese einst vom Menschen genutzten Räume bieten ungewöhnliche Biotope, die rasch von „Pionieren“, von Tier- und Pflanzenarten besiedelt werden, die sich an neue Lebensräume gut anpassen können. Dies bereichert die Biodiversität.

3 Schutzgebiete und neu entstehende Naturräume europaweit identifizieren und untereinander vernetzen. Dafür ist es unter anderem notwendig, menschengemachte Barrieren wie Autobahnen oder Kanäle zu überbrücken, damit auch kleinere und unspektakuläre Tierarten ungestört wandern können.

SCHLESWIG-HOLSTEIN UND HAMBURG

Schleswig-Holstein
- **Einwohnerzahl 2004: 2.829.000 2020: 2.856.000**
- **Fläche: 15.763 km²**
- **Landesschulden/ Einwohner: 6.926,– €**

Hamburg
- **Einwohnerzahl 2004: 1.735.000 2020: 1.769.000**
- **Fläche: 755 km²**
- **Landesschulden/ Einwohner: 11.734,– €**

Stadtstaat oder Flächenland? Nur einer kann gewinnen

Das Projekt ist seit zwei Jahrzehnten in der Planung. Und jetzt drängt die Landesregierung in Kiel auf die Vollendung: Die Ostseeautobahn A 20, die nach der Wende von Lübeck durch Mecklenburg-Vorpommern projektiert und gebaut wurde, die einmal Amsterdam mit Warschau verbinden soll, wartet auf ihren großen Abschluss – auf die Verlängerung durch Schleswig-Holstein und die Elbquerung bei Glückstadt. Doch an der Milliarden teuren Trasse scheiden sich die Geister. Während Umweltschützer eine überflüssige Zerstörung der Natur anprangern, drängt die lokale Wirtschaft auf den Ausbau einer als mangelhaft bezeichneten Verkehrsinfrastruktur.[18]

Tatsächlich ist die Verkehrsanbindung im südwestlichen Schleswig-Holstein, in den Kreisen Dithmarschen und Steinburg, so schlecht wie in kaum einer anderen Region Deutschlands. Statistisch gesehen braucht man dort 63 Minuten, um mit dem Auto das nächste städtische Oberzentrum zu erreichen. Dies liegt allerdings auch daran, dass es in Schleswig-Holstein kaum größere Städte gibt. Länger dauert das nur im Emsland, in der brandenburgischen Prignitz und der anhalti-

nischen Altmark. Ob die geplante Autobahn allerdings die Verkehrsprobleme des deutschen Nordens wird lösen können, ist fraglich: Denn die Strecke verbindet nicht etwa das flache Land mit der Metropole Hamburg, sondern führt im weiten Bogen um sie herum. Obendrein erschließt sie mit Mecklenburg-Vorpommern und Polen einen Raum, der sich mittel- und langfristig immer weiter zu entleeren droht.

Seit den 1970er Jahren sprechen Wirtschaftswissenschaftler von einem „Nord-Süd-Gefälle“ in Deutschland. Denn der südliche Teil der Republik hat sich wirtschaftlich dynamischer als der nördliche entwickelt. Vor allem in den Hochtechnologiebranchen hat der Norden nie den Rang des

Prognostizierte Bevölkerungsentwicklung 2004 bis 2020 in Prozent

- – 14,99 bis – 10
- – 9,99 bis – 5
- – 4,99 bis 0
- 0,01 bis 5
- 5,01 bis 10

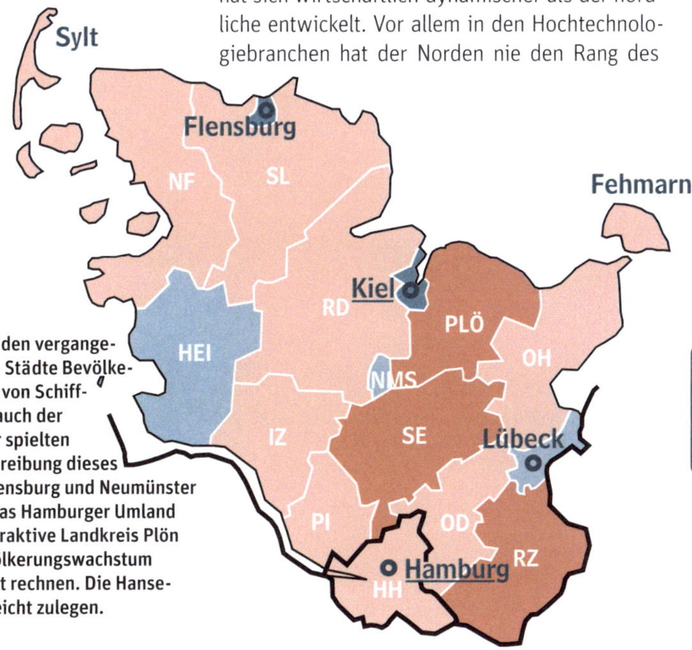

Abstieg der Hafenstädte

In Schleswig-Holstein haben in den vergangenen Jahren vor allem die großen Städte Bevölkerung verloren – der Niedergang von Schiffbau und Hafenwirtschaft, aber auch der Personalabbau der Bundeswehr spielten dabei die Hauptrolle. In Fortschreibung dieses Trends sind vor allem in Kiel, Flensburg und Neumünster weitere Verluste zu erwarten. Das Hamburger Umland aber auch der landschaftlich attraktive Landkreis Plön können hingegen noch mit Bevölkerungswachstum zwischen drei und sechs Prozent rechnen. Die Hansestadt Hamburg wird allenfalls leicht zulegen.

Ab vom Schuss

Der Südwesten Schleswig-Holsteins mit den Kreisen Steinburg und Dithmarschen gehört zu den entlegensten Regionen Deutschlands. Um das nächste städtische Oberzentrum zu erreichen, benötigt man mehr als eine Stunde Fahrzeit.

Durchschnittliche PKW-Fahrzeit zum nächsten städtischen Oberzentrum (Datengrundlage: Bundesamt für Bauwesen und Raumordnung)

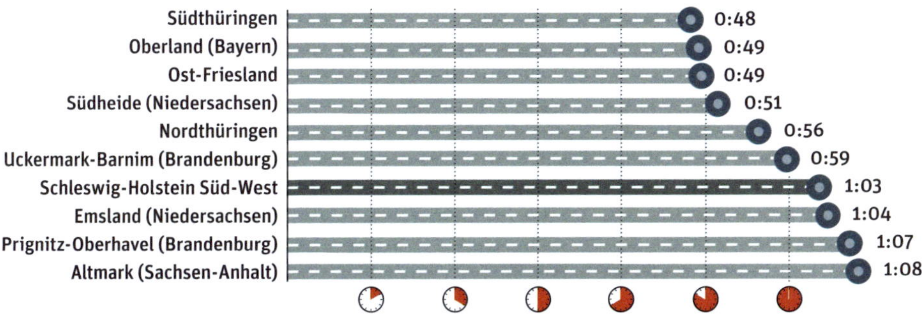

Wachsendes Nordland

Nach dem gewaltigen Flüchtlingsstrom, der die Einwohnerzahl Schleswig-Holsteins nach dem Zweiten Weltkrieg binnen fünf Jahren um fast 70 Prozent anschwellen ließ, hat das Bundesland für einige Jahre einen kurzen Bevölkerungsrückgang erlebt. Ansonsten konnten die Planer fast durchgängig auf Wachstum bauen.

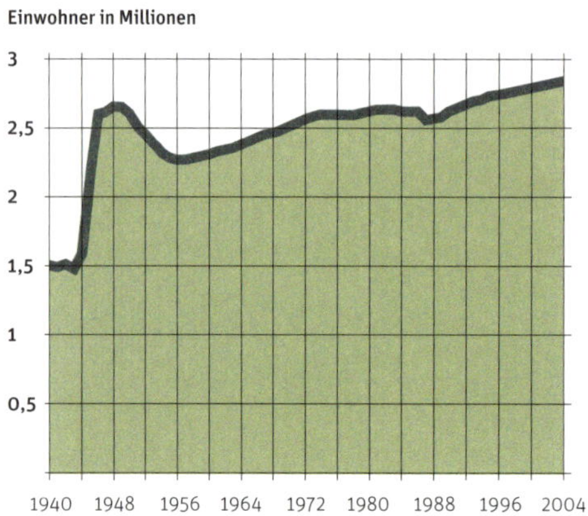

Bevölkerungsentwicklung in Schleswig-Holstein 1940 bis 2004
(Datengrundlage: Statistisches Amt für Hamburg und Schleswig-Holstein)

Südens erreicht. Dafür arbeiten in Schleswig-Holstein mit 3,5 Prozent aller Erwerbstätigen bis heute vergleichsweise viele Menschen in der Landwirtschaft.

Demografisch gesehen kann Schleswig-Holstein allerdings auf eine lange Wachstumsphase zurückblicken: Zu Ende des Zweiten Weltkriegs begann eine wahre Völkerwanderung von Hamburger Ausgebombten sowie Flüchtlingen und Vertriebenen aus den ehemaligen Ostgebieten. Das beschauliche Agrarland mit seinen damals 1,6 Millionen Einwohnern erfuhr innerhalb von nur fünf Monaten einen Zustrom von 800.000 Menschen. Im Jahr 1949 lebte in Schleswig-Holstein über eine Million Menschen mehr als noch 1944. Ein Teil dieser Zuwanderer zog zwar Anfang der 1950er Jahre in stärker industrialisierte Regionen Westdeutschlands, doch von 1956 an stieg die Einwohnerzahl wieder. Nach der Wiedervereinigung überschritt sie den Rekordwert von 1949. Anfang 2005 hatte Schleswig-Holstein 2,83 Millionen Einwohner – so viel wie nie zuvor. Bis zum Jahr 2020 ist mit einem weiteren, jedoch nur noch leichten Anstieg zu rechnen.

Das Wachstum ist auf den ersten Blick erstaunlich, denn die Wirtschaft Schleswig-Holsteins hat eine lange Krise hinter sich. Schiffbau und die Verarbeitung importierter Rohstoffe – einst wichtige Branchen des an Industrie armen Landes – erlebten einen Niedergang wie anderenorts Kohle und Stahl. Zwischen 1960 und Mitte der 1990er Jahre ging die Zahl der schleswig-holsteinischen Werftarbeiter von 28.000 auf 7.500 zurück.[19] Vor allem die Konkurrenz aus Asien hat den Schiffbauern viele Aufträge abgejagt. Erst in jüngster Zeit hat sich die Branche nach langem Schrumpfen stabilisiert.

Die Küstenstädte haben nicht nur unter der Werftenkrise gelitten, sondern auch unter dem Abbau von Bundeswehrpersonal seit dem Fall des Eisernen Vorhangs. Lübeck, Flensburg und Kiel (sowie in die im Landesinneren gelegene Kasernenstadt Neumünster) verlieren deshalb nach wie vor an Beschäftigung – und damit an Bewohnern. Allein die Landeshauptstadt Kiel hat seit 1990 fünf Prozent Bevölkerung eingebüßt. Das ist ungewöhnlich für eine Landeshauptstadt. Im Westen Deutschlands teilt nur Saarbrücken dieses Schicksal. Und der Schwund wird weitergehen: Bis 2020 sagt das Bundesamt für Bauwesen und Raumordnung für sämtliche kreisfreien Städte weitere Verluste voraus – mit zehn Prozent Minus wird es Kiel am schlimmsten treffen.

Die Erwerbstätigenquote in Schleswig-Holstein ist die niedrigste aller westdeutschen Bundesländer und die Schuldenlast des Landes und seiner Kommunen je Einwohner gehört zu den höchsten der Republik. Weil an allen Enden das Geld fehlt, lag die Investitionsquote des Landes im Jahr 2003 niedriger als irgendwo sonst. Bei einer schon heute bedrohlichen Arbeitslosenquote von 10,9 Prozent (2004), der zweithöchsten aller westdeutschen Flächenländer, droht Schleswig-Holstein weiteres Ungemach: Die nächste Welle der Abrüstung wird das Land stär-

VON FISCHERDÖRFERN ZU FERIENANLAGEN – DIE INSELN DÜNNEN SICH AUS

Schleswig-Holstein ist auch ein Land der Inseln. Hier liegen die nordfriesischen Eilande Sylt, Föhr, Nordstrand, Pellworm und Amrum, ein langsam abbröckelnder Felsklotz namens Helgoland, der aus historischen Gründen zum Landkreis Pinneberg gehört, sowie die Ostseeinsel Fehmarn. Mit dem Niedergang der Fischereiwirtschaft in den 1980er Jahren verloren die Eilande einen großen Teil ihrer Bevölkerung. Auf Sylt und Pellworm sanken in den zwölf Jahren zwischen 1975 und 1987 die Einwohnerzahlen um mehr als 20, auf Amrum und Nordstrand um etwa 13 Prozent. Der Tourismusboom und der Run auf Ferienhäuser stabilisierte dann die Einwohnerschaft touristisch attraktiver Inseln. Auf Sylt und Amrum stiegen die Bevölkerungszahlen sogar wieder – wenngleich sie nicht mehr das frühere Niveau erreichten. Auf Nordstrand und Pellworm ging der Exodus weiter. Dort leben heute 18 respektive 24 Prozent weniger Menschen als 1975.[22]

So attraktiv manche Inseln für Touristen sind – Familien und junge Menschen möchten dort immer weniger leben. Es fehlt an attraktiven Jobs und Ausbildungsmöglichkeiten. Viele Waren sind teurer als auf dem Festland. Das Freizeitangebot ist begrenzt und die Inseln sind nur mit dem Schiff oder, im Fall von Sylt, über eine einspurige Bahnlinie zu erreichen. Im Winter, wenn die Saisonkräfte fortgehen, trotzen noch weniger Menschen den Stürmen. Auf Sylt und Nordstrand sind bereits neun Prozent der Einwohner älter als 75 Jahre, auf dem für Tagestouristen weniger interessanten Pellworm gar fast 13 Prozent. Die Insel ist damit stärker überaltert als die Kurstadt Baden-Baden, welche mit zwölf Prozent Hochbetagten die „älteste" kreisfreie Stadt Deutschlands ist.

Auch die mit 185 Quadratkilometern drittgrößte deutsche Insel Fehmarn, deren Bevölkerungzahl noch wächst, zieht hauptsächlich Ältere an. Gleichzeitig schrumpfen die jüngeren Altersklassen, weil der Insel die Kinder ausgehen. Nur noch etwa 120 (der 13.000 Inselbewohner) werden jährlich eingeschult. In der 12. Klasse des Inselgymnasiums sitzen noch 25 Schüler – für sie kam erstmalig kein einziger Fremdsprachen-Leistungskurs mehr zustande. In den nächsten fünfzehn Jahren werden die Schülerzahlen aufgrund der demografischen Entwicklung um weitere 20 Prozent sinken. So könnte Fehmarn jetzt Vorreiter einer Bildungsreform werden. Denn das traditionell dreigliedrige Schulsystem Schleswig-Holsteins, mit Haupt-, Realschule und Gymnasium, wird sich bald nicht mehr aufrechterhalten lassen. Der Bürgermeister von Fehmarn will nun ab der fünften Klasse eine Gemeinschaftsschule einrichten, in die Schüler leistungsabhängig einen der drei möglichen Abschlüsse erreichen. Anderenfalls könnte die Insel ihr einziges Gymnasium verlieren, was weitere Familien zur Abwanderung zwingen würde.[23]

ker treffen als andere. 2004 beschloss das Verteidigungsministerium, weitere 8.800 der 45.000 verbliebenen Stellen abzubauen. An 31 Standorten werden die Spinde für immer geschlossen, darunter in Rendsburg, Heide, Bad Segeberg und Eckernförde.[20] Für Breitenburg bei Itzehoe oder Kappeln an der Schlei, Orte, in denen einmal mehr als die Hälfte aller Arbeitnehmer beim Militär beschäftigt waren, bedeutet dies eine enorme Veränderung.

Gewinn durch Wind und Meer

Doch es gibt auch positive Meldungen: Über 5.000 Schleswig-Holsteiner finden mittlerweile im Bereich der Windenergie Arbeit.[21] Darüber hinaus bietet der Logistiksektor glänzende Aussichten. Durch das Zusammenwachsen Europas und seine geografische Lage zwischen den Meeren profitiert das Land vom zunehmenden Handel. Immerhin hat das nördlichste Bundesland, Anfang der 1990er Jahre noch Schlusslicht im Westen, mittlerweile das Saarland, Rheinland-Pfalz und Niedersachsen in der Wirtschaftskraft je Erwerbstätigen überholt.

Vor allem der Tourismus spielt dank Meer und 1.200 Kilometer Stränden nach wie vor eine wichtige Rolle. Vier Prozent der schleswigholsteinischen Beschäftigten arbeiten im Gastgewerbe.[24] Auch wenn Schleswig-Holstein die wachsende Konkurrenz der ostdeutschen Meeresküsten am Rückgang der Übernachtungszahlen spürt, bleibt der Tourismus für die Küstenkreise Nordfriesland, Rendsburg-Eckernförde und Plön eine Wachstumsbranche. Sie konnten zwischen 1997 und 2003 ihr Bruttoinlandsprodukt um knapp 17 Prozent steigern und so fast die höchsten Wachstumsraten in Schleswig-Holstein erzielen.

Nicht nur für Reisende, auch für so genannte Ruhestandswanderer sind Nord- und Ostsee verlockend. Nordfriesland und Ostholstein gewannen zwischen 1990 und 2002 etwa acht, Schleswig-Flensburg, Rendsburg-Eckernförde und Plön sogar um die zehn Prozent Einwohner hinzu – darunter viele ältere Menschen. Der im Norden von Lübeck gelegene Landkreis Ostholstein, zu dem auch die Insel Fehmarn gehört, verzeichnet (nach der Kurstadt Baden-Baden) den bundesweit zweithöchsten Zuwanderungssaldo bei den über 50-Jährigen. Dadurch altert die Bevölkerung ungewöhnlich schnell. Bereits heute sind in Ostholstein 9,4 Prozent der Bewohner über 75 Jahre alt. Noch älter sieht nur die angrenzende Stadt Lübeck aus.[25] Zu viele Rentner wirken sich offenbar auch negativ auf die Familienfreundlichkeit aus: Mit 1,32 Kindern je Frau ist Ostholstein der nachwuchsärmste Landkreis Schleswig-Holsteins.

Aber auch Regionen mit höheren Kinderzahlen drohen Verluste. Dies gilt – wie überall in Deutschland – für jene Landkreise, die weder nah an Städten noch in besonders attraktiver Land-

Boom am Großstadtrand – Flaute an der Küste

Noch wächst Schleswig-Holstein. Und das hat Auswirkungen auf die Baulandpreise. Im Hamburger Umland, in Pinneberg, Stormarn und Segeberg ist Grund und Boden am teuersten und hat in den vergangenen Jahren die größten Preissteigerungen erlebt. Auch die für Pensionäre und Erholungssuchende attraktiven Kreise Plön, Ostholstein und Nordfriesland haben sich verteuert. Am billigsten ist das abgelegene Dithmarschen. Der Bauplatz fürs Eigenheim kostet dort nur ein Fünftel dessen, was im Speckgürtel der Hansestadt fällig ist. In den drei größten Städten Schleswig-Holsteins, Flensburg, Kiel und Lübeck, verfallen bereits die Preise – eine Entwicklung, die direkt mit der rückläufigen demografischen Entwicklung einhergeht.

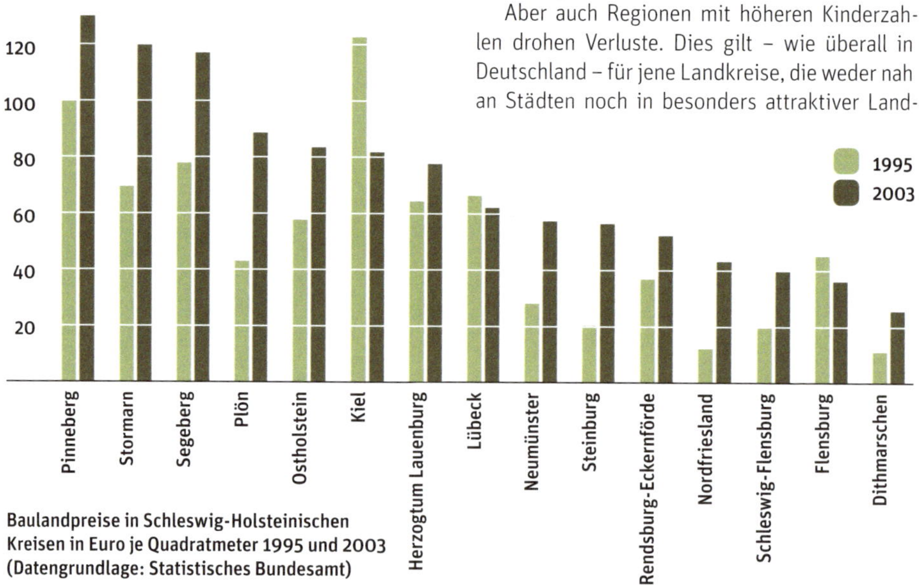

Baulandpreise in Schleswig-Holsteinischen Kreisen in Euro je Quadratmeter 1995 und 2003 (Datengrundlage: Statistisches Bundesamt)

schaft liegen. In Schleswig-Holstein betrifft dies den Kreis Dithmarschen an der Elbmündung. Zwar gehört die Geburtenrate in Dithmarschen zu den höchsten in ganz Deutschland, aber anhaltende Arbeitsplatzverluste und steigende Sterbefallüberschüsse werden künftig für einen Bevölkerungsrückgang sorgen. Dithmarschen hat bis 2020 mit einem Schwund von etwa 2,3 Prozent zu rechnen, der sich anschließend stark beschleunigen wird. Eng könnte es dann auch für das im Landkreis Steinburg gelegene Wiedenborstel werden: Die kleinste eigenständige Gemeinde Deutschlands besteht aus einem Haus und hatte in den letzten Jahren zwischen zwei und sieben Einwohnern.

Das wichtigste Kapital Schleswig-Holsteins ist die Nähe zu Hamburg

Sechs der elf schleswig-holsteinischen Landkreise werden mittlerweile offiziell zur Metropolregion Hamburg gezählt – neben den vier unmittelbar angrenzenden Kreisen Lauenburg, Stormarn, Segeberg und Pinneberg auch die an der Elbmündung gelegenen Kreise Steinburg und Dithmarschen. Diese Gebiete haben in den 1990er Jahren, als die zahlenmäßig große Gruppe der Babyboomer im besten Familiengründungsalter war, mit Freiraum und attraktiven Baulandpreisen Bevölkerung aus der Großstadt angelockt. Segeberg und Lauenburg wuchsen zwischen 1990 und 2002 um 15, Pinneberg und Stormarn um zehn Prozent – und sie werden bis zum Jahr 2020 weiter wachsen. Doch vor demografischem Wandel bewahrt sie das nicht. Denn in der Vergangenheit haben sich vor allem 30- bis 40-Jährige in den Stadtumlandkreisen niedergelassen. Deren Kinder sind mittlerweile fortgezogen. Und dies führt zu einer einseitigen Bevölkerungsstruktur. Die einstigen Zuzugsregionen altern schneller als entlegene Kreise, die weniger Zuwanderung erfahren haben. In 15 Jahren werden dort, wo einst

Strände statt Fabriken

Das an der See gelegene Ostholstein, wozu auch die Insel Fehmarn gehört, und der Nordseekreis Nordfriesland gehören zu den meistbesuchten Touristenregionen Deutschlands. So profitieren auch Regionen wirtschaftlich, in denen die traditionellen Branchen Schifffahrt und Fischerei an Bedeutung verloren haben. Die Umlandkreise Hamburgs nutzen ihre Nähe zur Hansestadt. Nur die Kreise Steinburg und Dithmarschen liegen im touristischen Nirgendwo und ziehen wenig Ausflügler an.

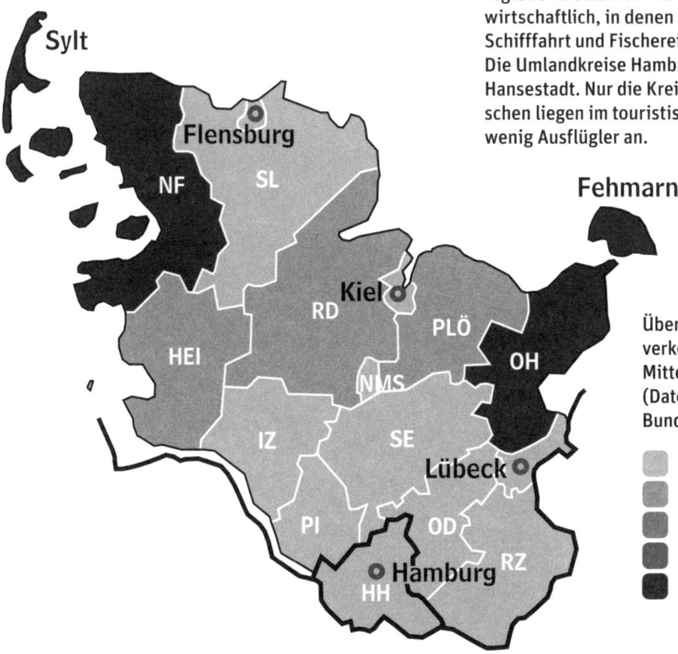

Übernachtungen im Fremdenverkehr je Einwohner, Mittelwert 2001 bis 2003 (Datengrundlage: Statistisches Bundesamt)

- 5 und weniger
- 5,1 bis 10
- 10,1 bis 15
- 15,1 bis 25
- mehr als 25

Wachstumsbranche Pflegedienste

In allen schleswig-holsteinischen Landkreisen wird die Zahl der über 80-Jährigen bis 2020 erheblich zunehmen. Im Kreis Segeberg um hundert Prozent. Besonders das Umland von Hamburg und Kiel altert rapide. Dorthin sind vor Jahrzehnten viele junge Familien gezogen. Heute sind die Kinder aus dem Haus und die Eltern werden alt.

Zahl der über 80-Jährigen in Schleswig-Holstein 2004 und 2020 (Datengrundlage: Statistisches Amt für Hamburg und Schleswig-Holstein)

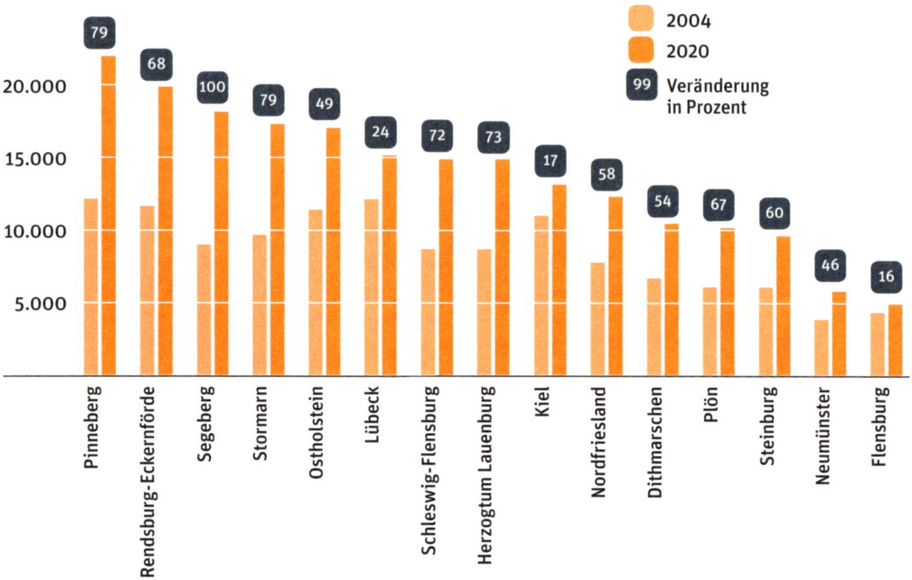

junge Familien ihre Kinder groß gezogen haben, vorwiegend Rentnerehepaare leben. Die Zahl der über 80-Jährigen wird sich etwa in Segeberg bis 2020 auf 18.000 verdoppeln. Auf Pinneberg und Stormarn kommt ein Plus von 80 Prozent zu.

Hamburg – Motor des Nordens

Schon seit mehr als hundert Jahren gilt Hamburg als das Tor der außereuropäischen Kontinente zu den Märkten Mittel- und Osteuropas. Hier können die Überseeschiffe ihre Güter auf die Elbfrachter umladen. Mit dem Beginn des Kalten Krieges verlor der größte deutsche Seehafen zwar einen guten Teil seines Absatzgebietes. Doch führte die Freigabe des deutschen Handelsschiffbaus im Jahre 1951 zu einem Aufschwung der Hamburger Werften. Zumindest bis in den 1970er Jahren die Zeit der großen Schiffsneubauten zu Ende ging. Um der Konkurrenz asiatischer Werften zu begegnen, waren einschneidende Modernisierungen nötig. Aber dadurch gingen immer mehr Arbeitsplätze verloren. Während der großen Strukturkrise zwischen 1970 und 1985 sank die Zahl der Hamburger Erwerbstätigen um 123.000. Die Arbeitslosenquote kletterte quasi aus dem Nichts auf 12 Prozent. Hamburg erlebte einen regelrechten Exodus: Bis 1985 kehrten mehr als 160.000 Einwohner der Stadt den Rücken. Mit nur noch 1,57 Millionen Menschen erreichte die Hansestadt im Jahr 1986 ihren demografischen Tiefpunkt.[26]

Doch anders als etwa in Bremen begann der Hamburger Senat rechtzeitig, sich von den maritimen Industrien zu lösen. In den 1990er Jahren entwickelte sich Hamburg zu einer der dynamischsten Metropolen der Republik. Zwischen

FAMILIEN-TÜV FÜR DIE „WACHSENDE STADT“

Ende 2004 waren in Hamburg 1.734.083 Einwohner gemeldet. Der in den Jahren zuvor anhaltende Zuwachs hat den Hamburger Senat dazu getrieben, der Metropole das Leitbild einer „Wachsenden Stadt“ zu verpassen. Mit der Ausweisung und Bebauung zahlreicher altindustrieller Brachflächen sollen weitere Firmen und Menschen in die Stadt gelockt werden. Tatsächlich ist Hamburg mit nur 2.300 Einwohnern je Quadratkilometer eine der am dünnsten besiedelten Großstädte der Welt. In Berlin leben 3.800, in München fast 4.000 Menschen auf der gleichen Fläche.

Allein etwa 260 Hektar Konversionsflächen wurden seit 1990 in Hamburg erschlossen, Brachen, die früher von der Deutschen Bahn, der Bundeswehr oder Industriebetrieben genutzt wurden. Fast 100 Hektar davon sind bereits bebaut. Das Ortszentrum Bahrenfeld, der Mediencampus Finkenau, die Rahlstedter Höhe und der Elbschlosspark sind zum Teil auf solchen Flächen entstanden. Im Bau sind derzeit Projekte an der alten Bavariabrauerei, im Falkenried, auf den Boltwiesen und an der Rennkoppel. In den kommenden Jahren sollen alte Kasernen abgerissen und die Gelände neu genutzt werden.[27]

Allerdings richten sich Projekte wie die „Hafencity“ schon aufgrund der Mietpreise mehr an gut verdienende Singles als an junge Familien. Die wenden sich eher von Hamburg ab, ziehen in die Umlandkreise Niedersachsens und Schleswig-Holsteins und zahlen dort ihre Steuern. Seit diese Stadtflucht im Jahr 2004 erstmals seit fünf Jahren wieder deutlich zugenommen hat, steht die „Wachsende Stadt“ öffentlich unter Beschuss. Die Opposition wirft dem Senat vor, er interessiere sich nur für Wirtschaft und Wohlhabende. Für Familien gebe es zu wenig bezahlbaren Wohnraum, stattdessen würden Schulen geschlossen und Eltern mit immer neuen Gebühren für Schulbücher, Kindergärten und Vorschule belastet. Auch der Hamburger Zukunftsrat, der die Ziele der Agenda 21 für die Hansestadt überwacht, kommt zu dem Schluss, dass die Stadt von einer nachhaltigen Entwicklung im sozialen Bereich weit entfernt sei.[28]

Der Senat will jetzt mit einem „Familien-Tüv“ auf die Vorwürfe reagieren. Diese Prüfstelle soll alle wichtigen Entscheidungen der Behörden nochmals auf ihre Familienfreundlichkeit durchleuchten. So sollen weitere Belastungen, die zum Wegzug von Familien führen, vermieden werden. Das einstmals expansive Konzept der wachsenden Stadt formuliert der Senat nun vorsichtig in „qualitatives Wachstum“ um. Denn wirklich zulegen wird Hamburg kaum: Zwar errechnen die Statistiker des Bundesamtes für Bauwesen und Raumordnung unter Fortschreibung zurückliegender Entwicklungen bis 2020 noch ein Bevölkerungswachstum von rund zwei Prozent. Aber vor Ort sieht man die Lage nüchterner: Das Statistische Landesamt Hamburg und Schleswig-Holstein rechnet für die Hansestadt nicht mehr mit einem Anstieg der Einwohnerzahl. Und kommt damit der Realität vermutlich näher. Der registrierte Zuwachs um 747 Menschen im Jahr 2004 basiert einzig darauf, dass einige hundert Studenten, die schon zuvor in Hamburg gelebt, nun auch ihren Hauptwohnsitz dorthin verlegt haben.[29]

1995 und 2004 wuchs die Wirtschaftskraft Hamburgs um 15,8 Prozent – mehr als in jedem anderen Bundesland. Die Hansestadt erzielt heute je Einwohner nicht nur das höchste Bruttoinlandsprodukt aller Bundesländer. Die Hamburger verfügen mit durchschnittlich 19.000 Euro pro Kopf über eine ungewöhnlich hohe Kaufkraft. Die Stadt erschloss sich neue Wirtschaftszweige und machte alteingesessene Branchen zukunftsfähig: Mit dem Airbus-Werk und der Lufthansa Technik AG ist Hamburg neben Seattle und Toulouse mittlerweile das drittwichtigste Luftfahrtzentrum der Welt. Der Großraum-Airbus A380, dessen Innenausbau in Hamburg erfolgt, wird der Branche, die heute 30.000 Jobs bietet, weiteres Wachstum bescheren.

Berühmt ist Hamburg als Medienstadt. Die Branche, die neben Verlagen, Film und Fernsehen auch Werbung und Öffentlichkeitsarbeit umfasst, hat zwar nach einem Boom Ende der 1990er Jahre Beschäftigung abgebaut, gibt aber noch immer mehr als 60.000 Hamburgern Arbeit.[30] Die Hansestadt setzt zudem gezielt auf die zukunftsträchtigen Unternehmensdienstleistungen. Im Jahr 2001 war ein Fünftel aller Arbeitnehmer in diesem Segment beschäftigt, fast doppelt so viele wie im Bundesdurchschnitt.[31]

Die für Hamburg traditionelle Hafenwirtschaft spielt nach wie vor eine bedeutende Rolle. Insgesamt hängen 131.000 Arbeitsplätze direkt oder indirekt am Hafen – das sind fast 13 Prozent aller Erwerbstätigen. Auch das größte Investitionsprojekt des Hamburger Senats ist nahe am Wasser gebaut: 750 Millionen Euro sollen bis 2009 in neue Kais für Großfrachter und Umschlagplätze für Logistikunternehmen fließen. Dank des Ausbaus schreibt der Containerverkehr seit Jahren zweistellige Zuwachsraten. Da 90 Prozent des weltweiten Handels per Schiff abgewickelt werden und Deutschland Exportweltmeister ist, könnte Hamburg bald Rotterdam als größten Container-Verschiebebahnhof Europas ablösen.[32] Als besonders zukunftsträchtig erweist sich die Kooperation mit China. In der Hansestadt haben mittlerweile über 350 chinesische Unternehmen ihren Sitz. Tendenz steigend. Damit ist Hamburg einer der wichtigsten Brückenköpfe des größten asiatischen Wachstumsmarktes nach Europa.

Doch in Hamburg tut sich ein großer Kontrast zwischen wirtschaftlichem Wohlergehen und öffentlicher Verschuldung auf: So liegen die Verbindlichkeiten je Einwohner in der Hansestadt nach jenen von Bremen und Berlin deutschlandweit auf Platz drei. Dem Hamburger Senat bleibt nur das Sparen. Viel mehr als den Anstieg der Verschuldung zu bremsen, ist allerdings bisher

Bewertung Schleswig-Holstein

		GESAMTNOTE
HEI	Dithmarschen	3,63
FL	Flensburg	3,85
RZ	Herzogtum Lauenburg	3,40
KI	Kiel	3,86
HL	Lübeck	3,79
NMS	Neumünster	4,02
NF	Nordfriesland	3,33
OH	Ostholstein	3,68
PI	Pinneberg	3,45
PLÖ	Plön	3,88
RD	Rendsburg-Eckernförde	3,43
SL	Schleswig-Flensburg	3,67
SE	Segeberg	3,31
IZ	Steinburg	3,48
OD	Stormarn	3,20

Bewertung Hamburg

HH	Hamburg	3,44

nicht gelungen. Und bei allem privaten Reichtum an Elbe und Alster hält sich die Zahl der Bedürftigen in Hamburg auf bedrückend hohem Niveau: 14 Prozent aller 18- bis 65-Jährigen sind arbeitslos oder leben von Sozialhilfe – ein Wert, der schlechter ist als in vielen der vom Strukturwandel geplagten Ruhrgebietsstädte.

Dank seines breiten Bildungsangebotes und der gut gehenden Wirtschaft gelingt es Hamburg derzeit, demografisch stabil zu bleiben – allerdings auf Kosten anderer Regionen, vor allem im Osten der Republik. Ohne die etwa 9.000 Zuzügler, die in der jüngeren Vergangenheit im Jahresmittel in die Stadt kamen, wäre Hamburg längst eine schrumpfende Stadt. Jährlich sterben in Hamburg etwa 2.300 Menschen mehr als geboren werden. Aus eigener Kraft kann Hamburg schon lange nicht mehr wachsen: Die Fertilität liegt mit nur 1,2 Kindern je Frau selbst für die nachwuchsarmen deutschen Verhältnisse auf niedrigem Niveau.

	Demografie								Wirtschaft										Integration			Bildung				Familienfr.			
	Kinderzahl	Unter 35-Jährige	Frauenanteil	Wanderung	Über 75-Jährige	Prognose 2020	ZWISCHENNOTE	TREND	Verfügb. Einkommen	Bruttoinlandsprod.	Kommunale Schulden	Erwerbstätigkeit	Arbeitsl.+Sozialh.	Erwerbstät./Frauen	Erwerbstät./Ältere	Fremdenverkehr	ZWISCHENNOTE	TREND	Bildungschancen	Ausländer/Arbeitsl.	ZWISCHENNOTE	Ohne Abschluss	Jugendarbeitslosigkeit	Hochqualifizierte	ZWISCHENNOTE	Personen je Wohnung	Baulandpreise	Freifläche	ZWISCHENNOTE
	2	4	3	2	5	3	3,2	3,8 →	4	3	2	5	3	5	6	3	3,9	4,3 ↘	5	3	4,0	4	3	5	4,0	5	2	2	3,0
	6	2	1	2	5	4	3,3	2,0 ↗	5	1	6	5	4	4	6	5	4,5	4,5 ↘	4	2	3,0	3	3	5	3,7	6	2	5	4,3
	4	4	1	1	4	2	2,7	2,8 ↗	2	4	2	3	3	4	5	5	3,5	4,8 ↘	4	4	4,0	4	3	5	4,0	4	3	3	3,3
	6	2	1	2	5	4	3,3	1,4 ↑	5	1	5	5	5	4	5	5	4,4	3,3 →	4	4	4,0	3	3	3	3,0	6	5	5	5,3
	5	4	1	2	6	3	3,5	1,8 ↑	4	1	6	5	4	4	6	4	4,3	3,2 →	4	3	3,5	4	3	4	3,7	6	3	4	4,3
	4	3	2	3	5	3	3,3	3,4 →	4	1	5	4	5	4	6	5	4,3	4,0 ↘	5	4	4,5	5	3	5	4,3	6	3	4	4,3
	3	3	2	2	5	2	2,8	2,8 ↗	4	3	4	4	3	4	6	1	3,6	4,2 ↘	4	3	3,5	2	3	6	3,7	6	2	1	3,0
	5	6	1	1	6	2	3,5	3,0 →	3	4	3	4	3	4	6	1	3,5	4,3 ↘	5	2	3,5	4	3	6	4,3	6	3	3	4,0
	5	5	1	2	4	2	3,2	2,2 ↗	1	2	2	3	3	3	4	5	2,9	3,7 →	5	5	5,0	3	3	4	3,3	5	5	5	5,0
	5	4	5	1	4	2	3,5	3,4 →	4	6	3	5	3	4	6	3	4,3	3,8 →	4	3	3,5	4	3	6	4,3	5	4	2	3,7
	4	4	2	2	4	2	3,0	3,2 →	3	3	2	4	3	4	6	4	3,6	4,0 ↘	4	4	4,0	4	2	5	3,7	4	2	3	3,0
	4	3	4	2	4	2	3,2	4,0 ↘	4	4	2	5	3	4	6	4	4,0	5,0 ↓	5	2	3,5	4	3	6	4,3	4	2	2	2,7
	4	4	1	2	3	2	2,7	3,2 →	2	3	3	2	3	3	4	5	3,1	4,3 ↘	4	4	4,0	3	3	5	3,7	4	4	4	4,0
	3	4	2	2	4	2	2,8	2,8 ↗	4	2	2	4	3	4	6	6	3,9	4,7 ↘	5	2	3,5	3	3	5	3,7	5	2	3	3,3
	5	5	1	1	4	2	3,0	2,8 ↗	1	2	2	2	2	3	4	5	2,6	4,0 ↘	4	5	4,5	2	2	5	3,0	5	4	4	4,3
	6	3	1	2	5	2	3,2	1,6 ↑	1	1	6	4	4	4	5	5	3,8	2,6 ↗	4	3	3,5	4	2	2	2,7	6	0	5	5,5

Familienarme Hansestadt

Im Jahr 1970 lebte ein reichliches Drittel aller Hamburger allein. Heute tut dies rund die Hälfte. Alle Wohnformen mit mehr als zwei Personen – vor allem also Familien – haben deutlich abgenommen. Das ist kein Wunder, denn die Zahl der Kinder und Jugendlichen sank in dem Zeitraum von 381.000 auf 276.000. Die relative Zunahme der Ein-Personen-Haushalte geht heute vor allem auf das Konto der jüngeren Singles. Ihre Zahl hat sich mehr als verdoppelt. In den 1970er Jahren waren die Singles häufig allein lebende Frauen, die ihre Männer im Krieg verloren hatten.

1970

2003

Haushalte in Hamburg nach Zahl der Personen (Datengrundlage: Statistisches Amt für Hamburg und Schleswig-Holstein)

NIEDERSACHSEN UND BREMEN

Ost-West-Gefälle

Niedersachsen
- **Einwohnerzahl 2004: 8.001.000 2020: 7.973.000**
- **Fläche: 47.620 km²**
- **Landesschulden/ Einwohner: 5.841,– €**

Bremen
- **Einwohnerzahl 2004: 663.000 2020: 643.000**
- **Fläche: 404 km²**
- **Landesschulden/ Einwohner: 16.999,– €**

Spätestens seit den 1970er Jahren ist Deutschland ein Zuwanderungsland. Seither überschreitet die Zahl der Todesfälle stets jene der Geburten – und trotzdem ist die Bevölkerung Jahr für Jahr weiter gewachsen. Allein die aus dem Ausland zu uns gekommenen Menschen haben den natürlichen Schwund kompensiert.

Die Zuwanderer haben sich allerdings sehr ungleich über Deutschland verteilt. Sie leben eher in Städten als auf dem Lande und eher im Westen als im Osten der Republik. Interessanterweise sind die Orte mit dem höchsten Zuwandereranteil zwei Kleinstädte in Niedersachsen – Bramsche im Landkreis Osnabrück und Friedland in der Nähe von Göttingen. Dort stehen die beiden größten Aufnahmelager für Einwanderungswillige. Allerdings teilen sich die Aufgenommenen in zwei Kategorien: In Asylsuchende, die in Bramsche unterkommen und bei Ablehnung ihres Asylantrages

Land der Extreme

Der niedersächsische Süden muss sich auf starken Bevölkerungsrückgang einstellen. In Abwanderungskreisen wie Göttingen, Northeim und Osterode am Rand des Harzes könnte die Einwohnerzahl bis 2020 um bis zu 15 Prozent sinken. Genau umgekehrt sieht das Bild im Westen des Landes aus: Dort gibt es aufgrund hoher Geburtenzahlen und einer jungen Bevölkerung noch deutlich mehr Neugeborene als Sterbefälle. Und weil sich die Wirtschaft glänzend entwickelt auch noch Zuwanderung.

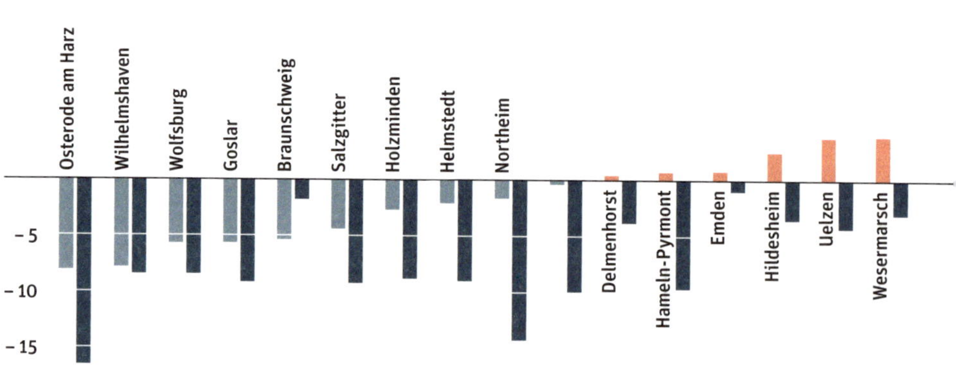

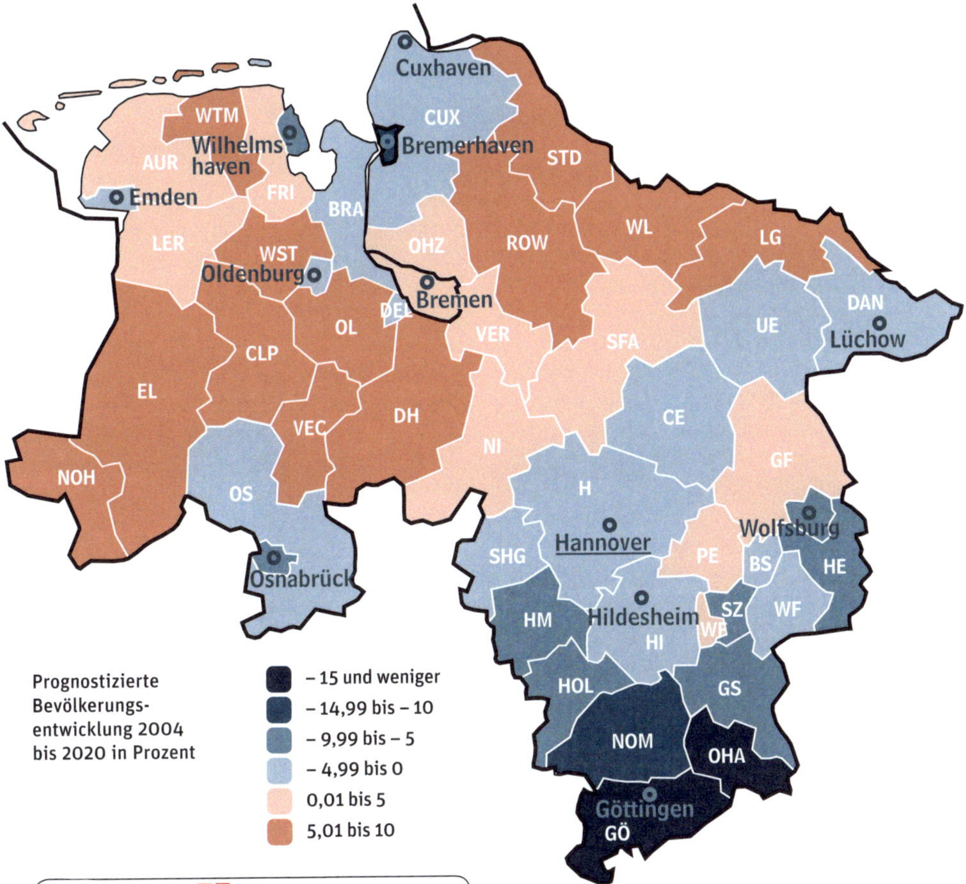

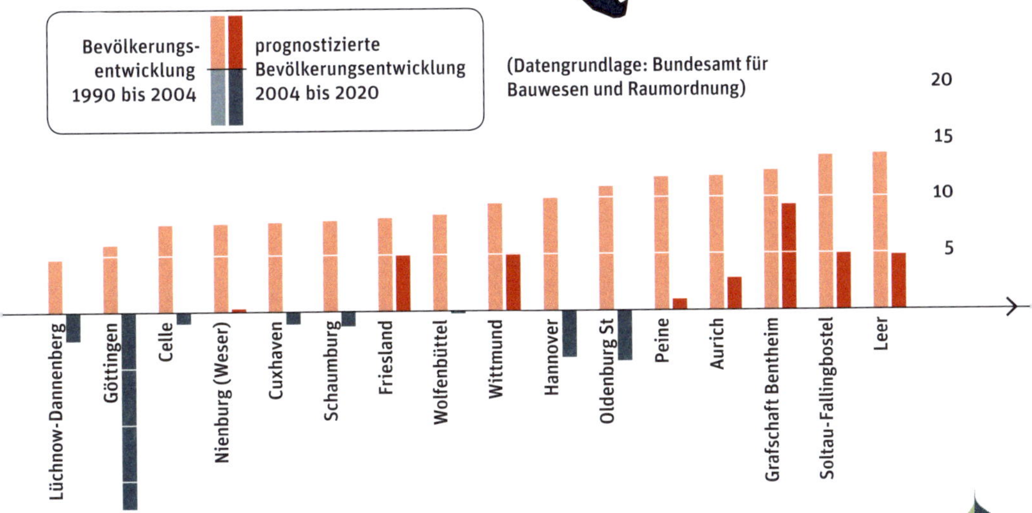

(Datengrundlage: Bundesamt für Bauwesen und Raumordnung)

mit Abschiebung rechnen müssen; sowie in Spätaussiedler, die in Friedland sofort die deutsche Staatsbürgerschaft erhalten.

Seit 1945 haben 3,6 Millionen Menschen das einst von den Alliierten errichtete „Grenzdurchgangslager" Friedland durchlaufen. Zunächst waren es heimkehrende Soldaten, später Flüchtlinge aus Ungarn oder Vietnam und schließlich Deutschstämmige aus Osteuropa und der ehemaligen Sowjetunion. Seit 1999 ist Friedland das einzige Aufnahmelager für Spätaussiedler. Im Jahr 2004 hielten sich 60.000 Personen in dem Lager auf, von denen nur noch jeder Fünfte selbst deutscher Abstammung war. Bei dem Großteil handelte es sich um Angeheiratete oder sonstige Verwandte.[33]

Friedland liefert einen der Gründe dafür, dass die Bevölkerung Niedersachsens seit 1990 um 8,3 Prozent gewachsen ist – der drittgrößte Zugewinn eines Bundeslandes in diesem Zeitraum. In den 1990er Jahren nahm Niedersachsen rund ein Fünftel aller nach Deutschland zugewanderten Ausländer auf. Im Jahr 2004 überschritt die Einwohnerzahl erstmals die Acht-Millionen-Marke. Doch das Wachstum im Land zwischen Harz und dem Meer ist sehr ungleich verteilt: Während der Osten längst schrumpft, ist im Westen vorerst kein Ende des Bevölkerungsbooms abzusehen.

Wo die Zukunft aus Ställen und Äckern kommt

Die meisten Deutschen haben nur eine vage Vorstellung vom entlegenen Nordwesten Niedersachsens. Wer weiß schon, dass der gesamte überseeische Telefon- und Datenverkehr in der „Seekabelendstelle" der Stadt Norden im Landkreis Aurich anlandet. Oder dass zwischen Bremen und Wilhelmshaven in tausend Meter tief gelegenen Salzstöcken der „Nord-West-Kavernengesellschaft" einen Großteil der 29 Millionen Tonnen schweren strategischen Ölreserven der Bundesrepublik lagert. Und wer außerhalb des Oldenburger Münsterlandes ahnt, dass sich in den Kreisen Cloppenburg, Vechta und Emsland ein neues Wirtschaftswunder abspielt: Kaum irgendwo in Deutschland wurde in den vergangenen Jahren mehr Beschäftigung geschaffen.

Das Gebiet ist bestenfalls bekannt als „Land, in dem die Gülle fließt". Tatsächlich beruht der Wirtschaftaufschwung nicht etwa auf Hochtechnologie, sondern im Kern auf der Landwirtschaft. In den drei Kreisen leben knapp 600.000 Einwohner und eine Menge Vieh: 8,7 Millionen Hühner, das entspricht einem Fünftel aller deutschen Legehennen sowie drei Millionen Schweine,

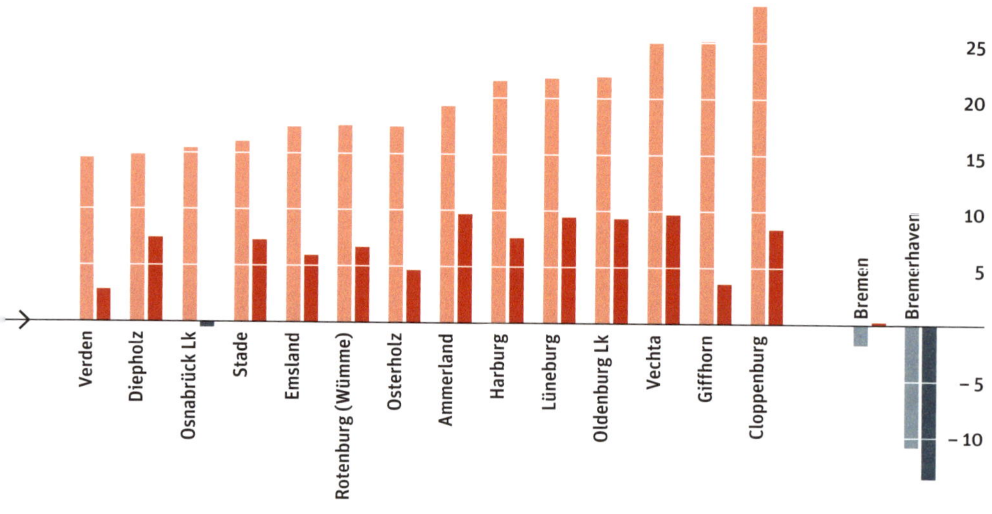

ein Achtel des bundesweiten Borstenvieh-Bestandes. Während in vielen deutschen Industriegebieten nur noch Importteile zusammengefügt und dann wieder ins Ausland verkauft werden, ist es im Westen Niedersachsens gelungen, fast die komplette Wertschöpfungskette aus Ackerbau und Viehzucht, industrieller Weiterverarbeitung, Herstellung der Verarbeitungsmaschinen, sowie vor- und nach gelagerten Dienstleistungen in der Region zu halten.

Das Gebiet war noch vor 20 Jahren eine Art Armenhaus Deutschlands. In einigen Landkreisen lagen die Arbeitslosenquoten bei knapp 30 Prozent. Seitdem profitiert die Region vor allem von der Entwicklung der Nahrungsmittelwirtschaft. Sie stellt heute den zweitgrößten niedersächsischen Industriezweig und gibt etwa 87.000 Menschen Arbeit, besonders in der Fleisch- und Milchverarbeitung sowie der Futtermittelindustrie. Dort finden auch Beschäftigte mit geringer Qualifikation einen Job. Cloppenburg und Vechta haben mit mehr als 20 Prozent an unqualifizierten Beschäftigten den niedersachsenweit höchsten Anteil von Mitarbeitern ohne Berufsabschluss und deshalb heute eine sehr geringe Arbeitslosigkeit. Anderenorts haben die so genannten Kompetenzarmen kaum eine Chance auf dem Arbeitsmarkt.

Die moderne Agrarwirtschaft hat in West-Niedersachsen dazu geführt, dass auch die Hersteller von Stallanlagen oder Landmaschinen, von Verpackungen oder Düngemitteln, der Anlagenbau und die Elektrotechnik expandieren konnten. Ebenso entwickeln sich die unternehmensbezogenen Dienstleistungsbetriebe mittlerweile hervorragend. Der eigentlich ländlich geprägte Raum bietet heute mehr Industriearbeitsplätze als der Bundesdurchschnitt. Bei den Gewerbesteuereinnahmen je Einwohner liegen Vechta und Cloppenburg im Landesvergleich auf vorderen Plätzen, gleich nach Hannover und noch vor der VW-Stadt Wolfsburg.[34] Insgesamt hat die Zahl der Erwerbstätigen in den elf westniedersächsischen Kreisen zwischen Friesland und Osnabrück, Aurich und Oldenburg seit 1995 um mehr als elf Prozent zugenommen. Der Landkreis Vechta verzeichnete im Jahr 2004 mit 5,6 Prozent eine der geringsten Arbeitslosenquoten der Republik. Das Beschäftigungswachstum übertrifft sogar jenes des gemeinhin als Inbegriff moderner Wirtschaftskraft gefeierten Regierungsbezirks Oberbayern, in dem die Landeshauptstadt München liegt.

Doch nicht allein bei der Beschäftigungsentwicklung ist das westliche Niedersachsen Spitze, sondern auch bei den Kinderzahlen. Die Landkreise Cloppenburg, Vechta, Wittmund, Osnabrück, Wesermarsch und Emsland stellen sechs von elf Kreisen Deutschlands, in denen noch mindestens 1,6 Kinder je Frau geboren werden. Am meisten sind es in Cloppenburg, wo die Rate bei 1,8 liegt. Folglich gehört das Oldenburger Münsterland zu den jüngsten Regionen der Republik. Über 46 Prozent der Bevölkerung sind noch keine 35 Jahre alt. Nirgendwo drängen mehr junge Leute in die Lehrberufe – und sie finden dank der guten Wirtschaftslage fast alle einen Ausbildungsplatz. Die Region leidet bestenfalls unter dem Luxusproblem, dass die in der wachsenden Industrie vermehrt notwendigen Hochqualifizierten nicht mehr aus dem eigenen Umfeld rekrutiert werden können, sondern von außerhalb angeworben werden müssen.

Es harzt im Harz

200 Kilometer südöstlich der Kinderzone von Vechta und Cloppenburg, im Weserbergland und im Harz an der ehemaligen deutsch-deutschen Grenze herrschen ganz andere Verhältnisse. Wo einst die Metall- und Grundstoffindustrie blühte, prägen heute technische Denkmäler und Bergwerksmuseen das Land. Jahrzehntelang konnte die Zonenrandförderung die Wirtschaftsschwäche der Region kaschieren und überkommene Branchen am Leben erhalten. Doch nach der Wende kam für die Mehrzahl der Betriebe in der Gummi- und Kunststoffverarbeitung, für den Bergbau und die Gießereiunternehmen, für die Glas-, Papier- und Holzindustrie das Aus. Die Region befindet sich seit Jahren in einer wirtschaftlich-demografischen Abwärtsspirale. Die Zahl der Erwerbstätigen hat in Goslar, Osterode, Northeim und Holzminden seit 1995 um sieben Prozent abgenommen. Die Verluste betreffen sowohl das

produzierende Gewerbe als auch die Dienstleistungsbetriebe. Das in der Region erwirtschaftete Bruttoinlandsprodukt war 2003 um vier Prozent geringer als 1999.

Es zeichnet sich ab, dass Südniedersachsen den Wettbewerb der Regionen verlieren wird. Junge Menschen verlassen schon seit Jahren die Region. In Osterode und Goslar sind nur noch 34,5 Prozent der Einwohner jünger als 35 Jahre – einen solchen Jugendmangel gibt es ansonsten nur in den Krisengebieten der neuen Bundesländer. Im kinderreichen Westniedersachsen lebt ein Drittel mehr junge Leute.

Bereits 1994 begann in Südniedersachsen das Schrumpfen. Heute setzt sich der Trend fort, nicht nur, weil Menschen abwandern, sondern auch

DIE KINDER VON CLOPPENBURG

Im Landkreis Cloppenburg leben die geburtenfreudigsten Mütter Deutschlands. Mit einer Fertilitätsrate von 1,8 Kindern je Frau kann der Kreis als kinderfreundlichster im Lande gelten. Die gesamte Region, vom Emsland bis ins nordrhein-westfälische Borken, zeichnet sich durch für deutsche Verhältnisse vergleichsweise hohe Nachwuchszahlen aus. Für diesen Umstand gibt es verschiedene Erklärungen: In der ländlichen, katholisch geprägten Region wurden auch früher mehr Kinder geboren als anderswo. Diese Tradition wirkt bis heute nach. Durch die geringe Abwanderung leben die Generationen häufig noch nahe beisammen, was die Betreuung der Kinder erleichtert. Viele Frauen nehmen ihre Mutterrolle noch im traditionellen Sinne wahr und arbeiten allenfalls halbtags – oder in Familienbetrieben. Die Erwerbstätigenquote der Frauen in diesem Landkreis ist denn auch eine der niedrigsten in Deutschland. In den Kindergärten stehen eher zu viele als zu wenige Plätze zur Verfügung. An eine Betreuungseinrichtung für unter Dreijährige hat in Cloppenburg lange keiner gedacht. Aufgrund der entstandenen Nachfrage ist sie jetzt erst in Planung.[35]

Ein weiterer Grund für die vielen Kinder sind die zugewanderten Russlanddeutschen. Schon vor Jahrzehnten, als der erste Schub nach Deutschland kam und zunächst im niedersächsischen Aufnahmelager Friedland Unterschlupf fand, setzte sich ein Cloppenburger Seelsorger für diese Menschen ein und verschaffte ihnen in seinem Heimatort ein Dach über dem Kopf. So entstand eine russlanddeutsche Gemeinschaft, die zum Magneten für weitere Aussiedler wurde. Eine regelrechte Welle kam nach dem Fall des Eisernen Vorhangs auf Cloppenburg zu. Die Einwohnerzahl der Stadt stieg seither um ein Drittel. In der Stadt Cloppenburg leben heute rund 8.000 Personen mit russlanddeutschem Hintergrund.

Im Glauben unterscheiden sich viele der Angekommenen deutlich von den alteingesessenen Katholiken. Die Migranten sind zum Teil Anhänger der strenggläubigen, evangelikalen Pfingstbewegung, deren Mitglieder die Bibel wörtlich auslegen und naturwissenschaftliche Erkenntnisse wie die Evolutionstheorie, aber auch Familienplanung häufig ablehnen. Etwa 1.500 Mitglieder hat die Religionsgemeinschaft im Landkreis Cloppenburg.[36] Zehn und mehr Kinder sind bei Pfingstchristen keine Seltenheit. In der florierenden Agrarindustrie gelten die arbeitsamen Zuwanderer, die bereit sind, zu niedrigen Löhnen zu arbeiten, als Glücksfall. Nur jene jugendlichen Russlanddeutschen, die hierzulande aufgewachsen sind, aber dennoch schlecht Deutsch sprechen und keinen Job finden, bereiten auch im Oldenburger Münsterland Probleme: Mittlerweile hat auch die heile Welt von Cloppenburg ihre Drogenszene mit entsprechenden Kriminalitätsraten.

weil der Altersquerschnitt bereits so hoch liegt, dass die Sterbefallüberschüsse den Schwund beschleunigen. Goslar und Osterode sind die am stärksten überalterten Landkreise Deutschlands. Elf Prozent der Einwohner zählen über 75 Jahre. Allein der Landkreis Göttingen schneidet, dank der forschungsstarken Universität etwas besser ab als seine Nachbarn. Doch selbst Göttingen kann sich nicht aus dem Abwärtsstrudel lösen. Bedingt durch eine äußerst geringe Geburtenrate und durch Abwanderungen ist die Einwohnerzahl dort ebenfalls rückläufig.

Holzminden hat sich als erster Landkreis im niedersächsischen Süden dem demografischen Wandel gestellt. Der Kreis, der seit 1995 vier Prozent seiner Bevölkerung und zehn Prozent seiner Erwerbstätigen verloren hat, ist „Pilotkommune zur Förderung interkommunaler Zusammenarbeit". In Holzminden soll herausgefunden werden, was sich wo einsparen und wie sich die Infrastruktur gemeinsam nutzen lässt, wenn die Kommunen der Schwundregion in ihrer Verwaltung besser kooperieren.

Probleme hat Niedersachsen aber auch am anderen Ende – in der Küstenregion um Wilhelmshaven. Dort haben die beiden wichtigsten Arbeitgeber der Vergangenheit massiv Stellen abgebaut: Die Bundeswehr verschlankt seit Jahren ihren größten Marinestützpunkt. Und der einst berühmte Büromaschinenhersteller Olympia hat Anfang der 1990er Jahre sein Werk mit den letzten 2.800 Angestellten geschlossen. Seither schrumpft die Stadt. 16 Prozent der 18- bis 65-Jährigen sind arbeitslos oder leben von Sozialhilfe. Allein die strategisch günstige Lage verschafft einen Lichtblick: Der Ausbau des Container-Tiefwasserhafens „JadeWeserPort", in den bis 2009 etwa 900 Millionen Euro investiert werden sol-

Volle Wiegen hier – leere Schulen dort

Sechs von elf deutschen Kreisen, in denen noch über 1,6 Kinder je Frau geboren werden, liegen im westlichen Niedersachsen (rot). Von den übrigen entfallen drei auf Bayern und je einer auf Schleswig-Holstein und Nordrhein-Westfalen. Die wenigsten Kinder werden in den ostdeutschen Kreisen Frankfurt (Oder) und Bernburg geboren – und in den Universitätsstädten des Westens. Dort bleiben die Angebote für Kinder, etwa Schulen oder Sportvereine, immer öfter ungenutzt.

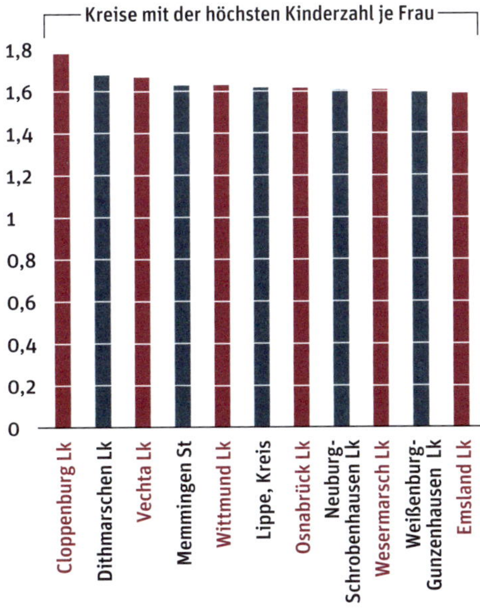

Kreise mit der höchsten und geringsten Kinderzahl je Frau in Deutschland 2003
(Datengrundlage: Statistisches Bundesamt, eigene Berechnungen Berlin-Institut)

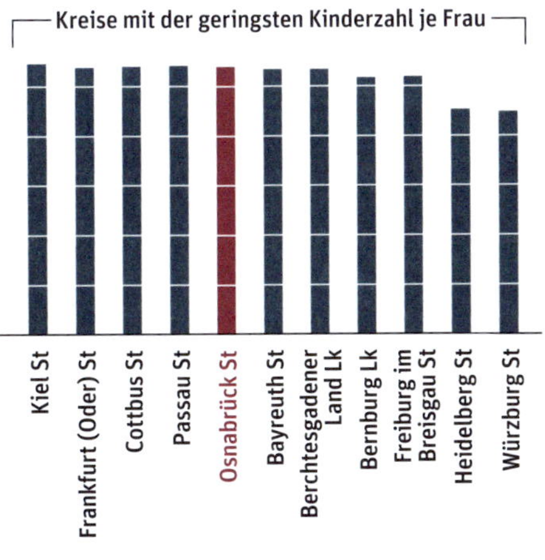

len, ist das größte Infrastrukturprojekt des Landes. Der Hafen soll den Zugang zu den weltweiten Handelsströmen weiter öffnen.[37] Zwar konnte die Abwanderung in den letzten Jahren gestoppt werden, doch die Sterbefallüberschüsse sorgen dafür, dass Wilhelmshaven weiter schrumpft. Die Küstenstadt ist fast so überaltert wie Goslar oder Holzminden im Südosten des Bundeslandes.

Hannover will Metropole im Norden sein ...

Im wirtschaftlich eher schwachen Norden ist Hannover nach Hamburg zweitwichtigster Ballungsraum. Im Jahr 2005 bekam die „Region Hannover-Braunschweig-Göttingen" sogar offiziell den Status als Metropolregion. Im Vergleich zu dem Rhein-Main-, dem Rhein-Neckar- oder dem Münchener Raum handelt es sich in Niedersachsen jedoch eher um einen Zusammenschluss von Problemregionen: Zwischen Göttingen und Hannover liegt die Schwundzone um Northeim und Osterode. Die Arbeitsmärkte der Städte sind eher lokal ausgerichtet, die Industrien wenig vernetzt. Bevölkerungsgewinne konnte der Großraum in den vergangenen Jahren nicht verzeichnen. Städte wie Braunschweig oder Salzgitter schrumpfen sogar.

Die meisten Innovationen gehen ohnehin nicht von der Hauptstadt Hannover aus, sondern von Braunschweig, das lange ein Schattendasein am Rande der alten Bundesrepublik geführt hat. Die Stadt Heinrichs des Löwen, immerhin mit fast einer Viertelmillion Einwohner, hat sich erfolgreich als Wissenschaftsstandort etabliert. Hier sitzen die Siemens-Verkehrstechniksparte, mehrere Hochschulen und Forschungsinstitute sowie eine Zweigstelle des Deutschen Zentrums für Luft- und Raumfahrt. Braunschweig verfügt über den

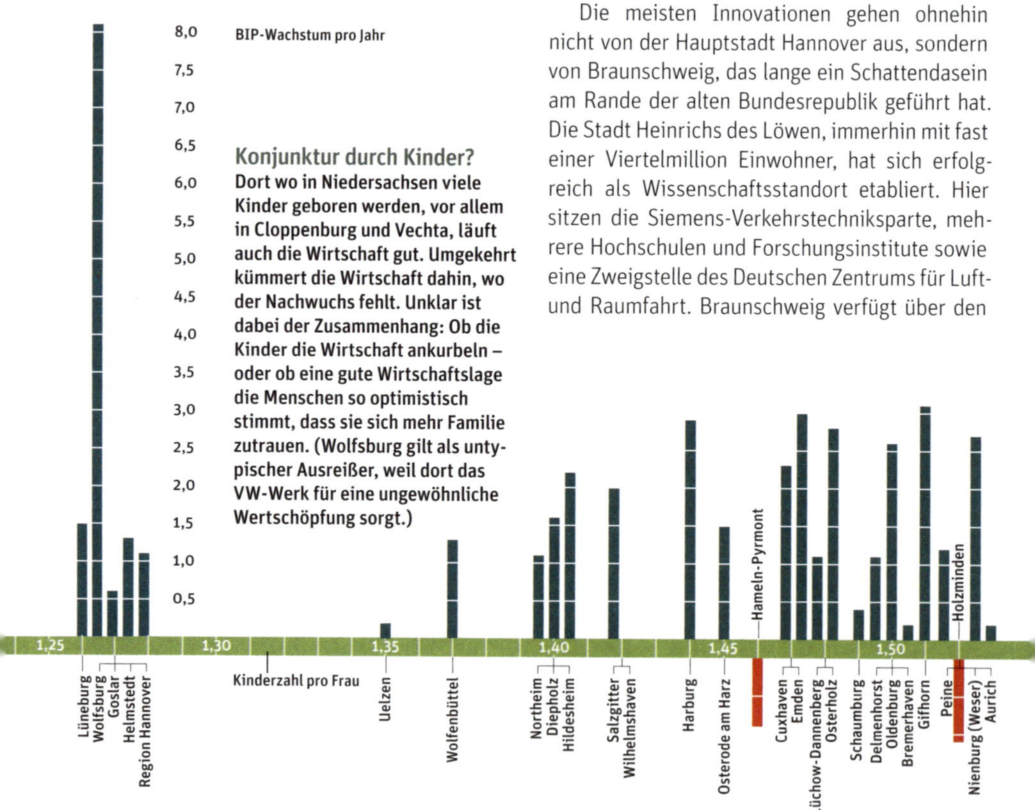

Konjunktur durch Kinder?

Dort wo in Niedersachsen viele Kinder geboren werden, vor allem in Cloppenburg und Vechta, läuft auch die Wirtschaft gut. Umgekehrt kümmert die Wirtschaft dahin, wo der Nachwuchs fehlt. Unklar ist dabei der Zusammenhang: Ob die Kinder die Wirtschaft ankurbeln – oder ob eine gute Wirtschaftslage die Menschen so optimistisch stimmt, dass sie sich mehr Familie zutrauen. (Wolfsburg gilt als untypischer Ausreißer, weil dort das VW-Werk für eine ungewöhnliche Wertschöpfung sorgt.)

Passen Familie und Job nicht zusammen?

Wo Frauen selten erwerbstätig sind, werden mehr Kinder geboren. Zumindest ist dies in Niedersachsen so. Entsprechend niedrig sind die Nachwuchszahlen dort, wo Frauen häufiger arbeiten. Dies ist ein Zeichen dafür, dass Familie und Beruf nicht ganz einfach zu vereinbaren sind.

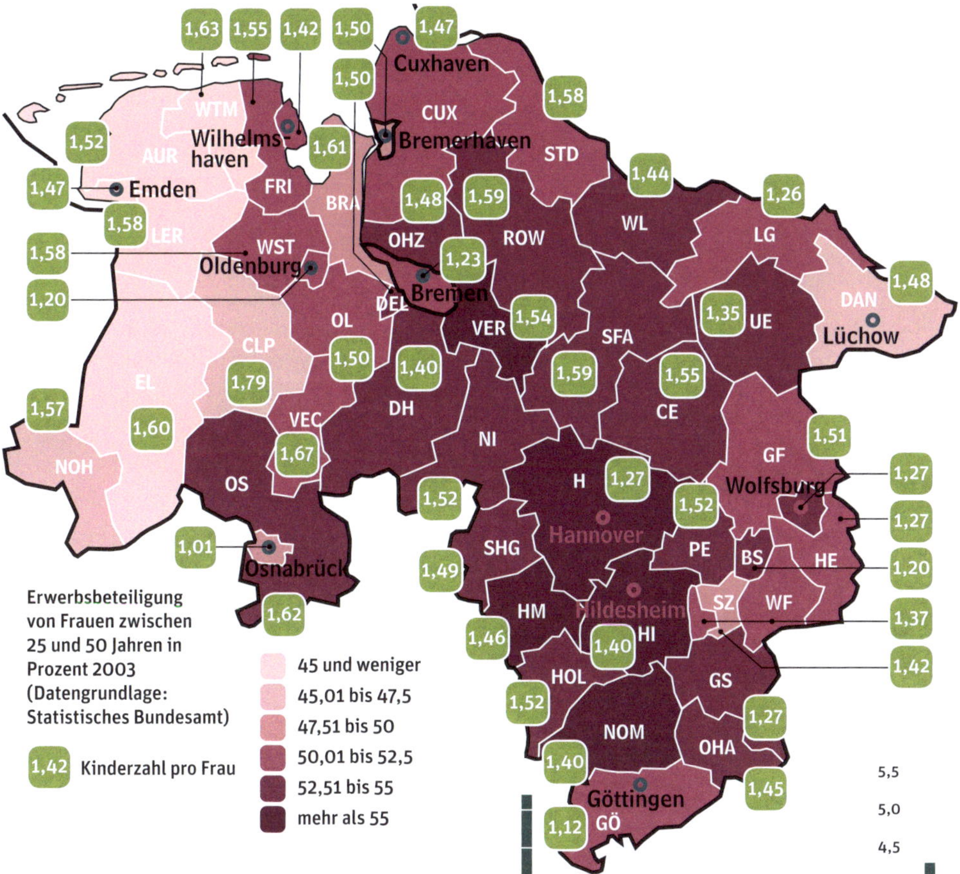

Erwerbsbeteiligung von Frauen zwischen 25 und 50 Jahren in Prozent 2003 (Datengrundlage: Statistisches Bundesamt)

- 45 und weniger
- 45,01 bis 47,5
- 47,51 bis 50
- 50,01 bis 52,5
- 52,51 bis 55
- mehr als 55

1,42 Kinderzahl pro Frau

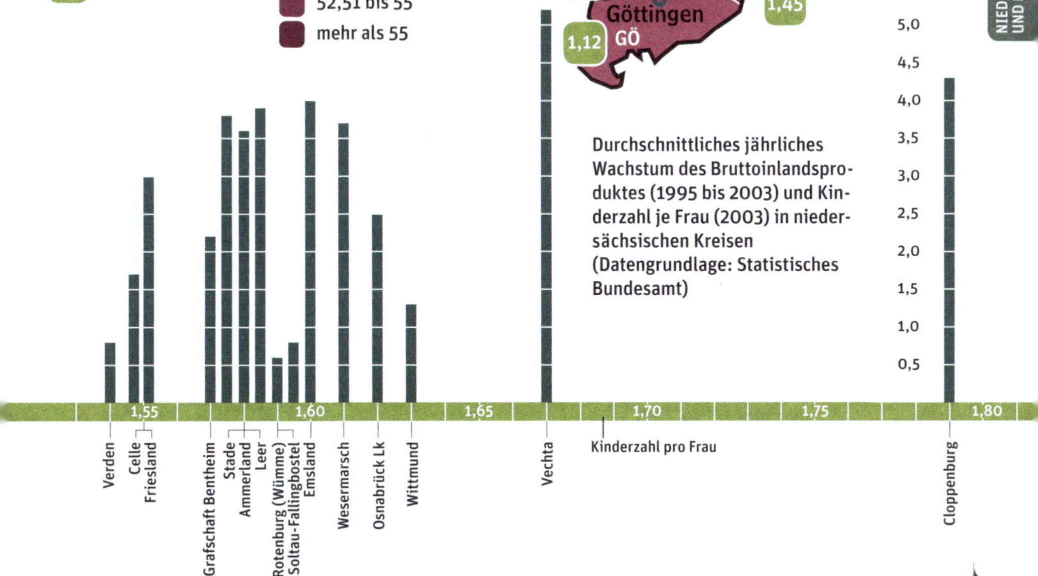

Durchschnittliches jährliches Wachstum des Bruttoinlandsproduktes (1995 bis 2003) und Kinderzahl je Frau (2003) in niedersächsischen Kreisen (Datengrundlage: Statistisches Bundesamt)

Besser als Bayern

Das westliche Niedersachsen kann beeindruckende Arbeitsmarktdaten vorweisen: In der Beschäftigungsentwicklung übertrifft es selbst Oberbayern mit dem boomenden Münchener Umland. In den elf Kreisen zwischen Friesland und Osnabrück, Aurich und Oldenburg nahm die Zahl der Erwerbstätigen zwischen 1995 und 2003 um elf Prozent zu. Dort ist es gelungen, eine komplette Wertschöpfungskette aus Landwirtschaft, Ernährungsindustrie und Zulieferbranchen aufzubauen.

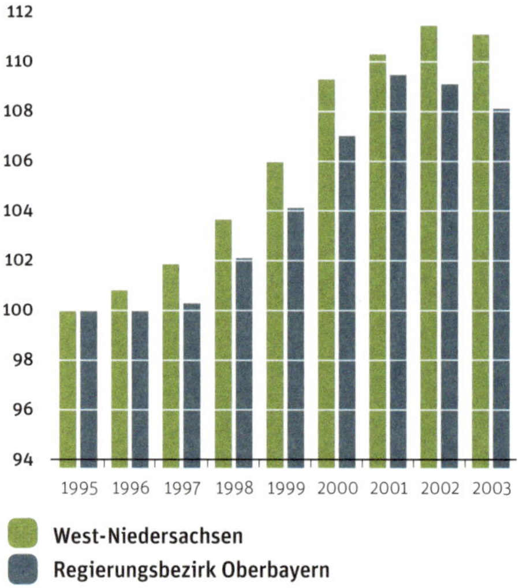

Entwicklung der Erwerbstätigenzahl in West-Niedersachsen* und im Regierungsbezirk Oberbayern 1995 bis 2003 (1995 = 100 Prozent)
***umfasst die Kreise Ammerland, Aurich, Friesland, Cloppenburg, Emsland, Grafschaft Bentheim, Leer, Oldenburg (Lk), Osnabrück (Lk) Wittmund und Vechta (Datengrundlage: Arbeitskreis Volkswirtschaftliche Gesamtrechnungen des Bundes und der Länder)**

einzigen deutschen Forschungsflughafen. Auch in der Biotechnologie hat Braunschweig einen guten Stand.

Allerdings ist die ganze Region stark von den konjunkturellen Zyklen bestimmter Branchen abhängig. So stehen die Städte Wolfsburg und Salzgitter für Großunternehmen aus der Automobil- und Stahlindustrie. Die Zahl der Wolfsburger Erwerbstätigen fluktuiert enorm: Anfang der 1990er nahm sie binnen dreier Jahre um 12.000 ab. Danach ging es dem Volkswagenkonzern wieder besser. Entsprechend wuchs zwischen 1996 und 2003 die Erwerbstätigenzahl der VW-Stadt um mehr als ein Viertel. Wie wichtig Wolfsburg für das ganze Bundesland ist, zeigt das Pro-Kopf-Bruttoinlandsprodukt: Hier liegt die Stadt nach Frankfurt am Main und dem Landkreis München bundesweit auf Platz drei. Wolfsburg verfügt lediglich über 1,5 Prozent der niedersächsischen Einwohner, steuert aber fünf Prozent der niedersächsischen Wirtschaftskraft bei. Zwei Drittel der gesamten Forschungs- und Entwicklungsaufwendungen in Niedersachsen entfallen auf die Automobilindustrie und deren Zulieferer.

... doch Hamburg bleibt die Nummer eins

Die wahre, für Niedersachsen bestimmende Metropolregion ist und bleibt Hamburg. Drei Landkreise, Stade, Harburg und Lüneburg, alle an der Elbe gelegen, gehören zum unmittelbaren Umland des wirtschaftsstarken Stadtstaates. Hier wohnen viele Pendler, die in Hamburg arbeiten. Und hier wächst, neben den westniedersächsischen Kreisen Vechta und Cloppenburg die Bevölkerung am stärksten. Zwischen 1995 und 2003 gewannen Harburg und Lüneburg elf Prozent Einwohner hinzu. Stade wuchs um immerhin sieben Prozent. Lüneburg kann den Prognosen zufolge bis 2020 mit zehn Prozent Zuwachs rechnen, dem höchsten der Region. Die in der Regel gut verdienenden Familien sorgen auch für lokales Wirtschaftswachstum, so dass die Zahl der Erwerbstätigen fast parallel zu der Bevölkerung wächst.

Die schmucke Salinenstadt Lüneburg ist vor allem für junge Frauen interessant: Die Universität, mit 10.000 Studierenden eine der großen niedersächsischen Hochschulen, bietet vor allem pädagogische und sozialwissenschaftliche Studiengänge an und dieses Feld ist in Deutschland eine Frauendomäne. Die Studentinnen prägen denn auch die Bevölkerungsstruktur der 70.000-Einwohner-Stadt: Je 100 Männer im Alter von 18 bis 29 Jahren leben dort 113 Frauen – ein typisches Geschlechterverhältnis für einen frauenlastigen Hochschulstandort.

Ein Land, so klein wie eine Stadt

Bremen, das mit Abstand kleinste Bundesland, blickt auf eine lange Tradition als Handelszentrum zurück. Die alte Hansestadt hatte sich schon im frühen Mittelalter einen Namen gemacht und konnte ihre Souveränität seither fast ununterbrochen verteidigen. Doch „unabhängig" ist der Stadtstaat mit seinen 660.000 Einwohnern längst nicht mehr: Bereits 1994 war Bremen so überschuldet, dass es vor dem Bundesverfassungsgericht auf Nothilfe durch den Bund klagte. Zehn Jahre lang, von 1994 bis 2004, musste dieser einen Teil des Bremer Schuldzinses übernehmen. Doch anders als das ebenfalls bankrotte Saarland nutzte die Hansestadt die Finanzhilfe weniger zum Abbau seiner Verbindlichkeiten, sondern entfachte ein Investitionsfeuerwerk, das sämtliche Versäumnisse aus der Zeit der Werftenkrise binnen weniger Jahre beseitigen sollte. 2,4 Milliarden Euro hat das Land Bremen mittels Bundesfinanzhilfen in wirtschaftsfördernde Maßnahmen gepumpt.

In den vergangenen Jahren lag die Investitionsquote des Stadtstaates deutlich über dem Niveau der anderen Bundesländer:[38] In der einstigen Arbeiterstadt Bremerhaven wurde in Hochschulbauten investiert und ein Technologietransferzentrum ausgebaut. Der Küstenort ist heute der wichtigste deutsche Forschungsplatz maritimer Wissenschaften. Neben dem Alfred-Wegener-Institut für Polar- und Meeresforschung existiert dort seit 2003 das Technologiezentrum BioNord, das den Wissensaustausch zwischen der biotechnologischen Forschung und den Unternehmen der Stadt gewährleisten soll. Erfolg der neuen Standortpolitik: Die Zahl hoch qualifizierter Beschäftigter ist in Bremerhaven zwischen 1998 und 2004 um mehr als ein Drittel gestiegen.[39]

Auch in der Hansestadt selbst floss viel Geld in den Ausbau wissenschaftlicher Infrastruktur. An die Bremer Universität ist heute ein Technologiepark angegliedert, in dem rund 250 Firmen der

Deutsche aus dem Osten

Seit 1950 kamen 4,5 Millionen deutschstämmige Aussiedler nach Deutschland, drei Millionen allein seit 1988. Ein großer Teil der mehrheitlich aus der ehemaligen Sowjetunion stammenden Menschen hat das Grenzaufnahmelager Friedland durchlaufen, bevor die Zuwanderer nach Quoten auf die Bundesländer verteilt wurden. Wie viele in Niedersachsen geblieben sind, bleibt unbekannt, denn die deutsche Statistik interessiert sich nicht für den Verbleib der Aussiedler. Unter der Annahme, dass zehn Prozent der osteuropäischen Zuwanderer in dem Bundesland geblieben sind, hätten heute sechs Prozent aller Niedersachsen eine Aussiedlerbiografie.

Zuzug von Aussiedlern nach Deutschland 1950 bis 2004 (Datengrundlage: Der Bundesbeauftragte für Aussiedlerfragen und nationale Minderheiten)

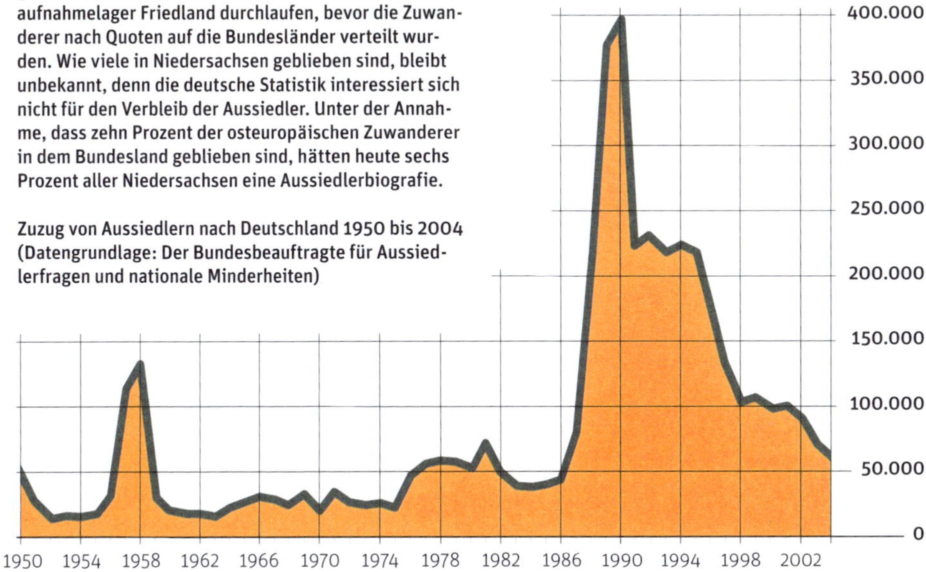

Hightech- und Dienstleistungsbranche ansässig sind. Mit neun Prozent hoch qualifizierten Beschäftigten hat Bremen mittlerweile einen höheren Anteil als Hamburg. Zusätzlich unterstützt ein Mittelstandsfonds die kleinen Unternehmer. Die Technologieoffensive Bremens zeigt Wirkung: Zwischen 1995 und 2003 stieg das Bruttoinlandsprodukt um jährlich 2,1 Prozent. Im Jahr 2005 wurden Bremen und Bremerhaven gar zur Wissenschaftsstadt 2005 gekürt – weil die Juroren ein starkes Zusammenwirken von hochkarätiger Forschung und Wirtschaft in den Bereichen Raumfahrt, Meeresbiologie und Werften sahen. Angesichts dieser Erfolge geraten die Pleiten leicht in Vergessenheit. Etwa das Raumfahrt-Erlebniscenter „Space-Park", in das der Bremer Senat fast 200 Millionen investiert hat, das aber für den eher menschenarmen Großraum viel zu aufwendig dimensioniert war. Weil die anvisierten Besucherzahlen nicht annähernd erreicht wurden, musste das Edutainment-Center bereits sieben Monate nach der Eröffnung wieder schließen.

Bei allen Erfolgen in der Wissenschaftsförderung hat das Investitionsprogramm sein wichtigstes Ziel, die Einnahmen der Stadt über die Zahl der Steuerpflichtigen nachhaltig zu erhöhen, nicht erreicht. Die besser Verdienenden bevorzugen Wohnorte außerhalb der Stadt und Bremen bleibt auf teurer Infrastruktur und vielen Arbeitslosen sitzen. Auf den Bremer Arbeitsmarkt hatte die Hightech-Offensive kaum Auswirkungen. Zwar wuchs zwischen 1996 und 2002 die Zahl der Erwerbstätigen in der Hansestadt, seither ist sie jedoch wieder rückläufig. In der Stadt Bremen sind heute 17, in Bremerhaven sogar 25 Prozent aller Menschen zwischen 18 und 65 Jahren arbeitslos oder leben von Sozialhilfe. Bremerhaven weist damit nach dem mecklenburgischen Kreis Demmin den zweitschlechtesten Wert in ganz Deutschland auf.

Im Jahr 2004, nach Auslaufen der zehnjährigen Finanzhilfen des Bundes, lag die Pro-Kopf-Verschuldung Bremens bei rund 17.000 Euro je Einwohner. Das ist mehr als vor der „Sanierungsphase" und die höchste Schuldenlast eines Bundeslandes in der Geschichte der Republik.

Bewertung Niedersachsen

		GESAMTNOTE
WST	Ammerland	3,42
AUR	Aurich	3,82
BS	Braunschweig	3,84
CE	Celle	3,68
CLP	Cloppenburg	3,22
CUX	Cuxhaven	3,78
DEL	Delmenhorst	4,06
DH	Diepholz	3,37
EMD	Emden	3,83
EL	Emsland	3,12
FRI	Friesland	3,76
GF	Gifhorn	3,22
GS	Goslar	4,03
GÖ	Göttingen	3,72
NOH	Grafschaft Bentheim	3,58
HM	Hameln-Pyrmont	3,85
H	Hannover	3,69
WL	Harburg	3,46
HE	Helmstedt	3,96
HI	Hildesheim	3,58
HOL	Holzminden	3,80
LER	Leer	3,67
DAN	Lüchow-Dannenberg	4,00
LG	Lüneburg	3,53
NI	Nienburg (Weser)	3,63
NOM	Northeim	3,97
OL	Oldenburg Lk	3,43
OL	Oldenburg St	3,57
OS	Osnabrück Lk	3,34
OS	Osnabrück St	3,74
OHZ	Osterholz	3,65
OHA	Osterode am Harz	4,02
PE	Peine	3,62
ROW	Rotenburg (Wümme)	3,43
SZ	Salzgitter	3,78
SHG	Schaumburg	3,74
SFA	Soltau-Fallingbostel	3,37
STD	Stade	3,27
UE	Uelzen	3,65
VEC	Vechta	2,80
VER	Verden	3,15
BRA	Wesermarsch	3,53
WHV	Wilhelmshaven	3,93
WTM	Wittmund	3,75
WF	Wolfenbüttel	3,91
WOB	Wolfsburg	3,31

Bewertung Bremen

HB	Bremen	3,67
HB	Bremerhaven	4,31

	Demografie								Wirtschaft										Integration			Bildung				Familienfr.			
	Kinderzahl	Unter 35-Jährige	Frauenanteil	Wanderung	Über 75-Jährige	Prognose 2020	ZWISCHENNOTE	Trend	Verfügb. Einkommen	Bruttoinlandsprod.	Kommunale Schulden	Erwerbstätigkeit	Arbeitsl.+Sozialh.	Erwerbstät./Frauen	Erwerbstät./Ältere	Fremdenverkehr	ZWISCHENNOTE	Trend	Bildungschancen	Ausländer/Arbeitsl.	ZWISCHENNOTE	Ohne Abschluss	Jugendarbeitslosigkeit	Hochqualifizierte	ZWISCHENNOTE	Personen je Wohnung	Baulandpreise	Freifläche	ZWISCHENNOTE
	3	3	2	1	4	2	2,5	3,4 →	4	3	3	3	2	4	6	4	3,6	3,6 →	5	5	5,0	3	2	6	3,7	4	3	3	3,3
	3	2	2	2	4	2	2,5	4,6 ↘	6	5	4	5	3	6	6	2	4,6	4,1 ↘	5	3	4,0	5	3	5	4,3	5	2	3	3,3
	6	4	3	2	6	3	4,0	2,2 ↗	3	1	4	4	4	4	5	5	3,8	4,0 ↘	6	3	4,5	3	2	2	2,3	6	5	5	5,3
	3	3	2	2	5	3	3,0	3,2 →	4	3	5	4	3	4	6	5	4,3	4,0 ↘	5	5	5,0	4	2	4	3,3	5	2	2	3,0
	2	1	3	2	2	2	2,0	4,6 ↘	4	3	5	3	2	5	6	5	4,1	1,8 ↑	6	3	4,5	4	2	6	4,0	1	2	2	1,7
	4	4	3	2	5	3	3,5	4,2 ↘	4	5	4	4	3	4	6	2	4,0	2,6 ↗	6	3	4,5	4	3	6	4,3	5	2	2	3,0
	4	4	2	3	4	3	3,3	3,2 →	3	4	5	3	5	4	5	6	4,4	4,3 ↘	4	5	4,5	4	4	5	4,3	5	3	5	4,3
	4	4	2	2	4	2	3,0	3,2 →	3	3	4	3	2	4	5	6	3,8	2,6 ↗	5	5	5,0	3	2	5	3,3	3	2	2	2,3
	4	3	4	2	5	3	3,5	3,4 →	5	1	3	6	4	6	6	5	4,5	3,5 →	5	2	3,5	4	3	5	4,0	5	3	1	3,0
	2	1	3	2	3	2	2,2	4,6 ↘	4	2	3	4	2	6	6	4	3,9	2,3 ↗	6	2	4,0	3	2	5	3,3	2	2	2	2,0
	3	4	3	2	4	3	3,2	3,4 →	5	4	4	4	3	4	6	2	4,0	2,9 ↗	5	5	5,0	5	3	5	4,3	5	2	3	3,3
	3	2	2	2	3	2	2,3	4,0 ↘	4	5	3	2	3	4	5	5	3,9	2,4 ↗	5	4	4,5	4	2	4	3,3	3	2	2	2,3
	6	6	3	2	6	4	4,5	4,0 ↘	4	4	2	4	4	4	6	2	3,8	4,8 ↘	5	3	4,0	5	2	5	4,0	6	2	3	3,7
	6	2	1	3	4	6	3,7	2,6 ↗	5	3	3	5	3	4	5	5	4,1	3,8 →	4	4	4,0	4	2	2	2,7	5	3	4	4,0
	3	2	3	1	4	2	2,5	3,6 →	5	4	4	4	3	5	6	5	4,5	4,3 ↘	5	3	4,0	4	2	5	3,7	3	2	3	2,7
	4	5	1	2	6	4	3,7	3,2 →	3	3	4	3	4	3	6	4	3,8	4,3 ↘	4	5	4,5	5	3	4	4,0	6	2	4	4,0
	6	4	1	2	5	3	3,5	2,2 ↗	2	1	5	3	4	3	5	5	3,5	4,4 ↘	3	6	4,5	4	2	2	2,7	6	5	5	5,3
	4	5	1	1	3	2	2,7	3,8 →	1	5	2	3	2	4	5	5	3,4	5,1 ↓	5	5	5,0	2	2	5	3,0	4	4	4	4,0
	6	5	3	2	6	4	4,3	4,2 ↘	4	5	3	3	3	4	6	5	4,1	2,9 ↗	5	3	4,0	4	2	5	3,7	5	2	3	3,3
	5	4	1	2	5	3	3,3	3,2 →	3	3	5	3	3	3	5	5	3,8	3,6 →	5	2	3,5	4	2	4	3,3	5	3	4	4,0
	3	5	3	4	6	4	4,2	3,6 →	4	4	1	3	3	4	6	5	3,8	4,5 ↘	4	3	3,5	5	2	5	4,0	5	2	2	3,0
	3	2	2	2	3	2	2,3	4,4 ↘	5	4	2	6	3	6	6	3	4,4	3,8 →	5	3	4,0	4	4	6	4,7	4	2	3	3,0
	4	5	4	2	6	3	4,0	4,2 ↘	5	4	3	6	4	5	6	4	4,6	3,9 →	6	1	3,5	3	3	6	4,0	6	1	1	2,7
	6	2	1	1	4	2	2,7	2,2 ↗	4	4	4	4	3	4	6	5	4,3	4,6 ↘	5	3	4,0	3	3	4	3,3	4	3	3	3,3
	3	3	2	2	5	2	2,8	4,2 ↘	4	3	3	3	3	4	6	6	4,0	3,9 →	5	5	5,0	6	2	5	4,3	3	2	2	2,3
	5	5	3	3	6	5	4,5	4,6 ↘	4	4	3	3	3	3	5	5	3,8	3,6 →	6	3	4,5	4	3	5	4,0	5	2	2	3,0
	4	3	3	1	3	2	2,7	3,4 →	4	5	2	3	2	4	6	5	3,9	4,0 ↘	5	4	4,5	3	2	6	3,7	3	3	2	2,7
	6	3	1	1	5	3	3,2	2,6 ↗	2	1	2	5	3	4	6	6	3,6	3,0 →	5	4	4,5	3	2	3	2,7	6	4	5	5,0
	2	2	3	2	4	3	2,7	4,2 ↘	2	4	3	2	2	4	5	5	3,4	3,0 →	5	5	5,0	4	2	5	3,7	3	3	3	3,0
	6	2	1	2	5	4	3,3	2,2 ↗	1	1	5	5	3	5	5	5	3,8	3,6 →	5	6	5,5	3	1	3	2,3	6	5	5	5,3
	4	4	3	2	3	2	3,0	3,4 →	3	5	5	3	2	4	5	5	4,0	3,1 →	5	6	5,5	3	3	5	3,7	3	3	3	3,0
	4	6	2	3	6	6	4,5	4,2 ↘	3	3	5	3	4	4	6	2	3,8	3,4 →	5	3	4,0	4	3	6	4,3	6	2	3	3,7
	3	4	2	2	4	2	2,8	3,6 →	4	5	2	2	3	4	5	6	3,9	4,3 ↘	5	3	4,0	4	2	5	3,7	5	3	4	4,0
	3	2	3	2	4	2	2,7	3,4 →	4	4	4	3	2	4	5	5	3,9	4,0 ↘	6	4	5,0	4	2	5	3,7	4	2	1	2,3
	4	4	2	4	5	4	3,8	4,2 ↘	5	1	4	3	4	5	4	6	4,0	3,5 →	5	3	4,0	3	3	4	3,3	6	3	1	3,3
	4	4	3	2	6	3	3,7	4,2 ↘	3	4	1	4	3	4	6	5	3,8	3,5 →	5	4	4,5	3	2	5	3,3	5	2	4	3,7
	3	3	4	2	5	2	3,2	3,2 →	1	3	4	3	3	4	5	2	3,1	3,8 →	5	5	5,0	4	2	6	4,0	5	2	1	2,7
	3	3	3	2	3	2	2,7	3,8 →	2	2	4	3	3	4	5	5	3,5	2,8 ↗	4	4	4,0	3	2	4	3,0	5	3	3	3,7
	5	4	2	2	6	3	3,7	3,4 →	3	4	3	4	3	4	6	3	3,8	4,3 ↘	6	2	4,0	4	3	5	4,0	5	2	1	2,7
	2	1	2	2	2	2	1,8	3,4 →	2	1	2	2	2	4	5	5	2,9	1,9 ↑	6	5	5,5	4	2	5	3,7	1	2	3	2,0
	3	3	1	2	4	2	2,5	3,2 →	1	3	3	2	2	3	4	5	2,9	2,5 ↗	5	6	5,5	4	2	5	3,7	4	3	3	3,3
	2	4	3	2	5	3	3,2	3,2 →	5	3	4	3	3	5	6	4	4,1	2,5 ↗	5	3	4,0	3	2	5	3,3	5	2	2	3,0
	4	5	6	2	6	4	4,5	2,8 ↗	5	1	1	6	4	4	6	5	4,0	2,6 ↗	4	3	3,5	4	3	4	3,7	6	2	4	4,0
	2	3	3	2	4	2	2,7	3,8 →	6	5	3	5	3	6	6	1	4,4	4,3 ↘	5	3	4,0	5	3	6	4,7	6	2	1	3,0
	5	5	2	2	5	3	3,7	4,2 ↘	5	6	3	3	3	4	5	6	4,4	3,8 →	4	3	3,5	4	2	5	3,7	5	3	3	3,7
	6	4	3	2	5	4	4,0	3,2 →	1	1	5	1	2	4	4	5	2,9	2,1 ↗	5	3	4,0	3	2	3	2,7	6	3	2	3,7

	6	4	1	2	5	2	3,3	1,8 ↑	0	1	6	4	5	4	5	5	4,3	2,7 ↗	4	4	4,0	3	2	2	2,3	6	4	5	5,0
	3	4	3	4	6	5	4,2	3,2 →	0	1	6	6	6	5	6	5	5,0	3,8 →	4	2	3,0	4	4	5	4,3	6	2	5	4,3

MECKLENBURG-VORPOMMERN

Das alte Land und das Meer

- **Einwohnerzahl**
  2004: 1.720.000
  2020: 1.630.000
- **Fläche: 23.179 km²**
- **Landesschulden/Einwohner: 5.979,– €**

Der Werbeslogan von Mecklenburg-Vorpommern heißt „MV tut gut". Das weite Land an der Ostsee, mit den alten, beschaulichen Seebädern präsentiert sich gerne als „Gesundheitsland". Seit jeher haben sich Urlauber und Ruhesuchende von dem milden Reizklima, den mäßigen Temperaturschwankungen und der salzig-feuchten Seeluft anlocken lassen. Und nach langen Jahren der staatlich organisierten Erholungsheime gibt es im nördlichsten der neuen Bundesländer heute wieder exklusive Kurstätten und Heilbäder. In 55 staatlich anerkannten Kur- und Erholungsorten und zahllosen Sanatorien können sich Gestresste verwöhnen lassen und Gebrechliche ihre Beschwerden lindern.[40] Vor der Tür haben sie eine intakte Umwelt, denn ein Viertel der Fläche von Mecklenburg-Vorpommern steht unter Natur- oder Landschaftsschutz. Mit 144 Ärzten je 100.000 Einwohner verfügt das Land zudem noch über die höchste Ärztedichte der neuen

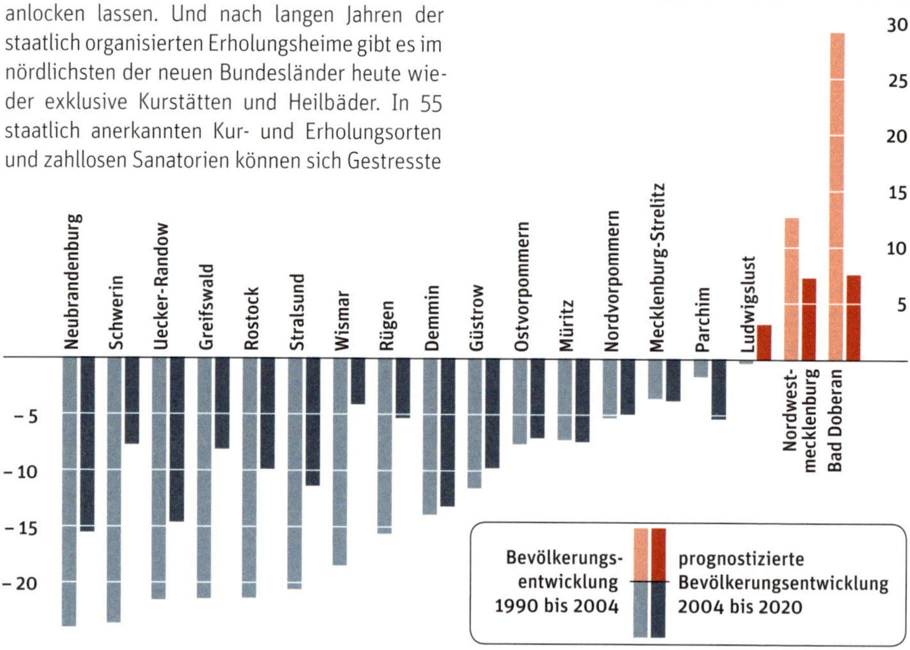

(Datengrundlage: Bundesamt für Bauwesen und Raumordnung)

Pommernland scheint abgebrannt

Die Kreise Mecklenburg-Vorpommerns erwarten um so größere Bevölkerungsverluste, je weiter sie im Osten liegen. Während Bad Doberan und Ludwigslust noch von ihrer Nähe zu den alten Bundesländern und den großen Städten Lübeck, Hamburg, Rostock und Wismar profitieren können, sind mancherorts in Vorpommern und im Osten Mecklenburgs Bevölkerungsverluste von um die 15 Prozent zu erwarten.

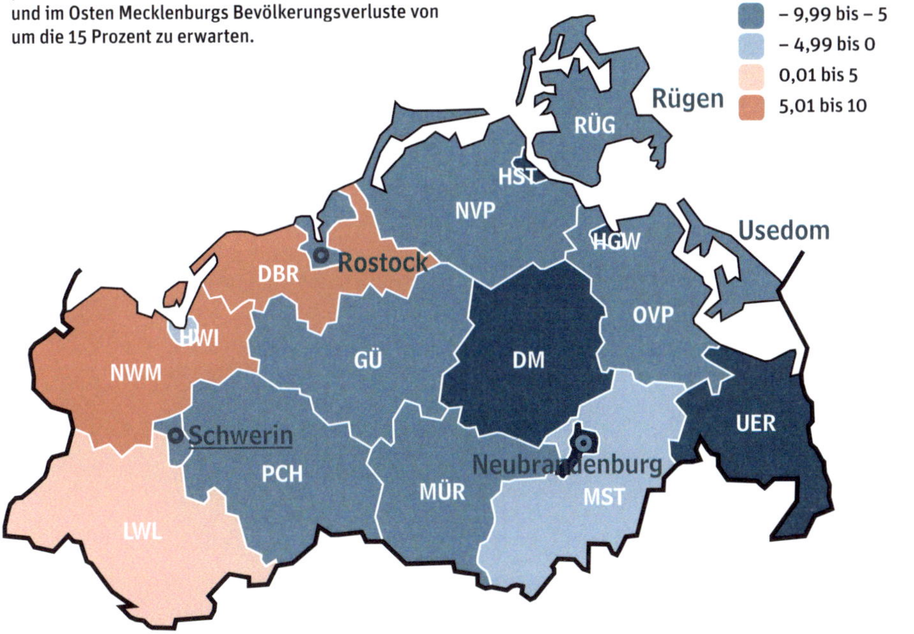

Bundesländer. Mecklenburg-Vorpommern hofft auf die Finanzkraft der wohlhabendsten Rentnerschaft, die Deutschland je erlebt hat. Eine Altersgruppe, die bei den Werbetreibenden und der Konsumgüterindustrie längst nicht mehr als Senioren sondern als „Best ager" geführt wird.

Leider passt das Bild von der Wellness-Oase nicht ganz zum Gesundheitsstand der einheimischen Bevölkerung, vor allem der Männer: Deren Lebenserwartung ist die niedrigste in ganz Deutschland. Von jung an lebt es sich gefährlich in Ostdeutschlands Norden: Bezogen auf die Einwohnerzahl hält das Bundesland seit dem Jahr der Wiedervereinigung den Rekord bei tödlichen Verkehrsunfällen. Im Jahr 1991, als die Straßen noch marode, die Autos aus dem Westen aber schon schnell waren und es kaum Polizeipräsenz gab, starben auf mecklenburgischen Straßen 624 Menschen.[41] Der dortige Straßenverkehr war damals fast fünfmal so gefährlich wie er es heutzutage im deutschen Mittel ist.

Durch bessere Verkehrswege und schärfere Kontrollen geht die Todesrate zwar Jahr für Jahr zurück, doch die Gefahr, auf einer Straße im Nordosten zu sterben, liegt noch immer um 70 Prozent höher als im bundesweiten Durchschnitt. Die meisten der Opfer sind Männer im Alter von 18 bis 25 Jahren. Im höheren Alter rasen sie zwar weniger, leben aber kaum gesünder. An alkoholbedingten Leberkrankheiten sterben Männer in Mecklenburg doppelt so häufig wie im Rest der Republik.[42] In Vorpommern, der ländlichsten Region im Osten des Bundeslandes, ist „kritischer Alkoholkonsum“ bei den unter 40-Jährigen drei Mal so häufig wie im Bundesdurchschnitt. Auch der Anteil Übergewichtiger, Kandidaten für einen frühen Tod durch Herz-Kreislauf-Krankheiten, ist nirgendwo so hoch wie in Mecklenburg-Vorpommern. Die Ursache dieser selbst zerstörerischen Lebensart gründet nicht allein auf norddeutschen Trinkgewohnheiten oder bäuerlicher Lebensweise – sondern auch auf dem sozialen Abstieg vieler Mecklenburger und Vorpommern.

Schwerer Weg in die Marktwirtschaft

Mecklenburg-Vorpommern startete nach der Wende unter widrigen wirtschaftlichen Bedingungen. Zu DDR-Zeiten hatten vor allem Schiffbau und Fischerei, Landwirtschaft und das Militär für eine staatlich verordnete Vollbeschäftigung gesorgt. All diese Branchen kamen im neuen Deutschland in die Krise und schickten Zehntausende in die Arbeitslosigkeit. Auch die Textilfabriken, einst gebaut, um die Ehefrauen der zahlreichen Angehörigen der Nationalen Volksarmee zu beschäftigen, mussten schließen. Heute ist Mecklenburg-Vorpommern das Land mit dem geringsten Industriebesatz in Deutschland. Nur elf Prozent aller Werktätigen arbeiten im produ-

Wo junge Männer gefährlich leben

Männer im frühen Erwachsenenalter haben in Mecklenburg-Vorpommern ein doppelt so hohes Todesrisiko wir in Nordrhein-Westfalen. Bei den jungen Frauen gibt es deutlich weniger Unterschiede. Die Männer lassen ihr Leben vor allem im Straßenverkehr. Die hohe Unfallrate, bedingt durch Alkoholeinfluss und hohe Risikobereitschaft, trägt zur verminderten Lebenserwartung der Männer in dem nordöstlichen Bundesland bei. Sie ist die niedrigste in ganz Deutschland.

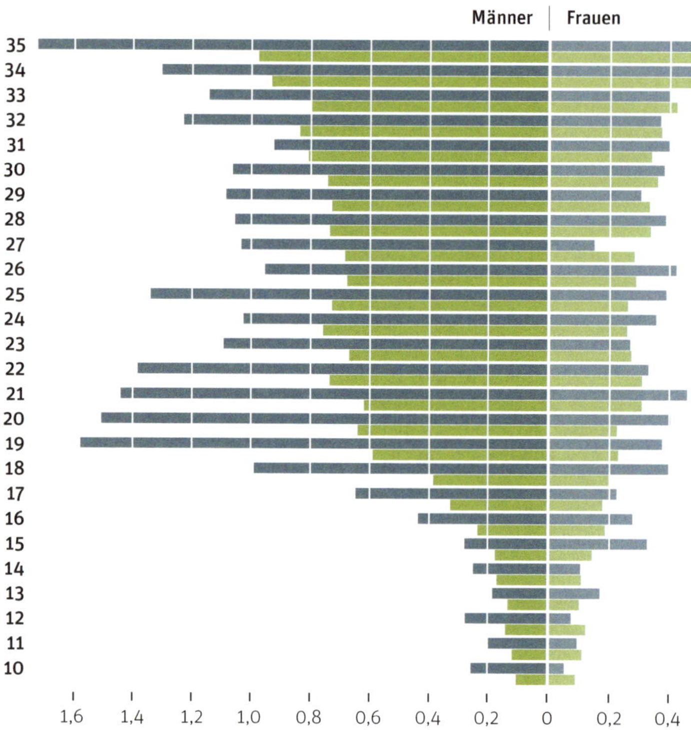

Altersspezifische Sterberaten der 10- bis 35-Jährigen in Mecklenburg-Vorpommern im Vergleich zu Nordrhein-Westfalen. Sterbefälle je 1.000 Personen, Mittelwert 2000 bis 2003 (Datengrundlage: Statistische Landesämter)

zierenden Gewerbe.[43] Gleichzeitig ist der Anteil von Beschäftigten in Forschung und Entwicklung der bundesweit geringste.[44] Stabilisieren konnten sich – auf deutlich niedrigerem Niveau als zuvor – nur wenige Branchen.

Dazu gehört vor allem die Agrarwirtschaft. Ironischerweise erwies sich die Quasi-Enteignung der Kleinbauern zugunsten riesiger landwirtschaftlicher Genossenschaften zu DDR-Zeiten als Vorteil in der Marktwirtschaft. Die großflächigen Betriebe, die längst privatisiert sind, arbeiten deutlich profitabler als viele Einzelbauern in Westdeutschland. Obwohl die Höfe mit sehr viel weniger Personal auskommen als vor der Wende, sind in Mecklenburg-Vorpommern noch 4,3 Prozent aller Erwerbstätigen in der Landwirtschaft beschäftigt und machen das Bundesland damit zum bäuerlichsten der Republik. Ackerbau und Viehzucht haben sogar gute Zukunftsaussichten: Zum einen, weil der Biolandbau mit sieben Prozent der Anbaufläche einen ungewöhnlich hohen Anteil bewirtschaftet.[45] Und zum anderen, weil sich die großen, ebenen und deshalb leicht zu bearbeitenden Flächen besonders gut für den Anbau von nachwachsenden Rohstoffen eignen. Mit diesen könnte die Bundesrepublik künftig einen wachsenden Anteil ihrer Energieversorgung sichern – aus Gründen des Klimaschutzes und um unabhängiger von importierten fossilen Brennstoffen zu werden.

Die florierende Landwirtschaft hat wichtige Firmen der Nahrungsmittelindustrie angezogen. „Pfanni" fertigt Knödel nahe bei den Kartoffeln – in Stavenhagen im Landkreis Demmin. Danones „Fruchtzwerge" kommen aus Hagenow und Tiefkühlkost von Oetker stammt aus Wittenburg im Landkreis Ludwigslust. Der Feinkost-Lieferant Kühne hat sein Logistikzentrum Nord strategisch an der Autobahn A 24 positioniert, die Hamburg mit Berlin verbindet. Die Großbäckerei Kamps baute jüngst in Nordwestmecklenburg einen Betrieb, der ganz Norddeutschland mit Toastbrot beliefert.[46] Ein Drittel aller Umsätze im verarbeitenden Gewerbe des Landes werden in der Ernährungsindustrie erzielt.

Auch das Militär ist im strukturschwachen aber schießplatzreichen Mecklenburg-Vorpommern weiterhin wichtig. Zwar leidet die Bundeswehr unter permanentem Personalabbau und die gegenwärtige Welle von Standortschließungen wird das Nordland weitere 1.500 Stellen kosten. Aber dennoch bleibt Mecklenburg-Vorpommern ein Bundesland mit hoher Militärpräsenz. Im vorpommerschen Kreis Uecker-Randow, der bis an die polnische Grenze reicht, ist die Bundeswehr der größte Arbeitgeber überhaupt.[47]

Werften und die Hafenwirtschaft suchen nach dem dramatischen Stellenabbau der Nachwendezeit ebenfalls nach neuer Stabilität. Das ehemalige Kombinat Schiffbau, aus dem nach dem Zusammenbruch der DDR fünf selbstständige Werften hervorgegangen sind, gab 1987 noch 56.000 Menschen Arbeit. Heute arbeiten in Rostock, Warnemünde, Wismar, Wolgast und Stralsund noch etwa 5.100 Mitarbeiter. Am meisten mit knapp 1.400 Beschäftigten auf der Aker-Werft in Wismar. Der Rostocker Hafen hat sogar seine frühere Bedeutung wiedererlangt. Seit August 1999 ist er mit einem neuen Seekanal ausgestattet, der Schiffen bis 250 Meter Länge und 13 Meter Tiefgang das Anlegen erlaubt. Der neue Tiefwasserhafen an der Ostseeküste belebt den Handel mit den neuen EU-Mitgliedsländern in Osteuropa. Die neu gebaute Autobahn A 20, die Lübeck mit Stettin verbindet, garantiert einen zügigen Abtransport der Güter. Der Hafen Rostock ist nach Hamburg, Wilhelmshaven und Bremen der viertgrößte in Deutschland. Im Jahr 2002 erzielte er das beste Ergebnis seiner Geschichte. Mittlerweile schlagen rund 200 Firmen an den Rostocker Kais um, lagern, produzieren oder bieten Dienstleistungen an. Mit etwa 6.000 Beschäftigten arbeiten dort heute sogar mehr Menschen als zu Wendezeiten.[48]

Doch all die positiven Entwicklungen reichen nicht aus, um das Land insgesamt auf Wachstumskurs zu bringen. Im Gegenteil – die wirtschaftliche und soziale Entwicklung des Nordlandes koppelt sich mehr und mehr von den anderen ostdeutschen Bundesländern ab. Seit 1996 ist

Entwicklung des Bruttoinlandsproduktes 2000 bis 2003 in Prozent (Datengrundlage: Statistisches Landesamt Mecklenburg-Vorpommern und Arbeitskreis Volkswirtschaftliche Gesamtrechnungen der Länder)

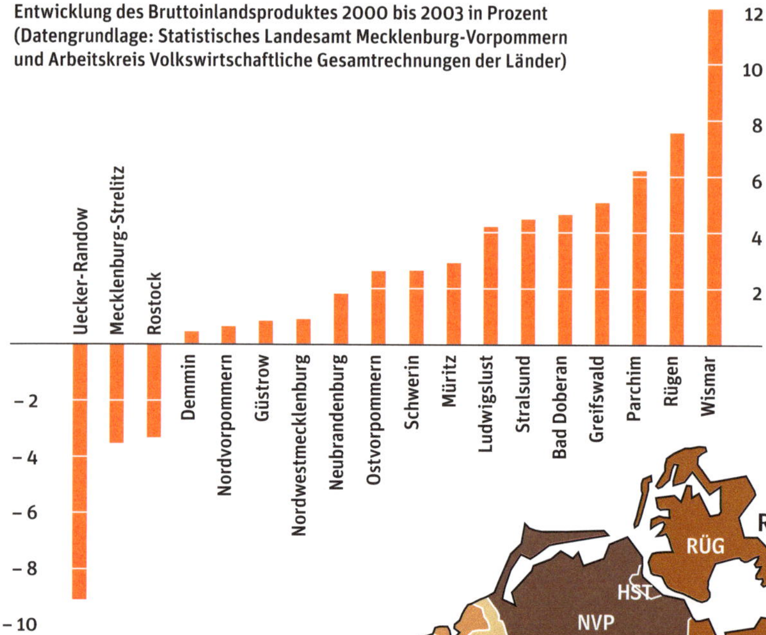

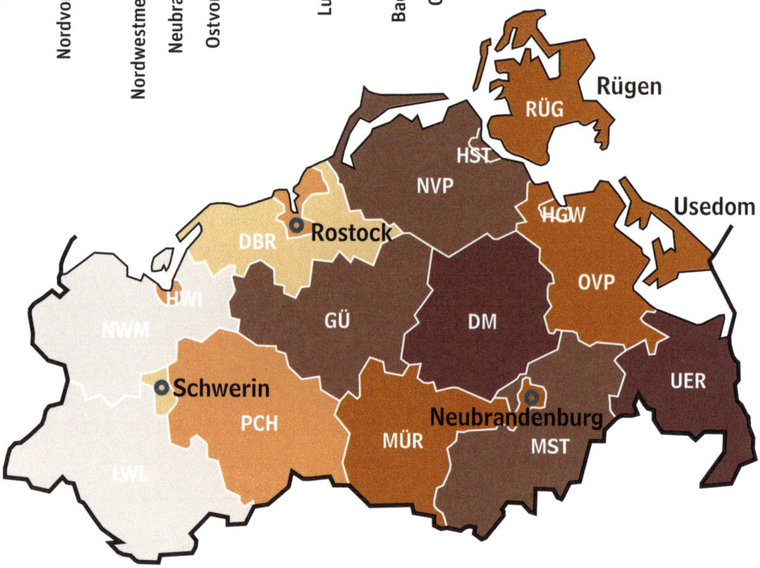

Arbeitslosenquoten 2004 (Datengrundlage: Statistisches Bundesamt)

- 15 und weniger
- 15,1 bis 17,5
- 17,6 bis 20
- 20,1 bis 22,5
- 22,6 bis 25
- mehr als 25

Chancen am Meer und an der holsteinischen Grenze

Keines der neuen Bundesländer hat ein so ausgeprägtes wirtschaftliches Ost-West-Gefälle wie Mecklenburg-Vorpommern. Während die Kreise nahe der schleswig-holsteinischen Grenze Arbeitslosenquoten von „nur" etwa 15 Prozent aufweisen und damit zu den besten Regionen in Ostdeutschland gehören, ist die Lage in der Nähe der polnischen Grenze fatal: In Uecker-Randow und Demmin bleiben 30 Prozent ohne Arbeit. Die Wirtschaft wird immer schwächer und die Menschen wandern ab.

das reale Bruttoinlandsprodukt von Mecklenburg-Vorpommern im Durchschnitt gerade um 0,6 Prozent pro Jahr gewachsen. Nur das darbende Berlin steht noch schlechter da. Die Zahl der Arbeitsplätze ist in diesem Zeitraum jährlich um ein Prozent gesunken. Mecklenburg-Vorpommern ist das Land mit dem geringsten verfügbaren Einkommen je Einwohner. Die Arbeitslosenquote ist im Jahr 2004 auf 20,5 Prozent geklettert und liegt damit noch über jener des jahrelangen Schlusslichtes Sachsen-Anhalt. Auch die Sozialhilfequote, die zwischen 1998 und 2003 um 27 Prozent zugenommen hat, ist mittlerweile auf dem höchsten Stand aller neuen Bundesländer. So wundert es nicht, dass gerade die jüngeren Landeskinder die Flucht ergreifen. Zwischen 1990 und 2004 sind 135.000 Menschen aus Mecklenburg-Vorpommern fortgezogen. Deshalb, aber auch durch einen hohen Überschuss von Sterbefällen über die Geburten, hat Mecklenburg-Vorpommern seit 1990 etwa zehn Prozent seiner Bevölkerung verloren.

Dabei war das Bundesland mit seinen heute 1,7 Millionen Einwohnern zum Zeitpunkt der Wende das jüngste Deutschlands. Die Geburtenrate in dem ländlichen Gebiet lag höher als im industrialisierten Süden der DDR. Zudem gab es vergleichsweise wenige Rentner. Doch mit dem Einbruch der Geburtenzahlen nach der Wiedervereinigung und der Abwanderung junger Menschen hat sich Mecklenburg-Vorpommern binnen kurzer Zeit in eine der jugendärmsten Regionen Deutschlands verwandelt. Die Zahl der unter 20-Jährigen, die 1990 noch bei 537.000 lag, wird sich bis zum Jahr 2010 auf 248.000 mehr als halbiert haben. Erst danach, wenn die extrem geburtenschwachen Jahrgänge der Nachwendezeit über 20 Jahre alt geworden sind, könnte sich die Zahl der jungen Menschen wieder leicht erhöhen. Demgegenüber wird bis 2020 die Zahl der über 75-Jährigen um 75 Prozent zunehmen. In den teilweise abgelegenen Orten des Landes wird es dann an die 90.000 Hochbetagte mehr geben als heute – aber immer weniger junge Leute, die sie versorgen könnten.

Chancen liegen nahe der holsteinischen Grenze

Hinter den insgesamt unterdurchschnittlichen gesamtwirtschaftlichen Daten verbergen sich große regionale Unterschiede: So profitieren die west-mecklenburger Kreise von ihrer Nähe zu Schleswig-Holstein und Hamburg sowie zu den beiden wichtigsten Städten des Landes, der Hauptstadt Schwerin und der Hafenstadt Rostock. Die Landkreise Nordwestmecklenburg, Ludwigslust und Bad Doberan, die auch die vorderen Plätze in der Landeswertung belegen, konnten in den vergangenen Jahren zahlreiche Zuzügler anlocken. Letzterer, der die Stadt Rostock umgibt, ist sogar *der* Wachstumskreis in ganz Deutschland. Seit 1990 wuchs seine Einwohnerzahl um mehr als 27 Prozent. Nordwestmecklenburg, zwischen Lübeck und Wismar gelegen, hat heute über zehn Prozent mehr Einwohner als damals. Ludwigslust blieb etwa gleich groß – schon dies ist ein Erfolg im schrumpfenden Osten. Die Arbeitslosigkeit in den drei Kreisen gehört mit Werten um die 15 Prozent zur geringsten in den neuen Bundesländern.

Angezogen werden die meist jungen und einkommensstarken Neubürger durch niedrige Bauland- und Immobilienpreise. Viele von ihnen, die sich nahe der Grenze zu Schleswig-Holstein niedergelassen haben, pendeln zur Arbeit in den Westen. Beim Anteil unter 35-Jähriger erreicht deshalb der Landkreis Nordwestmecklenburg mit 39 Prozent einen Wert, der eher für die alten Bundesländer typisch wäre. Dass die positive demografische Entwicklung allerdings auch künftig so weiter läuft, ist unwahrscheinlich: In Ludwigslust und Nordwestmecklenburg hat die Bevölkerung bereits wieder zu schrumpfen begonnen. Der anhaltend schlechte Arbeitsmarkt wird kaum weitere Zuwanderer bringen. Dafür künden wachsende Sterbefallüberschüsse eine Beschleunigung des Schwundes an.

Die Zugewinne der Vergangenheit sind obendrein zu Lasten der großen Städte gegangen. Und anders als in Metropolen Sachsens oder Thüringens hält die Abwanderung hier weiter an. Ro-

KEINE FRAUEN, KEINE JOBS – SCHLECHTE ZEITEN FÜR DIE MÄNNER IM NORDOSTEN

Aus Mecklenburg-Vorpommern laufen die jungen Frauen davon. In der Altersgruppe der 18- bis 29-Jährigen leben je 100 Männer nur noch 85 Frauen. In keinem deutschen Bundesland gibt es ein derart aus dem Gleichgewicht geratenes Geschlechterverhältnis. Damit fehlen dem Land potenzielle Mütter in der für die Familiengründung wichtigsten Altersgruppe. Traurigen Negativrekord hält der wirtschaftsschwache Landkreis Uecker-Randow. In der fraglichen Altersklasse gibt es dort nur noch 74 Frauen je 100 Männer. Statistisch gesehen geht damit ein Viertel der jungen Männer bei der Partnersuche leer aus.

Zwischen 1990 und 2004 haben insgesamt 135.000 Menschen Mecklenburg-Vorpommern verlassen. Die meisten Landflüchtigen trieb es Richtung alte Bundesländer. Von dem Exodus haben vor allem Hamburg aber auch Berlin profitiert. Aber während im ersten Jahr des wiedervereinigten Deutschlands noch weit mehr Männer als Frauen fort gingen, sind es in der Summe 21.000 mehr Frauen als Männer geworden. Einem uralten Migrationsmuster folgend, wanderten nach der Wende vorwiegend Männer ab, um anderenorts Arbeit zu suchen. Frauen und Kinder holten sie gegebenenfalls nach. Doch schon 1991 hat sich dieses Verhältnis, wie überall in den neuen Bundesländern, umgekehrt: Die Frauen zogen vermehrt ohne Partner weg, und sie kamen nicht zurück.

Diese Entwicklung gründet zum einen auf der speziellen Arbeitsmarktstruktur der früheren DDR. Vor dem Mauerfall waren Frauen in Ostdeutschland fast ebenso häufig erwerbstätig wie Männer. Mit der Wende und den wirtschaftlichen Verwerfungen sanken die Chancen der Frauen, einen Job zu finden, besonders stark. Bereits 1992 lag die Arbeitslosenquote der Frauen in den neuen Bundesländern mit 20 Prozent doppelt so hoch wie die der Männer. Das trieb viele junge Frauen in die Emigration.[49]

Doch auch der Heirats- oder Partnermarkt spielt bei dem Frauendefizit in Ostdeutschland eine Rolle, besonders in Mecklenburg-Vorpommern: Obwohl insgesamt mehr junge Männer als Frauen fortzogen, verlor das Land per saldo mehr Frauen. Denn während die Männer häufig zurückkehrten, fanden viele der jungen Frauen, die eigentlich auf der Suche nach Ausbildung oder Arbeitsplatz waren, in der neuen Heimat einen Partner und blieben gleich ganz dort, um eine Familie zu gründen. Erleichtert wurde ihnen der Abschied dadurch, dass die neuen Männer aus dem Westen meist einen höheren sozialen oder finanziellen Status mit in die Partnerschaft bringen konnten. Deren männliche Kollegen aus dem armen Mecklenburg-Vorpommern können da kaum mithalten. Die zurück Gelassenen leben nicht nur am Rande der Republik, sondern stehen, weil häufig arbeitslos und schlecht ausgebildet, auch am unteren Ende der sozialen Hierarchie.

Dass 2004 erstmals seit zwölf Jahren wieder etwas mehr Männer als Frauen Mecklenburg-Vorpommern verlassen haben, liegt daran, dass ein guter Teil der wanderungswilligen Frauen bereits weg ist – und dass die Arbeitslosenquote der Männer sich mittlerweile an die hohen Werte der Frauen angeglichen hat. Der Wanderungsdruck auf den männlichen Teil der Gesellschaft hat also zugenommen. Frauen arbeiten häufiger Teilzeit und diese Jobs sind, im Gegensatz zu Vollzeitstellen, relativ stabil. Deshalb sind in Mecklenburg-Vorpommern mittlerweile mehr Frauen als Männer beschäftigt. Das Modell vom Mann als „Ernährer" einer Familie hat hier endgültig ausgedient.

stock, Schwerin und Wismar haben seit 1990 etwa ein Fünftel ihrer Bevölkerung eingebüßt. Am schlimmsten traf es die Landeshauptstadt, die heute fast 30.000 Einwohner weniger zählt als zur Wiedervereinigung.

Armes Vorpommern

Die historische Grenze, die Vorpommern, das nordöstliche Drittel des Bundeslandes, einst von Mecklenburg trennte, lässt sich nur noch auf alten Landkarten ausmachen. Sie begann auf Fischland, führte entlang der Flüsse Recknitz und Trebel bis Demmin und entlang der Peene bis zum Kumerower See, um im Kreis Uecker-Randow auf die brandenburgische Landesgrenze zu treffen. Die neuen Kreisgrenzen decken sich nicht mit den historischen Gemarkungen. Deshalb lassen sich die Kreise Rügen, Ostvorpommern, Nordvorpommern und Uecker-Randow sowie die Städte Stralsund und Greifswald nur ungefähr zu Vorpommern zählen.

In diesem Teil des Landes gibt es wenig nennenswerte Industrie. Leben kann man dort fast nur von Touristen, der Landwirtschaft und von der Bundeswehr. Rügen und Ostvorpommern, der Kreis zu dem die Insel Usedom gehört, weisen gemeinsam mit Nordfriesland und dem Oberallgäu die deutschlandweit höchsten Besucherzahlen auf. Rügen liegt dabei mit 73 Gästeübernachtungen je Einwohner weit an der Spitze. Hier hat sich, wie in Ostvorpommern, die Zahl der Hotels und Pensionen sowie der Übernachtungen seit 1995 mehr als verdoppelt. Längst kommen die Reisenden zur Hälfte aus den alten Bundesländern – allerdings sind diese sehr sparsam: Laut einer Besucherbefragung des Tourismusverbandes geben die Gäste durchschnittlich nur 20 Euro pro Tag aus.[50] Die Zurückhaltung ist ein Grund dafür, dass Rügen und Ostvorpommern trotz Wachstums bei den Übernachtungszahlen keinen Zuwachs bei der Beschäftigung verzeichnen. Das florierende Gastgewerbe schafft es nicht, andere Branchen wirtschaftlich mitzuziehen. Die Zahl der Erwerbstätigen ist in allen Kreisen der Region seit Jahren rückläufig.

Wanderungssalden für Männer und Frauen in Mecklenburg-Vorpommern 1990 bis 2004 (Datengrundlage: Statistisches Bundesamt)

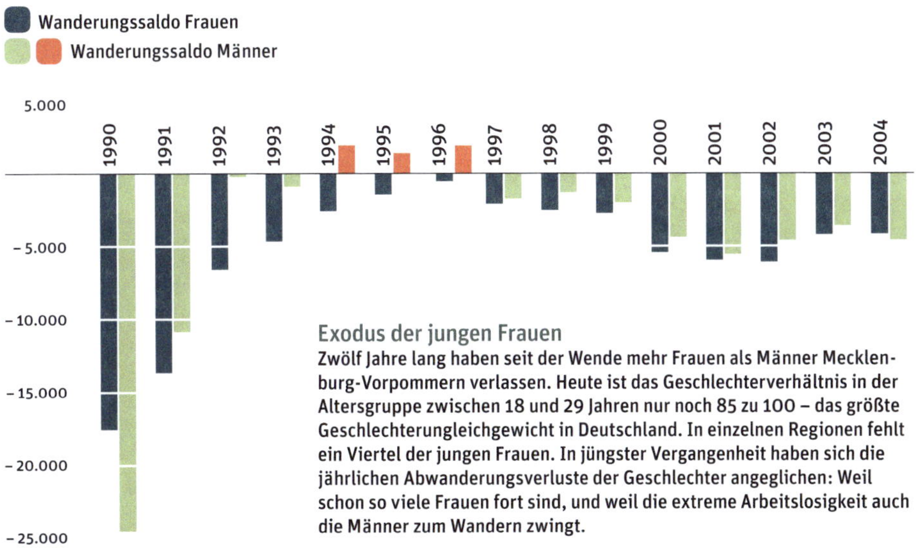

Exodus der jungen Frauen

Zwölf Jahre lang haben seit der Wende mehr Frauen als Männer Mecklenburg-Vorpommern verlassen. Heute ist das Geschlechterverhältnis in der Altersgruppe zwischen 18 und 29 Jahren nur noch 85 zu 100 – das größte Geschlechterungleichgewicht in Deutschland. In einzelnen Regionen fehlt ein Viertel der jungen Frauen. In jüngster Vergangenheit haben sich die jährlichen Abwanderungsverluste der Geschlechter angeglichen: Weil schon so viele Frauen fort sind, und weil die extreme Arbeitslosigkeit auch die Männer zum Wandern zwingt.

Selbst die Universitätsstadt Greifswald schrumpft. Zwar hat die Stadt rund zehntausend Studenten angelockt. Zudem eröffnete 1994 eine Zweigstelle des Max-Planck-Instituts für Plasmaphysik, das gegenwärtig einen Kernfusions-Testreaktor baut, der 2010 in Betrieb gehen soll. Doch selbst derartig anspruchsvolle Arbeitsplätze schaffen es nicht, ausreichend qualifiziertes Personal in diese entlegene Region zu locken: Im Herbst 2005 blieben an dem Institut mehrere Ingenieursstellen unbesetzt – trotz einer Greifswalder Arbeitslosenquote von 22 Prozent.[51]

Oberhalb von Greifswald soll jetzt direkt an der Ostsee eine Art Energiepark entstehen: Auf dem Gelände des ehemaligen, seit 1990 abgeschalteten und jetzt im Rückbau befindlichen Atomkraftwerkes Lubmin wächst die größte Baustelle des neuen Bundeslandes heran. Für das Jahr 2006 ist der Baubeginn eines hochmodernen 2.400-Megawatt Gas- und Dampfkraftwerkes geplant. Es soll nicht nur das weltweit größte seiner Art werden, sondern auch die höchste Einzelinvestition darstellen, die Mecklenburg-Vorpommern je erlebt hat. Versorgt wird es dann über eine neue Ostseepipeline, die russisches Erdgas von Wyberg bei Sankt Petersburg direkt am Hafen von Lubmin anlandet. Zusätzlich will die Firma Choren auf dem gleichen Gelände eine Großanlage bauen, die Biomasse zu hochwertigem Treibstoff veredelt.

Bewertung Mecklenburg-Vorpommern

		GESAMTNOTE
DBR	Bad Doberan	3,31
DM	Demmin	4,65
HGW	Greifswald	3,55
GÜ	Güstrow	4,23
LWL	Ludwigslust	3,47
MST	Mecklenburg-Strelitz	4,19
MÜR	Müritz	4,02
NB	Neubrandenburg	4,08
NVP	Nordvorpommern	4,26
NWM	Nordwestmecklenburg	3,36
OVP	Ostvorpommern	4,00
PCH	Parchim	3,94
HRO	Rostock	3,64
RÜG	Rügen	3,94
SN	Schwerin	4,04
HST	Stralsund	4,22
UER	Uecker-Randow	4,36
HWI	Wismar	4,45

Leeres Grenzland

Von den knapp 570.000 Menschen, die 1990 in Vorpommern lebten, sind heute noch etwa 490.000 übrig. Im Jahr 2020 werden es Prognosen zufolge keine 450.000 mehr sein. So manches Dorf, das heute schon in seiner Existenz bedroht ist, wird dann leer stehen. Am härtesten trifft es bei diesem Schwund den Landkreis Uecker-Randow. Er liegt an der polnischen Grenze und hat keinen Zugang zu den attraktiven Ostseeküsten. Das Militär, wichtigster Arbeitgeber im Kreis, baut seit Jahren Stellen ab. Die Wirtschaftskraft ist 2003 das vierte Jahr in Folge gesunken und fast ein Viertel aller Menschen zwischen 18 und 65 Jahren leben von Arbeitslosengeld oder Sozialhilfe. So wundert es nicht, dass Uecker-Randow zwischen 2001 und 2003 die zweithöchste Abwanderungsrate in dem ohnehin schrumpfenden Bundesland zu verzeichnen hatte. Besonders die jungen Frauen kehren ihrer alten Heimat den Rücken. Bis 2020 wird für den Kreis ein weiterer Bevölkerungsschwund von 15 Prozent erwartet. Ähnlich sieht es im benachbarten, schon zu Mecklenburg gehörenden Demmin aus.

Frauen auf dem Vormarsch

Bundesweit steigt der Anteil von Frauen im Berufsleben. Ursache ist ein gestiegener Bildungsstand von Frauen, der zu höherer Erwerbsbeteiligung führt. Aber auch der Beschäftigungsabbau im produzierenden Gewerbe, der vor allem die Männer trifft. Frauen sind weit häufiger teilzeitbeschäftigt. Die Anzahl dieser Jobs bleibt im Gegensatz zu den Vollzeitstellen relativ stabil. Mecklenburg-Vorpommern ist, vor allem weil der Tourismus eine große Rolle im Lande spielt, das einzige Flächenland, in dem mehr Frauen als Männer berufstätig sind.

Demografie								Wirtschaft										Integration			Bildung				Familienfr.			
Kinderzahl	Unter 35-Jährige	Frauenanteil	Wanderung	Über 75-Jährige	Prognose 2020	ZWISCHENNOTE	TREND	Verfügb. Einkommen	Bruttoinlandsprod.	Kommunale Schulden	Erwerbstätigkeit	Arbeitsl.+Sozialh.	Erwerbstät./Frauen	Erwerbstät./Ältere	Fremdenverkehr	ZWISCHENNOTE	TREND	Bildungschancen	Ausländer/Arbeitsl.	ZWISCHENNOTE	Ohne Abschluss	Jugendarbeitslosigkeit	Hochqualifizierte	ZWISCHENNOTE	Personen je Wohnung	Baulandpreise	Freifläche	ZWISCHENNOTE
5	4	5	2	2	2	3,3	4,0 ↘	5	5	4	3	4	2	4	1	3,5	4,4 ↘	5	1	3,0	3	4	4	3,7	4	1	1	2,0
5	5	6	6	3	5	5,0	5,0 ↓	6	6	6	5	6	4	6	5	5,5	4,5 ↘	6	1	3,5	4	6	4	4,7	5	1	1	2,3
6	2	1	5	3	4	3,5	2,8 ↗	5	3	3	4	5	2	3	5	3,8	4,4 ↘	4	1	2,5	4	5	1	3,3	6	2	4	4,0
5	4	6	5	3	4	4,5	5,0 ↓	6	5	6	4	5	3	6	4	4,9	4,5 ↘	6	1	3,5	4	5	3	4,0	5	1	1	2,3
4	4	6	3	3	2	3,7	4,4 ↘	5	5	3	1	4	1	3	5	3,4	3,9 →	6	1	3,5	3	4	5	4,0	4	2	1	2,3
6	5	6	5	3	3	4,7	5,2 ↓	6	6	6	4	6	3	6	3	5,0	4,3 ↘	4	1	2,5	2	6	4	4,0	4	1	1	2,0
5	4	5	4	3	4	4,2	4,2 ↘	6	5	6	3	6	3	6	2	4,6	4,4 ↘	5	1	3,0	3	5	4	4,0	5	2	1	2,7
6	4	4	6	2	6	4,7	4,0 ↘	5	1	6	3	6	2	4	5	4,0	4,9 ↘	5	1	3,0	3	6	2	3,7	6	3	3	4,0
6	5	5	5	3	4	4,7	4,2 ↘	6	6	5	4	6	3	6	2	4,8	5,1 ↓	5	1	3,0	4	5	5	4,7	4	2	1	2,3
4	3	5	2	2	2	3,0	3,8 →	6	6	4	2	4	2	5	2	3,9	3,8 →	5	1	3,0	4	3	4	3,7	4	2	1	2,3
5	5	5	4	3	4	4,3	4,2 ↘	6	6	6	3	5	2	6	1	4,4	4,8 ↘	5	1	3,0	3	5	4	4,0	5	2	1	2,7
5	5	6	5	3	4	4,7	4,6 ↘	6	5	4	3	4	2	5	4	4,1	3,9 →	6	1	3,5	4	4	4	4,0	4	1	1	2,0
6	4	3	3	3	4	3,8	2,8 ↗	5	3	4	4	5	2	4	4	3,9	4,5 ↘	1	3	2,0	4	4	1	3,0	6	3	4	4,3
6	5	5	5	3	4	4,7	4,4 ↘	6	5	6	3	5	1	5	1	4,0	4,1 ↘	3	1	2,0	3	5	4	4,0	6	3	1	3,3
6	5	3	5	4	4	4,5	3,2 →	5	1	5	4	5	2	4	5	3,9	4,8 ↘	3	6	4,5	4	4	2	3,3	6	3	3	4,0
6	5	2	4	4	5	4,3	2,4 ↗	5	3	6	5	6	3	6	4	4,8	4,9 ↘	4	1	2,5	3	5	3	3,7	6	3	5	4,7
5	5	6	6	3	5	5,0	5,0 ↓	6	6	4	5	6	4	6	5	5,3	4,8 ↘	1	1	1,0	4	6	4	4,7	5	1	1	2,3
6	5	5	5	4	3	4,7	2,8 ↗	6	3	6	4	5	3	5	4	4,5	3,5 →	6	3	4,5	6	4	3	4,3	6	0	4	5,0

Anteil sozialversicherungspflichtig beschäftigter Frauen an allen Beschäftigten 1999 und 2003 (Datengrundlage: Statistisches Bundesamt)

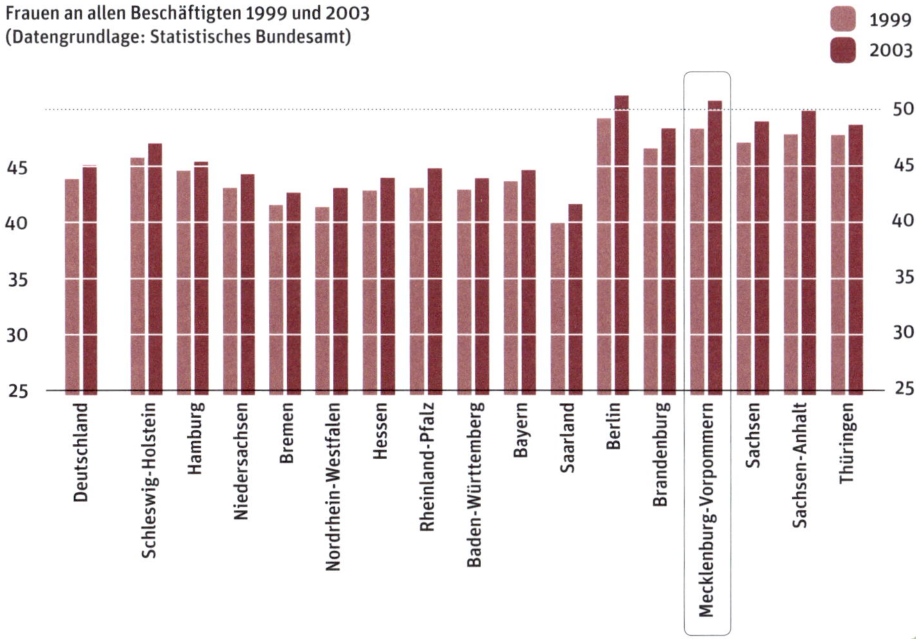

MECKLENBURG-VORPOMMERN

BRANDENBURG UND BERLIN

Brandenburg
- Einwohnerzahl 2004: 2.568.000 2020: 2.576.000
- Fläche: 29.478 km²
- Landesschulden/ Einwohner: 6.385,– €

Berlin
- Einwohnerzahl 2004: 3.388.000 2020: 3.310.100
- Fläche: 892 km²
- Landesschulden/ Einwohner: 15.902,– €

Marode Hauptstadt – florierendes Umland – sieche Peripherie

Wenn eine ganze Region lange künstlich von Subventionen gestützt wird, hat sie wenig Anlass, sich dem wirtschaftlichen Strukturwandel zu stellen. So hat sich die jahrzehntelange Kohlesubvention im Ruhrgebiet als Innovationsbremse erwiesen. Und ebenso ist die üppige Westberlin-Förderung während der deutschen Teilung mit verantwortlich für die heutige Hauptstadt-Misere. Das Steuerrecht für die alte Frontstadt steckte – politisch gewollt – voller Sondervergünstigungen für Bürger wie Gewerbetreibende. Ohne die massive Förderung wäre die Bevölkerung kaum in Berlin zu halten gewesen. Als Ausgleich für die unnatürlich niedrigen Steuererträge West-Berlins half der Bund mit Subventionen aus. Doch nach der Wiedervereinigung lief die Berlinförderung aus und die Einnahmen der neuen Hauptstadt sanken binnen fünf Jahren um ein Drittel. Die Verwaltung hatte keine Chance, die Ausgaben in gleichem Ausmaß zu reduzieren. Denn viele Rechtsansprüche und langfristige Verbindlichkeiten wie Pensionen oder Arbeitsverträge blieben bestehen. Bis heute leidet die Stadt an ihrem viel zu großen öffentlichen Dienst.

Extreme Haushaltsnotlage

Die Schulden der Hauptstadt stiegen von zehn Milliarden Euro im Jahr der Wiedervereinigung bis 2004 auf 56 Milliarden an.[52] Der so genannte Bankenskandal, bei dem das Land Berlin im Jahr 2001 gezwungen war, die zahlungsunfähige Berliner Bankgesellschaft mit knapp zwei Milliarden Euro vor dem Zusammenbruch zu retten, brachte schließlich die desolate Finanzlage für alle sichtbar ans Tageslicht.[53] Gegenwärtig entfallen auf jeden Einwohner der Hauptstadt dreimal so viele Schulden wie im Durchschnitt der übrigen Bundesländer. Ein Fünftel der Berliner Steuereinnahmen gehen als Zinsen an die Kreditgeber.[54] Weil laufende Ausgaben für Personal und Infrastruktur kaum zu reduzieren sind, muss die Stadt bei den Investitionen sparen. Die Sachinvestitionsquote, also der relative Aufwand für Straßenbau, neue Gebäude oder den öffentlichen Nahverkehr beträgt nur ein Viertel des Bundesdurchschnitts. Die öffentliche Hand ist damit nahezu handlungsunfähig.

Die deutsche Hauptstadt wiederholt, woran die DDR zugrunde ging – sie lebt von ihrer Substanz. Derzeit klagt der Berliner Senat vor dem Bundesverfassungsgericht auf Feststellung einer „extremen Haushaltsnotlage", was einer Bankrotterklärung gleich kommt. Sollte die Notlage festgestellt werden, müsste der Bund einen Teil der Schulden übernehmen, ein Prozedere, das die

Prognostizierte Bevölkerungsentwicklung 2004 bis 2020 in Prozent

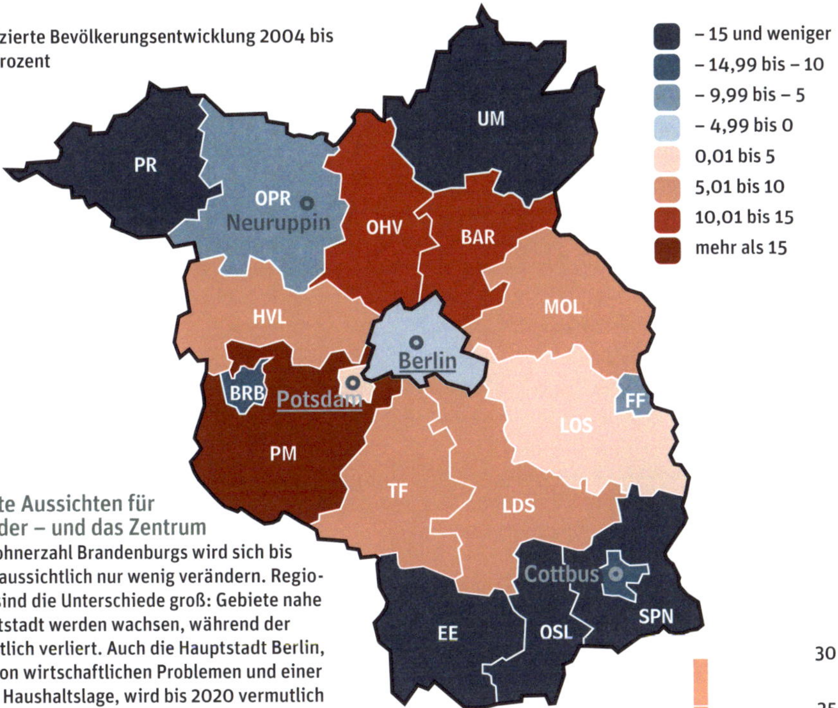

Schlechte Aussichten für die Ränder – und das Zentrum

Die Einwohnerzahl Brandenburgs wird sich bis 2020 voraussichtlich nur wenig verändern. Regional aber sind die Unterschiede groß: Gebiete nahe der Hauptstadt werden wachsen, während der Rand deutlich verliert. Auch die Hauptstadt Berlin, geplagt von wirtschaftlichen Problemen und einer prekären Haushaltslage, wird bis 2020 vermutlich zwei Prozent ihrer Einwohner einbüßen.

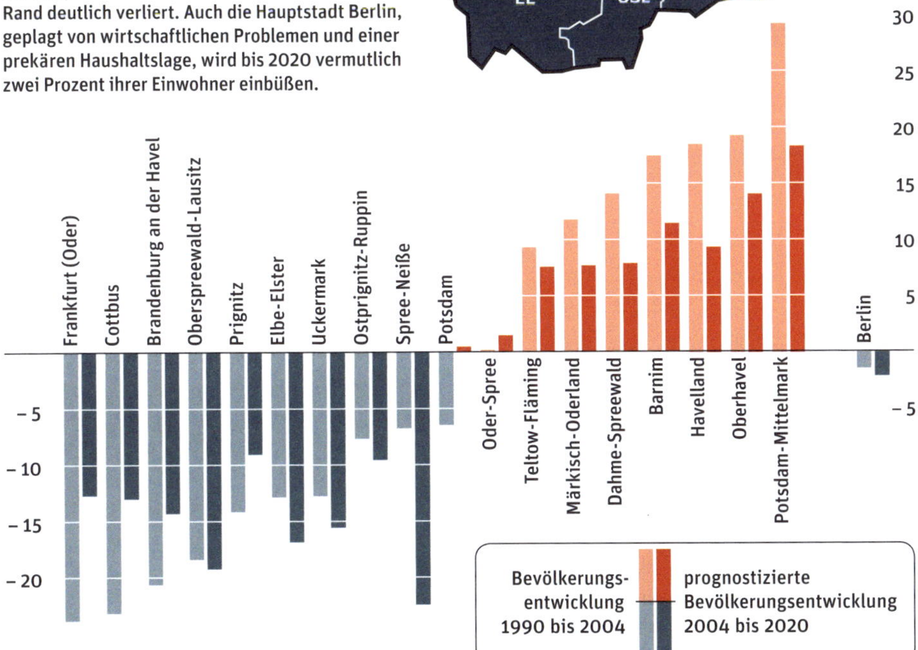

(Datengrundlage: Bundesamt für Bauwesen und Raumordnung)

Länder Saarland und Bremen schon vorgemacht haben.

Die Schuldenlast ist ein Problem. Die schleppende Wirtschaftsentwicklung das andere. Und beide beeinflussen sich gegenseitig. Berlin ist derart von Ausgleichzahlungen abhängig, dass es sich aus ökonomischer Sicht der Verwaltung kaum mehr „lohnt", Unternehmen anzusiedeln: Denn das Land erwirtschaftet aus eigener Kraft, also ohne Länderfinanzausgleich, nur 91 Prozent der Einnahmen des Bundesländer-Durchschnitts. Berlin bessert seine Situation aber durch den Finanzausgleich auf 123 Prozent auf, lebt also überproportional auf Kosten jener Bundesländer, die den Wohlstand im Lande erwirtschaften. Doch selbst wenn die Berliner die Wirtschaftskraft ihrer Stadt um sage und schreibe 60 Prozent steigern könnten, würden die tatsächlichen Einnahmen wegen sinkender Ausgleichsansprüche nur um sechs Prozent anwachsen.[55] Ein Riesenaufwand für wenig Ertrag.

Wirtschaftsexperten rätseln seit langem, wie sich die Haushaltslage der Hauptstadt verbessern ließe. Sicher ist, dass Berlin auf absehbare Zeit nicht zu seiner alten wirtschaftlichen Stellung zurückfinden wird. Immerhin war die Stadt vor dem Zweiten Weltkrieg eines der wichtigsten Industriezentren Europas, mit Stärken vor allem im Maschinenbau und der Elektroindustrie: Borsig als einer der größten Lokomotivfabrikanten der Welt und die Elektrotechnik von Siemens und AEG machten die deutsche Hauptstadt zur „Elektropolis". Der Arbeitskräftebedarf zog Zehntausende Menschen aus den ländlichen Ostgebieten des Reichs in die Hauptstadt. Hatte die Stadt 1877 noch eine Million Einwohner, so war sie bis 1939 zu einer wirtschaftlichen und kulturellen Weltmetropole mit 4,3 Millionen Menschen angewachsen – rund eine Million mehr als heute.[56]

Nach dem Krieg gab es in Berlin keine freie Wirtschaft mehr. Dem isolierten Westteil blieben nur die „verlängerten Werkbänke" westdeutscher Firmen. Diese hatten ihre Vorstände und Entwicklungsabteilungen längst abgezogen, ließen aber gestützt durch massive Bonner Subventionen weiter produzieren. Der Ostteil litt unter der innovationsfeindlichen Planwirtschaft, scheute aber weder Kosten noch Mühe, um die Hauptstadt der DDR zu einem „Schaufenster des Sozialismus" zu machen. Mit dem Ende der Berlin-Förderung 1990 verließen viele der bezuschussten Firmen im Westen die Stadt. Im Osten brach die Industrie förmlich zusammen. Bis heute hat sich die wirtschaftliche Lage der Stadt kaum gebessert. Die Zahl der Erwerbstätigen im produzierenden Bereich halbierte sich zwischen 1992 und 2004 auf 151.000. Zwar konnten andere Branchen, vor allem aus dem Dienstleistungsbereich, zulegen – doch die arbeitslosen Schlosser, Schweißer und Montagearbeiter, die früher in der Produktion Arbeit fanden, erhielten keine neue Beschäftigung. Die Arbeitslosenquote in Berlin liegt heute bei fast 18 Prozent – nahezu doppelt so hoch wie in den alten Bundesländern. 42 Prozent der Arbeitssuchenden sind ohne Berufsabschluss.[57] Das Bruttoinlandsprodukt der Hauptstadt ist seit 1995 fast ohne Unterbrechung gesunken und geringer als das von Hamburg – einer Stadt mit nur halb so vielen Einwohnern. Berlin bietet damit nicht, was dringend nötig wäre: einen Wachstumskern inmitten der neuen Bundesländer.

Kein demografischer Hauptstadtbonus

Die wirtschaftliche Schwäche Berlins blieb nicht ohne Einfluss auf die Einwohnerentwicklung. Noch Anfang der 1990er Jahre sahen manche Stadtplaner die mit Abstand größte Stadt Deutschlands zu einer Sechs-Millionen Metropole heranwachsen, vergleichbar mit Paris oder London. Doch nach einem kurzen wendebedingten Zugewinn verliert die Stadt seit 1993 kontinuierlich Menschen. Die Zuzüge nach Berlin können die Fortzüge und Sterbefallüberschüsse nicht ausgleichen. Selbst der Umzug der Bundesverwaltung vom Rhein an die Spree hinterließ kaum einen nachhaltigen Eindruck auf die Einwohnerstatistik: Anfang 2005 hatte Berlin 45.000 Einwohner weniger als im Jahr der Wiedervereinigung. Die Prognose des Bundesamtes für Bauwesen und Raumordnung sieht Berlin im Jahr 2020 bei 3,3 Millionen Einwohnern – noch einmal 50.000 weniger als heute. Weniger Einwohner bei einer fortwährend hohen Arbeitslosenrate und einer alternden Bevölkerung bedeuten aber sinkende Steuereinnahmen – und damit schlechte Nachrichten für die Zukunft Berlins.

Dabei wäre die Hauptstadt nicht ohne wirtschaftliches Potenzial: Allein 140.000 Studenten lassen ihre, wenn auch bescheidene Kaufkraft in Berlin. Gut ausgebildete junge Menschen finden Arbeit in den zahlreichen Firmen der Biotechnologie (der Großraum Berlin ist mittlerweile einer der führenden Biotech-Standorte der Republik)[58], bei Forschungseinrichtungen wie der Max-Planck-, der Fraunhofer- und der Helmholtz-Gesellschaft, bei renommierten Kliniken wie der Charité, beim Robert-Koch-Institut oder dem Max-Delbrück-Zentrum für Molekulare Medizin. Die Medienbranche ist auf die Nähe zur Regierung ebenso angewiesen wie die Lobbyorganisationen der Verbände es sind. Werbe-, Mode- und Musikindustrie haben früh auf den Hauptstadtbonus gesetzt und eine eigene Szene entwickelt. Und diese wiederum kommt dem Tourismus zugute, der am stärksten wachsenden Branche in Berlin. Die Stadt profitiert dabei wie keine zweite in Deutschland von der hohen Dichte symbolträchtiger historischer Bauwerke, Museen und Theater – und von Großveranstaltungen wie dem Berlin-Marathon, der Berlinale oder dem Karneval der Kulturen. Ob jedoch Berlin sein Potenzial wird nutzen können, hängt stark von den künftigen Investitionen der Hauptstadt ab. Bisher jedenfalls macht der Senat mehr durch Mittelkürzungen an Universitäten und der Charité von sich reden als durch eine attraktive Standortpolitik.

Bevölkerungsimplosion in Brandenburgs Randgebieten

Brandenburg hat auf den ersten Blick keine demografischen Probleme. Mit heute 2,56 Millionen Einwohnern verzeichnet das Bundesland, das die Hauptstadt umschließt, eine seit der Wende nahezu stabile Bevölkerungszahl. Kein anderes Land im Osten steht so gut da.

Zwar vermelden die zentrenfernen Landkreise Prignitz, Uckermark, Elbe-Elster und Oberspreewald-Lausitz Einwohnerverluste von mehr als

In der Schuldenfalle

Nachdem die großzügige Berlin-Förderung aus der Vorwendezeit gestrichen wurde, geriet die Hauptstadt in die Schuldenfalle. Die Zuweisungen sanken auf die Hälfte, während die Personalkosten praktisch gleich blieben. Um die Mitarbeiter zu bezahlen, musste die Stadt immer mehr Schulden aufnehmen. Ende 2004 beliefen sich diese auf fast 54 Milliarden Euro – fünf Mal mehr als im Jahr nach der Wiedervereinigung. Während sich die jährlichen Zinszahlungen Berlins binnen zwölf Jahren vervierfachten, sanken die Bauinvestitionen um 70 Prozent.

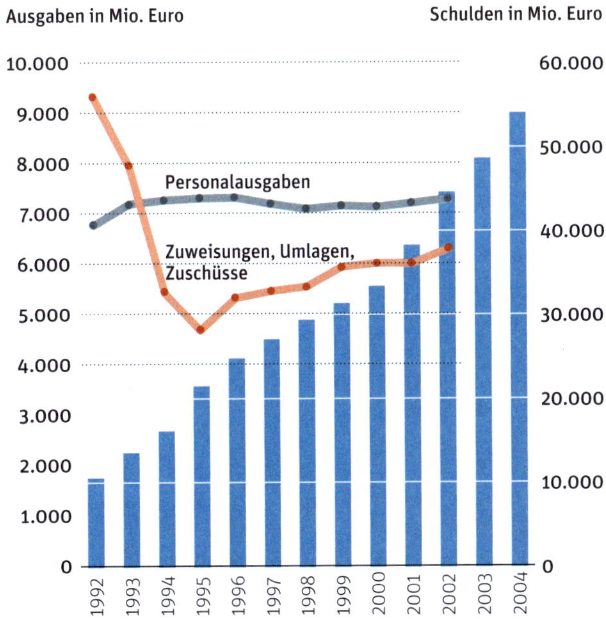

Zuweisungen, Personalausgaben und Schulden Berlins 1992 bis 2004 (Datengrundlage: Statistisches Bundesamt)

zehn Prozent. Doch in den übrigen acht an Berlin grenzenden Kreisen leben jeweils mehr Menschen als im Jahr der Wiedervereinigung.

Die administrative Gliederung des Bundeslandes verstellt allerdings den Blick auf die enormen Unterschiede zwischen Berliner Umland und Peripherie. Denn die meisten brandenburgischen Kreise ziehen sich von der Hauptstadt tortenstückartig bis an die Landesgrenzen. Und innerhalb dieser Kreise stehen einem deutlichen Wachstum in Berlin-Nähe starke Verluste der Randregionen gegenüber. Im Speckgürtel von Berlin, dem so genannten „engeren Verflechtungsraum", lebten 1994 etwa 790.000 Menschen. In nur zehn Jahren hat sich dort die Bevölkerung auf 992.000, also um 27 Prozent, erhöht. Dem gegenüber schrumpfte die Bevölkerung im „äußeren Entwicklungsraum" Brandenburgs, der immerhin 85 Prozent der Landesfläche ausmacht, um zehn Prozent – von 1,75 auf 1,57 Millionen. Lebten 1994 nur 31 Prozent aller Brandenburger im Speckgürtel, so waren es 2004 schon 39 Prozent.

Die Bevölkerungsverluste brandenburgischer Städte sind umso größer, je weiter die jeweiligen Orte von Berlin entfernt liegen. Während Potsdam, das direkt an die Hauptstadt grenzt, zwischen 1991 und 2004 keine Einwohner eingebüßt hat, verloren die Stadt Brandenburg (in 85 Kilometern Entfernung) 18 Prozent, Frankfurt an der Oder (105 Kilometer) gar 24 Prozent. In kleineren Städten, deren Wirtschaftskraft einst an einem einzelnen, jetzt nicht mehr vorhandenem Arbeitgeber hing, wie etwa in Eisenhüttenstadt oder Schwedt, ist die Entwicklung noch dramatischer verlaufen. Den Schwundrekord hält die frühere Chemiefaser-Stadt Guben mit einem Verlust von über 30 Prozent.

Die weitere Bevölkerungsentwicklung Brandenburgs wird im wesentlichen von der wirtschaftlichen Ausstrahlung Berlins bestimmt. Während das Bundesamt für Bauwesen und Raumordnung noch von einem starkem Wachstum im Speckgürtel der Hauptstadt ausgeht und deshalb ganz Brandenburg im Jahr 2020 nur knapp unter der heutigen Einwohnerzahl sieht, sind die Brandenburger Statistiker, die die Lage vor Ort beurteilen, wesentlich skeptischer: Sie erwarten einen Schwund von 150.000 Einwohnern. Sicher ist in jedem Fall, dass die Randregionen des Bundeslandes weiter Einwohner verlieren werden.

Der Glanz der Metropole

Jede brandenburgische Stadt, die mehr als 40 Kilometer vom Berliner Zentrum entfernt liegt, hat seit der Wiedervereinigung Bevölkerung verloren. Besonders gravierend ist der Verlust in Mittelstädten wie Guben, Eisenhüttenstadt und Schwedt, deren Arbeitsmarkt einst überwiegend an einem einzigen großen Unternehmen hing. Nur die Städte im Speckgürtel Berlins haben Einwohner hinzugewonnen – das westlich der Hauptstadt gelegene Falkensee fast 70 Prozent.

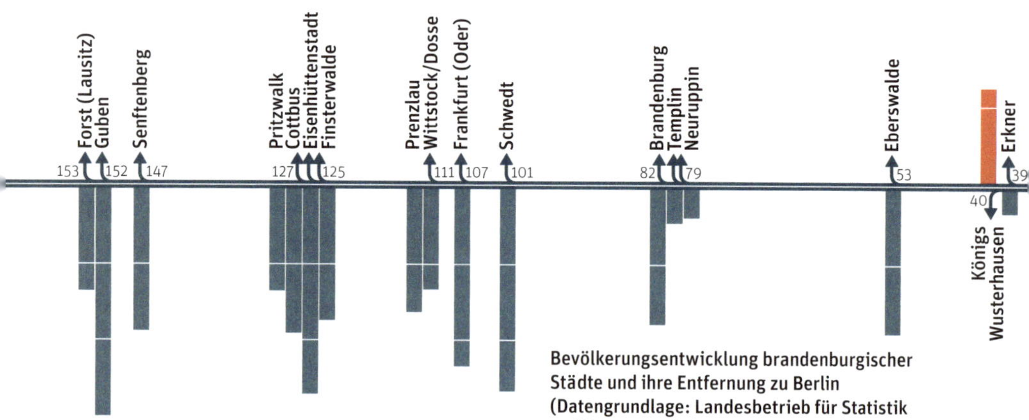

Bevölkerungsentwicklung brandenburgischer Städte und ihre Entfernung zu Berlin (Datengrundlage: Landesbetrieb für Statistik und Datenverarbeitung Brandenburg)

Mehr als ein Jahrzehnt lang hat die brandenburgische Landesregierung versucht, gegen die Konzentration von Bevölkerung und Wirtschaftskraft im Berliner Raum anzugehen. Ursprünglich hatte die Verwaltung gehofft, das Wachstum des Speckgürtels auf entlegene Regionen umverteilen zu können. Wirtschafts- und Infrastrukturprojekte wurden vor allem dann mit hohen Fördersummen bedacht, wenn sie weit von der Hauptstadt entfernt geplant waren. So erhielten Cottbus und Frankfurt an der Oder Universitäten, Eberswalde, Senftenberg und die Stadt Brandenburg Fachhochschulen. Das Landeskriminalamt zog nach Eberswalde. In Großprojekte wie die Rennstrecke Lausitzring und eine in Frankfurt an der Oder geplante Chipfabrik flossen insgesamt rund 160 Millionen Euro Fördermittel.[59] Beide Projekte schlugen fehl – unter anderem, weil die Standorte schlecht gewählt waren.

Experimentierfeld des demografischen Wandels

Nahezu überall blieben die erhofften Impulse der Strukturförderung aus. Seit 15 Jahren verliert der Brandenburger Rand kontinuierlich Arbeitsplätze. Im März 2005 zog die Brandenburger Regierung die Notbremse. Als sich nicht mehr übersehen ließ, dass die ineffiziente Subventionierung abgelegener Landesteile und die vielfältigen Finanz-

Alles drängt Richtung Hauptstadt

Die Bevölkerungsprognose auf Gemeindeebene zeigt deutlicher als jene auf Kreisebene (Seite 81), wohin die Brandenburger ihren Wohnsitz verlegen werden. Berlin ist der Magnet – aber die Strahlkraft der Hauptstadt Berlins reicht nur etwa 40 Kilometer weit. An den Rändern des Bundeslandes bahnt sich eine Entleerung der ohnehin bereits dünn besiedelten Regionen ab.

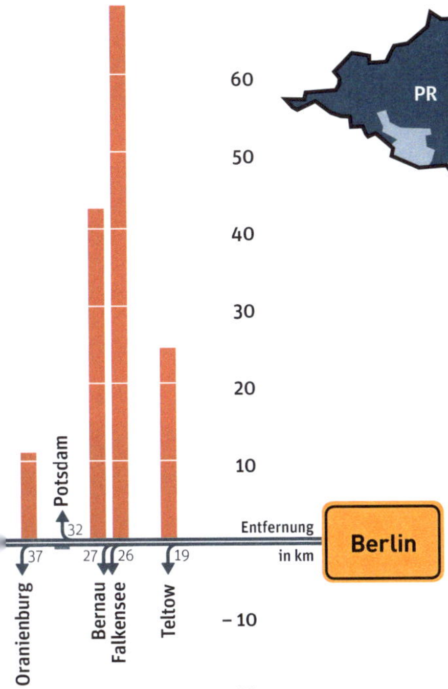

Bevölkerungsentwicklung 1991 bis 2004 in Prozent

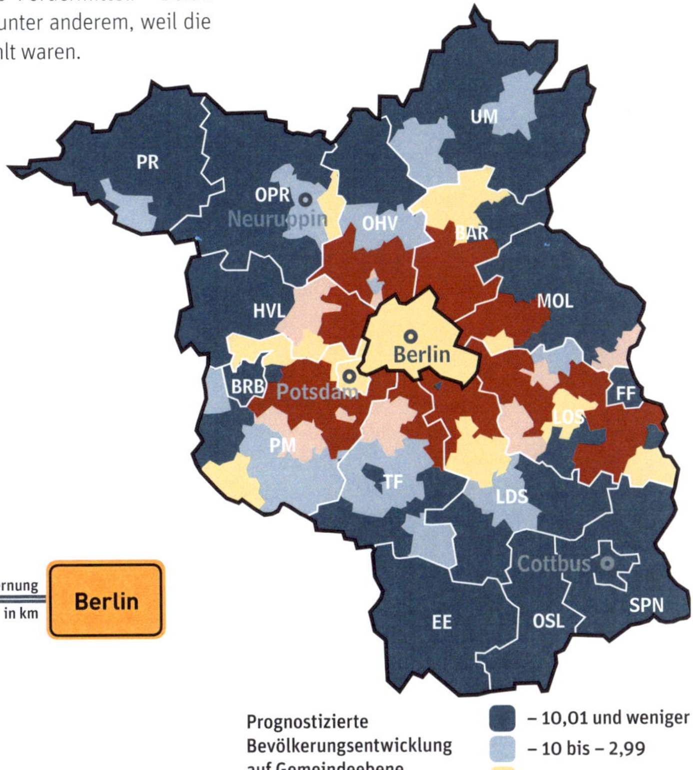

Prognostizierte Bevölkerungsentwicklung auf Gemeindeebene 2002 bis 2020 (Quelle: Bundesamt für Bauwesen und Raumordnung)

- – 10,01 und weniger
- – 10 bis – 2,99
- – 3 bis 2,99
- 3 bis 9,99
- 10 und mehr

KINDERARMUT AM PRENZLAUER BERG

Im Durchschnitt hatte im Jahr 2003 jede Berlinerin 1,16 Kinder. Das liegt deutlich unter dem Bundesmittel und bedeutet, dass jede Berliner Kindergeneration um 44 Prozent kleiner ist als die ihrer Eltern. Im Jahr 2004 starben 31.800 Menschen, während nur 29.400 Kinder das Licht der Welt erblickten – ein Verlust von 2.400 Menschen.

Schlagzeilen wie „Babyboom vom Kollwitzplatz“ oder „Enklave der Fruchtbarkeit“ lassen allerdings vermuten, dass sich der Berliner Bezirk Prenzlauer Berg vom Trend zu immer niedrigeren Kinderzahlen abgekoppelt hat. Vielerorts gilt der Szenebezirk als Vorbildregion für eine neue, moderne Familienpolitik und hat bereits den europäischen Städtebaupreis für kinderfreundliche Stadterneuerung erhalten. Eine große Sonntagszeitung schrieb, die Frauen des Stadtteils bekämen im Durchschnitt 2,1 Kinder, und ein Finanzblatt meinte, mitten in Berlin die „fruchtbarste Region Europas“ ausgemacht zu haben. Denn der Wert von 2,1 überträfe selbst Island und Irland, die kinderreichsten Länder des Kontinents.

Doch ein Blick auf die Statistik zeigt, dass der Prenzlauer Berg zu den Gebieten mit der geringsten Fruchtbarkeit in Berlin, ja der ganzen Republik gehört. Seit der Berliner Bezirksreform lässt die Datenlage keine exakte Berechnung der Fertilitätsrate am Prenzlauer Berg mehr zu. Diese lässt sich bestenfalls abschätzen – und liegt dann nur bei etwa 1,0. Bekannt ist allerdings die Zahl der Neugeborenen je 1.000 Frauen im Alter zwischen 15 und 45 Jahren. Im Jahre 2003 lag diese Ziffer bei 35. Im Berliner Bezirk Neukölln, wo viele Migranten wohnen, kamen 47 Kinder zur Welt. Sogar Berlin insgesamt hat mehr Nachwuchs als der Prenzlauer Berg – nämlich 39 Kinder je 1.000 Frauen dieser Alterklasse. Von rekordverdächtigem Kindersegen kann also nicht die Rede sein.

Wie aber kommt dann das Gerücht vom Babyboom am Prenzlauer Berg in die Welt? Was nach Boom aussieht, sind in Wirklichkeit nur viele junge Menschen, die ihrerseits eher wenige Kinder kriegen. In den 1990er Jahren sind viele Zuzügler Anfang zwanzig in den aufblühenden Szenebezirk gezogen. Sie studierten, starteten ins Berufsleben und gründeten Familien. Die Mehrzahl der Frauen des Viertels ist heute im besten Alter für Nachwuchs, und viele bekommen tatsächlich Kinder – am Prenzlauer Berg allerdings im Mittel nur etwa eins je Frau. Tatsächlich ist der Anteil der Kinder im Alter bis zu einem Jahr an der Gesamtbevölkerung am Prenzlauer Berg etwa gleich groß ist wie im niedersächsischen Cloppenburg, dem geburtenstärksten Landkreis Deutschlands. Dafür brauchen die „Prenzelberger“ allerdings doppelt so viele Mütter: 21 Prozent der Bevölkerung sind Frauen im Alter zwischen 25 und 40 Jahren, in der niedersächsischen Provinz sind es nur zehn. Schriebe man die heutige Kinderzahl je Frau am Prenzlauer Berg fort, würde der Stadtteil langfristig mit jeder Generation um die Hälfte schrumpfen. Mitnichten ein Zukunftsmodell.

In wenigen Jahren, wenn die meisten heutigen Mütter des Prenzlauer Berges die 40 erreicht haben, wird die Zahl der Geborenen sogar wieder sinken. Und sollte dann der Bezirk Friedrichshain zur vermeintlich fruchtbarsten Region Europas ausgerufen werden, liegt das daran, dass die Bewohner des mittlerweile unter Studenten beliebtesten Berliner Stadtteils, die heute mehrheitlich Anfang 20 sind, ein Alter erreicht haben, in dem sie auch ans Familien gründen denken.

Der Berliner Stadtteil Prenzlauer Berg im Jahr 2004

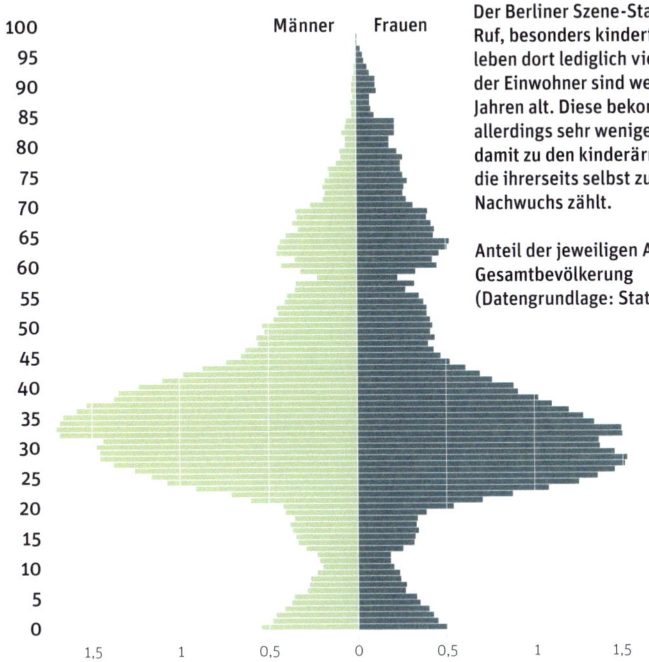

Viele Frauen aber wenige Kinder

Der Berliner Szene-Stadtteil Prenzlauer Berg steht im Ruf, besonders kinderfreundlich zu sein. Tatsächlich leben dort lediglich viele junge Frauen – 21 Prozent der Einwohner sind weiblich und zwischen 18 und 40 Jahren alt. Diese bekommen natürlich auch Kinder, allerdings sehr wenige. Der Berliner Stadtteil gehört damit zu den kinderärmsten Regionen der Hauptstadt, die ihrerseits selbst zu den Schlusslichtern in Sachen Nachwuchs zählt.

Anteil der jeweiligen Altersklassen in Prozent der Gesamtbevölkerung (Datengrundlage: Statistisches Landesamt Berlin)

spritzen für Innenstadtsanierungen, Großwohnsiedlungen, Konversionsstandorte und Gewerbegebiete auf der grünen Wiese nicht länger finanzierbar waren, änderte sich die Förderpolitik: Statt mit der Gießkanne die gesamte Fläche wollen die Politiker seither ausgewählte Standorte im Berliner Speckgürtel unterstützen. Auch die Infrastruktur kommt auf den Prüfstand: Weil im peripheren Brandenburg ein weiterer Bevölkerungsverlust zu erwarten ist und mit der Einwohnerzahl auch die Einnahmen der Kommunen sinken, gleichzeitig aber Grundkosten für Straßen, Abwassersysteme und öffentlichen Einrichtungen die gleichen bleiben, können die Gemeinden das heutige Niveau der Versorgung nicht mehr aufrecht erhalten.

Deshalb versucht Brandenburg die Flucht nach vorn. Das Land sieht sich als Experimentierfeld einer Entwicklung, die den gesamten Osten, aber auch Teile des Westens betreffen wird: Angesichts der Alterung und des Bevölkerungsschwunds müssen knappe Finanzmittel gebündelt werden. Dafür kommen jetzt Konzepte ins Gespräch, die bisher undenkbar schienen. Die Zahl der Städte, in denen das Land an „zentralen Orten" bestimmte Angebote wie Krankenhäuser, Behörden, Bildungs- und Beratungseinrichtungen vorhält, soll nach Vorschlägen des Ministeriums für Infrastruktur und Raumordnung von 153 auf nur noch 63 reduziert werden.[60] Das Verkehrsministerium lässt prüfen, welche Landstraßen in entfernten Landesteilen entbehrlich sind und aufgegeben werden können. Bei jährlichen Instandhaltungskosten von rund 7.000 Euro pro Kilometer eine nahe liegende Idee. In den dünn besiedelten Kreisen Uckermark, Barnim und Oberhavel ist seit Sommer 2003 der Linienbus, in dem ohnehin kaum noch ein Mensch anzutreffen war, durch ein Ruftaxi ersetzt. Das kommt nur auf Bestellung, bringt aber die Fahrgäste zum üblichen Preis eines Busfahrscheins zum gewünschten Ort. Aus dem erfolgreichen Projekt ging in

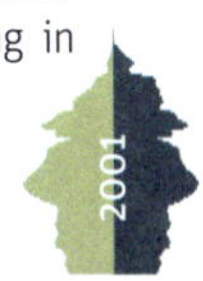

Gransee die erste Bürgerbusinitiative hervor: Das brandenburgische Infrastrukturministerium hat dem Verein einen Kleinbus zur Verfügung gestellt, mit dem ehrenamtliche Fahrer vier Mal täglich Haltestellen im dünn besiedelten Landkreis ansteuern.

26 brandenburgische Städte haben sich zudem am Stadtumbau-Programm Ost beteiligt.[61] Dabei fielen bis Ende 2005 mehr als 21.000 Wohnungen dem Bagger zum Opfer – weitere 30.000 sollen folgen. Mit dem Abriss wollen die Kommunen gleichzeitig ihre Wohngebiete verschönern und aufwerten. In Schwedt, mit 3.100 abgerissenen Wohnungen Brandenburger Meister im Rückbau, haben die Planer aus langen Blocks ganze Teile herausgeschnitten.[62] Nun ähneln die Restgebäude fast Stadtvillen. Die neue Wohnlichkeit soll den Fortzugsdrang der Verbliebenen lindern.

Das Wachstum will nicht nach Berlin

Die Wirtschaftskraft der Kreise im westlichen Umland der Bundeshauptstadt ist in den letzten Jahren kräftig gestiegen – in Teltow-Fläming um durchschnittlich 8,5 Prozent pro Jahr. Dies ist fast das Niveau des bundesweit wirtschaftsstärksten Landkreises München. Die Hauptstadt Berlin selbst, deren Bürokratie viele Investoren abschreckt, profitiert nicht von dem Boom im Umland. Dort schwächelt die Wirtschaft ähnlich wie in den entlegenen Kreisen Oberspreewald-Lausitz und Elbe-Elster.

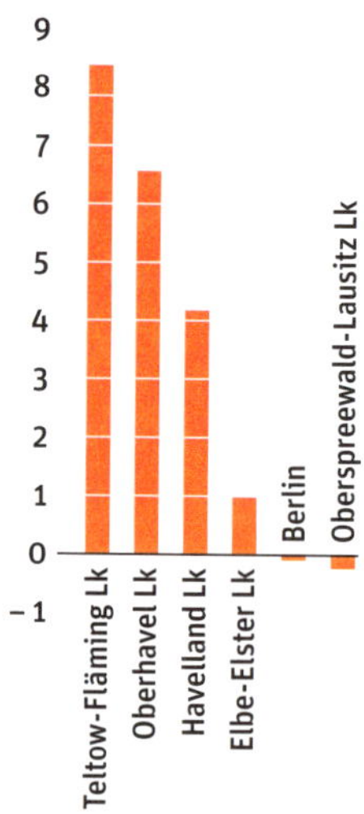

Durchschnittliches jährliches Wachstum des Bruttoinlandsproduktes zwischen 1995 und 2003 in der Region Berlin-Brandenburg in Prozent (Datengrundlage: Arbeitskreis Volkswirtschaftliche Gesamtrechnungen der Länder)

Bewertung Brandenburg

		GESAMTNOTE
BAR	Barnim	3,49
BRB	Brandenburg an der Havel	4,19
CB	Cottbus	3,95
LDS	Dahme-Spreewald	3,49
EE	Elbe-Elster	4,35
FF	Frankfurt (Oder)	3,53
HVL	Havelland	3,71
MOL	Märkisch Oderland	3,59
OHV	Oberhavel	3,38
OSL	Oberspreewald-Lausitz	4,38
LOS	Oder-Spree	3,37
OPR	Ostprignitz-Ruppin	3,86
P	Potsdam	2,97
PM	Potsdam-Mittelmark	3,43
PR	Prignitz	4,61
SPN	Spree-Neiße	4,41
TF	Teltow-Fläming	3,36
UM	Uckermark	4,45

Bewertung Berlin

B	Berlin	4,08

Alles drängt in den Speckgürtel

Bei der Kreisbewertung tun sich in Brandenburg extreme Gegensätze auf. Die Kreise des südlichen Berliner Umlandes – Potsdam-Mittelmark, Teltow-Fläming und Dahme-Spreewald glänzen mit hohem Bevölkerungswachstum und einer für den Osten bemerkenswerten Beschäftigungsstabilität. Teltow-Fläming hat nach Potsdam das höchste Bruttoinlandsprodukt aller brandenburgischen Landkreise und schafft es damit auch deutschlandweit ins Mittelfeld. Seit 1997 stieg die Wirtschaftskraft dort um mehr als 50 Prozent. Die Kreisstadt Teltow zählt heute ein Drittel mehr Einwohner als 1991. An diesem Ort hat der Flugzeugturbinen-Hersteller Rolls-Royce tausend Mitarbeiter angestellt. Mit MTU Aero Engines hat sich ein zweiter Luftfahrtkonzern in Teltow-Fläming niedergelassen. Beide profitieren von der Ent-

Demografie								Wirtschaft										Integration			Bildung				Familienfr.			
Kinderzahl	Unter 35-Jährige	Frauenanteil	Wanderung	Über 75-Jährige	Prognose 2020	ZWISCHENNOTE	TREND	Verfügb. Einkommen	Bruttoinlandsprod.	Kommunale Schulden	Erwerbstätigkeit	Arbeitsl.+Sozialh.	Erwerbstät./Frauen	Erwerbstät./Ältere	Fremdenverkehr	ZWISCHENNOTE	TREND	Bildungschancen	Ausländer/Arbeitsl.	ZWISCHENNOTE	Ohne Abschluss	Jugendarbeitslosigkeit	Hochqualifizierte	ZWISCHENNOTE	Personen je Wohnung	Baulandpreise	Freifläche	ZWISCHENNOTE
6	5	4	1	2	1	3,2	3,8 →	4	6	2	4	4	2	5	4	3,9	4,9 ↘	5	2	3,5	3	4	3	3,3	4	2	2	2,7
6	6	5	5	4	5	5,2	3,8 →	6	4	1	4	6	2	6	6	4,4	4,8 ↘	3	3	3,0	3	5	3	3,7	6	2	1	3,0
6	4	5	6	3	5	4,8	4,0 ↘	5	2	2	4	5	2	4	5	3,6	4,9 ↘	6	3	4,5	2	4	1	2,3	6	3	3	4,0
6	5	5	2	3	2	3,8	4,4 ↘	4	4	2	3	4	2	5	4	3,5	4,3 ↘	4	2	3,0	3	4	4	3,7	4	2	1	2,3
6	5	6	5	4	6	5,3	4,6 ↘	6	5	3	4	5	4	6	5	4,8	4,8 ↘	6	2	4,0	2	5	4	3,7	4	1	1	2,0
6	4	3	6	3	4	4,3	4,0 ↘	6	2	1	4	5	2	4	5	3,6	4,6 ↘	1	2	1,5	3	4	2	3,0	6	2	1	3,0
5	5	4	1	2	2	3,2	3,8 →	4	6	2	4	5	3	6	5	4,4	5,1 ↓	4	2	3,0	3	5	4	4,0	4	3	1	2,7
6	5	5	1	2	2	3,5	3,8 →	5	5	2	3	5	2	5	5	4,0	4,4 ↘	5	1	3,0	3	5	4	4,0	4	2	1	2,3
5	5	3	1	2	1	2,8	4,0 ↘	4	5	1	3	4	2	5	5	3,6	4,0 ↘	6	2	4,0	2	5	3	3,3	4	3	2	3,0
6	6	6	6	4	6	5,7	5,0 ↓	6	5	1	4	6	3	6	5	4,5	4,0 ↘	6	1	3,5	3	5	3	3,7	5	1	2	2,7
6	5	5	3	3	2	4,0	4,2 ↘	5	4	2	3	4	2	4	4	3,5	3,8 →	2	1	1,5	3	5	3	3,7	4	2	1	2,3
6	5	5	4	3	4	4,5	4,4 ↘	6	4	3	4	5	3	5	4	4,3	4,3 ↘	4	1	2,5	3	5	4	4,0	4	1	1	2,0
6	3	1	1	3	2	2,7	1,0 ↑	4	2	3	2	3	2	2	4	2,8	4,4 ↘	4	3	3,5	2	3	1	2,0	6	5	4	5,0
6	5	4	1	3	1	3,3	3,8 →	4	5	3	3	3	2	4	4	3,5	4,6 ↘	6	2	4,0	3	4	4	3,7	3	3	1	2,3
6	6	6	6	5	6	5,8	5,0 ↓	6	5	4	4	5	3	6	5	4,8	3,6 →	6	2	4,0	4	5	4	4,3	6	1	1	2,7
6	5	6	6	4	6	5,5	5,2 ↓	6	4	3	4	5	3	6	5	4,5	4,8 ↘	6	1	3,5	2	5	4	3,7	5	2	2	3,0
6	5	4	2	3	2	3,7	3,4 →	5	4	2	2	4	2	4	5	3,5	3,3 →	5	1	3,0	3	4	3	3,3	5	2	1	2,7
6	5	6	6	3	6	5,3	5,0 ↓	6	5	3	5	6	4	6	4	4,9	3,9 →	6	1	3,5	4	5	4	4,3	5	1	1	2,3
6	3	1	2	3	3	3,0	1,8 ↑	5	3	6	6	5	4	6	5	5,0	5,1 ↓	4	3	3,5	4	4	1	3,0	6	5	6	5,7

wicklung eines neuen Militärtransporters. Sollte der Ausbau des ehemaligen Zentralflughafens der DDR in Schönefeld zum Groß-Airport „Berlin-Brandenburg-International" Wirklichkeit werden, könnte hier einer der wichtigsten Standorte der Luftfahrtindustrie in Deutschland entstehen.

Teltow-Fläming konnte noch andere Zukunftsindustrien ansiedeln: Auf dem Gelände einer ehemaligen russischen Kaserne ist ein Biotechnologiepark mit einer Reihe von Unternehmen entstanden. Im östlich von Berlin gelegenen Kreis Märkisch-Oderland sind Testfelder zur Erprobung gentechnisch veränderter Nutzpflanzen angelegt. Auch wenn Gentechnik-Gegner die Zerstörung solcher Felder angekündigt haben – zahlreiche Bauern in den ländlichen Regionen Brandenburgs wittern in der experimentellen Agrarwirtschaft ihre Chance.

Ganz anders steht es um die Entwicklung in den Berlin fernen Kreisen Prignitz (im Nordwesten) und Oberspreewald-Lausitz, Spree-Neiße sowie Elbe-Elster (im Südosten). Diese Regionen verlieren mangels wirtschaftlicher Perspektive dramatisch an Einwohnern. Das ehemalige Braunkohlen-Revier Oberspreewald-Lausitz verzeichnet den höchsten Verlust sozialversicherungpflichtiger Beschäftigung aller brandenburgischen Landkreise – fast 40 Prozent seit 1995. Die drei südostbrandenburgischen Kreise gehören zu jenen mit dem geringsten verfügbaren Einkommen je Einwohner in ganz Deutschland. Etwa 25 Prozent der Bewohner sind arbeitslos. Auch in Zukunft ist hier kaum Besserung zu erwarten. Einzig die Flutung zahlreicher Tagebau-Restlöcher lässt auf ein wenig Naturidylle für Touristen und zahlungskräftige Berliner Stadtflüchtige hoffen.

SACHSEN

Musterland mit Sorgen

- **Einwohnerzahl 2004: 4.296.000 2020: 3.891.000**
- **Fläche: 18.415 km²**
- **Landesschulden/ Einwohner: 2.752,– €**

Kein Bundesland im Osten hat seit der Wende mehr an neuen Industrien und Hochtechnologien angezogen als Sachsen. Dem Freistaat ist es damit in den vergangenen 15 Jahren gelungen, in verschiedenen Bereichen an seine wirtschaftlichen Traditionen anzuknüpfen. Die bereits 1961 gegründete „Arbeitsstelle für Molekularelektronik" in Dresden wurde zur Keimzelle eines „Silicon Saxony", in dem heute etwa 800 Unternehmen der Halbleiter- und Mikroelektronikbranche 25.000 Mitarbeiter beschäftigen.[63] In der Automobilregion Westsachsen, wo die 1958 aus Audi und Horch hervorgegangenen Sachsenring Automobilwerke Zwickau 34 Jahre lang nur den Trabant fertigen durften, siedelte sich das modernste Volkswagenwerk der Republik an. In Leipzig ließen sich gleich zwei Hersteller von Automobilen der Luxusklasse nieder – Porsche und BMW. Der Logistik-Dienstleister DHL will von 2008 an seine Europadrehscheibe von Brüssel an den Flughafen Halle-Leipzig verlegen. Dies wird dem defizitären und unternutzten Flughafen einen wichtigen Schub geben.

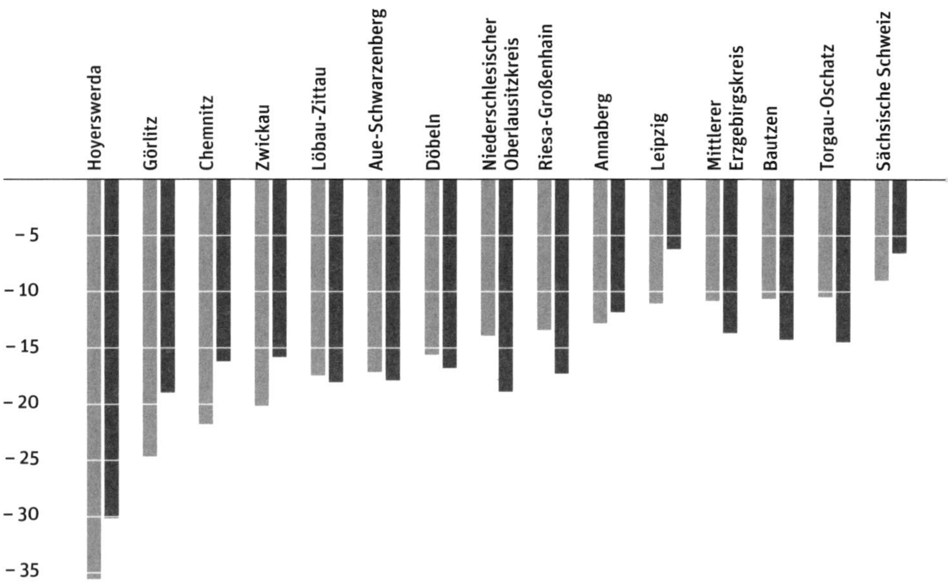

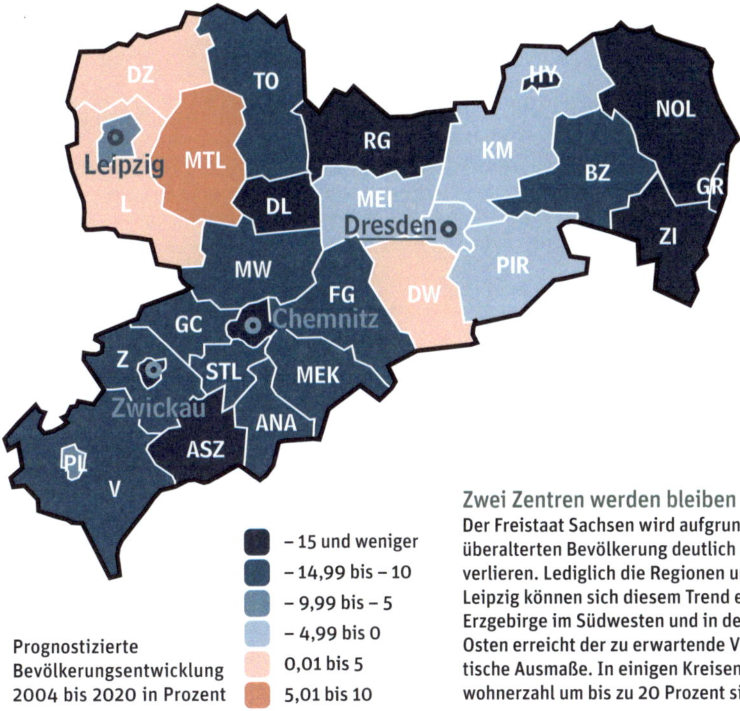

Prognostizierte Bevölkerungsentwicklung 2004 bis 2020 in Prozent

Zwei Zentren werden bleiben

Der Freistaat Sachsen wird aufgrund seiner stark überalterten Bevölkerung deutlich an Bevölkerung verlieren. Lediglich die Regionen um Dresden und Leipzig können sich diesem Trend entziehen. Im Erzgebirge im Südwesten und in der Lausitz ganz im Osten erreicht der zu erwartende Verlust dramatische Ausmaße. In einigen Kreisen wird die Einwohnerzahl um bis zu 20 Prozent sinken.

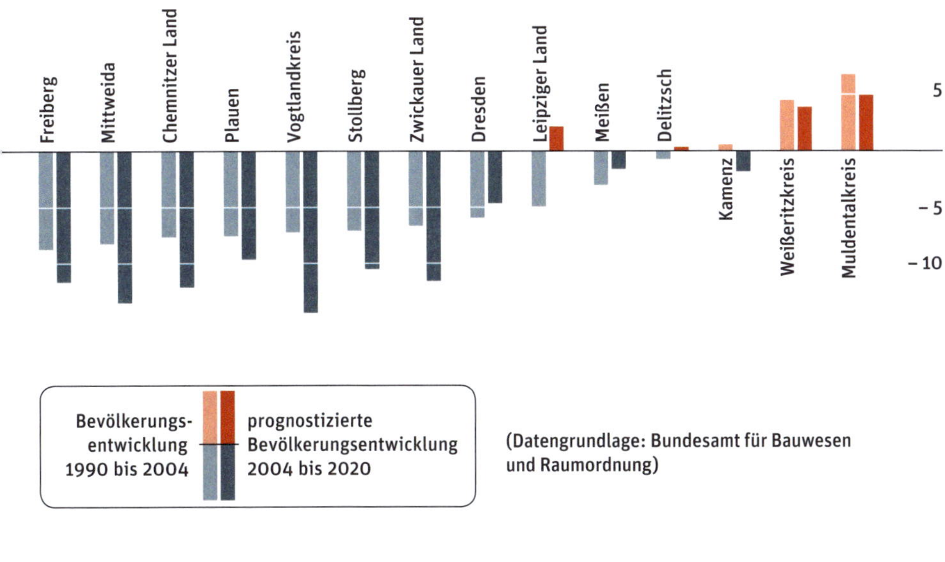

(Datengrundlage: Bundesamt für Bauwesen und Raumordnung)

Technik-Hochburg seit 250 Jahren

12,5 Prozent aller sächsischen Beschäftigten verfügen über einen Hoch- oder Fachhochschulabschluss. Nur im Bundesland Berlin sind es mehr. Der Anteil an Technologieunternehmen und die Ausgaben für Forschung und Entwicklung pro Kopf liegen im „Baden-Württemberg des Ostens" sogar über dem westdeutschen Durchschnitt. Sachsen bezeichnet sich deshalb zu Recht als „Land der Ingenieure". Rundum verdient hat der Freistaat seinen guten Ruf auch mit einer soliden Finanzpolitik. Die öffentliche Investitionsquote liegt mit 25 Prozent vergleichsweise hoch und der Schuldenstand je Einwohner (von Kommunen und Land) ist mit knapp 4.000 Euro nach jenem Bayerns der zweitniedrigste in der Republik.

Bereits im 19. Jahrhundert gehörte Sachsen zu den wirtschaftlich und technologisch am höchsten entwickelten Regionen der Welt. Der Bergbau im Erzgebirge führte 1765 in Freiberg zur Gründung der weltweit ersten montanwissenschaftlichen Hochschule. Im Jahr 1828 folgte mit der „Technischen Bildungsanstalt Dresden", der heutigen TU, eine der ältesten technischen Universitäten. In Chemnitz wurde 1884 die erste deutsche Werkzeugmaschinenfabrik aufgebaut und schon wenige Jahre später hatten sich mehr als die Hälfte aller deutschen Maschinenbau-Unternehmen in dieser Region angesiedelt.[64] Kein Wunder, dass es auch die Autobauer nach Sachsen zog: 1909 begann Audi in Zwickau mit der Fertigung. Gemeinsam mit Horch, Wanderer und DKW schloss sich Audi im Jahr 1932 zur Auto Union AG zusammen, damals einem der größten Hersteller der Welt. Zwei Drittel aller deutschen Oberklasse-Fahrzeuge liefen dort vom Band.

Auch nach dem Krieg blieb Sachsen hoch industrialisiert. Bis zur Wende stammten 40 Prozent aller DDR-Industriegüter aus den sächsischen Bezirken. Der Mikroelektronikhersteller „Robotron" oder das Landmaschinenkombinat „Fortschritt" belieferten den gesamten Ostblock. Der große Niedergang folgte nach der Wiedervereinigung mit der Einführung der westdeutschen Währung und dem Wegfall der osteuropäischen Märkte. Im westsächsischen Erzgebirge brach die Textilindustrie, die einst gegen harte Westwährung konkurrenzlos billig für westdeutsche Versandhausketten produziert hatte, ebenso zusammen wie der Uranbergbau der sowjetisch-deutschen Aktiengesellschaft Wismut. Heute zeugen zahllose dem Verfall preisgegebene Fabrikhallen in den Tälern des Erzgebirges von der einstigen Industrialisierung – aber auch vom abrupten Niedergang. Andere Regionen, wie die ostsächsische Lausitz, wo zu DDR-Zeiten nahezu alle Jobs am Braunkohlenbergbau und der Stromerzeugung hingen, wurden fast völlig deindustrialisiert. Allein zwischen 1991 und 1993 verlor Sachsen über 340.000 Arbeitsplätze.[65]

Trotz zahlreicher Vorzeigeprojekte ist der ökonomische Abstand Sachsens zu den anderen

Trendumkehr

Nach der Wende haben vor allem die großen Städte im Osten massiv Einwohner verloren, während die Umlandkreise zugelegt haben. Seit dem Jahr 2000 hat sich dieser Trend umgekehrt. Die Städte sind attraktiv geworden und die Mieten sind vergleichsweise günstig. Allerdings hat Dresden auch durch Eingemeindung Bürger hinzugewonnen.

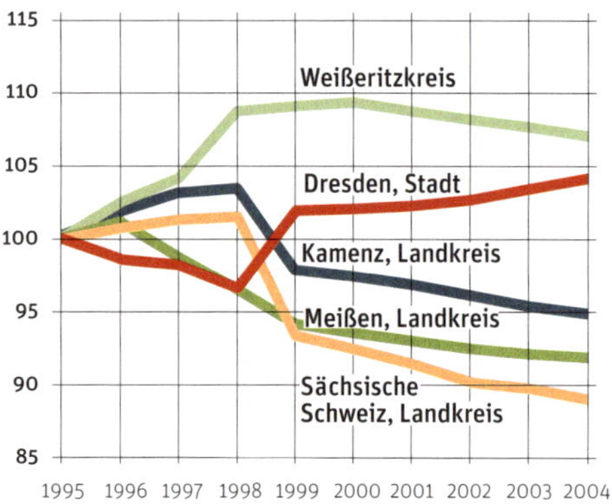

Einwohnerentwicklung in Dresden und seinen Umlandkreisen 1995 bis 2004 (1995 = 100 Prozent) (Datengrundlage: Statistisches Bundesamt)

DIE HALBIERTE SCHULE

Der Geburtenknick nach dem Mauerfall, als die Kinderzahl je Frau in den neuen Bundesländern in kurzer Zeit von 1,7 (1988) auf 0,7 (1994) sank, schlägt eine Schneise durch die gesamte ostdeutsche Bildungslandschaft. Denn sechs Jahre später gab es nur noch halb so viele Erstklässler. Die Schulen blieben halb leer, seit 1995 mussten allein in Sachsen 650 Schulen ihren Betrieb einstellen, über 7.000 Lehrerstellen wurden im Freistaat gestrichen. Nach heftigen Elternprotesten und Lehrer-Warnstreiks im Mai 2005 will die sächsische Staatsregierung nun weniger Schulen schließen als ursprünglich geplant. Dennoch werden bis Ende 2008 etwa 80 weitere Schulen aufgeben. Die Landesregierung beruft sich bei den Schließungen auf die nach wie vor sinkenden Schülerzahlen. Gab es 1995 noch etwa 630.000 Jugendliche an allgemein bildenden Lehranstalten, so waren es 2004/2005 gerade noch 366.000. Nach Angaben der Kultusministerkonferenz wird erst 2009 mit rund 303.000 Schülern der Tiefpunkt erreicht sein.[66] Danach werden die Schülerzahlen aufgrund der sich langsam erholenden Geburtenrate wieder leicht anziehen – allerdings bei weitem nicht auf das alte Niveau. Dass dann wieder viele Schulen neu besetzt werden, ist unwahrscheinlich, denn das sächsische Schulgesetz fordert an Mittelschulen und Gymnasien mindestens 20 Schüler pro Klasse. In Grundschulen liegt die Grenze bei 15 Kindern. Mittelschulen müssen in der Regel zwei, Gymnasien drei Klassen je Jahrgangsstufe haben.[67] Die Oppositionsparteien in Sachsen – Grüne, FDP und PDS – fordern demgegenüber, ein dichtes Schulnetz auch mit kleineren Schulen zu erhalten und eine achtklassige Gemeinschaftsschule einzuführen. Denn gerade in ländlichen Regionen wird der Schulweg durch das Festhalten am alten System immer länger. Schon heute brauchen manche Kinder mehr als eine Stunde, um per Bus zur Schule zu kommen. Zudem hat der Verlust der Lehranstalten für kleinere Gemeinden fatale Folgen. Denn wo nach dem Lebensmittelladen, der Post und der Bankfiliale auch noch die Schule schließt, packen immer mehr Familien für immer die Koffer.

ostdeutschen Bundesländern noch immer relativ gering. Sachsen verzeichnete zwar in den Jahren 2003 und 2004 das bundesweit höchste Wirtschaftswachstum und die zweitniedrigste Arbeitslosenquote der Neuen Länder. Dennoch gingen weitere Arbeitsplätze verloren.

Die klangvollen Namen der neusächsischen Firmen können nicht darüber hinwegtäuschen, dass sie eher wenige Jobs für Hochqualifizierte als Arbeit für alle schaffen. Das Gros der Arbeitslosen stammt aus den zusammengebrochenen Fertigungsindustrien der DDR-Zeit, in denen es keiner besonderen Ausbildung bedurfte. In den Regierungsbezirken Dresden und Leipzig können heute einzig die beiden großen Städte mehr Arbeitsplätze vorweisen als 1997. Alle übrigen Kreise haben weiter verloren – am schlimmsten in Ostsachsen. Der Niederschlesische Oberlausitzkreis verlor seit 1997 weitere 17 Prozent seiner Jobs, die Stadt Hoyerswerda sogar 24 Prozent.

In Südwestsachsen vermögen sich die meisten Kreise diesem Trend zu entziehen: Zwischen 1997 und 2003 konnten fünf von zwölf Landkreisen und kreisfreien Städten im Regierungsbezirk Chemnitz die Zahl ihrer Arbeitsplätze halten oder gar erhöhen. Am besten sieht es mit einem Plus von 6,3 Prozent in Zwickau aus. Dort produzieren im VW-Werk Mosel über 7.000 Mitarbeiter knapp 1.200 PKW pro Tag, weitere 25.000 Personen finden bei den Zulieferbetrieben Beschäftigung, die sich im Umfeld des Autowerkes angesiedelt

Aus für 700 Schulen

Die Zahl der Schüler in Sachsen hat sich seit 1995 beinahe halbiert. Da das Schulgesetz feste Klassen- und Schulgrößen vorschreibt, mussten seit 1995 fast 700 von über 2.300 Schulen schließen. Bis 2007 sollen etwa 80 weitere Lehranstalten verschwinden.

Schüler- und Schulenzahl im allgemein bildenden Bereich in Sachsen 1995 bis 2005 (Datengrundlage: Statistisches Bundesamt, Kultusministerkonferenz)

Bestand 2005 (je 10 Schulen)

im entsprechenden Schuljahr geschlossen (je 10 Schulen)

600.000 Gesamtschülerzahl in Sachsen

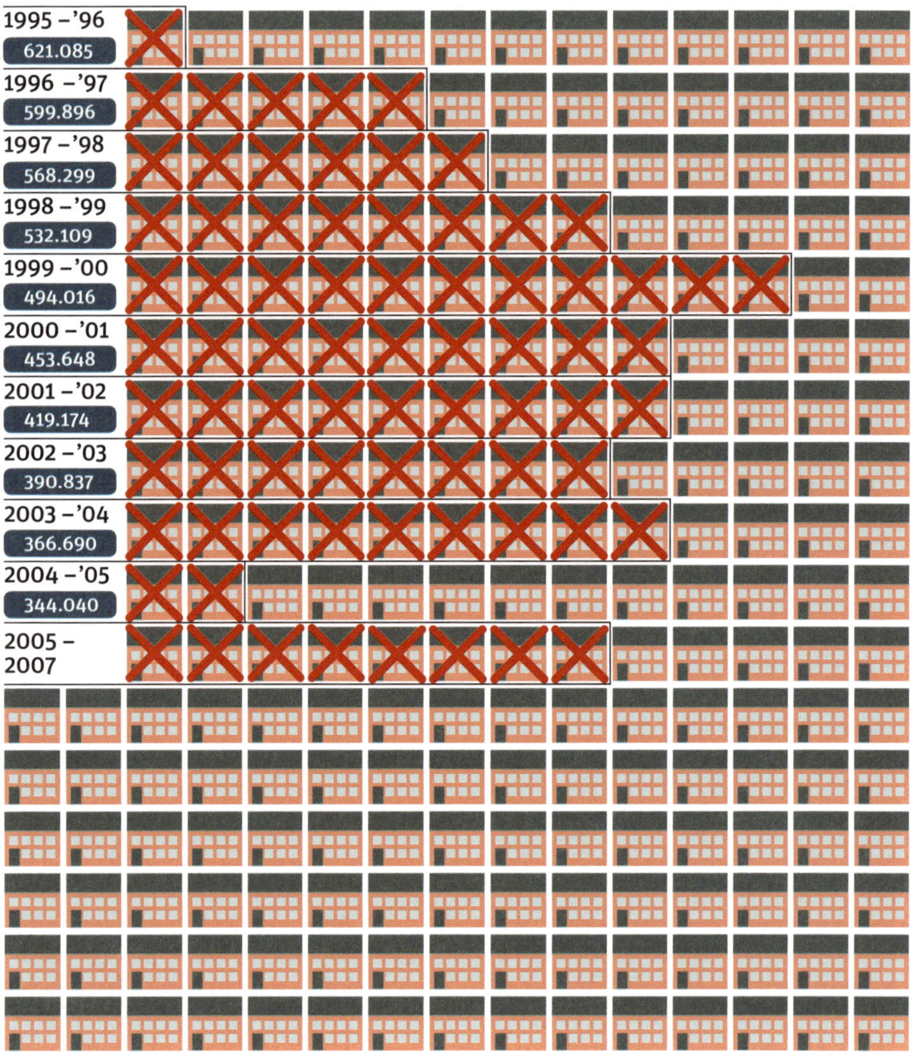

haben. In Zwickau liegt das Bruttoinlandsprodukt deshalb höher als in Dresden, und die Stadt steht in der Gesamtwertung des Bundeslandes relativ gut da. Allerdings entwickelt sich in Westsachsen eine deutliche Abhängigkeit von nur einer Branche. Denn außerhalb der Automobilindustrie hat Zwickau wenig zu bieten. Und die ersten der Zulieferfirmen haben bereits nach wenigen Jahren ihre Pforten wieder geschlossen, um ihre Fertigung in die neuen EU-Länder im Osten Europas zu verlegen.

Ungebremster Bevölkerungsrückgang

High-Tech-Ansiedelungen allein können die demografischen Probleme des Landes also nicht lösen. Seit der Wende hat Sachsen rund eine halbe Million Einwohner verloren. Die meisten davon direkt nach der Wende. Zwischen 2000 und 2004 kamen noch einmal 3,7 Prozent hinzu. Bundesweit mussten nur Mecklenburg-Vorpommern und Sachsen-Anhalt stärker bluten. Im Jahr 2004 sank die Zahl der Einwohner in Sachsen erstmals unter 4,3 Millionen.

Die stärksten Verluste verzeichnen das westliche Erzgebirge und die im Osten liegende Lausitz. Traurigen Rekord hält Hoyerswerda, das auch den letzten Platz der Gesamtbewertung Sachsens einnimmt. Anfang 2004 zählte die frühere Braunkohlen-Metropole noch 45.000 Einwohner – 35 Prozent weniger als am Tag der Wiedervereinigung. Im vergangenen Jahrzehnt konnten lediglich die Umlandkreise von Dresden und Leipzig Bevölkerung hinzugewinnen, die Großstädte selbst verloren deutlich Einwohner. Doch dieser Trend hat sich mittlerweile umgekehrt. Dresden und Leipzig verzeichnen heute wieder Zuzug. Dies liegt vermutlich daran, dass die Sanierung der einst schmutzigen Industriestädte attraktive Wohnorte hervorgebracht hat. Zudem hat die massive Erschließung des Umlandes die dortigen Mietpreise anziehen lassen – und die Städte vergleichsweise billig gemacht. Der besonders starke Wegzug aus entlegenen, wirtschaftsschwachen Kreisen hält aber unvermindert an. Je weiter die Kreise von den Metropolen entfernt

Mehr Leistung mit weniger Erwerbstätigen

Die sächsische Wirtschaft wächst – und verliert Jobs. Obwohl der Freistaat mehr Wachstum verzeichnet als die anderen ostdeutschen Länder, ist die Zahl der Erwerbstätigen seit 1996 um knapp 80.000 gesunken. Neue Arbeit entsteht fast ausschließlich im hoch qualifizierten Bereich. Menschen ohne Berufsabschluss bleiben zur Hälfte ohne Arbeit.

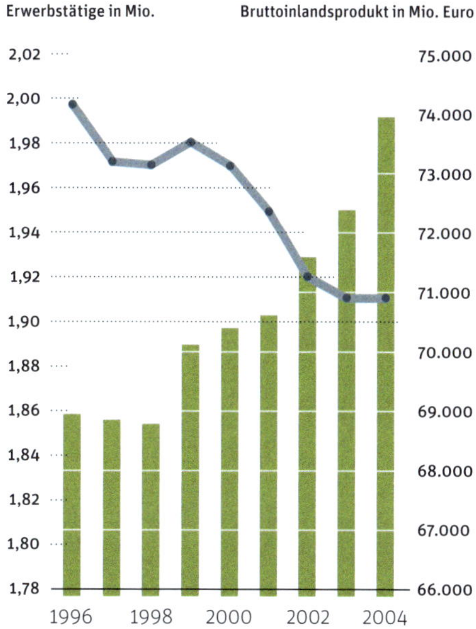

Entwicklung von Erwerbstätigenzahl und Bruttoinlandsprodukt in Sachsen 1996 bis 2004 (Datengrundlage: Statistisches Bundesamt)

liegen, um so mehr verlieren sie. Ein Ende oder gar eine Umkehr dieser Entwicklung ist nicht zu erwarten, denn dazu müssten ausgerechnet in den peripheren Regionen neue Arbeitplätze entstehen.

Doch selbst wenn pro Jahr 10.000 Menschen zu- statt fortziehen würden, verlöre der Freistaat weiter Einwohner, weil weit weniger Menschen geboren werden als sterben. Auf dem Tiefpunkt der Geburtenziffern nach der Wiedervereinigung

ALT UND KRANK IM OSTEN

Überall in den neuen Bundesländern sinkt die Zahl der niedergelassenen Ärzte. Besonders ernst ist die Entwicklung bei den für die allgemeinmedizinische Betreuung der Bevölkerung wichtigen Hausärzten. Waren im Jahr 2000 in Ostdeutschland noch 9.035 niedergelassene Hausärzte im Bundesarztregister verzeichnet, so sank die Zahl bis 2005 unter 8.500.[68] In elf Landkreisen ist die hausärztliche Versorgung schon heute nicht mehr ausreichend. Diese Entwicklung wird sich in Zukunft stark beschleunigen: Fast die Hälfte der Allgemeinmediziner der neuen Bundesländer geht innerhalb der nächsten zehn Jahre in den Ruhestand. Hauptursache dafür ist deren mit 54 Jahren hohes Durchschnittsalter. Ein Drittel aller Hausärzte ist mittlerweile über 60 Jahre alt. Und auch bei den Klinikärzten gibt es Engpässe – bereits bei vier Fünfteln aller ostdeutschen Krankenhäuser bleiben Stellen für Mediziner offen.[69]

Kein Problem, könnte man meinen, denn mit der schrumpfenden Bevölkerung schwindet schließlich auch die Kundschaft der Ärzte. Doch abnehmen wird nur die Zahl der Jungen und Gesunden. Die der Alten und Kranken steigt weiter an. Im Jahr 2020 werden in den neuen Bundesländern (inklusive Berlin) etwa 770.000 mehr über 60-Jährige leben als heute. Ältere leiden zudem häufig an mehreren Beschwerden gleichzeitig und benötigen deshalb überproportional viel medizinische Betreuung. Die Gründe für den Ärzte-Mangel im Osten liegen jedoch nicht allein in der demografischen Entwicklung. Sinkende Honorare, Arbeitsüberlastung und eine überbordende Bürokratie haben den Beruf des niedergelassenen Arztes bundesweit immer unattraktiver gemacht. Erkennbar ist dies auch an der Zahl der Hochschulabsolventen im Fach Humanmedizin, die in den vergangenen zehn Jahren um fast ein Viertel gesunken ist.[70]

Besonders betroffen sind die entlegenen, ländlichen Kreise. Um die medizinische Betreuung der Bevölkerung im unterversorgten sächsischen Landkreis Torgau-Oschatz zu sichern, einigten sich im Dezember 2004 Krankenkassen und Ärztevertreter auf eine neue Form der finanziellen Förderung: Wer dort eine bestehende Praxis übernimmt, bekommt 60.000 Euro Investitionshilfe. Auch bereits niedergelassene Ärzte erhalten in diesem Landkreis für die Behandlung ihrer Patienten einen Bonus.[71] Der Ansturm junger Ärzte auf den abgelegenen Landkreis ist allerdings ausgeblieben. Womöglich setzt sich in dünn besiedelten Gebieten jetzt ein Modell durch, das bereits in der früheren DDR üblich war – das der Polikliniken. Dort arbeiten Ärzte als Angestellte, um von einer Zentrale aus die Versorgung der Bevölkerung zu sichern.

kamen in Sachsen im Jahr 1994 gerade noch 22.559 Kinder zur Welt. Mittlerweile sind es zwar wieder um die 33.000, aber das sind nicht einmal halb so viele wie vor 1980, als die Standesämter jährlich etwa 70.000 Babys vermelden konnten.

Derzeit sterben in Sachsen jedes Jahr rund 20.000 Personen mehr als geboren werden. Der Freistaat war schon Anfang der 1990er Jahre mit 16 Prozent über 65-Jährigen das älteste unter den ostdeutschen Bundesländern. Kindermangel und Abwanderung junger Menschen beschleunigten die Alterung der Gesellschaft, so dass Anfang 2004 bereits 21 Prozent der Einwohner über 65 Jahre alt waren. Damit hat Sachsen das ebenfalls altindustrielle Saarland als einst „ältestes" Bundesland überholt. Nach den Berechnungen des Bundesamtes für Bauwesen und Raumordnung wird der Freistaat bis 2020 weitere neun Prozent Bevölkerung durch Abwanderung und Sterbefallüberschüsse verlieren – immerhin 400.000 Personen.

Vor der Verrentung

Etwa die Hälfte aller Allgemeinmediziner Ostdeutschlands geht innerhalb der nächsten zehn Jahre in Pension. Besonders in abgelegenen, ländlichen Regionen droht deshalb eine Versorgungskrise der zunehmend alten, kranken und wenig wohlhabenden Bevölkerung.

Altersstruktur der Allgemeinmediziner in Ostdeutschland 2004
(Datengrundlage: Bundesarztregister)

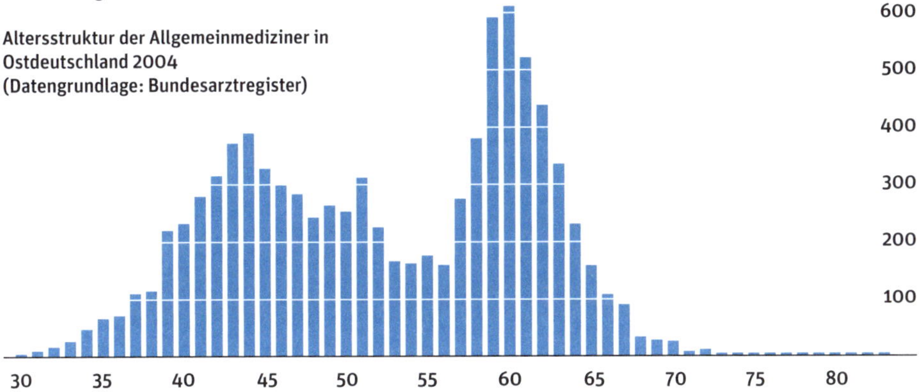

In den Bergen, wo die alten Sachsen leben

Als klassische Industrieregion hat Sachsen schon lange relativ geringe Kinderzahlen. Der Trend zur Überalterung hat sich durch den Geburteneinbruch nach der Wende und den Wegzug Tausender junger Menschen massiv verstärkt – mittlerweile hat der Freistaat die bundesweit älteste Bevölkerung. In den Kreisen Vogtland und Löbau-Zittau sind schon heute mehr als 30 Prozent älter als 60 Jahre.

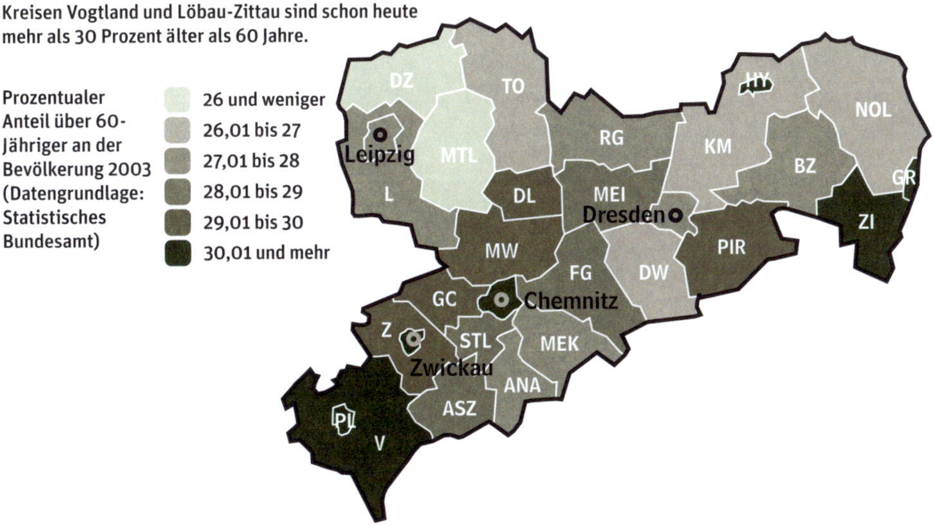

Besonders überaltert ist Südwestsachsen mit den Kreisen Vogtland und dem westlichen Erzgebirge, wo schon 22 Prozent der Menschen im Rentenalter sind. Hier hat die Landesregierung jetzt eine von zwei sächsischen Modellregionen des demografischen Wandels ausgerufen. Zwischen Morgenröthe-Rautenkranz, dem Heimatort des ersten deutschen Raumfahrers Sigmund Jähn, und der Räucherkerzen-Metropole Crottendorf soll herausgefunden werden, wie und welche Infrastrukturangebote aufrechterhalten werden können, wie die Versorgung der Bewohner zu garantieren ist, wenn eine Bevölkerung derart stark altert und schrumpft und keine neue Industrieansiedlung zu erwarten ist. Aue, Kreisstadt des gleichnamigen Kreises in der Modellregion Westerzgebirge, hat seit der Wende bereits ein Viertel seiner Einwohner verloren. Ein Ende des Schwundes ist nicht abzusehen, denn ein weiteres Viertel der Menschen ist schon heute älter als 65. In vielen kleineren Gemeinden bekommen die Sportvereine keine Mannschaften mehr zusammen, mancherorts ist die freiwillige Feuerwehr nicht mehr einsatzbereit. Förderung soll es jetzt nur noch für Kommunen mit mehr als 15.000 Einwohnern geben. Kleinere müssen sich zusammenschließen.

Fachkräftemangel trotz Massenarbeitslosigkeit

Wird die demografische Alterung der Bevölkerung die hohe Arbeitslosigkeit im Freistaat beseitigen? Schließlich machen Menschen, die das Rentenalter erreichen, theoretisch Platz für Andere – also auch für jene knapp 400.000 Arbeitslosen, die der Freistaat im Jahr 2004 vermeldet hat. Leider ist damit nicht zu rechnen. Denn die Chance, einen Job zu finden, hängt stark von der Qualifizierung der Betroffenen ab. Während die Arbeitslosenquote bei Akademikern derzeit nur fünf Prozent beträgt und damit nicht viel höher liegt als in Westdeutschland, bleibt die Hälfte aller Erwerbsfähigen ohne Berufsabschluss arbeitslos – zweieinhalb mal so häufig wie im Westen.[72] Diese gering Qualifizierten finden in den Betrieben

Bewertung Sachsen

		GESAMTNOTE
ANA	Annaberg	3,99
ASZ	Aue-Schwarzenberg	4,40
BZ	Bautzen	4,11
C	Chemnitz	4,02
GC	Chemnitzer Land	3,94
DZ	Delitzsch	4,05
DL	Döbeln	4,30
DD	Dresden	3,19
FG	Freiberg	3,75
GR	Görlitz	4,34
HY	Hoyerswerda	4,60
KM	Kamenz	3,66
L	Leipzig	3,94
L	Leipziger Land	4,25
ZI	Löbau-Zittau	4,51
MEI	Meißen	3,83
MEK	Mittlerer Erzgebirgskreis	4,05
MW	Mittweida	3,96
MTL	Muldentalkreis	3,86
NOL	Niederschles. Oberlausitzkreis	4,23
PL	Plauen	3,94
RG	Riesa-Großenhain	4,09
PIR	Sächsische Schweiz	3,74
STL	Stollberg	4,18
TO	Torgau-Oschatz	3,88
V	Vogtlandkreis	4,00
DW	Weißeritzkreis	3,33
Z	Zwickau	3,85
Z	Zwickauer Land	4,23

kaum Beschäftigung. Und sie werden es auch zukünftig kaum tun, da neue Jobs fast ausschließlich im hochqualifizierten Bereich entstehen. Diese Menschen ließen sich nach Ansicht von Arbeitsmarktexperten nur beschäftigen, wenn ein Niedriglohnsektor entstünde, der allerdings auf staatliche Zuschüsse angewiesen wäre.

Umgekehrt kann es bei Akademikern schon bald zu Engpässen kommen. Prognosen des Münchener Ifo-Instituts für Wirtschaftsforschung zufolge werden im Freistaat bereits im Jahr 2010 rund 11.000 Hochqualifizierte fehlen.[73] Diese

	Demografie								Wirtschaft										Integration			Bildung				Familienfr.			
	Kinderzahl	Unter 35-Jährige	Frauenanteil	Wanderung	Über 75-Jährige	Prognose 2020	ZWISCHENNOTE	Trend	Verfügb. Einkommen	Bruttoinlandsprod.	Kommunale Schulden	Erwerbstätigkeit	Arbeitsl.+Sozialh.	Erwerbstät./Frauen	Erwerbstät./Ältere	Fremdenverkehr	ZWISCHENNOTE	Trend	Bildungschancen	Ausländer/Arbeitsl.	ZWISCHENNOTE	Ohne Abschluss	Jugendarbeitslosigkeit	Hochqualifizierte	ZWISCHENNOTE	Personen je Wohnung	Baulandpreise	Freifläche	ZWISCHENNOTE
	4	5	5	5	6	5	5,0	3,8 →	5	5	3	2	5	2	4	3	3,6	3,9 →	6	1	3,5	3	4	4	3,7	5	2	4	3,7
	6	6	5	5	6	6	5,7	4,4 ↘	5	6	4	3	5	3	4	5	4,4	3,3 →	6	1	3,5	4	4	3	3,7	5	2	4	3,7
	5	5	6	5	5	5	5,2	4,2 ↘	5	5	3	3	5	2	5	5	4,1	4,4 ↘	5	2	3,5	3	5	2	3,3	4	2	3	3,0
	6	6	3	5	6	6	5,3	2,8 ↗	4	2	5	3	5	2	4	5	3,8	3,8 →	4	3	3,5	3	4	1	2,7	6	3	4	4,3
	5	6	4	4	6	5	5,0	4,8 ↘	5	4	5	3	4	2	5	5	4,1	3,8 →	1	2	1,5	4	3	2	3,0	5	1	5	3,7
	6	5	5	5	4	2	4,5	4,8 ↘	5	5	5	2	4	2	5	5	4,1	4,3 ↘	5	1	3,0	4	4	3	3,7	4	0	3	3,5
	6	6	6	6	6	6	6,0	4,6 ↘	5	5	3	3	5	2	5	6	4,3	3,5 →	4	1	2,5	4	3	3	3,3	5	1	4	3,3
	5	3	2	2	5	3	3,3	1,2 ↑	4	1	5	3	4	2	2	4	3,1	4,3 ↘	2	2	2,0	3	4	1	2,7	6	3	5	4,7
	5	5	5	5	5	5	5,0	4,6 ↘	5	5	3	2	4	2	3	5	3,6	3,5 →	4	2	3,0	3	4	2	3,0	4	1	3	2,7
	4	6	3	6	6	6	5,2	3,6 →	6	4	3	5	6	3	6	5	4,8	4,5 ↘	1	2	1,5	4	6	2	4,0	6	2	4	4,0
	6	6	5	6	4	6	5,5	4,2 ↘	4	5	5	5	6	4	6	6	5,1	4,1 ↘	6	1	3,5	4	6	2	4,0	6	2	1	3,0
	5	4	6	4	4	3	4,3	4,8 ↘	5	5	4	2	4	1	4	5	3,8	4,1 ↘	5	2	3,5	3	4	3	3,3	3	1	2	2,0
	6	4	1	2	5	4	3,7	1,4 ↑	5	3	6	5	5	3	5	5	4,6	5,3 ↓	3	2	2,5	4	4	1	3,0	6	4	5	5,0
	6	6	4	4	5	2	4,5	4,8 ↘	5	6	4	3	5	2	5	6	4,5	4,3 ↘	6	2	4,0	4	4	3	3,7	4	3	4	3,7
	5	6	6	6	6	6	5,8	4,8 ↘	6	6	3	4	6	3	6	5	4,9	4,5 ↘	4	1	2,5	3	5	2	3,3	5	1	4	3,3
	4	5	5	3	6	3	4,3	4,2 ↘	5	4	6	2	4	2	4	5	4,0	3,8 →	6	1	3,5	3	4	1	2,7	4	3	4	3,7
	5	5	5	5	5	5	5,0	4,8 ↘	6	6	4	2	5	2	4	5	4,3	3,4 →	4	2	3,0	3	4	4	3,7	4	1	3	2,7
	6	6	5	5	6	5	5,5	4,6 ↘	5	5	2	2	4	2	4	5	3,6	3,4 →	5	2	3,5	3	4	3	3,3	4	1	3	2,7
	6	5	4	4	4	2	4,2	4,6 ↘	5	5	4	2	4	2	5	5	4,0	5,0 ↓	5	2	3,5	4	4	3	3,7	4	1	3	2,7
	5	5	5	6	4	6	5,2	4,0 ↘	6	6	4	3	5	3	6	5	4,8	4,6 ↘	5	3	4,0	3	5	2	3,3	4	1	1	2,0
	6	6	3	3	6	4	4,7	3,0 →	5	4	4	3	5	2	4	5	4,0	4,6 ↘	5	2	3,5	4	4	2	3,3	6	2	2	3,3
	5	5	6	5	4	6	5,2	4,8 ↘	6	4	4	3	5	2	5	5	4,3	3,3 →	5	1	3,0	4	4	2	3,3	4	2	3	3,0
	5	6	5	5	6	3	5,0	4,6 ↘	5	6	3	2	4	1	3	3	3,4	4,3 ↘	1	2	1,5	4	5	2	3,7	5	2	3	3,3
	6	6	5	4	6	5	5,3	4,0 ↘	5	6	4	2	4	2	4	6	4,1	3,4 →	5	1	3,0	3	4	3	3,3	5	2	5	4,0
	4	4	5	5	4	5	4,5	4,4 ↘	6	5	4	2	5	2	4	5	4,1	3,8 →	6	3	4,5	3	3	4	3,3	4	1	1	2,0
	6	6	5	4	6	5	5,3	3,8 →	5	5	3	2	4	2	4	4	3,6	4,3 ↘	5	2	3,5	3	4	4	3,7	5	1	3	3,0
	5	5	4	3	5	2	4,0	3,4 →	4	5	4	2	4	1	3	3	3,3	3,5 →	3	2	2,5	4	4	2	3,3	3	2	3	2,7
	5	6	4	4	6	6	5,2	2,4 ↗	5	1	4	3	5	2	5	5	3,8	3,9 →	2	2	2,0	3	4	2	3,0	6	2	4	4,0
	6	6	5	5	6	5	5,5	4,6 ↘	5	6	3	3	4	2	5	6	4,3	3,9 →	2	2	2,0	4	4	4	4,0	5	1	4	3,3

Lücken lassen sich nur füllen, wenn die Betriebe gut ausgebildete ältere Arbeitnehmer länger beschäftigen als bisher, wenn sie vermehrt Frauen mit hoher Qualifizierung einstellen oder wenn sie Fachkräfte aus dem Ausland anwerben. Sollte dies nicht gelingen, wäre der Aufschwung im Land der Ingenieure gefährdet.

Auf längere Sicht gibt es auch für Menschen mit mittlerer Qualifikation gute Aussichten. Bis 2015 wird die demografische Entwicklung viele Facharbeiter zu Rentnern werden lassen.[74] Darin liegt eine gewisse Chance für die heutigen 320.000 Arbeitslosen in diesem Bereich. Voraussetzung dafür ist allerdings, dass diese Menschen nicht durch eine zu lange Arbeitslosigkeit bereits den Anschluss an den Arbeitsmarkt und den nötigen Wissenstand verloren haben.

THÜRINGEN

- **Einwohnerzahl 2004: 2.355.000 2020: 2.124.000**
- **Fläche: 16.172 km²**
- **Landesschulden/ Einwohner: 5.970,– €**

Verjüngte Städte, alterndes Land

Sachsen gilt gemeinhin als wirtschaftliches Vorzeigeland im Osten. Doch auch das Nachbarland Thüringen, wo halb so viele Menschen leben, taugt für einen Spitzenplatz in der Statistik: Das durchschnittliche jährliche Wirtschaftswachstum war zwischen 1995 und 2003 mit 2,8 Prozent das höchste aller neuen Bundesländer und damit deutlich höher als beim sächsischen Nachbarn. Die Arbeitslosigkeit ist seit vielen Jahren die geringste im Osten. Zwischen 1991 und 2004 hat Thüringen „nur" 8,4 Prozent seiner Einwohner verloren – weniger als Mecklenburg-Vorpommern (– 9,1) oder Sachsen-Anhalt (– 11,6).

Vergleichsweise positiv ist im ostdeutschen Vergleich auch der Anteil der unter 35-Jährigen von 36,5 Prozent. Er wird nur übertroffen von Mecklenburg-Vorpommern, einer Region, in der vor der Wende innerhalb der DDR die meisten Kinder je Frau geboren wurden. Hinter dem Durchschnittswert verbirgt sich allerdings ein starkes regionales Gefälle: Während sich das wirtschaftsschwache Ostthüringen zu einer der am stärksten überalterten Gegenden der Republik entwickelt, stellt Jena die jüngste Stadt im Osten dar. Sie zählt mit Weimar, Erfurt und Eisenach zur „Thüringischen Städtereihe", die entlang der Autobahn A4 verläuft und die ähnlich der sächsischen Metropolen Dresden und Leipzig als Region der Stabilität im schrumpfenden Ostdeutschland gilt.

Die zumindest in Teilen günstige Entwicklung hat vor allem zwei Gründe: eine vielfältige, moderne Wirtschaftsstruktur und die geografische Nähe zu Westdeutschland. Der im Jahr 1991 wieder gegründete Freistaat Thüringen hat die längste Westgrenze unter den neuen Bundesländern, was vielen Einwohnern das tägliche Pendeln zu Arbeitsplätzen in Bayern, Hessen oder Niedersachsen ermöglicht. Das entlastet nicht nur den heimischen Arbeitsmarkt, es hält auch Kaufkraft im Land. Im Jahr 2004 arbeiteten von den 810.000 Beschäftigten mit Wohnsitz in Thüringen 75.000 in den alten Bundesländern. Damit zählt Thüringen, gemeinsam mit Rheinland-Pfalz, Schleswig-Holstein und Brandenburg zu den Bundesländern mit den meisten Berufs-Auspendlern.

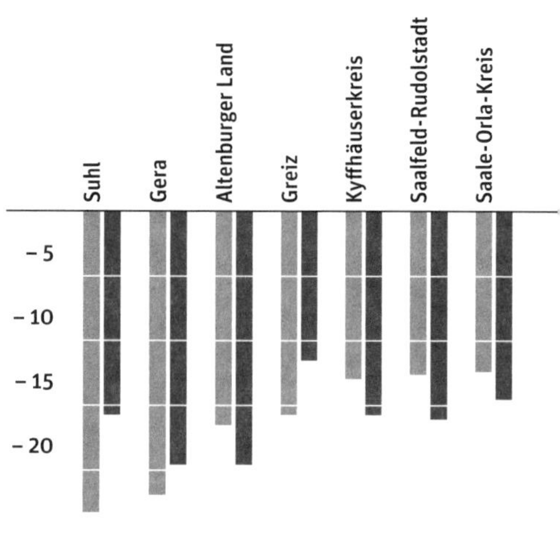

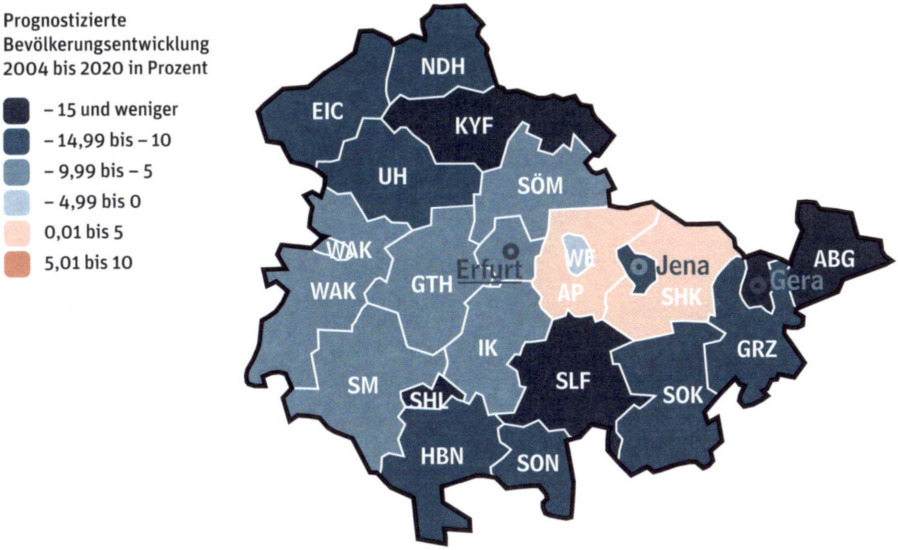

Kleine Insel der Stabilität

Thüringen hat fast flächendeckend mit Bevölkerungsrückgang zu rechnen. Nur der Landkreis Weimarer Land konnte seit 1990 Einwohner hinzugewinnen und nur für diesen und den Nachbarkreis Saale-Holzland erwarten die Prognosen ein leichtes künftiges Wachstum. Und dieses strahlt womöglich aus: Die Städte der Reihe Jena-Weimar-Erfurt verzeichnen jüngst Wanderungsgewinne. Ob diese längerfristig für Stabilität sorgen können ist allerdings ungewiss.

(Datengrundlage: Bundesamt für Bauwesen und Raumordnung)

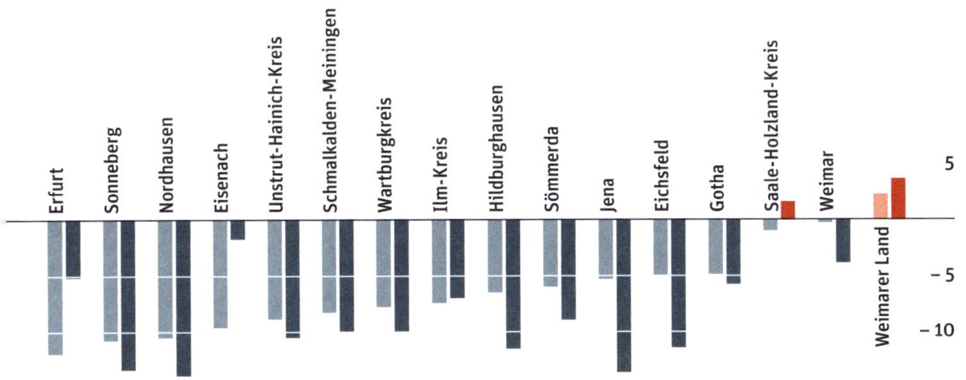

Ökonomisch hatte Thüringen von allen ostdeutschen Ländern die vielleicht besten Voraussetzungen für einen Neustart nach der Wende: Die thüringische Wirtschaft war weniger rückständig als in Mecklenburg-Vorpommern, sie konzentrierte sich nicht, wie in Sachsen-Anhalt, ausschließlich auf die chemische Industrie und besaß eine größere Branchenvielfalt als Sachsen. Sie war geprägt von Maschinen- und Fahrzeugbau, Feinmechanik und optischer Industrie. Aus Suhl kamen die unverwüstlichen „Simson“-Mopeds und in Eisenach lief mit dem Wartburg einer der beliebtesten Mittelklassewagen des Ostblocks vom Band. In dem Uhrenwerk in Ruhla entstanden in den 1970er Jahren die ersten Quarz-Armbanduhren der DDR, im Büromaschinenwerk Sömmerda 1984 der erste Ost-PC. Jenapharm war der wichtigste pharmazeutische Betrieb im Osten und in Ilmenau stand mit dem Kombinat „Technisches Glas“ einer der größten Glashersteller Osteuropas.

Vor allem war Thüringen das Land der Mikroelektronik: Ende der 1970er Jahre hatte die DDR-Führung die Mikro-Rechentechnik als Zukunftsbranche erkannt und fortan vergleichsweise große Summen in Forschung und Entwicklung gesteckt. Das Funkwerk in Erfurt wurde zum Stammbetrieb des Kombinates für Mikroelektronik, das in mehr als 20 Teilbetrieben rund 60.000 Mitarbeiter beschäftigte – die meisten davon in Thüringen. Bald fertigten die Bezirke Suhl, Gera und Erfurt einen Großteil der mikroelektronischen Geräte des gesamten Ostblocks. Doch den Anschluss an den Westen fanden die thüringischen

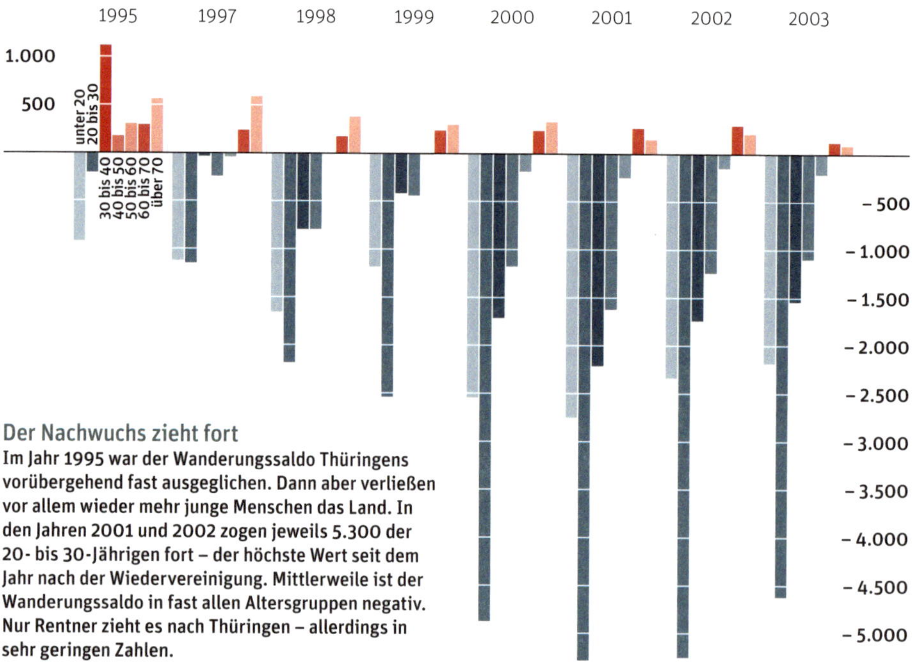

Der Nachwuchs zieht fort

Im Jahr 1995 war der Wanderungssaldo Thüringens vorübergehend fast ausgeglichen. Dann aber verließen vor allem wieder mehr junge Menschen das Land. In den Jahren 2001 und 2002 zogen jeweils 5.300 der 20- bis 30-Jährigen fort – der höchste Wert seit dem Jahr nach der Wiedervereinigung. Mittlerweile ist der Wanderungssaldo in fast allen Altersgruppen negativ. Nur Rentner zieht es nach Thüringen – allerdings in sehr geringen Zahlen.

Wanderungssaldo nach Altersgruppen in Thüringen 1995 bis 2003
(Datengrundlage: Thüringer Landesamt für Statistik)

Entwickler nicht: Für 1990 war in Erfurt die Inbetriebnahme eines Chipwerkes geplant, das 1-Megabyte-DRAM-Speicherchips in Massenproduktion herstellen sollte. Dazu kam es nicht mehr – denn die DDR-Technik hatte nach dem Fall der Mauer keine Chance auf dem internationalen Markt.[75]

Wenn die Optik stimmt

Trotz des Verlustes von 41,6 Prozent aller Arbeitsplätze in den 1990er Jahren[76] gelang es einigen Standorten, an ihre ökonomische Tradition anzuknüpfen. So konnte Jena einen Teil seiner weltberühmten Glasindustrie retten. Im Jahr 1884 hatten hier der Unternehmer Otto Schott, der Physiker Ernst Abbe und der Mechaniker Carl Zeiss ein glastechnisches Laboratorium gegründet, aus dem später das Glaswerk „Schott & Genossen" hervorging.[77] Schott produzierte Spezialgläser für die optische, chemische, pharmazeutische und elektrotechnische Industrie. Ende des 19. Jahrhunderts entwickelte Abbe ein Verfahren, dass entscheidend zur Verbesserung des Mikroskops beitrug und den Siegeszug der Zeiss-Gläser begründete. Um 1900 arbeiteten in den Schott-Glaswerken, die schon damals 50 Prozent ihrer Produkte exportierten, um die 1.000 Mitarbeiter. Nach Ende des Zweiten Weltkrieges rissen sich die Westalliierten und die Sowjetunion gleichermaßen um das Jenaer Know-how und demontierten die dortigen Fertigungen. 1951 eröffneten im rheinland-pfälzischen Mainz neue Schott-Glaswerke, im schwäbischen Oberkochen neue Zeiss-Werke. In Jena existierten die „Jenaer Glaswerke" und „Carl-Zeiss-Jena" als „volkseigene" Betriebe weiter. Erst 1990 kamen die Glasmacher aus Ost und West wieder zusammen. Mit „Jenoptik" ging ein neues Unternehmen aus der Jenaer Konkursmasse hervor, welches eines der größten Unternehmen Ostdeutschlands ist, die heute an der Börse notiert sind.

Neben den Traditionsunternehmen Carl Zeiss, Schott und Jenoptik sind seit 1990 etwa 140 kleine und mittelständische Unternehmen der optischen Industrie in der Region Jena, Erfurt und Illmenau entstanden, die etwa 9.000 Mitarbeiter beschäftigen. Zu den wichtigsten Neuansiedlungen – alle tragen englische Namen – gehören Analytic Jena AG, ADVA Optical Networking AG in Meiningen und Doctor Optics GmbH in Eisfeld. Die Firma Automotive Lighting in Brotterode schlägt die Brücke von der optischen zur ebenfalls wichtigen Thüringer Automobilindustrie. Etwa ein Viertel aller Industriebeschäftigten im Freistaat arbeiten dort. 1991 eröffnete die Adam Opel AG in Eisenach ein hochmodernes Montagewerk, in dem heute der Corsa zusammengeschraubt wird. 1992 ließ sich in Krauthausen ein BMW-Werk für Presswerkzeuge und Karosserieteile nieder. In Waltershausen fertigt der einzige überlebende DDR-Fahrzeughersteller „Multicar" bis heute seine kleinen Spezialfahrzeuge. Die jüngste Ansiedlung im thüringischen Automobilbau ist der südafrikanische Baumaschinenhersteller Bell Equipment, der seit 2003 in Eisenach Muldenkipper produziert. Mit Lufthansa und Rolls Royce haben auch die ersten Luftfahrzeugproduzenten ihren Gang nach Thüringen eingeleitet. In Erfurt bauen sie derzeit ein Wartungswerk für Triebwerke, das Ende 2006 die Arbeit aufnehmen soll.[78]

Jena und der Eisenach umschließende Wartburgkreis haben zwischen 1997 und 2003 knapp acht Prozent Erwerbstätige hinzu gewonnen – das beste Ergebnis im Freistaat. Auch die Kreise Eichsfeld und Sömmerda, nördlich an die thüringische Städtereihe angrenzend, schufen in diesem Zeitraum zusätzliche Arbeitsplätze: Eichsfeld, Nachbar des Wartburgkreises, profitiert vom Wachstum der Automobilzulieferer; Sömmerda hat sich mit rund 60 Firmen aus der Computerbranche und mehr als 2.000 Mitarbeitern zu einem der wichtigsten deutschen Standorte für Computer-Hardware entwickelt.[79] Medion baut am Ursprungsort des legendären DDR-Personalcomputers PC 1715 die begehrten Aldi-Computer und Fujitsu-Siemens hat hier seinen wichtigsten europäischen Fertigungsstandort. Pro Jahr laufen in Sömmerda 1,5 Millionen Computer vom Band – etwa die Hälfte aller PCs, die in Europa hergestellt

Wachstum dank Optik und Opel

Dank der günstigen Entwicklung von Automobilbau und optischer Industrie konnten die Regionen Eisenach und Jena Beschäftigte hinzugewinnen. In Sömmerda entstand eine der wichtigsten europäischen Fertigungsstätten für Computerhardware. Ungebrochen negativ ist dagegen der Trend in den einst vom Bergbau geprägten Kreisen Kyffhäuser, Nordhausen und Greiz. Dort gingen zwischen 1997 und 2003 immer noch über zehn Prozent der Arbeitsplätze verloren.

Entwicklung der Thüringer Erwerbstätigenzahlen von 1997 bis 2003 und die Arbeitslosenquote 2004 (Datengrundlage: Statistisches Bundesamt, Thüringer Landesamt für Statistik)

Entwicklung der Erwerbstätigenzahl 1997 bis 2003

Arbeitslosenquote 2004

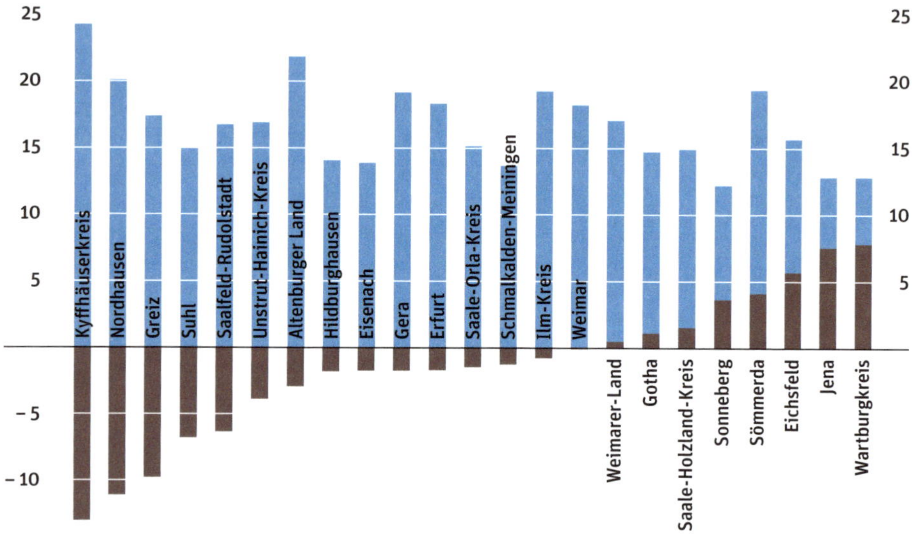

werden. Damit hat Thüringen fast wieder den Mikroelektronik-Status der DDR-Zeiten wiedererlangt.

Demografische Wende in Jena

Jena hat nicht nur wirtschaftlich einen erstaunlichen Wandel vollzogen, sondern auch demografisch. 1988 hatte die Stadt 108.010 Einwohner, von denen ein großer Teil in den Stadtteilen Lobeda und Göschwitz lebte – riesige Plattenviertel, die nach dem Systemwechsel schnell an Attraktivität verloren. 1997 unterschritt Jena die 100.000-Einwohner-Grenze und verlor damit formal den Status einer Großstadt. Frühere Projektionsrechnungen, die diese Entwicklung fortschrieben, sahen Jena im Jahr 2020 bei nur noch gut 70.000 Einwohnern. Doch wirtschaftliche Entwicklung und Stadtumbau stoppten nicht nur die Abwanderung – sie sorgten sogar für einen Zugewinn an Menschen: 2001 war die Optik-Metropole wieder Großstadt. Im Jahr 2004 stieg die Einwohnerzahl auf 102.500. Dabei profitiert Jena nicht nur von seiner optischen Industrie, sondern auch von bedeutenden Bildungs- und Forschungseinrichtungen. Neben der Friedrich-Schiller-Universität und der Fachhochschule Jena gibt es hier drei Max-Planck-Institute, das Leibnitz-Institut für Altersforschung und das Fraunhofer-Institut für Angewandte Optik und Feinmechanik – Einrichtungen, die junge Menschen anziehen: Mit 43 Prozent Einwohnern unter 35 Jahren ist Jena heute die jüngste Stadt in Ostdeutschland. Der hohe

Anteil von Menschen im Familiengründungsalter schlägt sich auch in der Geburtenentwicklung nieder: Mit 9,1 Kindern je 1.000 Einwohner ist Jena bezogen auf die Einwohnerzahl die „geburtenfreudigste" Stadt Thüringens.

Kaligruben zu Erlebnisbergwerken

Probleme bereiten dagegen die Regionen außerhalb der thüringischen Städtereihe: der Osten um Gera, der Süden des Thüringer Waldes und das im Norden gelegene Harzvorland. Gera ist zwar der östlichste Ort der Städtereihe, kann davon aber nicht profitieren. Anders als etwa in Jena waren hier Industrien prägend, für die es keine Zukunft gab: mehrere große Textilfabriken und der Uranbergbau der Wismut AG, der in Gera wie auch im benachbarten Kreis Greiz Tausende Menschen beschäftigte. Bis heute gehen in der Region Arbeitsplätze verloren, noch zwischen 1997 und 2003 sank die Zahl der Erwerbstätigen im Kreis Greiz um zehn Prozent. Das Schlusslicht Thüringens ist das benachbarte, im östlichsten Zipfel des Landes gelegene ehemalige Braunkohle-Abbaugebiet Altenburger Land: Nach massiven Arbeitsplatz- und Bevölkerungsverlusten sind hier nur noch 33 Prozent der Bevölkerung jünger als 35 Jahre – eines der größten Defizite an jungen Menschen in ganz Deutschland.

Auch in der Region um Suhl und den Ilm-Kreis ist die wirtschaftliche und demografische Situation schlecht. Im Kali-Gebiet an der Werra fördert heute kein einziger Schacht mehr Salz und auch die Simson Mopeds aus Suhl gibt es nicht mehr. Suhl, die Stadt mit der geringsten Kinderzahl je Frau in Thüringen, hat zwischen 2000 und 2003 weitere sieben Prozent ihrer Bevölkerung eingebüsst – der größte landesweite Verlust in diesem Zeitraum. Profitieren könnte die Region im Thüringer Wald allenfalls vom Tourismus. Doch der Freistaat tut sich schwer mit seinen Gästen. Während in anderen ostdeutschen Ländern wie in Mecklenburg-Vorpommern und Sachsen die

Stabilisierung der Mitte

Nachdem die Städte Thüringens wie überall im Osten in den 1990er Jahren dramatische Bevölkerungsverluste erlitten hatten, zeichnet sich mancherorts eine Trendwende ab. Jena, Weimar und Erfurt scheinen von einer Renaissance der Städte zu profitieren. Die Innenstädte sind saniert, Wohnraum ist billig und das Angebot an Bildung und Kultur lockt vor allem die Jüngeren aus den Vorstädten zurück in die Zentren.

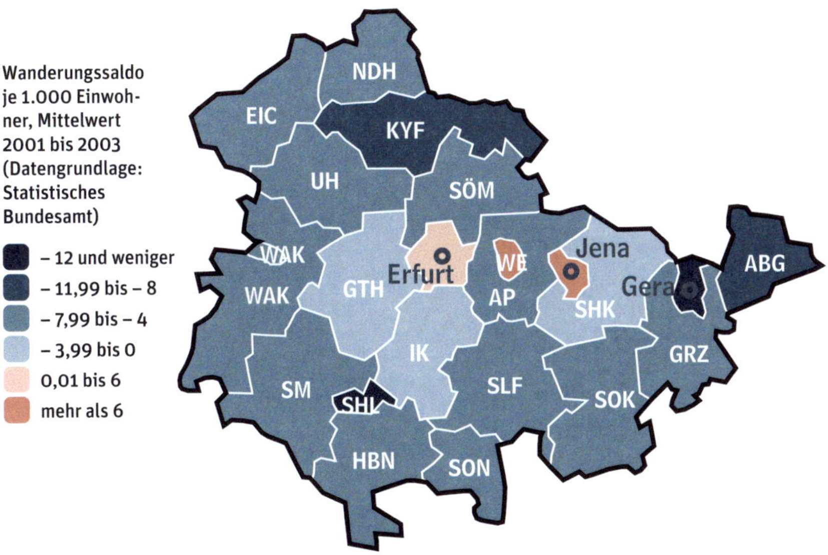

Wanderungssaldo je 1.000 Einwohner, Mittelwert 2001 bis 2003 (Datengrundlage: Statistisches Bundesamt)

RENAISSANCE DER STÄDTE

1990 traten die neuen Bundesländer das schwierige Erbe der DDR-Wohnungswirtschaft an. Die Altbausubstanz war völlig vernachlässigt. 1990 hatte ein knappes Viertel aller Ost-Wohnungen keine Innen-Toilette; mehr als die Hälfte wurde noch mit Kohleöfen beheizt. Die zu DDR-Zeiten gebauten Plattenwohnungen waren zwar im Inneren relativ modern, aber ohne Rücksicht auf Ästhetik und Wohnumfeld auf freie Felder gestellt worden. Obwohl der Wohnraum nicht ausreichte, standen 1990 schätzungsweise 400.000 Wohnungen leer, weil sie unbewohnbar waren.[80] Um diesem Mangel abzuhelfen und um die Wirtschaft anzukurbeln, wurden enorme Bauprogramme aufgelegt. Wer im Osten baute, sparte Steuern und wurde mit hohen Fördersummen bedacht. Allerorten schossen Wohnparks und Eigenheimsiedlungen aus dem Boden. So auch in Thüringen: Seit 1991 investierte das Land mehr als drei Milliarden Euro in die Modernisierung und den Neubau von Wohnungen. Neben der Förderung von 25.000 Eigenheimen und Eigentumswohnungen wurde auch der Neubau von 13.000 Mietwohnungen finanziert.[81] Bis 1995 glaubte niemand, dass es an Interessenten mangeln könnte. Doch die wirtschaftliche Stabilisierung des Ostens gelang nicht: Arbeitsplatzabbau und Abwanderung, die Mitte der 1990er Jahre zum Stillstand gekommen waren, nahmen wieder zu.

Ende der 1990er Jahre zeigte sich, dass die Baubranche die einzige war, die im Osten geboomt hatte: Zwischen 1995 und 2001 war der Leerstand der im Bundesverband deutscher Wohnungs- und Immobilienunternehmen zusammengeschlossenen Unternehmen Thüringens von etwa vier auf fast 16 Prozent gestiegen – und das, obwohl die durchschnittliche Wohnfläche je Einwohner seit der Wende von 29 auf 38 Quadratmeter angewachsen war.[82] 2001 schließlich begann der Freistaat auch den Abriss von Wohnungen zu fördern, trotzdem erreichte die Zahl der leer stehenden Wohnungen 2002 noch den Spitzenwert von 120.000. Nur langsam reagierte die Förderung auf die neue Situation: Erst 2004 zerlegten die Abrissbirnen in Thüringen mehr Wohnungen als neu gebaut wurden. Der „wohnungswirtschaftliche Strukturwandel" hatte gravierende Konsequenzen: In den unattraktiv gewordenen Plattensiedlungen blieben häufig die finanzschwachen und arbeitslosen Mieter zurück. Es entstanden soziale Brennpunkte nach westdeutschem Vorbild.

Gleichzeitig schrumpften die „schrumpfenden Städte" des Ostens zwar an Einwohnern, räumlich aber wucherten sie ins Umland. Bald sprachen Stadtplaner von der „perforierten", der durchlöcherten Stadt, die von Brachflächen und Leerstand geprägt ist. Die Versorgung der Einwohner mit Gas, Wasser, Strom oder öffentlichem Nahverkehr wurde immer teurer. Denn während die Einnahmen der Städte durch Steuern und Gebühren bei sinkender Einwohnerzahl abnehmen, verhält es sich bei Versorgungssystemen wie Wärme, Wasser oder Verkehr umgekehrt. Eine zurückgehende Siedlungsdichte führt zu einer wachsenden Netzlänge je Einwohner und macht sie damit kostspieliger.

Auch der Rückgang des Gesamtbedarfes lässt die Kosten je Einheit – ob Strom, Müllabfuhr oder Busticket – für die verbleibenden Einwohner steigen. Dazu kommen Aufwendungen für Stilllegung, Rückbau, Abriss oder Verlegung von Versorgungsnetzen. Eine flächendeckende Finanzierung „perforierter Landschaften" wird sich deshalb in Zukunft keines der ostdeutschen Länder mehr leisten können. Die Landesregierungen werden nicht umhin kommen, die Siedlungsverdichtung zu fördern: Die Zukunft schrumpfender Regionen liegt also in den Städten.

Mancherorts in den neuen Bundesländern kündigt sich bereits eine Renaissance der Städte an. Umlandkreise wachsen kaum noch. In Thüringen konnten etwa Jena und Weimar seit 2000 Anwohner hinzugewinnen. Die Einwohnerzahl Erfurts blieb etwa konstant. In Sachsen verzeichnen Dresden und Leipzig Zuzüge und in Brandenburg hat Potsdam deutlich zugelegt. Die innerstädtischen Gründerzeitviertel sind saniert und ein Mietpreisgefälle zwischen den Innenstädten und dem Umland existiert kaum noch. Zudem haben die gesichtslosen Vorstädte häufig keine Schulen in der Nähe, keinen Busanschluss, kaum Läden oder Kultureinrichtungen. Gerade junge Frauen und Familien fühlen sich daher wieder vom urbanen Leben angezogen. Nicht ohne Folgen: Erstmals seit der Wende verzeichnen die kreisfreien Städte Thüringens bezogen auf die Einwohnerzahl mehr Geburten als die Landkreise.[83]

Zahl der Gästeübernachtungen deutlich gestiegen ist, stagniert sie in Thüringen seit Jahren. Auch der Nordthüringer Kyffhäuserkreis kann hier nicht punkten.

Dabei hat er mit dem Kyffhäuserdenkmal und Deutschlands größtem Panoramagemälde im Bauernkriegsmuseum von Bad Frankenhausen – dem wohl einzigen SED-Auftragskunstwerk, dessen Popularität ungebrochen ist – zwei der bekanntesten Attraktionen Thüringens zu bieten. In den stillgelegten Kaligruben von Sondershausen findet sogar jedes Jahr ein unterirdischer Marathonlauf statt. Dennoch schrumpfen im Kyffhäuserkreis selbst die Erwerbstätigenzahlen in den Branchen Handel, Gastgewerbe und Verkehr. Insgesamt ging die Zahl der Erwerbstätigen zwischen 1997 und 2003 um 13 Prozent zurück – mehr als in allen anderen Kreisen des Freistaates.

Fachkräfte gesucht!

Zwar ist Thüringens Bevölkerung demografisch jünger als die Sachsens und Sachsen-Anhalts, doch der Abstand zu den Bundesländern des Westens ist groß und besonders für eine technologieorientierte Wirtschaft problematisch. Schon heute zeichnet sich ab, dass es dem Land an Ersatz für jene qualifizierten Arbeitskräfte fehlen wird, die in den nächsten Jahren in Rente gehen. Eine vom Thüringer Wirtschaftsministerium in Auftrag ge-

Arbeitslos bleibt arbeitslos

Wer hierzulande seine Stelle verliert, findet oft lange keine andere – besonders, wenn er in den neuen Bundesländern lebt. In Sachsen sind 42 Prozent aller Arbeitslosen bereits länger als zwölf Monate ohne Erwerb, die höchste Quote Deutschlands. Im Osten schneidet Thüringen mit 37 Prozent am besten ab. Dank zusätzlicher Arbeitsmöglichkeiten in den drei angrenzenden westlichen Bundesländern.

Anteil der Langzeitarbeitslosen an allen Arbeitslosen nach Bundesländern in Prozent 2003 (Datengrundlage: Statistisches Bundesamt)

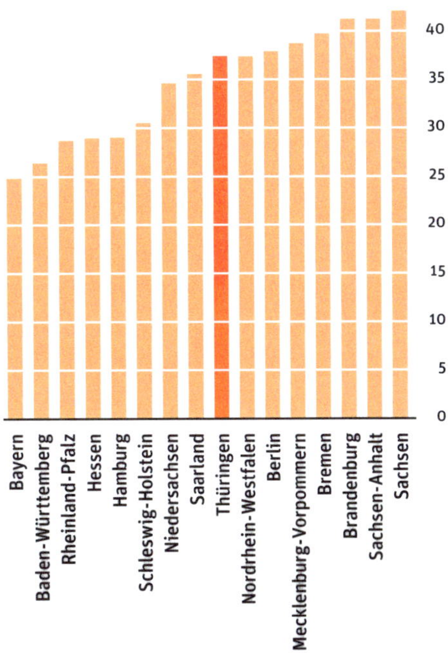

gebene Studie beziffert den Fachkräftebedarf bis zum Jahr 2010 auf 110.000 Erwerbstätige. Dieser Bedarf könnte zwar rein rechnerisch durch die 208.000 Arbeitslosen (2004) gedeckt werden, doch deren Qualifikationsprofil entspricht kaum den Interessen der Arbeitgeber: Unter den Thüringer Arbeitslosen sind Menschen ohne Berufsabschluss deutlich über-, solche mit Fach- oder Hochschulabschlüssen aber deutlich unterrepräsentiert. Zudem sind 10,7 Prozent der Arbeitslosen älter als 55 Jahre und haben in den technologielastigen Unternehmen kaum eine Einstellungschance. Gleichzeitig schrumpft das Potenzial an zukünftigen Auszubildenden und Studierenden wie überall im Osten dramatisch: Die Zahl der Schulabgänger wird sich bis zum Jahr 2010 halbieren. Verließen im Jahr 2004 noch rund 37.000 Schülerinnen und Schüler die Thüringer Lehranstalten, so werden es 2010 nur noch gut 17.000 sein. Diese Kohorte zählt bereits zu den geburtenschwachen Jahrgängen nach der Wende.[84]

Auch wenn sie zukünftig dringend vor Ort gebraucht werden – bisher treibt der schwierige Arbeitsmarkt junge Leute in die alten Bundesländer. Nachdem die Abwanderung Mitte der 1990er Jahre vorübergehend gesunken war, verlassen seit der Jahrtausendwende jährlich wieder rund 5.000 Menschen im Alter zwischen 20 und 30 Jahren das Land Richtung Westen. Die zahlreichen Pendler sind dagegen vorwiegend ältere Arbeitnehmer, die ihre Familie oder ihr Haus in Thüringen nicht verlassen wollen.

Jung, männlich, allein

Wer jung ist, schiebt den Umzug nicht so lange auf – vor allem als Frau. Seit 1991 kehrten per Saldo rund 70.000 Menschen Thüringen den Rücken, knapp zwei Drittel davon waren weiblich. Während sich im ebenfalls von Frauenabwanderung geprägten Mecklenburg-Vorpommern im Jahr 2004 das Geschlechterverhältnis unter den Abwanderern wieder die Waage hielt, bleibt es in Thüringen weiterhin unausgewogen. Die Schwäche der regionalen Tourismuswirtschaft, in der beispielsweise in Mecklenburg viele Frauen Arbeit finden, dürfte hierfür mit verantwortlich sein.

Bewertung Thüringen

		GESAMTNOTE
ABG	Altenburger Land	4,58
EIC	Eichsfeld	3,72
WAK	Eisenach	3,36
EF	Erfurt	3,54
G	Gera	4,30
GTH	Gotha	3,90
GRZ	Greiz	4,24
HBN	Hildburghausen	3,46
IK	Ilm-Kreis	4,26
J	Jena	3,06
KYF	Kyffhäuserkreis	4,54
NDH	Nordhausen	4,38
SHK	Saale-Holzland-Kreis	3,82
SOK	Saale-Orla-Kreis	3,89
SLF	Saalfeld-Rudolstadt	4,17
SM	Schmalkalden-Meiningen	3,81
SÖM	Sömmerda	3,93
SON	Sonneberg	3,90
SHL	Suhl	3,81
UH	Unstrut-Hainich-Kreis	4,03
WAK	Wartburgkreis	3,51
WE	Weimar	3,61
AP	Weimarer-Land	3,75

Gegenwärtig kommen in Thüringen auf 100 Männer zwischen 18 und 29 Jahren nur noch knapp 85 Frauen. Ausgeglichene Geschlechterverhältnisse im Familiengründungsalter haben nur noch Universitätsstädte wie Jena und Weimar. Ländliche und abgelegene Kreise wie der Ilm- und der Unstrut-Hainich-Kreis gehören sogar zu jenen mit dem deutschlandweit größten Frauendefizit unter den 18- bis 29-Jährigen: Dort fehlt mehr als ein Fünftel der jungen Frauen.

Wo es nur noch wenige Frauen im gebärfähigen Alter gibt, kann auch eine steigende Geburtenrate den Nachwuchsmangel nicht ausgleichen. In Thüringen ist zwar die Kinderzahl je Frau von unter 0,8 im Jahr 1994 auf gegenwärtig 1,2 gestiegen. Trotzdem gab es 2004 nur noch 7,3 Geburten je 1.000 Einwohner zu vermelden – etwa drei weniger als zu Wendezeiten.

Demografie								Wirtschaft										Integration			Bildung				Familienfr.			
Kinderzahl	Unter 35-Jährige	Frauenanteil	Wanderung	Über 75-Jährige	Prognose 2020	ZWISCHENNOTE	TREND	Verfügb. Einkommen	Bruttoinlandsprod.	Kommunale Schulden	Erwerbstätigkeit	Arbeitsl.+Sozialh.	Erwerbstät./Frauen	Erwerbstät./Ältere	Fremdenverkehr	ZWISCHENNOTE	TREND	Bildungschancen	Ausländer/Arbeitsl.	ZWISCHENNOTE	Ohne Abschluss	Jugendarbeitslosigkeit	Hochqualifizierte	ZWISCHENNOTE	Personen je Wohnung	Baulandpreise	Freifläche	ZWISCHENNOTE
6	6	6	5	6	6	5,8	4,8 ↘	5	6	4	4	5	3	6	5	4,8	5,0 ↓	3	2	2,5	2	5	4	3,7	6	1	4	3,7
5	2	5	5	3	5	4,2	4,0 ↘	6	6	4	1	4	2	4	5	4,0	4,3 ↘	5	3	4,0	2	4	4	3,3	3	1	2	2,0
6	6	3	2	5	3	4,2	2,8 ↗	4	1	3	2	4	2	4	4	3,0	2,9 ↗	5	1	3,0	5	3	3	3,7	6	2	1	3,0
6	4	1	2	4	4	3,5	1,8 ↑	4	1	4	4	5	2	4	5	3,6	5,1 ↓	3	3	3,0	4	5	1	3,3	6	3	3	4,0
6	6	5	6	5	6	5,7	4,8 ↘	5	3	2	3	5	3	4	5	3,8	4,5 ↘	4	4	4,0	4	5	2	3,7	6	2	3	3,7
5	5	5	4	4	4	4,5	4,4 ↘	5	5	4	2	4	2	4	4	3,8	4,3 ↘	5	2	3,5	3	4	4	3,7	5	2	3	3,3
6	6	6	5	5	5	5,5	4,8 ↘	4	6	5	3	4	2	5	5	4,3	3,9 →	3	1	2,0	4	4	4	4,0	6	1	3	3,3
6	4	6	4	4	5	4,8	4,8 ↘	5	5	3	1	3	1	3	3	3,0	3,3 →	4	1	2,5	3	4	4	3,7	4	1	1	2,0
6	5	6	4	5	4	5,0	4,6 ↘	6	5	5	4	5	3	5	5	4,8	4,6 ↘	5	2	3,5	3	4	2	3,0	5	1	3	3,0
6	1	2	1	3	5	3,0	1,0 ↑	5	2	4	4	3	2	1	5	3,3	3,4 →	6	1	3,5	2	2	1	1,7	6	4	3	4,3
5	5	6	5	4	6	5,2	5,2 ↓	6	6	5	4	5	4	6	5	5,1	4,7 ↘	5	1	3,0	5	5	4	4,7	5	1	1	2,3
6	5	6	5	4	5	5,2	4,6 ↘	6	5	4	3	5	3	5	5	4,5	5,5 ↓	5	1	3,0	4	5	3	4,0	5	2	3	3,3
6	5	5	4	4	2	4,3	4,6 ↘	5	5	6	2	4	1	3	5	3,9	4,0 ↘	6	2	4,0	3	4	3	3,3	4	2	2	2,7
6	5	5	5	5	5	5,2	4,4 ↘	5	4	5	1	4	2	4	5	3,8	4,0 ↘	6	1	3,5	2	4	4	3,3	5	1	1	2,3
6	6	5	5	5	6	5,5	4,6 ↘	5	5	4	3	4	2	5	4	4,0	4,5 ↘	5	2	3,5	3	4	2	3,0	5	2	3	3,3
6	5	5	4	4	4	4,7	4,6 ↘	5	5	3	2	3	2	4	4	3,5	3,9 →	6	2	4,0	3	4	3	3,3	5	2	2	3,0
6	4	5	5	3	4	4,5	4,6 ↘	5	4	6	3	5	3	5	5	4,5	4,6 ↘	1	2	1,5	3	5	4	4,0	4	1	2	2,3
5	6	5	5	5	5	5,2	4,4 ↘	4	5	5	1	3	1	3	5	3,4	4,3 ↘	6	1	3,5	4	3	4	3,7	5	1	3	3,0
6	6	5	6	4	6	5,5	4,6 ↘	3	3	4	3	4	2	3	4	3,3	3,8 →	6	1	3,5	3	4	1	2,7	6	2	1	3,0
4	4	6	5	4	5	4,7	4,4 ↘	6	5	6	3	4	2	5	5	4,5	4,4 ↘	5	1	3,0	3	4	4	3,7	4	1	2	2,3
5	5	5	5	4	4	4,7	4,2 ↘	5	5	3	1	3	1	4	4	3,3	3,1 →	5	2	3,5	2	3	4	3,0	4	1	2	2,3
6	2	2	1	4	3	3,0	1,8 ↗	6	4	6	5	4	4	4	4	4,6	5,9 ↓	2	2	2,0	5	3	1	3,0	6	2	3	3,7
6	4	5	4	4	2	4,2	4,6 ↘	6	5	6	2	4	2	4	4	4,1	4,5 ↘	3	2	2,5	3	4	3	3,3	4	2	2	2,7

Prognosen des Bundesamtes für Bauwesen und Raumordnung zufolge ist für den Freistaat Thüringen bis zum Jahr 2020 ein weiterer Bevölkerungsverlust von 240.000 Menschen zu erwarten – zehn Prozent seiner heutigen Einwohnerzahl. Ostthüringen wird dann, gemeinsam mit dem angrenzenden Westsachsen, die am stärksten überalterte Region Deutschlands sein.

Immer älter

Abwanderung und Kindermangel lassen Thüringen schnell altern. Am stärksten betroffen ist Ostthüringen, wo vor allem die einstigen Bergbauregionen Greiz und Altenburger Land massiv Bevölkerung eingebüßt haben. Verluste, die auch durch die positive Entwicklung in Jena nicht ausgeglichen werden können. Im Jahr 2020 werden in Ostthüringen 37 Prozent aller Einwohner älter als 60 Jahre sein.

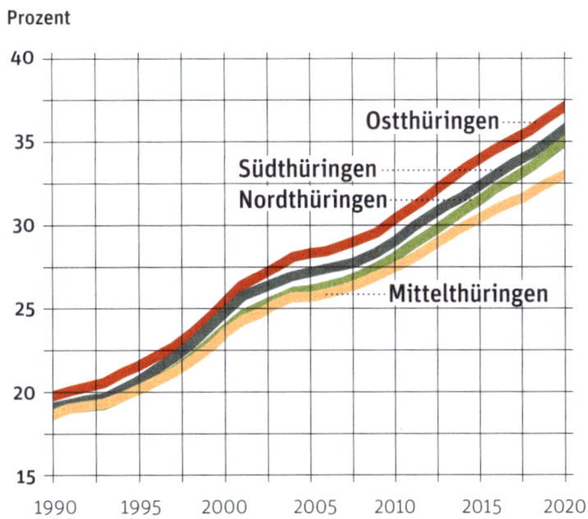

Entwicklung des Anteils der über 60-Jährigen in den Regionen Thüringens (Datengrundlage: Bundesamt für Bauwesen und Raumordnung)

SACHSEN-ANHALT

- **Einwohnerzahl 2004: 2.494.000 2020: 2.167.000**
- **Fläche: 20.446 km²**
- **Landesschulden/ Einwohner: 7.220,– €**

Im Land der Leere

Otto von Guericke, der seiner Heimatstadt Magdeburg im 17. Jahrhundert über 30 Jahre lang als Bürgermeister gedient hat, war ein begnadeter Experimentalphysiker und Erforscher des Vakuums.[85] Heute würde sich der Wissenschaftler dem Phänomen der leeren Räume vermutlich auf andere Weise nähern. Denn kein anderes Bundesland ist mehr von Abwanderung geprägt als Sachsen-Anhalt.

Seit 1945 hat das Land kein Bevölkerungswachstum mehr erlebt. Schon zu DDR-Zeiten zwischen 1970 und 1988 verließen im jährlichen Durchschnitt 8.900 Personen Sachsen-Anhalt. Zum einen, weil die Menschen jedes Mittel nutzten, um dem Arbeiter- und Bauernstaat zu entfliehen, aber auch, weil die Industrieregion katastrophale Umwelt- und Lebensbedingungen bot. Mit dem Zusammenbruch weiter Wirtschaftsbereiche nach der Wende begann ein gewaltiger Arbeitsplatzverlust, der Sachsen-Anhalt in beispielloser Weise geschwächt hat: Seit der Wiedervereinigung wanderten durchschnittlich 17.000 Menschen pro Jahr aus dem Bundesland ab – die meisten im besten Familiengründungsalter zwischen 18 und 30 Jahren. Lediglich zwei Kreise konnten nach dem Mauerfall ein Bevölkerungswachstum verzeichnen – ausgelöst durch den Bauboom im Umland der beiden größten Städte Sachsen-Anhalts. Der Ohrekreis bei Magdeburg gewann zwischen 1990 und 2001 acht, der Saalkreis, der die Stadt Halle umschließt, sogar 26 Prozent an Einwohnern hinzu – soviel wie kaum ein anderer Kreis in ganz Deutschland. Doch mittlerweile ist das Zuwachspotenzial ausgeschöpft und alle Kreise Sachsen-Anhalts verlieren Bevölkerung.

Auch die natürliche Bevölkerungsentwicklung ist alarmierend. Im Jahr 1990 wurden noch 32.000 sachsen-anhaltinische Kinder geboren. 1994 waren es nur noch 14.000. Zwar ist die Kinderzahl je Frau nach dem Wiedervereinigungsschock wieder langsam angestiegen, doch nach einem Zwischenhoch im Jahr 2000 melden die Standesämter insgesamt wieder weniger Nachwuchs. Im Jahr 2004 gab es gerade mal 17.000 Geburten. Denn mittlerweile fehlen dem Lande die potenziellen Mütter. Lebten hier 1991 noch 460.000 Frauen zwischen 18 und 40 Jahren in Sachsen-Anhalt, so sind es mittlerweile nur noch 343.000 – ein Verlust von etwa einem Viertel.

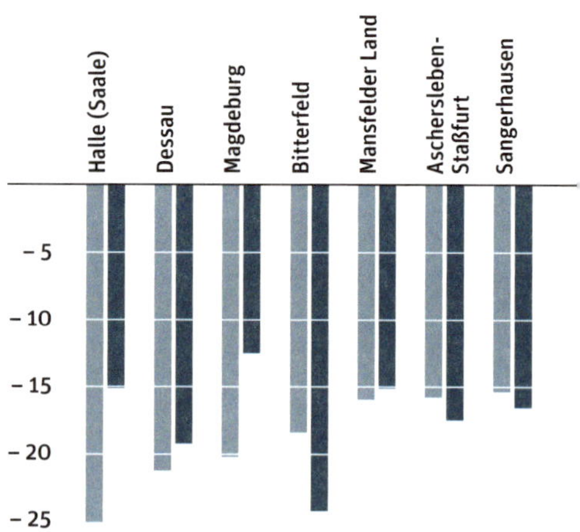

Nirgendwo sind die Verluste höher

Sachsen-Anhalt erleidet von allen Bundesländern die größten Bevölkerungsverluste. Lediglich zwei Kreise, der die Stadt Halle umschließende Saalkreis und der Ohrekreis von den Toren der Landeshauptstadt, vermögen ihre Einwohnerzahl stabil zu halten. Alte Industriestädte wie Bitterfeld und Dessau könnten bis 2020 ein Fünftel ihre Einwohner einbüßen.

Prognostizierte Bevölkerungsentwicklung 2004 bis 2020 in Prozent

- – 15 und weniger
- – 14,99 bis – 10
- – 9,99 bis – 5
- – 4,99 bis 0
- 0,01 bis 5

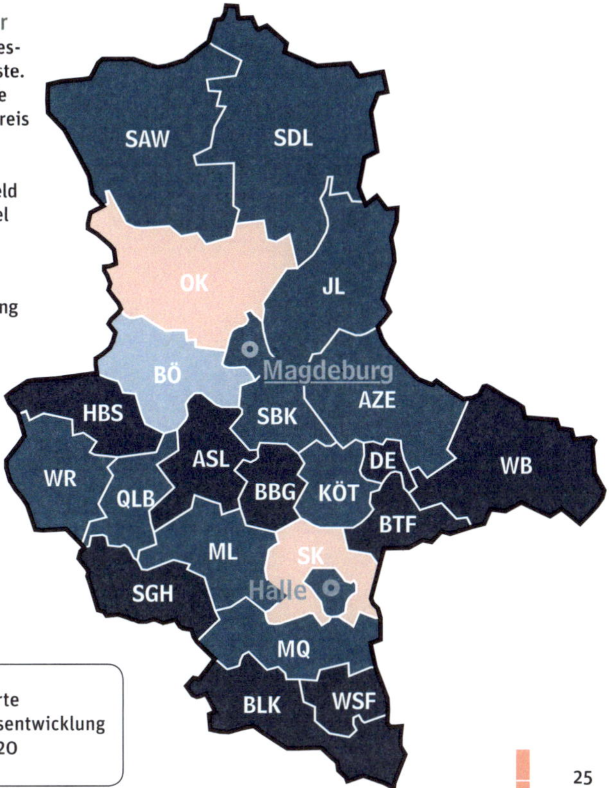

Bevölkerungsentwicklung 1990 bis 2004 | prognostizierte Bevölkerungsentwicklung 2004 bis 2020

(Datengrundlage: Bundesamt für Bauwesen und Raumordnung)

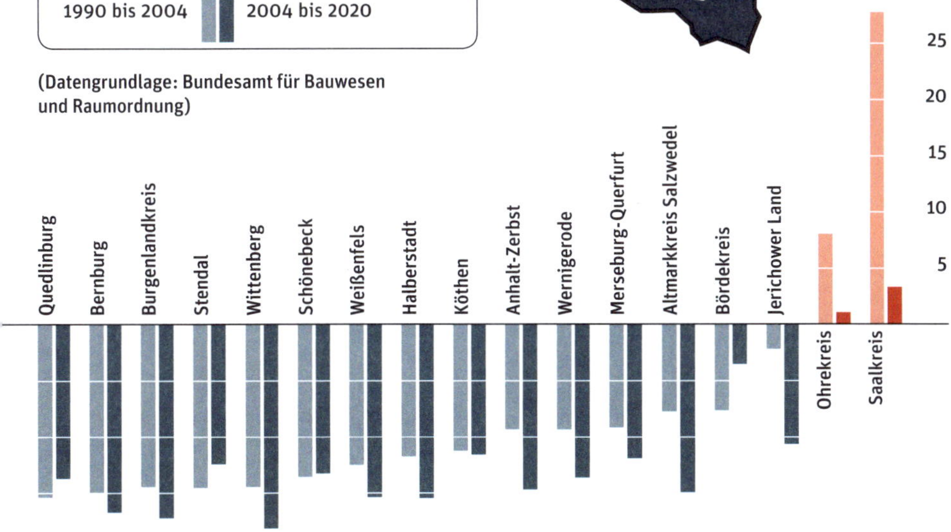

Weil die kinderarme Bevölkerung altert und inzwischen jährlich rund 12.000 Menschen mehr sterben als geboren werden, schrumpft die Bevölkerung zwischen der Altmark und dem Burgenland schon allein durch Sterbefallüberschüsse. Seit der Wende ist die Einwohnerzahl Sachsen-Anhalts von 2,9 auf 2,5 Millionen gesunken. Kein Bundesland leidet mehr unter dem Schwund. Bei gleich bleibenden Verlusten würde sich das Land in hundert Jahren nahezu entleeren. Tatsächlich prognostiziert das Bundesamt für Bauwesen und Raumordnung für den Zeitraum bis 2020 für sämtliche Kreise Sachsen-Anhalts einen weiteren Bevölkerungsverlust von insgesamt 13 Prozent.[86] Die Kreise der Region Dessau werden fast ein Fünftel ihrer Einwohner verlieren.

All dies hat dramatische Auswirkungen auf die Infrastruktur. In Sachsen-Anhalt stehen 230.000 Wohnungen leer – ein Sechstel des gesamten Bestandes.[87] Obwohl die Bagger bereits etwa 30.000 Wohnungen abgerissen haben, nimmt der Leerstand weiter zu. Zwischen 1992 und 2004 mussten in Sachsen-Anhalt 571 Schulen geschlossen werden. Doch erst jetzt erreicht der Geburteneinbruch der Nachwendezeit das Schulsystem mit voller Wucht. Zum Ende des Schuljahres 2004/2005 werden weitere 95 Lehranstalten dicht gemacht.[88]

Wo das demografische Fundament weg bricht

Im Jahr 1990 waren 36 Prozent der Bevölkerung Sachsen-Anhalts jünger als 30 Jahre. Durch massive Abwanderung und das Geburtendefizit wird der Anteil unter 30-Jähriger im Jahr 2020 nur noch 21 Prozent betragen. Dem Arbeitsmarkt droht schon bald ein Mangel an jungen, qualifizierten Arbeitskräften. Und die Sozialkassen müssen mit kaum zu bewältigenden Kosten durch die überalterte Bevölkerung rechnen.

Sachsen-Anhalt im Jahr 1990 | **Sachsen-Anhalt im Jahr 2020**

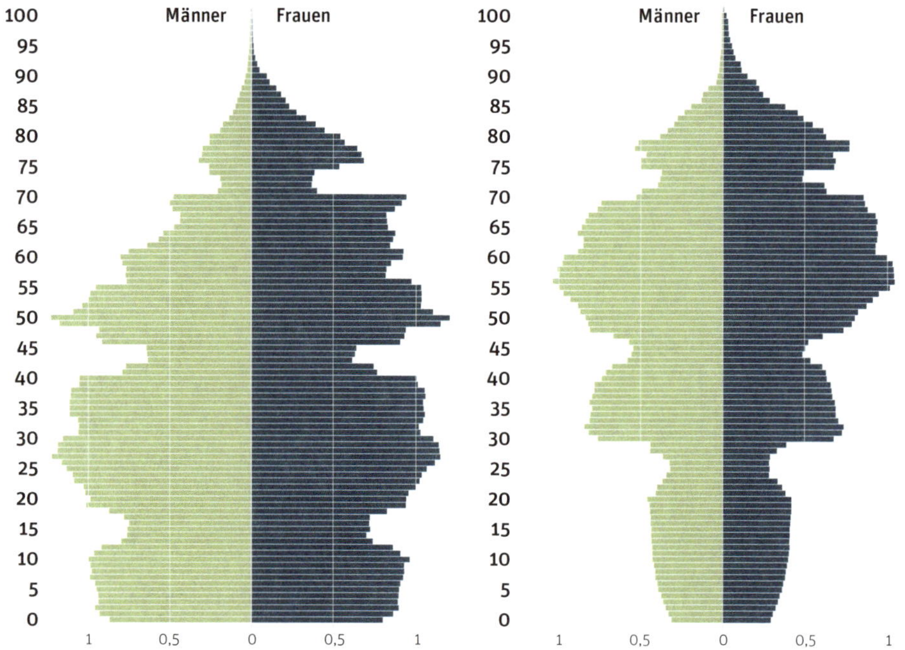

Anteil der jeweiligen Altersklassen in Prozent der Gesamtbevölkerung (Datengrundlage: Statistisches Landesamt Sachsen-Anhalt)

In den kommenden fünf Jahren erreichen die geburtenschwachen Nachwende-Jahrgänge das Ausbildungsalter. Die Zahl der 16- bis 19-Jährigen, also der potenziellen Lehrlinge und Studienanfänger, wird sich binnen weniger Jahre halbieren. Zudem liegt der Anteil der Schulabgänger ohne Abschluss wohl auch aufgrund der düsteren Beschäftigungsaussichten überdurchschnittlich hoch. Ob Sachsen-Anhalt sein ohnehin schwaches Wirtschaftswachstum angesichts der schwindenden Zahl der Jugendlichen und der mangelnden Qualifikation beim Nachwuchs halten kann, ist fraglich.

RAUM OHNE VOLK

Sachsen-Anhalt sucht verzweifelt nach Strategien, die Rekord-Abwanderung zu stoppen. Bereits 2003 hatte die Landesregierung eine Studie zu Hintergründen des Bevölkerungsverlustes und möglichen politischen Gegenmaßnahmen in Auftrag gegeben.[89] Ein Team der Fachhochschule Magdeburg-Stendal befragte daraufhin etwa tausend im Jahr 2002 aus Sachsen-Anhalt abgewanderte Männer und Frauen zwischen 18 und 35 Jahren. Viele Ergebnisse der Studie waren wenig überraschend: So waren die meisten Männer nach der Ausbildung abgewandert, weil sie sich anderenorts einen leichteren Berufseinstieg oder einen besseren Arbeitsplatz versprachen. Die Befragten attestieren ihrer aktuellen Tätigkeit außerhalb Sachsen-Anhalts eine höhere Entlohnung, kürzere Arbeitszeiten, eine größere Arbeitsplatzsicherheit und bessere Aufstiegsmöglichkeiten. Sie schätzten die Lebensqualität am neuen Wohnort, Freizeiteinrichtungen, Einkaufsmöglichkeiten, die Verkehrsanbindung und die Wohnqualität als durchweg besser ein.

Doch die Studie birgt auch Erstaunliches: So waren unter den Abwanderern nur 13 Prozent arbeitslose Sachsen-Anhaltiner. Die Mehrzahl wollte sich beruflich verbessern, eine Ausbildung aufnehmen oder nach abgeschlossener Ausbildung einen Job suchen. Dadurch verliert das Land gerade die motivierten junge Menschen. Zurück bleiben eher die Arbeitslosen und gering Gebildeten. Bei Frauen dominieren „nicht berufliche" Gründe mit 21 Prozent den Fortzugsgedanken, dreimal so häufig wie bei Männern. Offenbar spielt hier die Partnersuche – früher „Heiratsmigration" genannt – eine besondere Rolle. Die Studie sieht denn auch die größte Gefahr für die Abwanderungsregionen im Verlust von qualifizierten, jungen Menschen. Vor diesem Hintergrund hat Sachsen-Anhalts Ministerpräsident Wolfgang Böhmer (CDU) im Sommer 2005 die Einführung einer „Bleibeprämie" für Studienabsolventen vorgeschlagen. Wenn Studenten nach ihrem Examen weitere zehn Jahre in Sachsen-Anhalt leben, sollen ihnen die Gebühren erlassen werden.

Das Team der Fachhochschule Magdeburg-Stendal zieht auch Vergleiche zu anderen Schwundregionen in Europa. Die schon viel länger andauernde Abwanderung in Mittel-Finnland, im Süden Italiens und im Norden Portugals macht eines deutlich: Die Entleerung strukturschwacher Regionen fern der Metropolen ist ein europaweites Phänomen, das auch durch noch so große Finanztransfers nicht zu verhindern ist. Allenfalls können größere Orte zu hochwertigen Dienstleistungs- und Bildungszentren ausgebaut werden – wie dies in Finnland mit Erfolg geschieht. Diese zentralen Orte bieten den Menschen der Region nicht nur Arbeitsplätze, sondern sichern dem strukturschwachen Raum auch eine zentrale Infrastruktur von hoher Qualität. Ohne Kerne ist beispielsweise die Schulversorgung der Kinder gefährdet und den Regionen droht die Entleerung, wie das Beispiel Nordportugal zeigt.

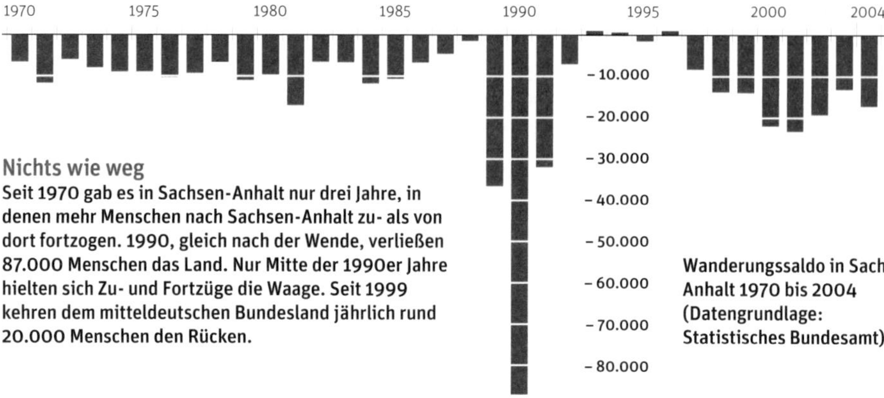

Nichts wie weg

Seit 1970 gab es in Sachsen-Anhalt nur drei Jahre, in denen mehr Menschen nach Sachsen-Anhalt zu- als von dort fortzogen. 1990, gleich nach der Wende, verließen 87.000 Menschen das Land. Nur Mitte der 1990er Jahre hielten sich Zu- und Fortzüge die Waage. Seit 1999 kehren dem mitteldeutschen Bundesland jährlich rund 20.000 Menschen den Rücken.

Wanderungssaldo in Sachsen-Anhalt 1970 bis 2004 (Datengrundlage: Statistisches Bundesamt)

Wie sieht eine Zukunft ohne Jugend aus?

Aufgrund fehlender Kinder und steigender Lebenserwartung wird Sachsen-Anhalt in den nächsten Jahren gravierende Veränderungen in der Altersstruktur erleben. Schon gegenwärtig ist nur ein Viertel der Bevölkerung jünger als 26 Jahre und 30 Prozent sind über 60. Bis 2020 wird der Anteil der unter 26-Jährigen auf 20 Prozent gefallen, jener der über 60-Jährigen auf 35 Prozent gewachsen sein.

Während die Zahl der Schüler, Auszubildenden und jungen Erwerbstätigen kontinuierlich schwindet, hat das Land im Jahr 2020 rund 100.000 über 75-Jährige mehr zu versorgen. Das entspricht einem Zuwachs von fast 30 Prozent in jener Altersgruppe, in der die Menschen häufig pflegebedürftig werden. Am stärksten altert die Region Dessau, und zwar weniger, weil die Menschen immer älter werden, sondern weil dort am meisten junge Menschen abgewandert sind. In der Stadt Dessau und den Kreisen Wittenberg und Bitterfeld, wo zwischen 2001 und 2003 Höchstraten der bundesweiten Abwanderung zu verzeichnen waren, werden im Jahr 2020 über 16 Prozent der Gesamtbevölkerung älter als 75 Jahre sein.

Die vier Kreise mit der schlechtesten deutschlandweiten Gesamtwertung liegen allesamt in Sachsen-Anhalt. Schlusslicht ist der Kreis Bernburg. Er hat seit der Wende 15 Prozent seiner Bevölkerung verloren, 21 Prozent aller Erwerbsfähigen zwischen 18 und 65 Jahren sind arbeitslos oder leben von Sozialhilfe. Die jungen und qualifizierten Frauen verlassen seit langem die Region. Je 100 Männer im Alter zwischen 18 und 29 Jahren leben im Bernburg nur noch 80 Frauen. Mit 1,06 Kindern je Frau hat der Kreis eine der geringsten Geburtenraten in ganz Deutschland. Nicht viel besser als Bernburg schneiden die Kreise Mansfelder Land, Köthen und der Burgenlandkreis ab.

Schwerer Start mit alten Lasten

Die demografische Lage spiegelt die wirtschaftliche Entwicklung des Landes wieder. Zu DDR-Zeiten, als die Schlote noch rauchten, war Sachsen-Anhalt vergleichsweise jung. Und das war auch notwendig, denn hier schlug das Herz der Schwer- und Grundstoffindustrie. Vor allem die Bereiche Chemie (in Halle und Bitterfeld), Maschinenbau (in Magdeburg und Dessau) und Bergbau (in Halle, Merseburg und Bitterfeld) boten Zehntausenden Sachsen-Anhaltinern Arbeit. Beinahe die Hälfte der chemischen Industrie des deutschen Ostens war hier angesiedelt, ein Drittel der Baustoffgewinnung und ein Viertel der Metallproduktion. Allein die Chemie-Giganten Buna und Leuna beschäftigten im Großraum Halle-Bitterfeld 60.000 Menschen.

Allerdings produzierte das volkseigene System ohne Rücksicht auf Verluste und beutete Natur und Mensch hemmungslos aus. Die Produktionsanlagen waren marode und konnten mangels Geldes nicht auf einen modernen Stand gebracht werden. Asche, Abwasser und Klärschlamm landeten in Tagebau-Restlöchern oder Flüssen. Braunkohlekraftwerke verpesteten die Luft. Die Hinterlassenschaften der produktiven Ära bereiten bis heute große Umweltprobleme. Noch immer darf kein Vieh auf den vergifteten Überschwemmungsgebieten des Flüsschens Mulde weiden, und tief unter den Kraftwerken Bitterfeld und Wolfen schlummert eine 200 Millionen Kubikmeter mächtige, hoch kontaminierte Grundwasserblase[90].

Die Schließung der veralteten Anlagen nach 1990 entlastete zwar die Umwelt und verbesserte die Luftqualität, brach der Industrie des Landes aber das Rückgrat. Seit der Wiedervereinigung sank in Sachsen-Anhalt die Zahl der Erwerbstätigen um fast 21 Prozent – mehr als in jedem anderen Bundesland. Bis heute ist der Beschäftigungsabbau nicht zum Stillstand gekommen. Zwischen 2000 und 2003 verzeichneten nur zwei Kreise, Wernigerode und Salzwedel, beide an der Grenze zu Niedersachsen gelegen, einen Zugewinn an Erwerbstätigen – um nicht einmal ein Prozent. Insgesamt ist die Arbeitslosenquote in Sachsen-Anhalt die zweithöchste in Deutschland und erreicht regional, etwa im Kreis Aschersleben-Staßfurt, Werte von über 26 Prozent.

Bei weiterhin hoher Arbeitslosigkeit zeichnet sich jetzt eine Stabilisierung der sachsen-anhaltinischen Wirtschaft auf niedrigem Niveau ab. Allerdings ließ sich dieses Minimalziel nur mit Hilfe von massiven Subventionen erreichen. Sachsen-Anhalt hat mehr Investitionsförderung ausgezahlt

Jung, motiviert – aber chancenlos

Unter allen Personen, die Sachsen-Anhalt den Rücken kehren, stellen die 18- bis 24-Jährigen die größte Gruppe. In den Städten macht diese Alterklasse rund ein Viertel der Abwanderer aus. Meist suchen die jungen Menschen im Westen einen Ausbildungsplatz. Je ländlicher die Region, umso geringer die berufliche Perspektive vor Ort und umso stärker der Abwanderungstrend. Im Ohrekreis waren fast 80 Prozent der zwischen 1991 und 2002 Fortgezogenen zwischen 18- und 24 Jahren alt.

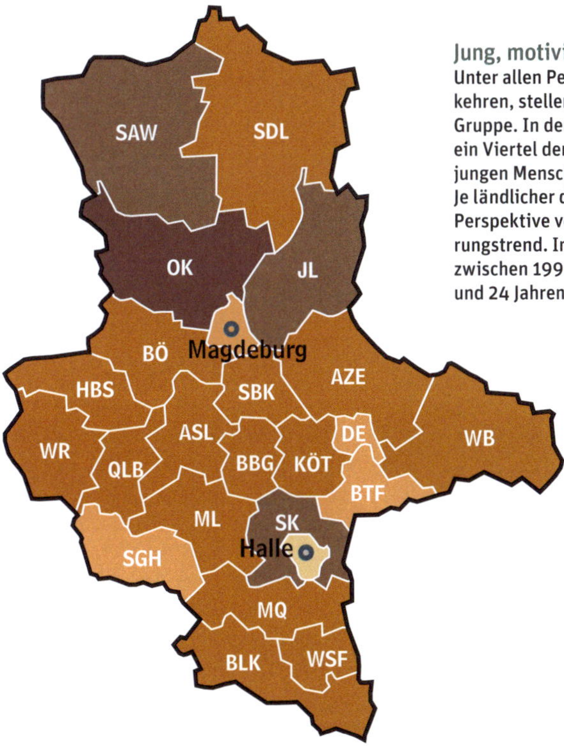

Anteil der 18- bis 24-Jährigen an der Gesamtabwanderung aus Sachsen-Anhalt in Prozent 1991 bis 2002 (Datengrundlage: Christiane Dienel et. al. (2004): Zukunftschancen junger Frauen in Sachsen-Anhalt – Abschlussbericht)

- 25 und weniger
- 25,1 bis 30
- 30,1 bis 45
- 45,1 bis 60
- mehr als 60

AUF DER SUCHE NACH DER SCHLANKEN STADT

In Bitterfeld, wo, wie es einst hieß, „der Dreck vom Himmel fällt", ist es sauberer geworden. Wo das Unternehmen Agfa Ende des 19. Jahrhunderts eine Anilin- und Sodafabrik aufgebaut hatte und nach dem Zweiten Weltkrieg das Filmmaterial für den gesamten Ostblock produziert wurde, waren im Laufe von hundert Jahren acht Städte und Gemeinden mit 1.200 Hektar Industrieareallen zu einem Konglomerat aus alten Stadtkernen, Werkssiedlungen und Neubaublocks verschmolzen. Ein Moloch aus maroder Bausubstanz, Dreck und Gestank.

Heute ist dort ein kleiner, aber feiner Chemiepark entstanden. Die Unternehmen Bayer, Heraeus, Akzo-Nobel und Degussa führen die Tradition Bitterfelds als bedeutender Chemiestandort fort. Das gesamte Aspirin für den europäischen Markt kommt heute aus Bitterfeld. Doch zehntausende Chemiearbeiter werden in den modernen Anlagen nicht mehr benötigt. Nach 1995 verlor der Kreis 39 Prozent seiner Jobs. Die Zahl der Einwohner geht bereits seit der Wende zurück – bis heute um 18 Prozent. Das ist selbst im überall schrumpfenden Sachsen-Anhalt bedrohlich. In Wolfen – größtenteils eine Plattenbausiedlung – sank die Einwohnerzahl seit 1990 um mehr als ein Drittel von 45.000 auf 27.000 Menschen.[91] Und die Abwanderung hält an. Im Mittel der Jahre 2001 bis 2003 verlor der Kreis Bitterfeld jährlich 1,6 Prozent seiner Bevölkerung durch Wegzüge, das ist der höchste negative Wanderungssaldo in Sachsen-Anhalt. Zudem hat der Kreis mit 1,19 Kindern je Frau eine der niedrigsten Geburtenraten im ohnehin kinderarmen Sachsen-Anhalt.

Die Doppelstadt Bitterfeld-Wolfen gehört zu jenen Städten, die sich an der Internationalen Bauausstellung „IBA Stadtumbau 2010" beteiligen. Erstmals werden die Schrumpfstädte eines ganzen Bundeslandes zum Thema einer solchen Veranstaltung. Ziel ist es, Stadtumbau unter Schwundbedingungen zu erproben. In Bitterfeld und Wolfen wollen die Planer herausfinden, wie sich Nachbarstädte Aufgaben teilen und ihre Ressourcen bündeln können. Denn das überdimensionierte Infrastrukturangebot, das die Kommunen in den fetten Jahren nach der Wende auf höchstem Niveau aufgebaut haben (Berufsschulzentrum, Dreifelder-Sporthalle, Hallenfreibad, ein Filmmuseum, die Kunst- und Kulturlandschaft Goitzsche), erzeugt bei Unternutzung hohe, die Gemeinden überfordernde Kosten. Heute gibt es in der Region von fast allem zu viel: Wohnungen, Kindergärten und Schulen, Straßen und Freizeiteinrichtungen. Jetzt suchen die Bürgermeister nach Wegen zu einer schlanken Stadt. Sie wollen ein Indikatorensystem entwickeln, um die Bauflächen der Region zu bewerten. Dann wird entschieden, welche Flächen genutzt und welche „aus dem urbanen System entlassen" werden. Mit weit reichenden Entlassungen ist zu rechnen: Bis 2020 prognostiziert das Bundesamt für Bauwesen und Raumordnung für den Kreis Bitterfeld einen weiteren Einwohnerverlust von 24 Prozent – mehr als in jedem anderen deutschen Landkreis.

als jedes andere ostdeutsche Land – und dennoch rangiert es bei den Unternehmensgründungen ganz am Ende der deutschen Liga. Immerhin konnten sich dank der Förderung einige traditionsreiche Branchen halten. Die Mineralölverarbeitung in Leuna sowie die Chemieindustrie im Raum Bitterfeld-Wolfen, Schkopau, Piesteritz und Zeitz stellen zwei der drei wichtigsten Industriezweige des Landes. Total-Elf, Dow Chemical und einige andere Unternehmen haben eine wettbewerbsfähige Grundstoffindustrie geschaffen. Doch ihre alte Größe wird die chemische Industrie nicht wieder erreichen. Wie weit der Abbau der klassischen Betriebe fortgeschritten ist, zeigt sich daran, dass mittlerweile die Produktion von Lebensmitteln, darunter vor allem Fleischprodukte, zum bedeutendsten Industriezweig des Landes aufgestiegen ist. 3,5 Prozent der in Sachsen-Anhalt verbliebenen Jobs stellt die Landwirtschaft – nur Brandenburg und Mecklenburg-Vorpommern beschäftigen mehr Menschen im Agrarbereich.

Potenzial für Tourismus

Gemessen an der Anzahl kultureller Sehenswürdigkeiten gehört Sachsen-Anhalt zu den Perlen der Republik. Kein anderes Bundesland kann so viele Unesco-Weltkulturerbe-Stätten vorweisen. Doch trotz der berühmten Altstadt von Quedlinburg, der Luthergedenkstätten in Eisleben und Wittenberg, des Dessau-Wörlitzer Gartenreiches und der Bauhausstätten in Dessau, gehört Sachsen-Anhalt zu den Schlusslichtern der Tourismusbranche. Nur die kleinsten deutschen Länder, Bremen, Hamburg und das Saarland, verzeichnen weniger Gästeübernachtungen pro Kopf der Bevölkerung, und nirgendwo finden sich weniger ausländische Touristen als in Sachsen-Anhalt. Offensichtlich haftet dem Land weiter das Image von Niedergang und industriellen Altlasten an. Da ist es kein Wunder, dass nur ein Grenzkreis zum Westen wirklich vom Fremdenverkehr profitiert: Wernigerode im Harz mit seinen bis zu 600 Jahre alten Fachwerkhäusern und dem über der Altstadt gelegenen Schloss liegt mit elf Gästeübernachtungen je Einwohner weit vor allen anderen Kreisen des mitteldeutschen Bundeslandes.

Kaum blühende Landschaften

Seit 1991 ist die Zahl der Erwerbstätigen in Sachsen-Anhalt um mehr als ein Fünftel gesunken. Betroffen waren alle Kreise mit Ausnahme des Saal- und des Ohrekreises. Der die Stadt Halle umschließende Saalkreis erlebte in den 1990er Jahren einen gewaltigen Zuzug durch stadtflüchtige Eigenheimbauer. Dadurch stieg nicht nur die Einwohnerzahl, auch die Erwerbstätigenzahl legte bis 2000 um satte 66 Prozent zu. Doch seither gehen auch dort wieder Jobs verloren. Lediglich Wernigerode und Salzwedel konnten, von niedrigem Niveau kommend, ihre Erwerbstätigenzahl leicht erhöhen.

Zahl der Erwerbstätigen in Sachsen-Anhalt 1991 bis 2000 und 2000 bis 2003 (Datengrundlage: Statistisches Bundesamt)

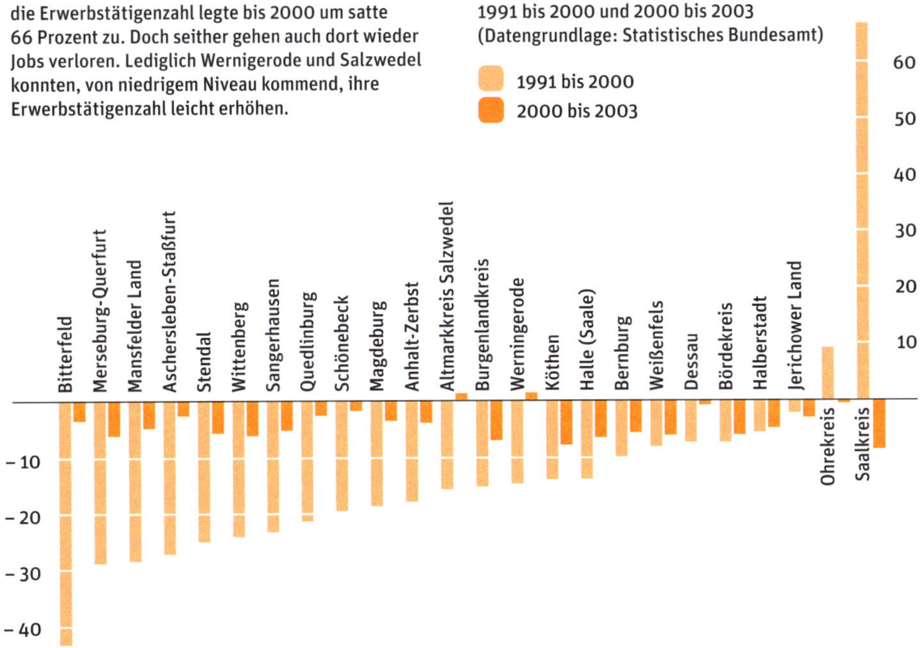

Die Schuldenmacher von Magdeburg

Die Landesregierung Sachsen-Anhalts hat lange versucht, mit einer fürsorglichen Sozialpolitik den wirtschaftlichen Niedergang zu kompensieren – um den Preis einer sehr hohen Verschuldung. Vom gegenwärtigen jährlichen Ausgabevolumen des Landes – etwa zehn Milliarden Euro – können gerade einmal 40 Prozent durch eigene Steuereinnahmen gedeckt werden[92]. Da auch die Transfers des Bundes und der Europäischen Union nicht ausreichen, um alle Kosten zu decken, muss Sachsen-Anhalt immer mehr Kredite aufnehmen. In nur 14 Jahren häufte das Land Verbindlichkeiten in Höhe von mehr als 18 Milliarden Euro an – im Schnitt mehr als eine Milliarde pro Jahr. Auch in den Kommunen wuchs die Schuldenlast. Gerade in Kreisen mit starkem Bevölkerungsverlust lassen sich die Ausgaben gar nicht so schnell zurück fahren, wie die Einnahmen sinken. Wenn die Verwaltung dann in der Hoffnung auf späteres Wachstum noch in eine überdimensionierte Infrastruktur investiert, läuft sie Gefahr, in eine Schuldenfalle zu geraten. Dass sich unter Schrumpfungsbedingungen allerdings auch gut wirtschaften lässt, zeigt der Vergleich des Bördekreises mit dem Kreis Bernburg. Beide weisen eine ähnliche Wirtschaftskraft und Bevölkerungsentwicklung auf, doch die Pro-Kopf-Schulden Bernburgs liegen mehr als doppelt so hoch wie im Bördekreis.

Rechnet man zu den Verbindlichkeiten des Landes die der Gemeinden hinzu, ergibt sich für

Bewertung Sachsen-Anhalt

		GESAMTNOTE
SAW	Altmarkkreis Salzwedel	4,00
AZE	Anhalt-Zerbst	4,29
ASL	Aschersleben-Staßfurt	4,48
BBG	Bernburg	4,77
BTF	Bitterfeld	4,51
BÖ	Bördekreis	3,93
BLK	Burgenlandkreis	4,75
DE	Dessau	4,28
HBS	Halberstadt	4,11
HAL	Halle/Saale	4,22
JL	Jerichower Land	4,08
KÖT	Köthen	4,68
MD	Magdeburg	4,04
ML	Mansfelder Land	4,74
MQ	Merseburg-Querfurt	4,36
OK	Ohre-Kreis	3,46
QLB	Quedlinburg	4,44
SK	Saalkreis	3,98
SGH	Sangerhausen	4,63
SBK	Schönebeck	4,50
SDL	Stendal	4,32
WSF	Weißenfels	4,50
WR	Wernigerode	3,67
WB	Wittenberg	4,30

Sachsen-Anhalt in der Schuldenfalle

Die neuen Bundesländer hatten einen guten Start – sie gingen ohne Schulden in das wiedervereinigte Deutschland. Doch binnen weniger Jahre haben sie zum Westen aufgeschlossen. Sachsen-Anhalt liegt dabei deutlich in Führung. Die Pro-Kopf-Schulden von Land und Gemeinden mehren sich jedes Jahr um etwa 600 Euro – eine Last, die künftige Generationen zu tragen haben. Nur in den Stadtstaaten Berlin, Hamburg und Bremen ist die Haushaltslage noch katastrophaler.

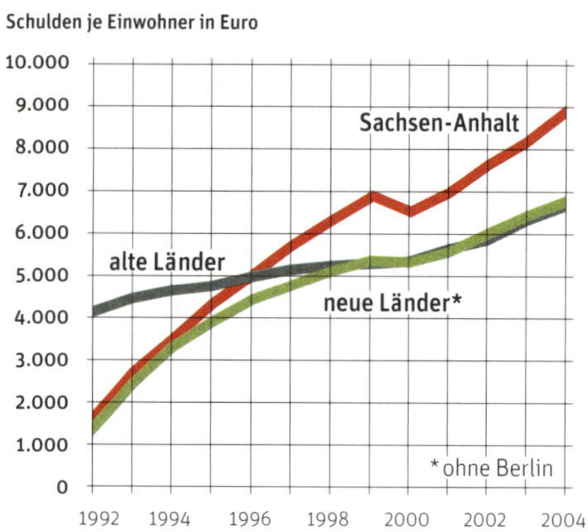

Entwicklung der Schulden (Land und Gemeinden) je Einwohner 1992 bis 2004 (Datengrundlage: Statistisches Bundesamt)

Demografie								Wirtschaft										Integration			Bildung				Familienfr.			
Kinderzahl	Unter 35-Jährige	Frauenanteil	Wanderung	Über 75-Jährige	Prognose 2020	ZWISCHENNOTE	TREND	Verfügb. Einkommen	Bruttoinlandsprod.	Kommunale Schulden	Erwerbstätigkeit	Arbeitsl.+Sozialh.	Erwerbstät./Frauen	Erwerbstät./Ältere	Fremdenverkehr	ZWISCHENNOTE	TREND	Bildungschancen	Ausländer/Arbeitsl.	ZWISCHENNOTE	Ohne Abschluss	Jugendarbeitslosigkeit	Hochqualifizierte	ZWISCHENNOTE	Personen je Wohnung	Baulandpreise	Freifläche	ZWISCHENNOTE
6	4	5	5	4	5	4,8	3,6 →	5	5	5	1	5	2	4	5	4,0	4,5 ↘	5	3	4,0	6	4	3	4,3	4	1	1	2,0
6	6	6	5	4	5	5,3	5,0 ↓	6	5	6	2	5	2	5	5	4,5	4,0 ↘	3	3	3,0	6	4	3	4,3	4	2	1	2,3
6	6	5	6	5	6	5,7	4,6 ↘	6	4	3	4	6	3	5	5	4,5	3,9 →	4	1	2,5	6	6	3	5,0	5	1	3	3,0
6	6	6	5	5	6	5,7	5,2 ↓	6	5	6	4	6	3	5	6	5,1	4,3 ↘	6	1	3,5	6	5	3	4,7	5	1	3	3,0
6	6	5	6	5	6	5,7	4,8 ↘	6	4	4	4	5	3	6	6	4,8	3,4 →	3	2	2,5	5	5	3	4,3	5	1	4	3,3
6	5	5	4	4	3	4,5	4,8 ↘	6	5	3	1	5	1	4	6	3,9	3,6 →	6	3	4,5	5	5	3	4,3	4	1	1	2,0
6	6	5	5	6	6	5,7	4,6 ↘	5	5	5	4	6	3	6	5	4,9	4,4 ↘	6	2	4,0	6	6	3	5,0	5	1	3	3,0
6	6	5	6	5	6	5,7	4,0 ↘	5	3	5	3	5	2	5	5	4,1	2,6 ↗	4	4	4,0	4	4	3	3,7	6	3	1	3,3
5	5	5	5	5	6	5,2	4,4 ↘	5	5	6	2	5	2	4	6	4,4	4,3 ↘	1	2	1,5	4	5	3	4,0	5	2	2	3,0
6	4	1	5	4	5	4,2	2,6 ↗	5	3	5	4	6	3	4	5	4,4	4,8 ↘	4	3	3,5	5	5	3	4,3	6	3	5	4,7
6	5	5	5	4	5	5,0	4,8 ↘	5	4	4	3	5	2	4	5	4,0	4,1 ↘	5	2	3,5	6	4	3	4,3	4	2	1	2,3
6	5	5	5	5	5	5,2	4,6 ↘	6	6	6	4	6	4	6	6	5,5	4,6 ↘	4	2	3,0	5	5	3	4,3	4	2	3	3,0
6	5	3	4	5	5	4,7	2,6 ↗	5	2	4	3	5	2	4	5	3,8	4,3 ↘	4	3	3,5	5	4	3	4,0	6	3	4	4,3
6	6	6	5	5	5	5,5	4,6 ↘	6	6	5	4	6	4	6	5	5,3	4,1 ↘	5	2	3,5	6	5	3	4,7	4	2	3	3,0
6	5	5	5	5	5	5,2	4,6 ↘	5	3	4	3	6	3	5	5	4,3	5,0 ↓	4	3	3,5	6	5	3	4,7	4	2	3	3,0
6	4	5	3	3	2	3,8	4,6 ↘	5	4	4	1	4	1	2	5	3,3	3,4 →	5	5	5,0	4	3	3	3,3	4	1	1	2,0
6	6	6	5	5	5	5,5	4,6 ↘	6	5	6	3	6	3	4	3	4,5	3,9 →	5	2	3,5	6	5	3	4,7	4	1	3	2,7
6	5	6	3	3	2	4,2	4,4 ↘	5	5	6	2	4	1	3	5	3,9	5,0 ↓	6	6	6,0	4	5	3	4,0	1	2	3	2,0
6	6	5	6	4	6	5,5	5,2 ↓	6	5	6	4	6	3	6	5	5,1	4,0 ↘	5	2	3,5	5	6	3	4,7	4	1	2	2,3
6	6	5	5	5	5	5,3	4,8 ↘	6	5	5	4	6	3	6	5	5,0	2,3 ↗	4	3	3,5	5	5	3	4,3	5	1	3	3,0
6	4	5	5	4	5	4,8	4,2 ↘	6	5	4	3	6	3	5	5	4,6	4,5 ↘	6	2	4,0	6	5	3	4,7	5	1	1	2,3
6	6	5	5	5	6	5,5	4,8 ↘	5	5	5	3	5	2	6	6	4,6	4,3 ↘	1	3	2,0	6	5	3	4,7	5	2	4	3,7
6	6	4	3	5	5	4,8	4,0 ↘	5	4	5	1	4	1	3	2	3,1	3,1 →	6	3	4,5	4	3	3	3,3	4	2	2	2,7
6	6	5	6	4	6	5,5	4,4 ↘	6	5	4	3	5	3	5	5	4,5	3,9 →	5	3	4,0	3	5	3	3,7	4	2	1	2,3

ganz Sachsen-Anhalt eine Verschuldung von etwa 8.600 Euro je Einwohner – der höchste Wert aller neuen Bundesländer. Hinter den Schulden verbirgt sich längst keine Investition in die Zukunft mehr, denn neue Lasten dienen weitgehend der Deckung laufender Ausgaben. Selbst wenn die Steuereinnahmen pro Kopf in den nächsten Jahren durch wirtschaftliches Wachstum steigen sollten, wird das Gesamtsteueraufkommen in Zukunft kaum wachsen, da die Einwohnerzahl des Landes kontinuierlich abnimmt. Zusätzlich sind nach Ende des Solidarpaktes I, mit dem Auslaufen des Solidarpakts II im Jahr 2019 und einer Kürzung der Zuschüsse durch die EU deutliche Einnahmeverluste zu erwarten. Es ist wahrscheinlich, dass dem Haushalt Sachsen-Anhalts statt der heutigen zehn Milliarden in einigen Jahren nur noch sechs Milliarden Euro zur Verfügung stehen.[93] Dem Land droht dann die Handlungsunfähigkeit. Allein um den Schuldenstand bis zum Jahr 2020 auf dem jetzigen Niveau zu halten, wäre es nach einer Projektionsrechnung der Bertelsmann-Stiftung notwendig, die Ausgaben sofort um mehr als ein Fünftel zu senken. Bei einer Fortsetzung der bisherigen Finanzpolitik wäre das Land im Jahr 2020 in Höhe von 180 Prozent seines jährlichen Bruttoinlandsproduktes verschuldet – sechs Mal höher als Baden-Württemberg und nur noch übertroffen von der bankrotten Bundeshauptstadt Berlin.[94]

NORDRHEIN-WESTFALEN

- Einwohnerzahl 2004: 18.075.000 2020: 17.845.000
- Fläche: 34.084 km²
- Landesschulden/Einwohner: 5.671,– €

Ein Land, das zu lange an der Kohle hing

Am 13. Juni 2005, nach einer Nachtsitzung, erklärte erstmals eine Landesregierung Nordrhein-Westfalens, aus dem Steinkohlenbergbau aussteigen zu wollen. Die frisch gewählte erste Nicht-SPD-Regierung seit 39 Jahren will in Zukunft alle Beihilfen des Landes für den im Weltmaßstab viel zu teuren Rohstoff einstellen und die verbliebenen Zechen schließen. Damit würde eine zweihundertjährige Bergbaugeschichte enden, die dem Land Größe und Wohlstand, in den letzten Jahrzehnten aber immer mehr Probleme bereitet hat.[95] Ob der Wunsch des Landes Wirklichkeit wird, ist allerdings unklar. Denn der größte Zahler für den Bergbau ist der Bund. Erst im Jahr 2006 soll mit der Bundesregierung und dem Subventionsempfänger Ruhrkohle AG der Ausstieg ausgehandelt werden.

Nordrhein-Westfalen ist flächenmäßig zwar kleiner als Bayern, Baden-Württemberg oder Niedersachsen, demografisch und wirtschaftlich jedoch ein Super-Schwergewicht. Hier leben mit 18 Millionen Menschen mehr als ein Fünftel aller Deutschen – deutlich mehr als in allen neuen Bundesländern zusammen. 30 der 84 deutschen Großstädte liegen zwischen Münster und Bonn, zwischen Paderborn und Aachen. Aufgrund der Steinkohlenvorkommen des Ruhrgebiets hatten sich im Revier bereits im 19. Jahrhundert Großunternehmen der Kohle- und Stahlindustrie niedergelassen. Die Städte im Zentrum Nordrhein-Westfalens wuchsen bald zu einem einzigen Ballungszentrum zusammen. Das Gebiet zwischen Bottrop, Essen, Duisburg und Hagen stieg zur bedeutendsten europäischen Schwerindustrieregion auf. Im Jahr 1917 beschäftigten allein Alfred Krupps Stahlwerke über 150.000 Menschen. Damals prägten Zechen und Metallhütten die Landschaft und Menschen aus ganz Europa zogen in den „Pott“. Das Ruhrgebiet überstand die Schäden des Ersten wie des Zweiten Weltkriegs. Zerstörung, Demontage und Reparationen konnten Deutschlands Lebensader nicht kappen. Der gewaltige Bedarf an Kohle und Stahl machte die Montanregion bald nach 1945 wirtschaftlich wie politisch wieder zur stärksten Kraft in der Bundesrepublik. Auf dem Höhepunkt des Wirtschafts-

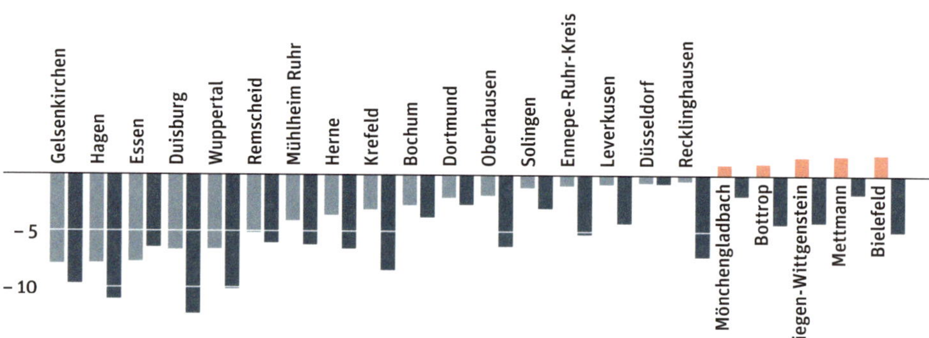

Prognostizierte Bevölkerungsentwicklung 2004 bis 2020 in Prozent

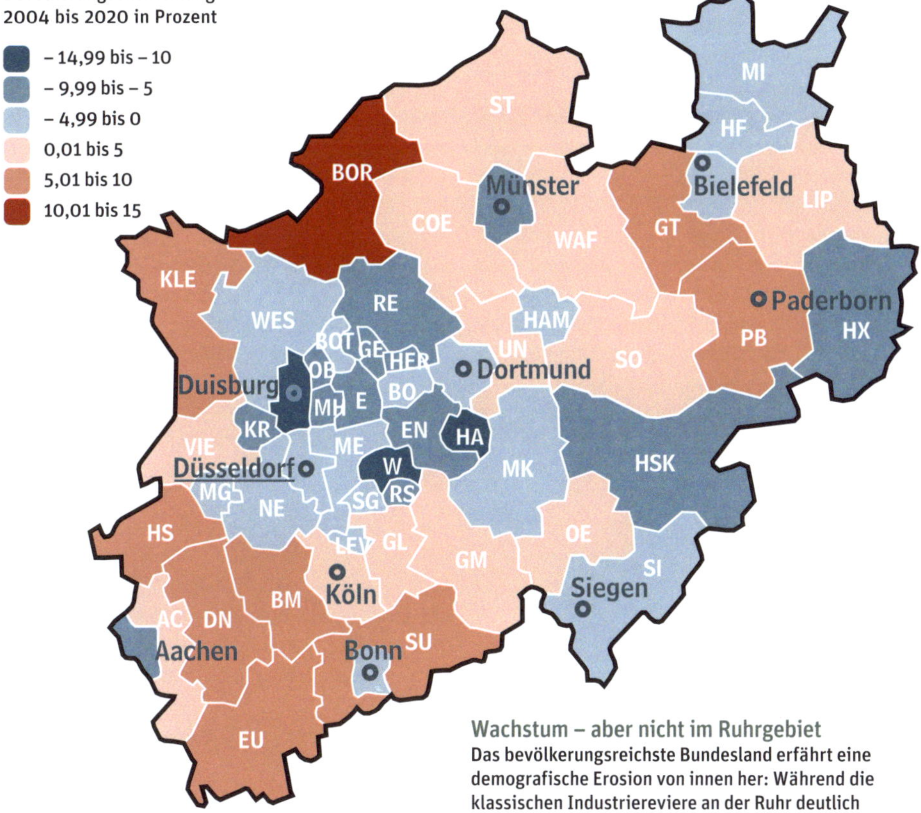

(Datengrundlage: Bundesamt für Bauwesen und Raumordnung)

Wachstum – aber nicht im Ruhrgebiet

Das bevölkerungsreichste Bundesland erfährt eine demografische Erosion von innen her: Während die klassischen Industriereviere an der Ruhr deutlich altern und schrumpfen, vor allem Duisburg, Hamm und Wuppertal, gewinnt das Umland Einwohner hinzu. Die Menschen finden heutzutage eher Arbeit in Westfalen, im Kölner Raum oder an der holländischen Grenze. Der Landkreis Borken hat sich zu einer regelrechten Jobmaschine und Familienzone entwickelt: Bis 2020 werden dort vermutlich elf Prozent mehr Menschen leben als heute.

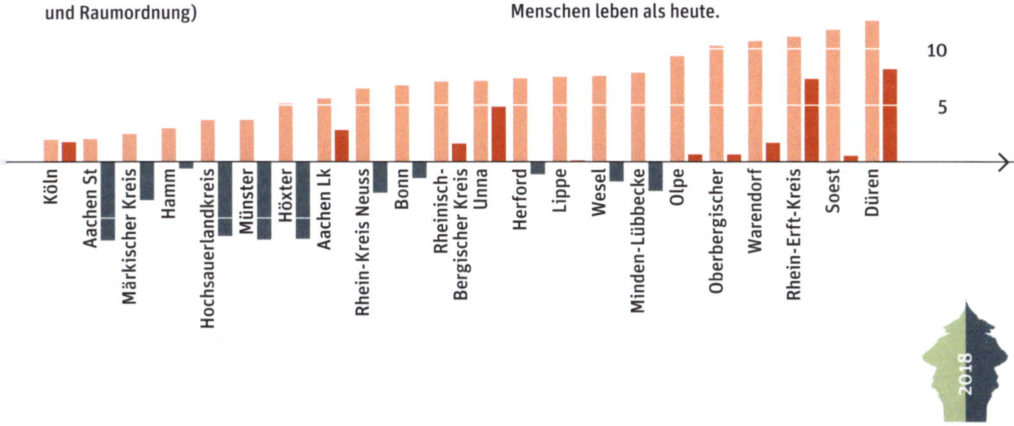

wunders 1957 schürften im Ruhrgebiet rund 500.000 Menschen – die heutige Erwerbstätigenzahl des Saarlandes – Steinkohle.[96]

Der Pott kocht nicht mehr

Bereits Ende der 1950er Jahre versetzten billige Importkohle und die zunehmende Nutzung von Erdöl der Ruhrindustrie den ersten schweren Schlag. Seit der Stahlkrise Mitte der 1970er war der wirtschaftliche Niedergang der Montanindustrie und damit des ganzen Ruhrgebietes nicht mehr aufzuhalten. Zu viele Menschen hatten zu lange von Kohle und Stahl gelebt. Die Wirtschaft wurde von Großunternehmen der Schwerindustrie dominiert. Um diese herum hatten sich Zulieferer und Abnehmer entwickelt, die fast vollständig von dieser Branche abhängig waren. Der Mittelstand war schwach. Forschung und Entwicklung spielten eine untergeordnete Rolle. Doch die Kohle hatte eine starke Lobby. So begann die Geschichte der Steinkohlensubvention, die den deutschen Staat seit 1980 etwa hundert Milliarden Euro gekostet hat.[97]

Doch was zum Abfedern des wirtschaftlichen Strukturwandels für eine Generation von Bergleuten gedacht war, hat sich über ein halbes Jahrhundert verschleppt. Die Kohlelobby, häufig in Personalunion aus regierender SPD, Gewerkschaften und Steinkohleindustrie zusammengesetzt, tat alles, um die überkommene Industrie am Leben zu halten. Immer neue Kohlekumpel wurden angeworben, die ihrerseits wieder als Druckmittel für weitere Zuschüsse dienten. 50 Jahre lang haben Beihilfen nicht nur sehr viel Geld gekostet, sondern letztlich alte Strukturen konserviert, die Ansiedlung neuer Industrien verhindert und nach dem wirtschaftlichen Niedergang letztlich auch den Weg in den demografischen geebnet.

Noch heute arbeiten im Revier beinahe 32.000 Menschen im Steinkohlebergbau. Gegenwärtig hoffen die alten Industrien auf eine Renaissance: Die Kohleindustrie verweist gern auf die steigenden Weltmarktpreise für Energierohstoffe und auf die Tatsache, dass durch den Stahlhunger in den aufstrebenden Wirtschaftsnationen Asiens die zur Stahlproduktion notwendige Kokskohle knapp und teuer geworden ist. Allerdings liegen die Kosten für die heimische Kohle noch immer weit über den Weltmarktpreisen, so dass sie auf absehbare Zeit ohne Subventionen nicht konkurrenzfähig werden kann. Profitieren könnte die Wirtschaft Nordrhein-Westfalens allerdings von ihrer hoch entwickelten Bergbautechnologie: Im November 2005 stattete der chinesische Staatspräsident Hu Jintao dem Bundesland eigens einen Besuch ab – China ist mittlerweile einer der wichtigsten Kunden für den Stahl-, Maschinen- und Anlagenbau sowie für die Fördertechnik.

Zustände wie im Osten

Die Subventionen konnten nicht verhindern, dass im Ruhrgebiet bis heute Arbeitsplätze verloren gehen. Zwischen 1999 und 2004 wurden noch fünf Prozent der Jobs abgebaut – 74.000 Stellen.[98] Der verschleppte Strukturwandel reißt mittlerweile auch Dienstleistungsbranchen in die Tiefe – weil Kaufkraft und Auftraggeber fehlen. Zwischen 2002 und 2004 haben Groß- und Einzelhandel sowie das Gastgewerbe 6.000 Arbeitsplätze gestrichen. Obwohl auch die übrigen Landesteile Nordrhein-Westfalens in den letzten Jahren Beschäftigung verloren haben, koppelt sich die Entwicklung im Ruhrgebiet immer mehr von der anderer Regionen ab. Selbst für Hochqualifizierte bietet der Arbeitsmarkt an der Ruhr deutlich weniger Jobs als im übrigen Nordrhein-Westfalen. In

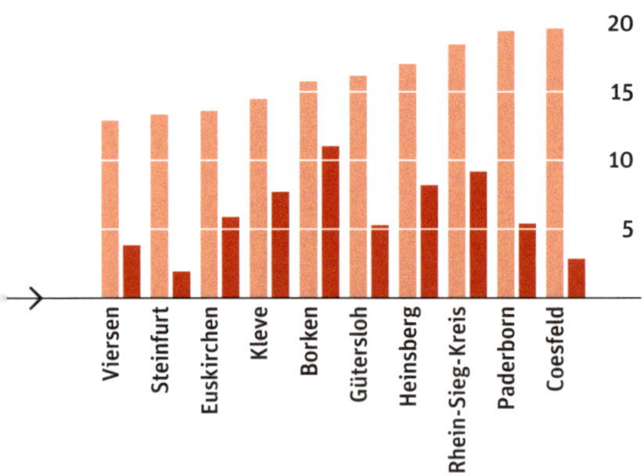

BRISANTER MIX AUS ARMUT UND MIGRANTEN

Die Arbeiter der Ruhrstädte waren früher recht sesshafte Menschen. Väter und Söhne arbeiteten oft ein Kumpelleben lang auf derselben Zeche. Eltern, Großeltern und Verwandte wohnten in unmittelbarer Umgebung. Doch der Niedergang der Montanindustrie zerstörte die heile Welt. Die besser Qualifizierten, die am schnellsten in der neuen Dienstleistungswirtschaft ihren Platz fanden, verließen die grauen Städte und zogen ins Umland. Während das ländliche Nordrhein-Westfalen zur Familienzone des mobilen deutschen Bürgertums aufgestiegen ist, sind Kinder in den Städten zu einer raren Spezies geworden. In Essen findet sich nur noch in jedem sechsten Haushalt ein Bewohner unter 18 Jahren.[100, 101, 102]

Auch innerhalb der Städte kam es zu einer enormen Umverteilung der Bevölkerung. Stärker als in der Vergangenheit unterscheiden sich die Stadtteile nach Einkommen und ethnischer Herkunft. In die frei werdenden Wohnungen der Arbeiterviertel zogen häufig Migranten. Deren erste Generation war schlecht ausgebildet, fand aber meist Beschäftigung in Kohlegruben und arbeitsintensiven Industrien. Diese Zuwanderer waren dann die Ersten, die im Strukturwandel ihren Job verloren – und oft bis heute arbeitslos geblieben sind. Die entsprechenden Stadtviertel stiegen ab. Wer es sich erlauben konnte, zog fort. Die weniger Mobilen – Alte und sozial Schwache – sind geblieben. Wo heute die meisten Migranten leben, wohnen auch die meisten armen Alteingesessenen. Kinder bekommen in den Großstädten des Ruhrgebiets vorwiegend die Zuwanderer. Nur in deren Vierteln findet sich eine lebendige Altersstruktur mit hohem Jugendanteil. Etwa in Stadtteilen wie Duisburg-Marxloh oder Essen-Katernberg. Nach Daten des Statistischen Bundesamtes lag 1999 in Duisburg die Geburtenrate der Ausländer bei 16 Kindern je 1.000 Einwohner. Die Einheimischen kommen nur auf die Hälfte dieses Wertes. Wegen der unterschiedlichen Fertilität der Bevölkerungsgruppen wird bereits im Jahr 2010 mehr als die Hälfte der Kinder, Jugendlichen und jungen Erwachsenen im Ruhrgebiet einen Migrationshintergrund haben.

Fatalerweise wachsen diese jungen Menschen häufig in heruntergekommenen Quartieren mit alten Werkswohnungen oder in Beton-Großsiedlungen auf. Sie entwickeln kaum eine emotionale Bindung an ihre Wohnorte, denn in den ärmsten Stadtteilen tauscht sich rein rechnerisch die gesamte Bevölkerung alle fünf Jahre aus. Gerade ein Viertel der Wahlberechtigten beteiligt sich noch an Kommunalwahlen. Für die nachwachsende Generation werden Armut, Arbeitslosigkeit und Diskriminierung zur Normalität. Viele Stadtkinder erleben von klein auf ein Klima der Hoffungslosigkeit. In einigen dieser Migranten-Viertel registrieren die Behörden die höchsten Raten an Gewaltkriminalität. Hier geschehen nicht nur die meisten Verbrechen, hier wohnen auch die meisten Opfer. Die jungen Bewohner hatten in ihrem bisherigen Leben kaum eine Chance auf Integration – und sie lassen sich auch nur schwer mit nachholender Integration erreichen. In absehbarer Zeit werden sie in vielen Quartieren die Mehrheit stellen.

allen Wirtschaftsbereichen des Ruhrgebiets, außer in der metallverarbeitenden Industrie, liegt der Beschäftigtenanteil in Forschung und Entwicklung unter dem Bundesdurchschnitt.[99]

Die Arbeitslosenquote erreicht in den Regionen Emscher-Lippe und Dortmund mit über 14 Prozent die höchsten Werte der alten Bundesländer. Wirtschaftlich am schwierigsten ist die Situation in der Stadt Gelsenkirchen. Rund ein Viertel aller Erwerbsfähigen ist dort arbeitslos oder bezieht Sozialhilfe. Solche bedrohlichen Werte werden ansonsten nur in ostdeutschen Kreisen erreicht. Auch Bottrop, Hagen, Mönchengladbach oder Duisburg reihen sich in diesen Vergleich ein.

Doch während in Ostdeutschland die Arbeitslosigkeit auch deshalb hoch ist, weil viele Menschen (Männer wie auch Frauen) Arbeit suchen, gibt es im Ruhrgebiet einen Mangel an Arbeit bei gleichzeitig sehr niedriger Erwerbsbeteiligung. In Herne und Gelsenkirchen sind nur etwa 44 von 100 Menschen zwischen 18 und 65 Jahren sozialversicherungspflichtig beschäftigt, einer der geringsten Werte deutschlandweit. Selbst in der ostdeutschen Stadt mit dem größten Beschäftigungsverlust der letzten Jahre, im sachsen-anhaltinischen Bitterfeld, liegt dieser Wert noch bei 50 Prozent.

Positive Entwicklungen gibt es allenfalls in Ansätzen. Dortmund etwa konnte die Jobverluste stoppen: Durch ein starkes Wachstum im Dienstleistungsbereich – bei der Logistik, den Informationstechnologien und der Mikrosystemtechnik. Die Stadt, die früher von den drei Branchen Kohle, Stahl und Bier lebte und alle verlor, hat seit 2000 sogar wieder Bevölkerung hinzugewonnen. Dennoch sind von den 70.000 neuen Jobs, die das Gründerzentrum „dortmund project" bis zum Jahr 2010 versprochen hat, bis 2005 gerade mal 7.000 entstanden.[103] Nur bei den Verbindlichkeiten schafft es die Stadt, in der auch der am höchsten verschuldete Verein der Fußball-Bundesliga zuhause ist, in die deutsche Spitzengruppe: Auf jedem Einwohner lasten allein kommunale Schulden in Höhe von mehr als 1.600 Euro – doppelt so viel wie etwa in Stuttgart oder Saarbrücken.

Auch Duisburg setzt mit seinem Binnenhafen – dem weltweit größten – auf die Logistikbranche. Diese soll das wirtschaftliche Standbein der Zukunft werden. Tatsächlich weist der Umschlag von Gütern enorme Wachstumsraten auf. Vieles von dem, was in Rotterdam oder Antwerpen angelandet wird, soll eines Tages nach Duisburg transportiert und dort weiter verteilt werden. Doch die verloren gegangene Industrie lässt sich so nicht annähernd ersetzen. Die alte Stahlstadt nimmt heute je Einwohner nicht einmal ein Viertel der Gewerbesteuer ein, welche die Landeshauptstadt Düsseldorf erzielt. Mit einem Minus von zwölf Prozent bis 2020 gehört Duisburg zu den Städten mit dem größten prognostizierten Bevölkerungsverlust in ganz Deutschland.

Die wirtschaftliche Entwicklung des Ruhrgebietes ist so schwach, dass die FDP im nordrhein-westfälischen Landtag im April 2005 die Einrichtung eines „Sonderwirtschaftsgebietes Ruhr" vorgeschlagen hat. Statt Beihilfen wünschen sich die Liberalen eine Deregulierung: Niedrigere

Das alte Herz aus Kohle und Stahl schrumpft

In fast allen Städten des Ruhrgebiets gehen die Einwohnerzahlen seit Jahrzehnten zurück. Absolut verlor Essen am meisten – 160.000 Bürger. Den größten relativen Verlust hat Gelsenkirchen zu verbuchen, das heute 29 Prozent weniger Bewohner zählt als 1961, also fast um ein Drittel geschrumpft ist. Allein in Bottrop leben etwa gleich viele Menschen wie vor 40 Jahren.

Einwohnerzahlen in kreisfreien Städten des Ruhrgebiets 1961 und 2003 (Datengrundlage: Städte- und Kreisstatistik Ruhrgebiet)

1961
2003

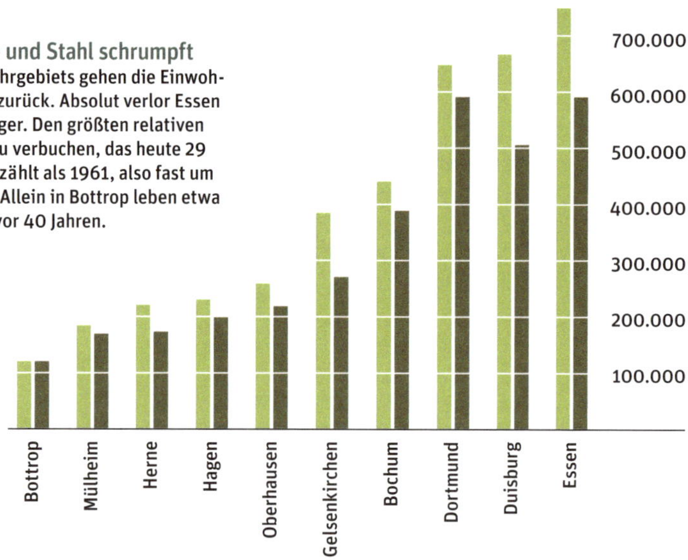

KIRCHEN UNTERM HAMMER

Als Papst Pius XII. im Jahr 1957 den ersten Bischof des neu gegründeten Bistums Essen ernannte, wollte er im ständig wachsenden Ballungsraum Ruhrgebiet die Kirche näher zu den Menschen bringen. Vorher verliefen die Diözesangrenzen der Bistümer Paderborn, Köln und Münster, abgesteckt lange bevor der Boom der Kohle die Menschen an die Ruhr zog, quer durch die Städte des Ruhrgebietes. Die drei Alt-Bistümer traten mehr als 1,3 Millionen Gläubige an den neuen Pfarrbezirk ab, der nun von Duisburg bis Essen reichte und Großstädte wie Bochum, Bottrop, Duisburg, Gelsenkirchen, Gladbeck, Oberhausen und Mülheim in sich vereinte.[104]

Fünfzig Jahre nach seiner Gründung steckt das Bistum der einst so prosperierenden Region in einer Existenz bedrohenden Krise. Die flächenmäßig kleinste Diözese Deutschlands hat ein Drittel seiner Gemeindemitglieder verloren. Zahlreiche ältere Katholiken sind verstorben und viele neue Täuflinge kommen wegen der geringen Geburtenraten nicht hinzu. Zudem treten jährlich etwa 5.000 Katholiken aus ihrer Kirche aus. Im Durchschnitt büßt das Bistum Essen jedes Jahr 18.000 Mitglieder ein – die Stärke von fünf durchschnittlichen Kirchgemeinden.

Der steuerlich abgeführte Obolus der verbliebenen Schäfchen reicht wegen der anhaltend hohen Arbeitslosigkeit im Ruhrgebiet längst nicht mehr aus, die Kirche zu finanzieren. Von den im Ruhrbistum verbliebenen 950.000 Katholiken zahlt lediglich ein Drittel überhaupt etwas in die Kirchenkassen ein. Ein guter Teil der besser Verdienenden ist längst in die Eigenheimsiedlungen des Sauer- oder des Münsterlandes abgewandert. Geblieben sind viele sozial Schwache und eine wachsende Zahl von Menschen muslimischen Glaubens. Im Jahr 2004 musste das Bistum seine letzten finanziellen Rücklagen auflösen. 2005 war bereits ein Kredit in Höhe von 45 Millionen Euro nötig, um die laufenden Ausgaben zu decken. Ohne Sparmaßnahmen würde der Schuldenberg immer weiter wachsen.

Deshalb will sich jetzt auch die katholische Kirche verschlanken. Das Bistum mit derzeit 5.200 Vollzeitbeschäftigten nutzt dazu das gesamte Instrumentarium eines Konkursverwalters: Es erstellt Sozialpläne, beschließt Vorruhestandsregelungen und spricht betriebsbedingte Kündigungen aus. Bis 2009 müssen 70 Millionen Euro im Bistums-Haushalt eingespart werden. Dazu werden Gemeinden in großem Stil zusammengelegt, Mitarbeiter entlassen, Zuschüsse an den kircheneigenen Wohlfahrtsverband Caritas gekürzt und mehr als 100 kirchliche Kindergärten geschlossen. Letzteres ist noch das geringste Problem, denn an Nachwuchs mangelt es an der Ruhr ohnehin. Besondere Schwierigkeiten bereiten dem Bistum seine sakralen Immobilien. Mehr als 100 Kirchen – ein Drittel des Gesamtbestandes – sind aufgrund des deutlich gesunkenen Interesses an Gottesdiensten und anderen Riten wie Kommunion oder Eheschließung nicht mehr zu halten. Sie sollen vermietet, verkauft, notfalls sogar abgerissen werden.

Mit der Frage, wie man die Gotteshäuser möglichst sensibel einer neuen Nutzung zuführt, steht der Bischof von Essen indes nicht allein da. Bereits Ende 2003 hat das Sekretariat der Deutschen Bischofskonferenz eine „Entscheidungshilfe zur Umnutzung von Kirchen" veröffentlicht. Schätzungen zufolge müsste bereits heute jede zehnte Kirche verkauft werden.[105]

Keine Probleme macht dem Ruhrbistum sein pastorales Kernpersonal. Es reduziert sich von selbst. Gegenwärtig gibt es im Essener Pfarrbezirk 317 Priester. 192 davon sind älter als 50 Jahre. Bliebe es, wie gegenwärtig, bei jährlich zwei neu geweihten Priestern, würde die Priesterschaft bis 2020 aus demografischen Gründen um mehr als ein Viertel abnehmen.[106]

Junges Münsterland, altes Ruhrgebiet

Als Altenquotient wird das Zahlenverhältnis über 60-Jähriger zu Personen zwischen 20 und 60 Jahren bezeichnet, also der Rentner und Pensionäre (bei heutigem Renteneintrittsalter) zu den potenziell Erwerbsfähigen. Der Altenquotient hat den günstigsten Wert dort, wo am meisten Kinder geboren werden – im Landkreis Münster. Daran ändert sich auch bis 2020 nichts. Deutlich älter sieht die Region an der Ruhr aus. Dort, wo weniger Nachwuchs zur Welt kommt und junge Familien abwandern, liegt der Quotient deutlich höher – und er wird sich im Laufe der Zeit weit stärker verschlechtern.

(Datengrundlage: Bevölkerungsprognose des Landesamtes für Statistik und Datenverarbeitung NRW)

kommunale Steuern, billige Gewerbeflächen, einen gelockerten Kündigungsschutz, entschärfte Tarif- und Umweltgesetze sowie weniger Bürokratie.[107] Seit die FDP allerdings als Juniorpartner mit in der Landesregierung sitzt, ist es still um das Sonderzonen-Konzept geworden.

Auch die demografische Entwicklung des Ruhrgebietes erinnert an ostdeutsche Verhältnisse: Seit 1990 haben zehn der 15 Kreise und kreisfreien Städte des Regionalverbandes Ruhr Bevölkerung verloren – und das, obwohl die alten Bun-

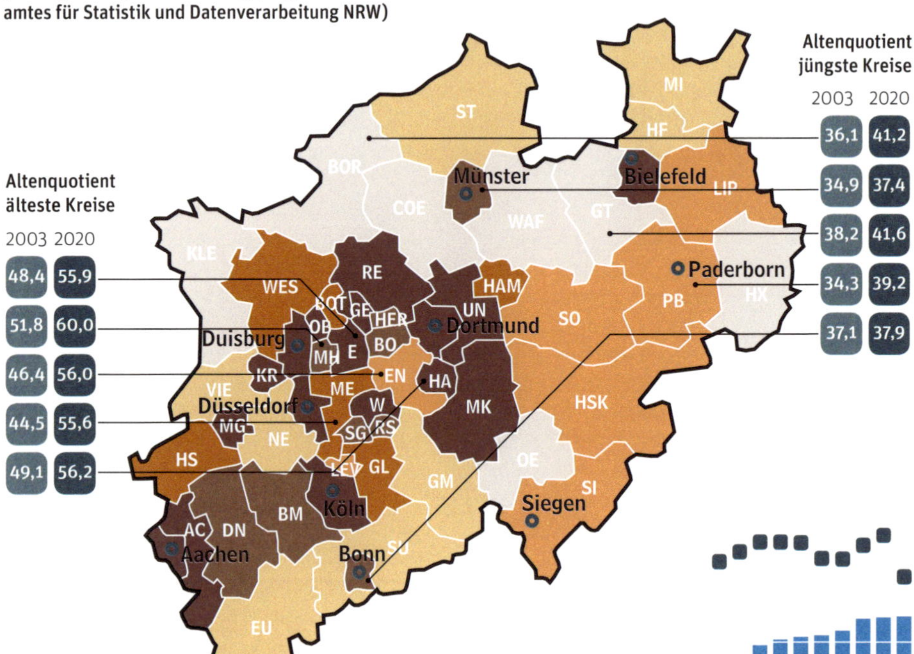

Prozentualer Anteil über 60-Jähriger an der Bevölkerung 2003 (Datengrundlage: Statistisches Bundesamt)

- 26 und weniger
- 26,01 bis 27
- 27,01 bis 28
- 28,01 bis 29
- 29,01 bis 30
- 30,01 und mehr

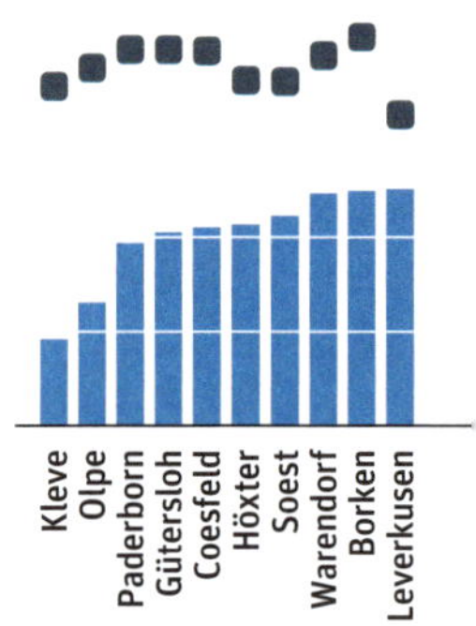

Unter Siebenjährige an der Gesamtbevölkerung in Prozent 2002

Unter siebenjährige Sozialhilfeempfänger in Prozent 2002

(Datengrundlage: Statistisches Bundesamt)

desländer nach dem Fall der Mauer fast flächendeckend Zuwanderung aus dem Osten verbuchen konnten. Die stärksten Verluste, mit mehr als sieben Prozent, hat Gelsenkirchen zu verzeichnen.

Wie im Osten gefährdet die negative Bevölkerungs- und Beschäftigungsentwicklung die Finanzkraft der Kommunen. Um sich trotz schlechter wirtschaftlicher Lage Einnahmen zu sichern, erheben die Ruhrgebietskommunen die höchsten Gewerbesteuersätze ganz Deutschlands – und schrecken damit potenzielle Unternehmer ab. Das schrumpfende Gelsenkirchen erlaubt sich obendrein den höchsten Grundsteuersatz in Nordrhein-Westfalen.

Im Jahr 2003 lagen die Steuereinnahmen je Einwohner im Ruhrgebiet um mehr als ein Viertel unter jenen der wirtschaftlich besser gestellten Mittelrheinregion. Weil gleichzeitig die Ausgaben für soziale Leistungen weiter so steigen – im Jahr 2003 gleich um zehn Prozent –, weil Zuweisungen und Gebühreneinnahmen durch die rückläufigen Bevölkerungszahlen stagnieren oder gar sinken, nehmen die ohnehin hoch verschuldeten elf Ruhrgebietsstädte immer neue Verbindlichkeiten auf: Drei Milliarden Euro allein in den fünf Jahren zwischen 1999 und 2003. Das ist fast ein Viertel der Neuverschuldung aller westdeutschen Kommunen (ohne Stadtstaaten).[108] Kein Wunder, dass sich die Städte im Pott allesamt am Ende der nordrhein-westfälischen Gesamtbewertung wieder finden. Gelsenkirchen trägt gar die rote Laterne Westdeutschlands.

Aufschwung am Rhein

Weit besser sieht es am Mittelrhein, in Bonn, Köln und Düsseldorf aus. Nicht, weil hier der Karneval zuhause ist, sondern weil das Rheinland dem Ruhrgebiet längst den Rang als Wirtschaftszentrum Nordrhein-Westfalens abgelaufen hat. Dort ist die chemische Industrie mit mehr als 400 Betrieben der wichtigste Arbeitgeber. Gleich zwei weltweit agierende Konzerne haben ihren Hauptsitz am

Warum in kinderarmen Städten die Kinder arm sind

Aus den Großstädten des Ruhrgebietes wandern vor allen die Qualifizierten und Wohlhabenden ab. Zurück bleiben eher die Alten und Armen, darunter viele Migranten. Aufgrund der generellen Überalterung kommen relativ wenige Kinder zur Welt. Der Nachwuchs aus den kinderarmen Regionen wächst deshalb tendenziell in ärmeren Familien auf als jener, die in kinderreicheren Kreisen lebt.

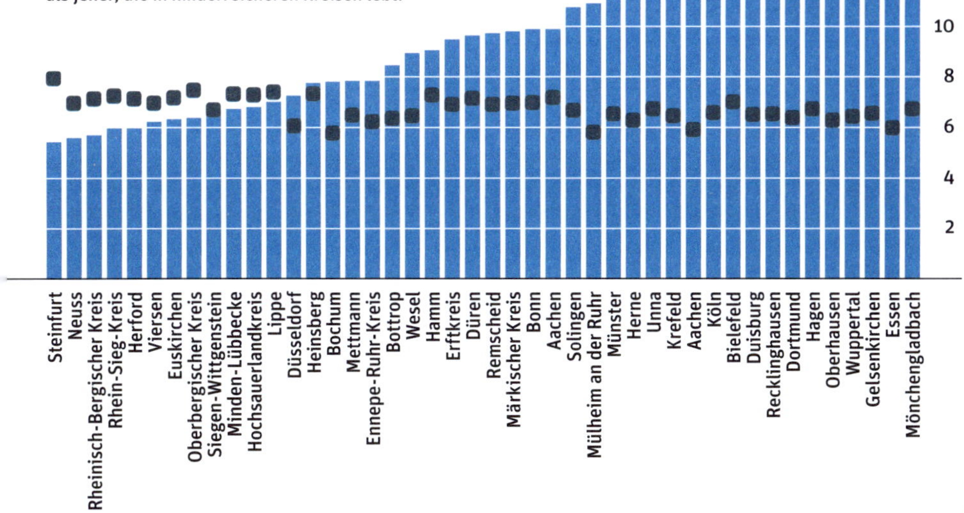

Subventionen anders eingesetzt

Bonn und Gelsenkirchen mussten sich in der Vergangenheit jeweils auf eine neue Zeit einstellen. Dabei konnten beide Städte auf enorme Subventionen bauen. Aber während der Abschied von Kohle und Stahl in Gelsenkirchen schon Jahrzehnte dauert und nicht zu neuem Wohlstand geführt hat, tat sich Bonn wesentlich leichter. Dort haben sich nach dem Fortzug der Regierung rasch neue Arbeitgeber angesiedelt. Die Folge des unterschiedlich bewältigten Strukturwandels: Gelsenkirchen verliert kontinuierlich Bevölkerung, während Bonn zulegt. Nur 1999, im Jahr, als die Bundesregierung nach Berlin umzog, ging die Einwohnerzahl Bonns kurzfristig zurück.

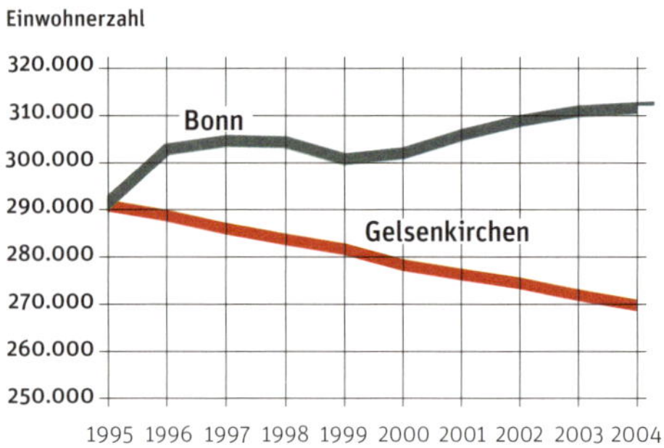

Bevölkerungsentwicklung in Bonn und Gelsenkirchen 1995 bis 2004 (Datengrundlage: Statistisches Bundesamt)

Rhein: Bayer in Leverkusen, Henkel in Düsseldorf. Die Städte am größten deutschen Fluss haben weit besser als jene an Ruhr und Emscher die Dienstleistungsbranche erschlossen. Düsseldorf gilt als deutscher Spitzenstandort für Werbung, Mode, Telekommunikation und Unternehmensberatung. Nach Frankfurt ist Düsseldorf Deutschlands zweitwichtigste Börsen- und Bankenstadt. Zudem verfügt die Landshauptstadt über eine erhebliche Kaufkraft. Die gut betuchten Bürger Düsseldorfs gehören allerdings nicht mehr zu den jüngsten – nur noch 38 Prozent von ihnen sind unter 35 Jahren. Zudem liegt der Anteil über 75-Jähriger mit über acht Prozent so hoch wie in den meisten der generell überalterten Ruhrgebietsstädte.

Das weiter südlich gelegene Köln verfügt mit dem Autobauern Ford und Citroën über ein starkes, wenn auch konjunktursensibles Standbein. Außerdem hat sich die Domstadt zu einem der wichtigsten Medienstandorte in Deutschland entwickelt, mit der entsprechenden Anziehungskraft für junge Menschen. Kurz nach der Zulassung privater Fernsehsender Anfang der 1980er Jahre bekam die luxemburgische Anstalt RTL eine „Erstfrequenz“ im zuschauerreichen Nordrhein-Westfalen. RTL zog nach Köln, wo mit dem WDR bereits einer der größten Sender Europas angesiedelt war. Heute zählt die kölnische Medienlandschaft 14.000 Beschäftigte, das sind etwa 15 Prozent aller Medienschaffenden Deutschlands. Mehr als 170 Produktionsfirmen arbeiten hier.[109] In Köln-Ossendorf, früher nur für das städtische Gefängnis bekannt, entstand mit dem „Coloneum“ Europas größter Studiokomplex. Den nötigen Nachwuchs an Schauspielern, Drehbuchschreibern und Technikern liefern die Kunsthochschule für Medien und die Internationale Filmschule.

Auch wenn der Medienboom seinen Zenit überschritten hat, gilt die einstige Industriemetropole Köln heute als Hauptstadt der Kreativen. Mit einem Anteil von 40 Prozent unter 35-Jähriger gehört sie zu den jungen Großstädten der Republik. Und weil sowohl die Wirtschaftsbranchen wie auch das Bildungsangebot in Köln und Düsseldorf für Frauen besonders attraktiv sind, gibt es in beiden Städten einen weiblichen Überschuss in der Altersklasse der 18- bis 29-Jährigen: Auf hundert Männer kommen etwa 110 Frauen. Eine interessante Zahl für die Studenten im 70 Kilometer entfernten Aachen. Denn die Stadt an der Grenze zu Belgien verfügt über eine ausgezeichnete Technische Universität, an der, wie häufig in Deutschland, die Frauen noch immer in der Minderheit sind. In Aachen stehen in der genannten Altersgruppe 100 Männern nur 84 Frauen gegenüber.

Westfalen blüht

Die demografisch und wirtschaftlich erfolgreichste Region Nordrhein-Westfalens hat außerhalb des Bundeslandes kaum einen großen Ruf. Man findet sie auch nicht, wie es in Bayern, Brandenburg und Schleswig-Holstein der Fall ist, in direkter Umgebung großer Städte, sondern deutlich entfernt davon. Je weiter weg die Kreise Westfalens vom Patienten Ruhrgebiet liegen, desto besser stehen sie da: Gütersloh, Borken, Paderborn und Minden-Lübbecke führen daher auch die Wertung Nordrhein-Westfalens an.

Ostwestfalen konnte nie auf Rohstoffe und Schwerindustrie bauen. Stattdessen profitiert die Region heute von der Vielfalt seiner Unternehmen und einer Reihe traditionsreicher Firmen, die dem Mittelstand längst entwachsen sind: Miele, ein weltweit führender Hersteller von Haushaltsgeräten, begann 1899 in Gütersloh mit der Produktion von Milchzentrifugen. In der gleichen Stadt gründete der Buchbinder Carl Bertelsmann 1835 eine kleine Druckerei, aus der heute der zweitgrößte Medienkonzern der Welt erwachsen ist. Im benachbarten Bielefeld erfand der Apotheker August Oetker einst das Backpulver. Heute finden sich unter dem Dach des Familienunternehmens mit 21.000 Beschäftigten nicht nur Getränke- und Tiefkühlproduzenten, sondern mit der Hamburg Süd auch Deutschlands größte Reederei sowie eine Bank und diverse Versicherungen. Der Branchenmix der ostwestfälischen Wirtschaft hat immer wieder Konjunkturschwächen einzelner

EX-BUNDESHAUPTSTADT IM AUFWIND

Wenn es einen Gewinner des Regierungsumzugs nach Berlin gibt, dann ist es ironischerweise Bonn. Als im Juli 2001 der deutsche Bundestag mit einer knappen Mehrheit von 338 zu 320 Stimmen der alten Hauptstadt den Status als Regierungssitz entzog, war die Befürchtung groß, die Stadt würde dem wirtschaftlichen Siechtum überlassen. Denn nicht nur vor Parlament und Regierung fuhren die Möbelwagen vor, auch vor den Botschaften, vor einigen Bundesämtern, den Lobbyistenverbänden, vor Hauptstadtredaktionen und Fernsehstudios. Insgesamt drohte ein Verlust von tausenden Arbeitsplätzen, von einer Kaufkraft in Millionenhöhe.

Doch die alte Bundeshauptstadt sah die Möbelwagen nicht nur von hinten. Das Bonn-Berlin-Gesetz regelt, dass am Rhein ein zweites Verwaltungszentrum neben Berlin erhalten bleibt. Also kamen 20 neue Bundesbehörden ins Rheinland, so der Bundesrechnungshof, das Bundeskartell- und das Bundesversicherungsamt. Bonn nutzte seine lange gepflegten Kontakte, um zahlreiche internationale Organisationen anzuwerben: gleich zwölf UN-Organisationen, darunter das Europäische Zentrum für Umwelt und Gesundheit, das Sekretariat der Klimarahmenkonvention und das Forschungszentrum für Umwelt und menschliche Sicherheit. Außerdem schlug die Stadt Kapital aus ihrer langen Bildungstradition. Mit der Gründung der neuen Fachhochschulen Bonn-Rhein-Sieg und der Internationalen Fachhochschule Bad Honnef, mehrerer Fraunhofer- und Max-Planck-Institute und des neurologischen Forschungszentrums „Life & Brain" lockte Bonn nicht nur tausende junger Menschen an, es sicherte sich auch mehrere Zukunftsbranchen.

Im Jahr 2005, nach Ende der „Ausgleichsbeihilfen", die über zehn Jahre 1,4 Milliarden Euro in die Stadt gespült haben, steht Bonn besser da denn je. Die Einwohnerzahl sank nur in einem einzigen Jahr – 1999, dem Jahr des Hauptstadtumzuges. Im früheren Regierungssitz leben heute mit 312.000 Einwohnern sieben Prozent mehr Menschen als 1995. Kaum eine Stadt in Nordrhein-Westfalen hat sich so positiv entwickelt. Bonn weist das fünfthöchste Bruttoinlandsprodukt je Einwohner im ganzen Bundesland auf und hat eine der geringsten Arbeitslosenquoten.

Berlin konnte die Völkerwanderung der Politiker und Beamten nicht zum Wachstum nutzen. Die neue Hauptstadt, die durch den Umzug zu neuer Blüte erwachsen sollte, hat seit der Wende Bevölkerung verloren. Das „Neue Bonn" aber, das nicht Altes bewahren wollte, sondern in Neues investiert hat, gehört zu den wenigen erfolgreichen Entwicklungsprojekten der Wiedervereinigung. Unterm Strich hat Bonn vom Fortzug der Regierung nur profitiert.[110]

Branchen ausgleichen können. Bielefeld glänzt heute durch Zuwanderung, hervorragende Wirtschaftsnoten und eine äußerst niedrige Verschuldung. Paderborn, Gütersloh und Minden-Lübbecke profitieren von einer vergleichsweise hohen Kinderzahl und einer jungen Bevölkerung.

Auch das Siegerland, ganz im Osten Nordrhein-Westfalens gelegen, das mit seinen früheren Eisenerzvorkommen eigentlich zu den altindustriellen Regionen gehört, belegt innerhalb des Landes gute Plätze. Die von mittelständischen Unternehmen geprägte Wirtschaft hat weniger als das Ruhrgebiet auf Staat und Subventionen gesetzt, sondern auf neue Branchen und Produkte. Heute ist die Region um Siegen das deutsche Zentrum für die Herstellung beschichteter Bleche. Hier werden nicht nur innovative Werkstoffe entwickelt, sondern auch Spezialwalzen für Druckindustrie und Maschinenbau produziert.

Im Nordwesten des Bundeslandes, an der Grenze zu den Niederlanden und zu den kinderreichen Kreisen Westniedersachsens, ist eine regelrechte Familienzone entstanden. Im Landkreis Borken, etwa 40 Kilometer von Recklinghausen im überalterten Ruhrgebiet entfernt, leben überproportional viele junge Menschen. Der Kreis verzeichnet nicht nur Zuwanderung, sondern auch einen der höchsten Geburtenüberschüsse ganz Deutschlands. Dabei ist Borken längst nicht mehr nur eine Schlafstadt für Ruhrgebietspendler. Denn anders als im Pott gibt es hier Arbeit fast für alle: Die Zahl der Erwerbstätigen stieg zwischen 1995 und 2003 um zehn Prozent – wobei fast ebenso viele Menschen zum Arbeiten in den Kreis Borken ein- wie auspendeln. Und die positive Entwicklung scheint sich fortzusetzen: Das Bundesamt für Bauwesen und Raumordnung sagt bis zum Jahr 2020 ein weiteres Bevölkerungswachstum von elf Prozent voraus. Allerdings ist in Borken, typisch für ländliche Regionen Westdeutschlands mit hohem Wohlstand und vergleichsweise vielen Kindern, die Frauenerwerbsbeteiligung gering. Hier wird das traditionelle Modell des männlichen Ernährers und der Frau im Hause gepflegt wie fast nirgendwo sonst in Nordrhein-Westfalen.

Bewertung Nordrhein-Westfalen

		GESAMTNOTE
AC	Aachen Lk	3,58
AC	Aachen St	3,73
BI	Bielefeld	3,25
BO	Bochum	3,87
BN	Bonn	3,49
BOR	Borken	3,13
BOT	Bottrop	3,95
COE	Coesfeld	3,38
DO	Dortmund	3,93
DU	Duisburg	4,06
DN	Düren	3,57
D	Düsseldorf	3,37
EN	Ennepe-Ruhr-Kreis	3,74
E	Essen	3,92
EU	Euskirchen	3,48
GE	Gelsenkirchen	4,44
GT	Gütersloh	3,11
HA	Hagen	3,78
HAM	Hamm	4,01
HS	Heinsberg	3,60
HF	Herford	3,30
HER	Herne	4,25
HSK	Hochsauerlandkreis	3,32
HX	Höxter	3,51
KLE	Kleve	3,25
K	Köln	3,43
KR	Krefeld	3,91
LEV	Leverkusen	3,32
LIP	Lippe	3,36
MK	Märkischer Kreis	3,52
ME	Mettmann	3,51
MI	Minden-Lübbecke	3,23
MG	Mönchengladbach	3,88
MH	Mülheim an der Ruhr	3,69
MS	Münster	3,46
GM	Oberbergischer Kreis	3,40
OB	Oberhausen	4,12
OE	Olpe	3,31
PB	Paderborn	3,22
RE	Recklinghausen	4,13
RS	Remscheid	3,44
BM	Rhein-Erft-Kreis	3,48
GL	Rheinisch-Bergischer Kreis	3,49
NE	Rhein-Kreis Neuss	3,33
SU	Rhein-Sieg-Kreis	3,49
SI	Siegen-Wittgenstein	3,27
SO	Soest	3,32
SG	Solingen	3,50
ST	Steinfurt	3,26
UN	Unna	3,96
VIE	Viersen	3,43
WAF	Warendorf	3,37
WES	Wesel	3,87
W	Wuppertal	3,67

Demografie								Wirtschaft										Integration			Bildung				Familienfr.			
Kinderzahl	Unter 35-Jährige	Frauenanteil	Wanderung	Über 75-Jährige	Prognose 2020	ZWISCHENNOTE	Trend	Verfügb. Einkommen	Bruttoinlandsprod.	Kommunale Schulden	Erwerbstätigkeit	Arbeitsl.+Sozialh.	Erwerbstät./Frauen	Erwerbstät./Ältere	Fremdenverkehr	ZWISCHENNOTE	Trend	Bildungschancen	Ausländer/Arbeitsl.	ZWISCHENNOTE	Ohne Abschluss	Jugendarbeitslosigkeit	Hochqualifizierte	ZWISCHENNOTE	Personen je Wohnung	Baulandpreise	Freifläche	ZWISCHENNOTE
3	3	1	2	4	2	2,5	3,6 →	3	4	5	4	3	5	6	5	4,4	2,4 ↗	5	3	4,0	2	3	4	3,0	4	4	5	4,3
6	2	5	1	4	4	3,7	2,2 ↗	3	1	6	6	3	5	6	5	4,4	3,3 →	4	3	3,5	2	1	1	1,3	6	5	5	5,3
5	2	1	1	5	3	2,8	1,6 ↑	1	1	1	4	4	4	4	5	3,0	3,5 →	5	5	5,0	2	3	3	2,7	5	5	4	4,7
6	5	1	2	5	3	3,7	2,8 ↗	3	1	6	5	3	5	6	5	4,3	4,1 ↘	4	3	3,5	2	2	3	2,3	5	5	6	5,3
5	3	1	1	5	3	3,0	1,4 ↑	2	1	6	5	2	5	5	5	3,9	4,4 ↘	5	4	4,5	2	1	1	1,3	6	5	5	5,3
3	1	3	2	3	1	2,2	3,8 →	2	3	3	3	2	5	6	5	3,6	3,4 →	5	3	4,0	2	2	5	3,0	2	3	4	3,0
5	4	2	2	5	3	3,5	3,0 →	4	5	3	4	3	5	6	6	4,5	2,8 ↗	5	4	4,5	2	3	5	3,3	5	0	4	4,5
4	2	3	2	3	2	2,7	4,8 ↓	2	4	3	3	2	5	6	5	3,8	3,4 →	6	4	5,0	1	1	5	2,3	1	5	4	3,3
5	4	2	2	5	3	3,5	2,2 ↗	4	1	6	5	4	5	6	5	4,5	3,0 →	4	3	3,5	3	3	3	3,0	6	5	5	5,3
4	4	1	3	5	5	3,7	2,8 ↗	5	2	5	4	4	5	6	6	4,6	2,6 ↗	5	3	4,0	3	3	4	3,3	6	4	5	5,0
4	3	3	2	4	2	3,0	4,2 ↘	3	3	4	4	3	5	6	6	4,3	3,9 →	5	3	4,0	2	2	3	2,3	3	0	4	3,5
6	4	1	2	5	3	3,5	1,4 ↑	1	1	6	3	3	3	5	4	3,3	2,4 ↗	3	4	3,5	3	1	1	1,7	6	6	6	6,0
5	5	1	3	5	4	3,8	3,4 →	1	3	4	3	3	4	5	5	3,5	2,4 ↗	5	4	4,5	2	2	4	2,7	5	5	6	5,3
6	5	1	2	6	4	4,0	2,2 ↗	2	1	6	4	4	4	6	5	4,0	3,9 →	5	4	4,5	2	2	2	2,0	6	5	6	5,7
4	3	3	2	4	2	3,0	3,6 →	3	3	6	4	2	5	6	5	4,3	3,9 →	5	3	4,0	1	2	5	2,7	3	2	3	2,7
4	4	2	4	6	4	4,0	3,2 →	5	3	5	5	5	6	6	6	5,1	4,3 ↘	4	3	3,5	3	4	4	3,7	6	4	6	5,3
3	2	2	2	3	2	2,3	3,6 →	1	1	2	2	2	4	4	6	2,8	4,1 ↘	5	5	5,0	1	3	4	2,7	3	5	5	4,3
3	4	1	4	5	5	3,7	2,0 ↗	2	2	4	3	4	4	5	6	3,8	3,8 →	5	4	4,5	2	3	4	3,0	6	5	4	5,0
3	2	4	2	4	3	3,0	3,6 →	5	4	6	5	3	5	6	6	5,0	4,6 ↘	6	2	4,0	2	4	5	3,7	4	4	3	3,7
4	3	1	1	3	2	2,3	4,2 ↘	4	5	3	5	3	6	6	6	4,8	2,3 ↗	5	2	3,5	2	2	5	3,0	3	4	5	4,0
4	3	1	2	5	3	3,0	2,8 ↗	1	2	3	1	3	3	4	5	2,8	4,4 ↘	5	6	5,5	2	2	5	3,0	4	3	5	4,0
5	4	2	2	6	4	3,8	2,6 ↗	5	4	6	5	4	5	6	6	5,1	3,5 →	5	2	3,5	3	3	4	3,3	5	4	6	5,0
3	3	3	3	5	4	3,5	3,4 →	1	2	4	3	3	4	6	2	3,1	3,4 →	5	4	4,5	2	2	5	3,0	4	2	3	3,0
4	2	4	3	5	4	3,7	5,0 ↓	3	4	3	4	2	5	6	3	3,8	3,3 →	5	2	3,5	2	2	5	3,0	3	2	3	2,7
4	3	2	1	4	2	2,7	2,8 ↗	2	3	1	4	2	5	6	5	3,5	2,1 ↗	5	3	4,0	3	2	5	3,3	3	4	4	3,7
6	3	1	2	4	2	3,0	1,8 ↑	1	1	6	3	4	4	5	5	3,6	2,6 ↗	4	4	4,0	3	2	1	2,0	6	6	5	5,7
5	4	1	2	5	4	3,5	2,4 ↗	3	1	6	5	3	5	6	6	4,4	3,4 →	4	3	3,5	3	2	3	2,7	6	6	5	5,7
4	4	1	2	4	3	3,0	2,6 ↗	2	1	3	2	3	4	5	5	3,1	2,0 ↗	5	5	5,0	2	3	2	2,3	5	5	5	5,0
2	3	2	3	5	2	2,8	3,0 →	1	3	5	3	3	3	4	4	3,3	4,8 ↘	5	5	5,0	2	3	4	3,0	4	3	4	3,7
4	3	3	3	4	3	3,3	3,4 →	1	2	4	2	3	4	4	5	3,1	4,1 ↘	5	3	4,0	4	2	5	3,7	4	4	5	4,3
5	5	2	2	4	3	3,5	3,4 →	1	2	4	3	2	3	5	5	3,1	3,8 →	5	4	4,5	2	1	3	2,0	5	5	6	5,3
3	3	2	2	5	3	3,0	3,4 →	1	2	4	2	3	3	5	4	3,0	3,0 →	5	5	5,0	2	3	4	3,0	3	3	4	3,3
4	4	1	2	4	3	3,0	2,6 ↗	2	2	6	4	4	5	6	6	4,4	3,6 →	5	4	4,5	3	3	4	3,3	5	5	5	5,0
5	6	1	2	6	4	4,0	2,6 ↗	1	1	3	4	3	4	6	6	3,5	3,4 →	4	5	4,5	2	2	3	2,3	6	0	5	5,5
6	2	1	2	4	4	3,2	2,8 ↗	1	1	6	4	3	4	5	5	3,6	3,3 →	5	6	5,5	2	1	1	1,3	6	5	3	4,7
3	2	2	2	4	2	2,5	4,0 ↘	2	3	6	3	3	5	5	5	4,0	3,5 →	5	4	4,5	2	2	4	2,7	3	3	4	3,3
6	4	1	2	5	4	3,7	3,2 →	4	3	5	4	4	5	6	6	4,6	2,6 ↗	5	3	4,0	3	3	4	3,3	5	5	6	5,3
4	2	3	2	3	2	2,7	4,4 ↘	1	2	3	2	2	5	5	5	3,1	3,0 →	6	3	4,5	3	2	6	3,7	3	4	4	3,7
3	1	2	2	3	2	2,2	3,6 →	3	3	2	3	3	5	5	5	3,6	3,8 →	5	4	4,5	2	2	3	2,3	3	5	4	4,0
5	4	2	3	5	4	3,8	4,0 ↘	3	4	5	5	3	5	6	6	4,6	3,0 →	6	2	4,0	2	3	4	3,0	5	4	6	5,0
4	4	2	3	5	4	3,7	2,2 ↗	1	2	2	2	3	4	4	6	3,0	4,3 ↘	5	3	4,0	1	2	4	2,3	6	4	5	5,0
5	4	1	2	3	2	2,8	3,4 →	1	2	3	4	3	5	6	5	3,6	3,1 →	5	4	4,5	2	2	4	2,7	4	5	5	4,7
4	4	2	2	4	2	3,0	3,2 →	1	4	3	3	3	4	5	5	3,5	2,6 ↗	5	6	5,5	1	2	4	2,3	4	5	5	4,7
4	4	1	2	3	3	2,8	3,0 →	1	1	5	3	2	4	5	5	3,3	2,9 ↗	4	4	4,0	2	2	4	2,7	4	5	6	5,0
5	3	2	1	3	2	2,7	3,2 →	1	4	6	4	2	4	6	5	4,0	3,6 →	5	4	4,5	2	1	4	2,3	3	5	5	4,3
4	3	2	3	4	3	3,2	3,0 →	1	2	4	3	2	5	5	5	3,4	2,5 ↗	5	3	4,0	2	2	4	2,7	4	3	4	3,7
4	3	2	2	4	2	2,8	3,4 →	2	2	5	3	3	4	6	4	3,6	3,3 →	5	3	4,0	2	2	4	2,7	4	3	4	3,7
5	4	1	2	5	3	3,3	2,4 ↗	1	3	1	3	3	4	4	6	3,1	3,6 →	5	4	4,5	2	2	5	3,0	5	5	5	5,0
3	2	2	2	3	2	2,3	3,4 →	3	4	4	3	2	4	6	5	3,9	2,9 ↗	5	4	4,5	2	2	5	3,0	2	3	4	3,0
5	4	2	3	4	2	3,3	5,0 ↓	3	4	3	4	3	5	6	6	4,3	3,1 →	5	3	4,0	2	3	5	3,3	4	5	6	5,0
5	4	1	2	4	2	3,0	3,4 →	1	3	3	3	2	4	6	6	3,5	3,0 →	4	3	3,5	2	2	5	3,0	4	5	5	4,7
3	2	3	2	4	2	2,7	4,2 ↘	2	3	4	3	2	4	5	6	3,6	3,6 →	4	5	4,5	2	2	4	2,7	3	4	4	3,7
5	4	2	2	4	3	3,3	3,2 →	3	4	5	4	3	5	6	6	4,5	2,6 ↗	5	4	4,5	2	2	5	3,0	3	5	5	4,3
5	4	1	3	5	5	3,8	2,6 ↗	1	1	1	3	4	4	5	6	3,1	4,4 ↘	5	4	4,5	3	2	3	2,7	6	5	5	5,3

SAARLAND

Wo der Westen heute schon schrumpft

- Einwohnerzahl
  2004: 1.056.000
  2020: 1.008.000
- Fläche: 2.569 km²
- Landesschulden/
  Einwohner: 6.980,– €

In der Nacht vom 18. auf den 19. März 2005 bebte in dem Städtchen Lebach nahe Saarlouis der Boden. Der Erdstoß mit der Stärke 3,4 auf der Richterskala warf Geschirr aus den Schränken und ließ einen Schornstein auf die Straße stürzen.[111] Noch in der gleichen Nacht protestierten 50 wütende Anwohner vor dem Haus des saarländischen Ministerpräsidenten. Denn das Beben war nicht das erste, das sie zu spüren bekamen. Vor allem war es von Menschen gemacht: Unter Lebach ist der Grund durchlöchert wie Schweizer Käse. Noch heute holt die Deutsche Steinkohle AG Jahr für Jahr sechs Millionen Tonnen des schwarzen Brennstoffs aus der saarländischen Erde.[112]

Steinkohle und Eisenerz haben das einst dünn besiedelte, ländliche Saargebiet während der industriellen Revolution im 19. Jahrhundert erblühen lassen. Schon damals formierte sich auf Basis der Bodenschätze ein überregionaler Wirtschaftsraum im Grenzgebiet von Deutschland, Frankreich, Belgien und Luxemburg, der heute die Großregion „SaarLorLux – Rheinland-Pfalz – Wallonien" bildet. Die Saarhütten erwarben im luxemburgisch-lothringischen Grenzgebiet und in Westlothringen eigene Erzfelder. Doch der Reichtum machte das Land auch zum Zankapfel zwischen Deutschland und Frankreich. Als Folge von drei Kriegen seit 1870 wechselten Lothringen und das Saarland mehrfach ihre nationale Zugehörigkeit.

Erst 1957 gelangte das Saarland endgültig zur Bundesrepublik – und wurde erneut Motor der industriellen Entwicklung. In der Zeit zwischen 1950 und 1965 wuchs die Bevölkerung des Saarlandes von 0,95 auf 1,13 Millionen Menschen. Dann geriet auch hier die Stahl- und Kohlebranche in die Krise. Vor allem die jüngeren Saarländer verließen ihre Heimat und suchten sich Arbeit in anderen Bundesländern. Fast zwei Jahrzehnte lang sank die Einwohnerzahl des kleinen, aber dicht besiedelten Saarlandes.

Wiedergeburt als Autoland

Erst Mitte der 1980er Jahre, nachdem sich die Wirtschaft zu einem guten Teil an den Strukturwandel angepasst hatte, stabilisierte sich die Einwohnerzahl und stieg sogar wieder leicht an. 1995 lebten im Saarland wieder 1,08 Millionen Menschen. Hauptgrund dafür war die gute Auftragslage in der Automobilindustrie. Schon 1966 hatte Ford in Saarlouis ein Montagewerk gegründet und seither ist die Bedeutung der Fahrzeughersteller in der Region ständig gestiegen.

Nirgendwo liegen alte und neue Industrie so dicht beieinander wie in Saarlouis. Während die Kohlekumpel unter dem angrenzenden Lebach den hoch subventionierten Rohstoff schürfen und Entspannungsbeben die Bevölkerung regelmäßig in Angst und Schrecken versetzen, schrauben über Tage fast 7.000 Ford-Mitarbeiter den profi-

Zu klein für ein Bundesland?

Sämtliche Kreise des Saarlandes werden bis 2020 an Bevölkerung verlieren. Das stark überalterte südwestliche Bundesland ist damit Vorreiter einer Entwicklung, die auf ganz Deutschland zukommt. Kleine Länder werden es angesichts dieser Entwicklung schwer haben, ihre föderale Eigenständigkeit zu bewahren.

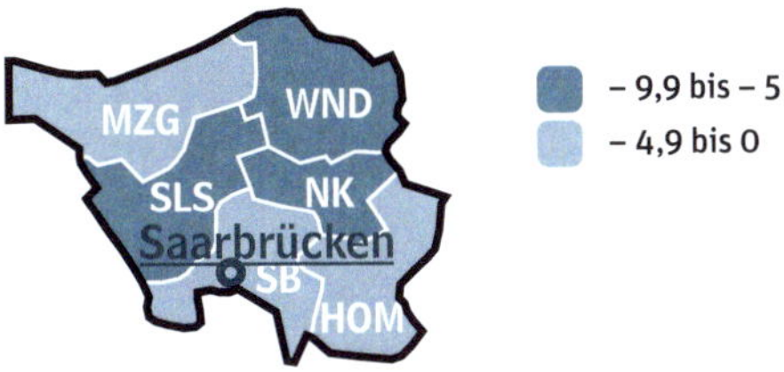

Prognostizierte Bevölkerungsentwicklung 2004 bis 2020 in Prozent

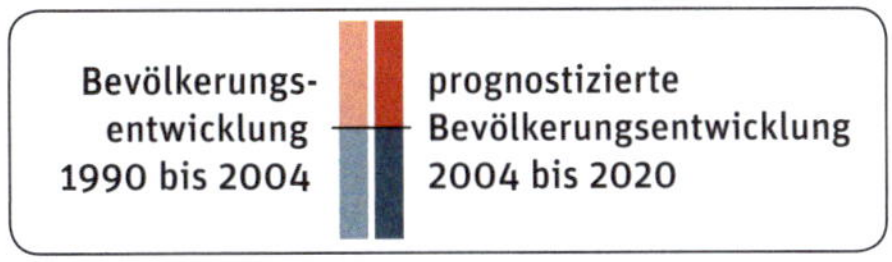

(Datengrundlage: Bundesamt für Bauwesen und Raumordnung)

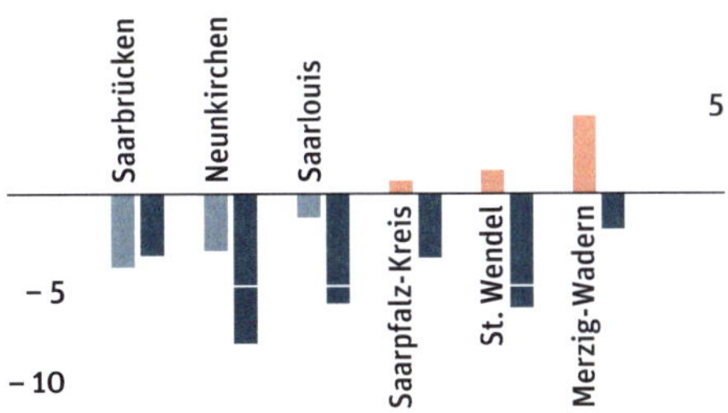

tablen Focus zusammen. Mehr als fünf Millionen PKW pro Jahr fertigt die deutsche Automobilindustrie und belegt damit weltweit Platz drei hinter den USA und Japan. Acht Prozent der deutschen Produktion stammen aus dem Saarland. Mittlerweile hängen 40.000 saarländische Arbeitsplätze – 40 Prozent aller Industriejobs – am Automobil.[113] Denn auch die Zulieferer haben ihre Firmen an der Saar etabliert: Gergen und Jung, ein großer Hersteller von Fahrzeugaufbauten in St. Ingbert und Homburg, ZF Getriebe in Saarbrücken, Bosch in Homburg und Eberspächer in Neunkirchen. Dass die neue Industriestruktur aber nicht von allen Problemen befreit, hat sich im Jahr 2003 gezeigt. Aufgrund einer Modellumstellung bei Ford entfiel vorübergehend ein Teil der Produktion. Prompt schwächte sich das Wirtschaftswachstum des Saarlands auf nur noch 0,3 Prozent ab.

Glücklicherweise verfügt das kleinste Flächenland der Republik über hochkarätige Forschungseinrichtungen im Bereich Informatik. Zum so genannten Computer-Science-Cluster Kaiserslautern-Saarland zählen neben mehreren universitären Instituten auch das Deutsche Zentrum für Künstliche Intelligenz, die Fraunhofer-Institute für Softwareentwicklung und für Wirtschaftsmathematik, sowie das Max-Planck-Institut für Informatik. Erst kürzlich kam in Saarbrücken ein weiteres Max-Planck-Institut – für Softwaresysteme – hinzu. Etwa 800 Wissenschaftler forschen in der Informatikbranche.[114] Wie erfolgreich die Wirtschaftsentwicklung des Saarlands ist, lässt sich an der Zahl der Grenzgänger aus dem französischen Lothringen ausmachen: 22.000 Menschen pendeln täglich über die deutsche Grenze, um an der Saar zu arbeiten.[115]

Wenige junge Menschen, noch weniger Kinder

Doch die Strukturkrise der Schwerindustrie hat Spuren in der saarländischen Bevölkerungspyramide hinterlassen. Deshalb können die Zuzüge der letzten Jahre die frühere Abwanderung keinesfalls ausgleichen. Hinzu kommt ein besonders ausgeprägter Nachwuchsmangel. Das Saarland war in den vergangenen Jahren das einzige Bundesland Deutschlands, das trotz Zuwande-

WER REICH IST LEBT LÄNGER

An der Saar werden die Menschen nicht besonders alt. Frauen haben dort mit 80,6 Jahren die geringste Lebenserwartung aller deutschen Bundesländer. Ihre Geschlechtsgenossinnen in Baden-Württemberg, dem Land mit den ältesten Deutschen, können zwei Jahre mehr vom Leben erwarten. Die saarländischen Männer kommen auf 74,7 Jahre. Selbst in den neuen Bundesländern, wo die Lebenserwartung zum Zeitpunkt der Wende deutlich geringer war als im Westen, haben die Sachsen mittlerweile die Saarländer überholt. Zwar können auch die Menschen im südwestlichsten Bundesland ständig mit mehr Lebenszeit rechnen, doch fällt der Zugewinn hier geringer aus als im Rest der Republik – mit dem Resultat, dass sich der Abstand zu den Ländern mit den länger lebenden Menschen ständig vergrößert.

Ursache dafür ist nicht etwa eine schlechte medizinische Versorgung – das Saarland liegt bei Gesundheitsausgaben und Ärztedichte im oberen Drittel aller Bundesländer. Die Saarländer sind einfach häufiger krank. Bei all jenen Leiden, die in Deutschland am häufigsten zum Tode führen – Krebs, Herz-Kreislauf-Erkrankungen und Krankheiten der Atmungsorgane – erreicht das Saarland Spitzenwerte. Starben im Jahr 2004 im deutschen Mittel je 100.000 Einwohner 102 Menschen an chronischen Herzkrankheiten, so lag diese Ziffer im Saarland bei 148. Lungenkrebs tötete 48 von 100.000 Einwohnern bundesweit, im Saarland waren es 63, in Baden-Württemberg nur 35. Am stärksten treten die Gesundheits-Unterschiede bei Diabetes zutage. Eine vergleichende Studie zwischen fünf Bundesländern fand heraus, dass im Saarland 10,3 Prozent der Bevölkerung zuckerkrank sind, und dass im Jahr 2004 dort 42 von 100.000 Einwohnern an Diabetes starben – doppelt so viele wie im deutschen Durchschnitt.[116]

Die Gesundheitsmisere ist zum großen Teil auf die Vergangenheit zurückzuführen. Die harten Arbeitsbedingungen in der Montanindustrie und der niedrige Sozialstandard der Arbeiterschicht, die eine vergleichsweise ungesunde Lebensart gepflegt hat, senken generell die Lebenserwartung. Deutschlandweit existiert ein starker Zusammenhang zwischen Einkommen und erreichbarem Alter. Wohlhabende essen gesünder, treiben mehr Sport und können mehr Geld in ihre Gesundheit investieren. Die Saarländer waren in diesem Punkt besonders schlecht dran: Bis ins Jahr 1999 lag dort das verfügbare Einkommen auf dem niedrigsten Niveau unter den West-Bundesländern (mittlerweile trägt Rheinland-Pfalz die rote Laterne). Vor allem Sozialhilfeempfänger zeichnen sich durch eine niedrige Lebenserwartung aus. Dass gerade die Frauen im Saarland vergleichsweise jung sterben, hängt gewiss auch damit zusammen, dass dort die Sozialhilfequote der weiblichen Bevölkerung die höchste unter allen deutschen Flächenländern ist.[117]

rungen geschrumpft ist. Es macht damit vor, was der ganzen Republik noch bevorsteht: In wenigen Jahren werden fast bundesweit die Sterbefallüberschüsse so groß sein, dass ein Schrumpfen selbst durch Zuwanderung nicht mehr auszugleichen ist.

Dass die demografischen Probleme des Saarlandes zu einem großen Teil aber an den typisch deutschen Rahmenbedingungen wie einer unzureichenden Familienpolitik und der schwierigen Vereinbarkeit von Familie und Beruf liegen, zeigt ein Vergleich mit anderen Gebieten der Vier-Länder-Region. Denn die wirtschaftlichen Ausgangsbedingungen sind in all diesen Nationen vergleichbar: Auch das französische Lothringen, das belgische Wallonien und das Großherzogtum

Schrumpfen wie im Osten

Die Bevölkerungsentwicklung im Saarland erinnert an die Verhältnisse in den neuen Bundesländern. Denn aufgrund der wirtschaftlichen Krise in der Montanindustrie hat das Saarland seit Mitte der 1960er Menschen verloren. Nur vorübergehend kam es zu einer Erholung, weil sich neue Industrien niedergelassen haben und weil es Zuwanderung aus dem Osten gab. Da aber das Saarland die geringste Kinderzahl aller westdeutschen Flächenländer aufweist, schrumpft die Einwohnerzahl trotz Zuwanderung bereits seit Jahren wieder. Prognosen zufolge wird das Saarland bis zum Jahr 2020 weitere 53.000 Bewohner verlieren.

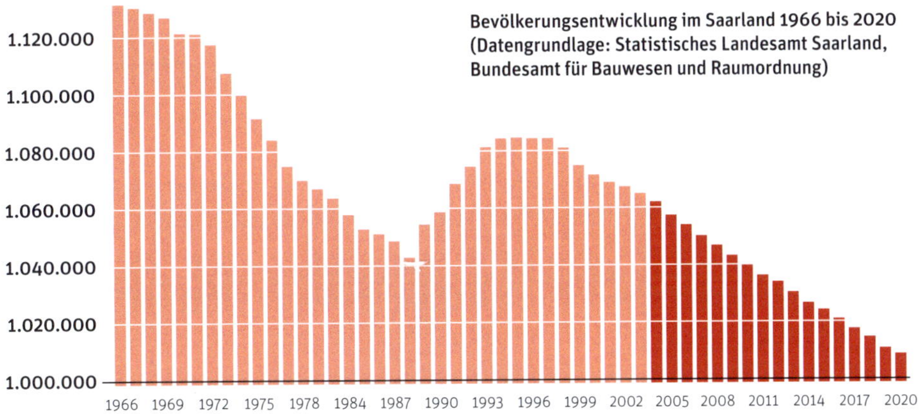

Bevölkerungsentwicklung im Saarland 1966 bis 2020 (Datengrundlage: Statistisches Landesamt Saarland, Bundesamt für Bauwesen und Raumordnung)

Luxemburg waren einst von der Montanindustrie geprägt und haben einen tief greifenden Strukturwandel hinter sich.

Im Jahr 1970 lag die Zahl der Geburten je 1.000 Einwohner in den Regionen der vier verschiedenen Länder noch auf ähnlichem Niveau, wobei das französische Lothringen die höchsten Kinderzahlen vorweisen konnte. Drei Jahrzehnte später hat sich das Saarland von der demografischen Entwicklung der übrigen Gebiete abgekoppelt. An der Saar kommen heute jährlich nur noch sieben Kinder je 1.000 Einwohner zur Welt. In den belgischen, französischen und luxemburgischen Nachbarregionen sind es zwischen elf und zwölf. Nur Rheinland-Pfalz, das ebenfalls zu der Großregion gezählt wird, weist mit 8,3 Geburten je 1.000 Einwohner ähnlich niedrige Nachwuchszahlen auf wie das Saarland.

Der föderale Südwestzipfel der Republik ist aufgrund von Kinderarmut und Abwanderung junger Menschen denn auch das am meisten überalterte westdeutsche Bundesland. Selbst im

Deutscher Sonderweg

Der Vergleich mit den Nachbarregionen legt nahe, dass die geringen Kinderzahlen im Saarland mit den gesellschaftlichen Rahmenbedingungen Deutschlands zusammenhängen. Offensichtlich ist das Land weniger kinderfreundlich als Luxemburg, Belgien und Frankreich. Vermutlich lassen sich dort Familie und Beruf besser vereinbaren.

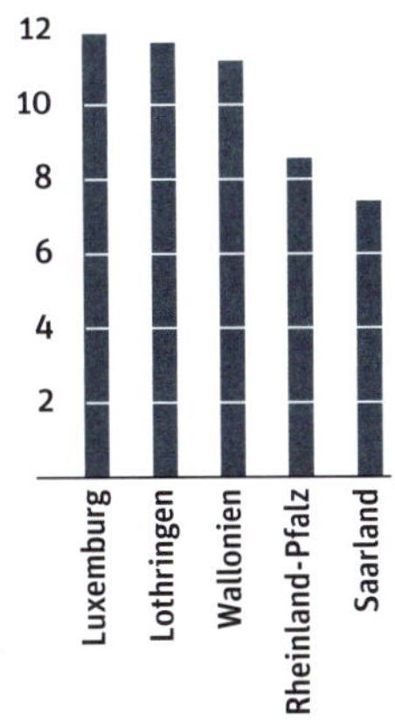

Geborene je 1.000 Einwohner in der Großregion „SaarLorLux – Rheinland-Pfalz – Wallonien“ 2002 (Datengrundlage: Statistisches Jahrbuch 2004 SaarLorLux – Rheinland-Pfalz – Wallonien)

Osten sehen nur Sachsen und Sachsen-Anhalt älter aus. Weniger als ein Fünftel der Bevölkerung an der Saar ist noch jünger als 20 Jahre, mehr als 26 Prozent sind dagegen älter als 60. Seit Mitte der 1990er Jahre ist die Zahl der Grundschüler im Saarland von damals 41.400 auf heute knapp 39.600 gesunken.[118] Zu Beginn des Schuljahres, im Herbst 2005, öffneten 32 der vorher 269 saarländischen Grundschulen ihre Pforten nicht mehr. Weitere 48 Lehranstalten bekamen von der Landesregierung den Stempel „auslaufend".[119]

Allerdings gab es auch in den 1980er Jahren schon einmal einen Schülermangel. Bedingt durch den „Pillenknick" in den 1970er Jahren bekamen die ohnehin geburtenschwachen Jahrgänge der Nachkriegszeit besonders wenige Kinder. Die absolute Zahl der Neugeborenen sank auf ein historisches Tief. Später stieg die Geburtenzahl wieder, weil die große Gruppe der Babyboomer ins Elternalter kam. Auf einen solchen Aufholeffekt lässt sich heute nicht mehr hoffen: Das Saarland hat mit 1,3 Kindern je Frau nicht nur die geringste Geburtenziffer aller westdeutschen Flächenländer, sondern auch den kleinsten Anteil 20- bis 39-Jähriger. Damit fehlen die potenziellen Eltern der nahen und ferneren Zukunft. Neben den wenigen Kindern und der überalterten Bevölkerung ist auch die geringe Lebenserwartung im Saarland dafür verantwortlich, dass dort die Sterbefallüberschüsse schon heute recht hoch liegen. Je 1.000 Einwohner sterben dort jährlich vier Menschen mehr als geboren werden. Nur Sachsen-Anhalt verbucht einen größeren natürlichen Schwund. Bis 2020 werden für alle saarländischen Kreise erhebliche Bevölkerungsverluste prognostiziert. Während das Bundesamt für Bauwesen und Raumordnung Bevölkerungsrückgänge zwischen 2,3 (im Kreis Merzig-Wadern) und neun Prozent (in Neunkirchen) erwartet, geht das statistische Landesamt in vier der sechs saarländischen Kreise sogar von Verlusten von etwa zehn Prozent aus.

Die heutigen jungen Menschen im Saarland werden später nur wenige Verwandte haben. Aber um so mehr Häuser erben: Nirgendwo in

Bewertung Saarland

		GESAMTNOTE
MZG	Merzig-Wadern	3,69
NK	Neunkirchen	3,93
SLS	Saarbrücken	3,77
HOM	Saarlouis	3,80
WND	Saarpfalz-Kreis	3,67
SB	St. Wendel	3,63

Deutschland besitzen die Bewohner so viele private Immobilien. Die Erbschaften haben allerdings einen zweifelhaften Wert. Denn in den Dorfkernen des Saarlands stehen häufig ältere Gebäude leer, Grundstücke liegen brach. Zwangsläufig verlieren diese Immobilien an Substanz und ihre Besitzer das Kapital, das sie, wie die meisten Deutschen, für ihre Alterversorgung eingeplant haben. Geschürt wird der Werteverfall noch dadurch, dass die Kommunen nach wie vor Bauland auf der grünen Wiese ausweisen.

Um dem Trend entgegenzusteuern, hat das saarländische Umweltministerium jetzt ein „Modellvorhaben zu Eindämmung des Landschaftsverbrauchs durch innerörtliche Entwicklung", kurz „Melanie", aufgelegt. Seit dem Projektstart im Jahr 2004 hat die Gemeinde Illingen im Kreis Neunkirchen in einer Art Pilotstudie die Leerstände ihrer Kommunen erhoben und Handlungsempfehlungen angesichts der zu erwartenden Bevölkerungsentwicklung formuliert. Bei dem Vorhaben ist unter anderem eine Website mit dem abschreckenden Titel „Leerstand Illingen" herausgekommen, auf der die Dorfbewohner ihre obsolet gewordenen Gebäude zum Kauf anbieten können. Zumindest die Website könnte von der Entwicklung profitieren: Das Bundesamt für Bauwesen und Raumordnung prognostiziert für den Kreis Neunkirchen bis zum Jahr 2020 einen weiteren Verlust von 13.000 Menschen.

	Demografie								Wirtschaft										Integration			Bildung				Familienfr.			
	Kinderzahl	Unter 35-Jährige	Frauenanteil	Wanderung	Über 75-Jährige	Prognose 2020	ZWISCHENNOTE	Trend	Verfügb. Einkommen	Bruttoinlandsprod.	Kommunale Schulden	Erwerbstätigkeit	Arbeitsl.+Sozialh.	Erwerbstät./Frauen	Erwerbstät./Ältere	Fremdenverkehr	ZWISCHENNOTE	Trend	Bildungschancen	Ausländer/Arbeitsl.	ZWISCHENNOTE	Ohne Abschluss	Jugendarbeitslosigkeit	Hochqualifizierte	ZWISCHENNOTE	Personen je Wohnung	Baulandpreise	Freifläche	ZWISCHENNOTE
	6	4	1	2	5	3	3,5	2,8 ↗	5	4	3	4	2	5	6	4	4,1	2,8 ↗	6	2	4,0	4	2	5	3,7	4	2	4	3,3
	6	5	2	2	5	4	4,0	4,2 ↘	3	4	3	4	3	4	6	5	4,0	2,0 ↗	5	3	4,0	3	3	5	3,7	6	2	5	4,3
	6	5	1	2	5	3	3,7	3,6 →	4	1	3	5	4	5	6	5	4,1	1,9 ↑	5	3	4,0	4	3	3	3,3	6	3	3	4,0
	6	5	3	2	4	4	4,0	3,6 →	4	3	3	3	2	5	6	5	3,9	1,6 ↑	6	3	4,5	3	2	5	3,3	5	2	5	4,0
	6	5	2	2	5	3	3,8	4,6 ↘	2	1	4	4	2	4	6	5	3,5	3,4 →	5	3	4,0	2	2	4	2,7	5	3	5	4,3
	6	4	3	2	5	4	4,0	4,2 ↘	1	4	3	3	2	4	6	5	3,5	2,0 ↗	6	3	4,5	3	2	5	3,3	4	2	4	3,3

Wo die Eltern fehlen

Nur im Saarland, in Sachsen und Sachsen-Anhalt gibt es in den hier dargestellten Jahrgängen mehr Alte als Junge. An der Saar gründet die Überalterung auf einem zwei Jahrzehnte andauernden Exodus junger Erwerbstätiger sowie auf dem Kindermangel. In keinem Bundesland, nicht einmal in den Krisengebieten des Ostens, gibt es weniger junge Menschen zwischen 20 und 39 Jahren. Mit den potenziellen Eltern fehlt das demografische Fundament für die Zukunft.

Bevölkerungsanteile der 20- bis 39-Jährigen und der über 65-Jährigen in den deutschen Bundesländern 2003
(Datengrundlage: Statistisches Bundesamt)

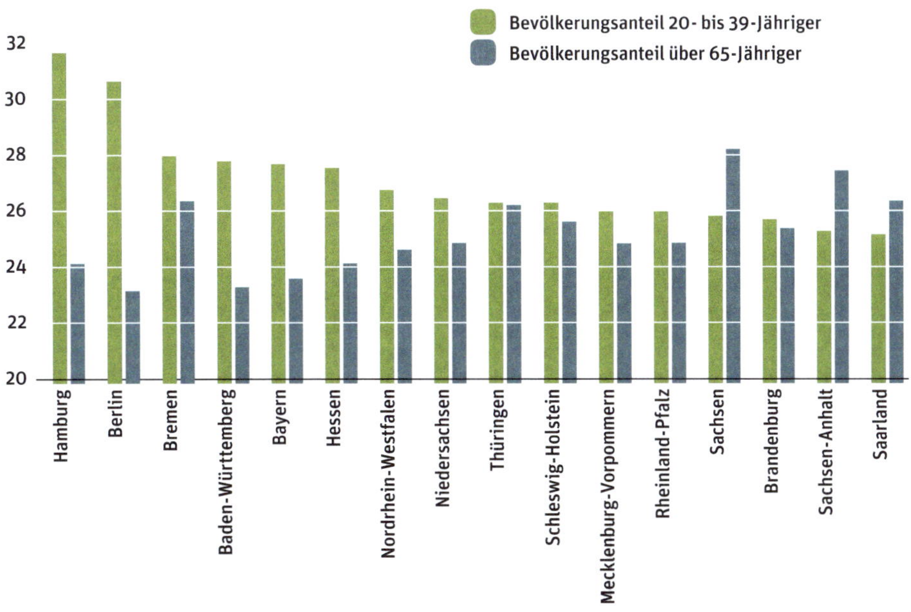

RHEINLAND-PFALZ

Wo das Herz Europas schlägt

- **Einwohnerzahl 2004: 4.061.000 2020: 4.134.000**
- **Fläche: 19.853 km²**
- **Landesschulden/ Einwohner: 5.723,– €**

Am 1. Mai 2004 wurde der 1.300-Seelen-Ort Kleinmaischeid in Landkreis Neuwied am Rhein zum Mittelpunkt der Europäischen Union. Seit diesem Tag der EU-Osterweiterung auf 25 Staaten ist der Ort ins geografische Zentrum Europas gerückt. Für Rheinland-Pfalz ist das Zusammenwachsen von Regionen und Kulturen allerdings schon lange Wirklichkeit. 1946 auf Geheiß der französischen Besatzungsmacht aus vormals preußischen, hessischen und bayerischen Zonen gebildet, ist das Bundesland heute Teil der wirtschaftlich verflochtenen Großregion „SaarLorLux – Rheinland-Pfalz – Wallonien". Das Vier-Millionen-Einwohner-Land Rheinland-Pfalz stellt ein Drittel aller Bürger dieses Gebietes. In dieser Jahrhunderte lang von Territorialstreitigkeiten verschiedener europäischer Mächte zerrissenen Region wurde 1971 durch ein Drei-Länder-Abkommen die „Regionalkommission Saarland-Lothringen-Luxemburg-Rheinland-Pfalz" ins Leben gerufen. Das Gebiet wurde so zum Labor des zukünftigen Zusammenlebens im vereinten Europa.

Trierer Grenzgänger

Längst zeigt das Projekt des grenzüberschreitenden Denkens Erfolge. Nicht nur weil Passkontrollen, Schlagbäume und Zollschranken zwischen den Nachbarländern Belgien, Luxemburg, Frankreich und Deutschland verschwunden sind, sondern auch weil täglich 160.000 Berufspendler die Grenzen passieren.[120] Davon profitiert die gesamte Region – auf deutscher Seite vor allem der Großraum Trier im Westen von Rheinland-Pfalz. Obwohl das Gebiet weit von den wirtschaftlichen Zentren im eigenen Land entfernt liegt, leidet es nicht unter Abwanderung, weil die offenen Grenzen den Austausch mit dem wachstumsstarken

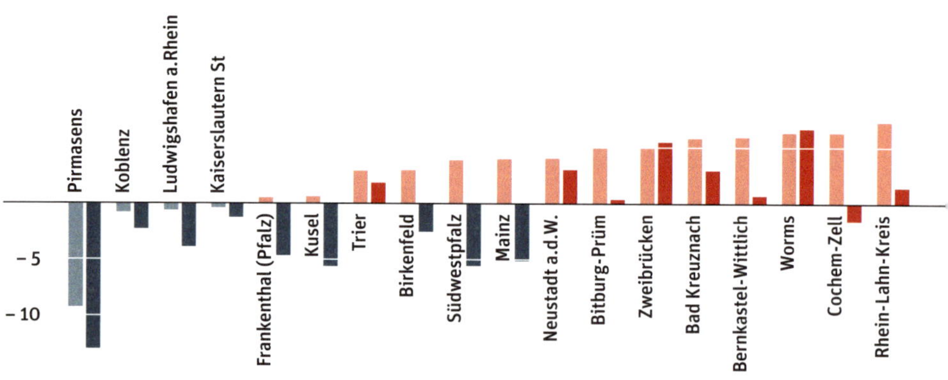

Prognostizierte Bevölkerungsentwicklung 2004 bis 2020 in Prozent

- – 14,99 bis – 10
- – 9,99 bis – 5
- – 4,99 bis 0
- 0,01 bis 5
- 5,01 bis 10
- 10,01 bis 15

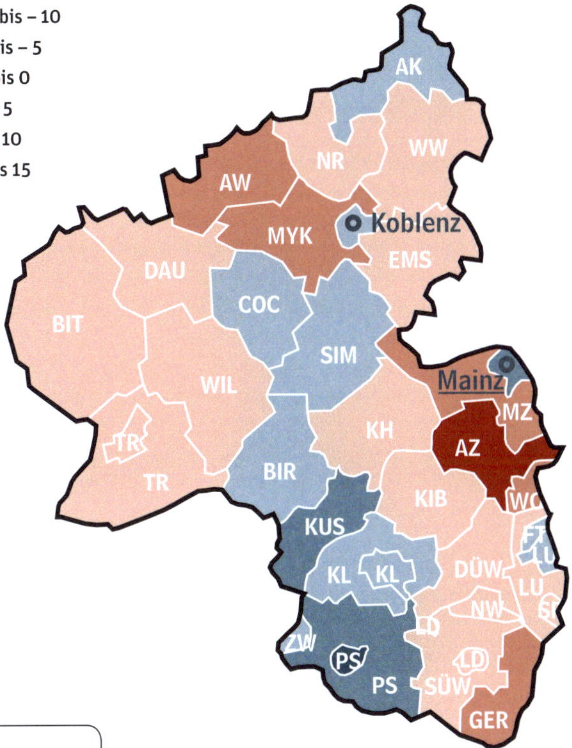

Darum ist es am Rhein so schön

In Rheinland-Pfalz können vor allem die Kreise entlang des größten deutschen Flusses auf weiteren Bevölkerungszuwachs bauen. Sie sind landschaftlich attraktiv und liegen nahe an wirtschaftsstarken Ballungsräumen. In der Provinz, im Hunsrück und dem Westerwald, vor allem aber in der Südwestpfalz, wo sich das Militär weiträumig zurückgezogen hat, muss man sich auf herbe Verluste einstellen.

Bevölkerungsentwicklung 1990 bis 2004 | prognostizierte Bevölkerungsentwicklung 2004 bis 2020

(Datengrundlage: Bundesamt für Bauwesen und Raumordnung)

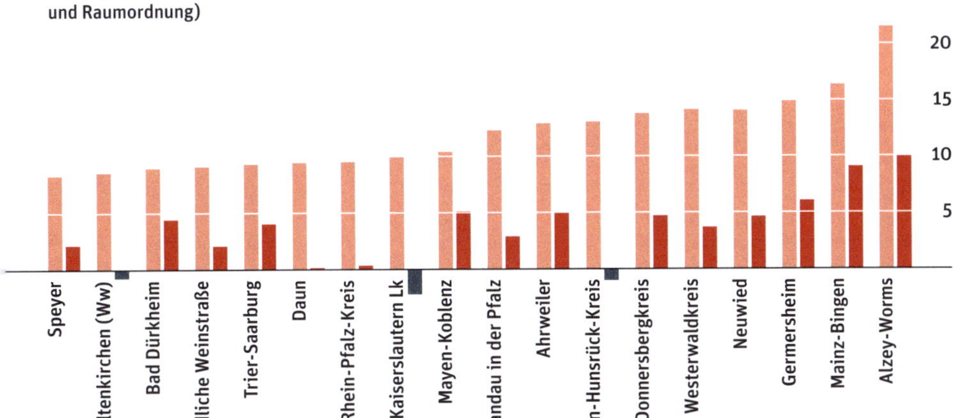

Luxemburg ermöglichen. Keine halbe Autostunde trennt Trier von einer der wirtschaftlich dynamischsten Regionen Europas.

Luxemburg hat, anders als das Saarland und das Ruhrgebiet, seine von Schwerindustrie geprägte Vergangenheit längst überwunden. Bis in die 1970er Jahre war das eisenerzreiche Land von der Stahlindustrie geprägt. Dann erreichte die Krise auch das Großherzogtum. Doch die Luxemburger reagierten prompt: Bis 1980 hatten sie den Erzbergbau eingestellt und stattdessen begonnen, einen Standort von EU-Institutionen und Banken aufzubauen. Wohl kein Land der Welt hat den Strukturwandel so schnell und erfolgreich gemeistert wie Luxemburg. Heute wird hier das höchste Pro-Kopf-Bruttoinlandsprodukt der Europäischen Union erwirtschaftet und der Arbeitskräftebedarf übersteigt bei weitem das demografische Potenzial der kleinen Nation. Bei nur 450.000 Einwohnern verzeichnet Luxemburg täglich 100.000 Einpendler aus Frankreich, Belgien und Deutschland. 15 Prozent davon kommen aus Rheinland-Pfalz. Die Grenzgänger nutzen das hervorragende Arbeitsplatzangebot, die geringe Steuerlast und die guten Verdienstmöglichkeiten: Das Bruttogehalt eines Angestellten liegt in Luxemburg fast 20 Prozent höher als in Rheinland-Pfalz. Doch auch das benachbarte Saarland, wo mittlerweile die Automobilindustrie Arbeit geschaffen hat, zieht Pendler aus Rheinland-Pfalz an: 21.000 Menschen fahren täglich zur Arbeit an die Saar. In der Gegenrichtung sind es nur fast

Wohlhabende Mittelschicht bevorzugt attraktive Städte

In fast allen Umlandkreisen größerer Städte ist die Kaufkraft höher als in der Kernstadt selbst. Das liegt daran, dass besser Verdienende lieber im Grünen, auf Distanz zu ihrem Arbeitsort wohnen. Der Kaufkraftvorsprung des Umlandes weitet sich aus, wenn die Stadt im Zentrum auch noch unattraktiv ist. Unter diesem Phänomen leidet vor allem die Chemiestadt Ludwigshafen, die auf fünf Jahrzehnte verfehlter Stadtbaupolitik zurückblickt. Dort haben die Menschen im Mittel 3.400 Euro weniger in der Tasche als im benachbarten Rhein-Pfalz-Kreis.

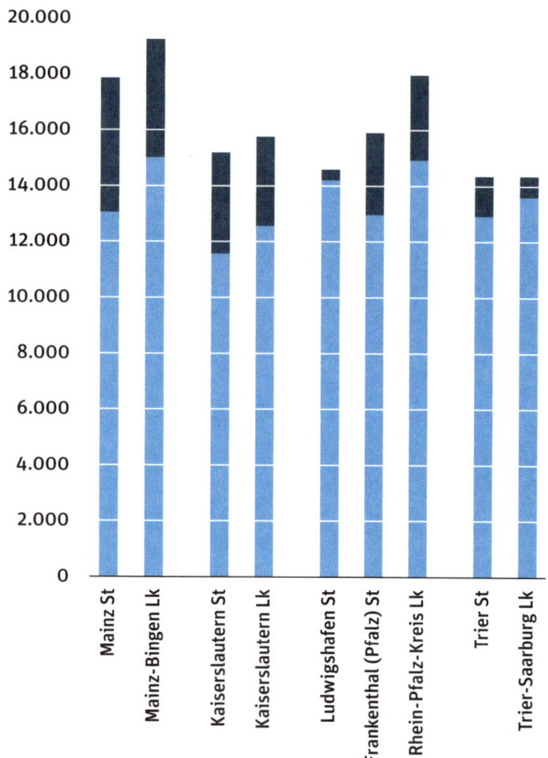

Kaufkraft in Trier, Kaiserslautern, Ludwigshafen und Trier sowie deren Umlandkreisen, in Euro (Datengrundlage: Arbeitskreis Volkswirtschaftliche Gesamtrechnungen der Länder, Statistisches Bundesamt)

Kaufkraft je Einwohner 2003
Kaufkraftzugewinn 1995 bis 2003

12.000. Und aus Luxemburg kommen kaum mehr als hundert Personen, um im Pfälzischen einem Job nachzugehen.

Aufgrund seiner günstigen Lage ist Trier-Saarburg, der die Stadt Trier umschließende Landkreis, auch das einzige Gebiet in der abgelegenen Westpfalz, das in den letzten Jahren Einwohner hinzugewonnen hat. In den Kreisen Bitburg-Prüm und Daun hingegen, die weiter von der Stadt Luxemburg entfernt liegen und keine größeren Kernstädte haben, hat das Schrumpfen längst begonnen.

Generell lässt sich die Wirtschaftsschwäche von Rheinland-Pfalz an den Pendlerzahlen ablesen. Unterm Strich verdienen fast 130.000 Menschen, sieben Prozent aller erwerbstätigen Rheinland-Pfälzer, ihr Geld außerhalb des eigenen Bundeslandes. Gemessen an der Bevölkerungszahl haben nur Brandenburg und Schleswig-Holstein mehr Auspendler – viel kleinere Länder, deren Arbeitsmärkte von den Stadtstaaten Hamburg und Berlin dominiert werden. Auch die hohe Straßendichte in Rheinland-Pfalz, mit fast einem Kilometer Piste je Quadratkilometer die höchste aller Flächenländer, ist ein Zeichen für die vielen Pendler.[121]

Die rheinland-pfälzische Ökonomie ist, gemessen am Bruttoinlandsprodukt je Einwohner, die zweitschwächste aller westdeutschen Bundesländer. Dennoch zählt die Sparquote der Rheinland-Pfälzer zu den höchsten der Republik. 56 Prozent aller Landesbewohner verfügen über ein eigenes Haus, nur im Saarland liegt die Eigenheimquote höher. Dies zeigt, dass es sich, aller Wirtschaftsschwäche zum Trotz, in Rheinland-Pfalz gut leben lässt. Das obere Mittelrheintal mit seinen Burgen und Weinbergen wurde 2002 von der Unesco zum Weltkulturerbe ernannt. Die Menschen lassen sich von diesem Ambiente anziehen, verdienen ihr Geld aber eher in den Industriezentren Rhein-Main, Köln-Bonn und Karlsruhe-Mannheim, oder in Luxemburg, also jenseits der Landes- und Bundesgrenzen. Die Anziehungskraft beruht auf der attraktiven Landschaft. Mehr als 40 Prozent des Landes sind bewaldet – das ist der höchste Flächenanteil bundesweit. Mit Ahr, Mosel-Saar-Ruwer, Nahe, Mittelrhein, Rheinhessen und der Pfalz stellt das Land über zwei Drittel aller deutschen Weinanbaugebiete. Doch all diese Reize werden längerfristig nicht ausreichen, um die Bevölkerungszahl stabil zu halten. Schon vor der Wende hatte sich der demografische Wandel mit einem leichten Schwund angekündigt. Dann brachten der Fall des eisernen Vorhangs und die Abwanderung aus den neuen Bundesländern eine vorübergehende Trendwende. Seit 1989 wuchs die Einwohnerzahl von Rheinland-Pfalz um rund 360.000 auf über vier Millionen, ein Plus von knapp zehn Prozent. Dabei erzielt das Land seine Zugewinne nicht nur bei jungen Arbeitnehmern, sondern auch bei Ruhesitzwanderern.

Wie die Entwicklung weitergeht, ist unklar: Während die Prognosen des Bundesamtes für Bauwesen und Raumordnung bis 2020 noch von einem leichten Anstieg auf 4,13 Millionen Einwohner ausgehen, sind die Statistiker des landeseigenen Amtes in Bad Ems wesentlich skeptischer. Sie rechnen mit einem deutlichen Einwohnerrückgang auf 3,76 Millionen. Denn die hohen Zuwandererzahlen der Nachwendezeit, so die Annahme, werden sich nicht fortschreiben lassen. Der schwächer werdende Zustrom von Bewohnern aus anderen Bundesländern wird die Sterbefallüberschüsse in Rheinland-Pfalz demnach nicht länger kompensieren können.

Die Rheinschiene bleibt der Magnet

Dicht besiedelt sind und bleiben in Rheinland-Pfalz jene Gebiete, die entlang des Rheins unweit wirtschaftlicher Ballungsräume in benachbarten Bundesländern liegen. Vor allem die Kreise Mainz-Bingen und Alzey-Worms, die an die Landeshauptstadt Mainz grenzen, haben deshalb in den letzten Jahren noch deutlich an Bevölkerung zugelegt. Zwischen 1995 und 2003 waren es sechs respektive neun Prozent. Germersheim im Süden, nahe der Industrieregion Karlsruhe-Mannheim gelegen, schaffte ein Plus von 5,5 Prozent. Im Norden haben die Kreise Ahrweiler, Neuwied und

Mayen-Koblenz, die vom Wirtschaftsraum Köln-Bonn profitieren, jeweils rund fünf Prozent Bevölkerung hinzugewonnen. Mit Ausnahme von Germersheim, einem Standort der DaimlerChrysler AG, sind all diese Kreise selbst eher wirtschaftsschwach – sie fungieren hauptsächlich als Orte, in denen mehr gewohnt als gearbeitet und Geld verdient wird. Der für Zuzügler attraktivste Kreis Alzey-Worms steht deshalb beim Bruttoinlandsprodukt je Einwohner nicht viel besser da als Güstrow in Mecklenburg oder Stendal in Sachsen-Anhalt.

Geld verdient wird entlang des Rheins, hauptsächlich in Koblenz, Ludwigshafen und Mainz. Besonders die Landeshauptstadt war in den letzten Jahren auf wirtschaftlichem Wachstumskurs. In der Gesamtbewertung belegt Mainz deshalb einen der besten Ränge innerhalb des Landes. Verantwortlich für die positive Entwicklung der Stadt sind vor allem die große Mainzer Universität und die Medienbranche. Im Umfeld der Hochschule sind in den letzten Jahren zahlreiche Ausgründungen im Bereich Gesundheitswirtschaft und Biotechnologie entstanden. Die Stadt fördert Firmengründer, indem sie beispielsweise im landeseigenen Technologiezentrum komplette Labore zu günstigen Konditionen vermietet.

Großer Zapfenstreich

Nirgendwo standen zu Zeiten des Kalten Krieges die Truppen dichter als in Rheinland-Pfalz. Sie trugen mit jährlich rund 1,6 Milliarden Euro zur Wertschöpfung des Landes bei. Mehr als 100.000 militärische und daran geknüpfte zivile Jobs gingen verloren. Entsprechend sank das Bruttoinlandsprodukt je Einwohner in Rheinland-Pfalz deutlich. Erst in den letzten Jahren erholt sich die Wirtschaft wieder etwas.

Abbau von Truppen und Zivilbeschäftigten des Militärs sowie Bruttoinlandsprodukt (BIP) je Einwohner in Rheinland-Pfalz 1986 bis 2003 (Datengrundlage: Konversionsbericht Rheinland-Pfalz 2002/2003)

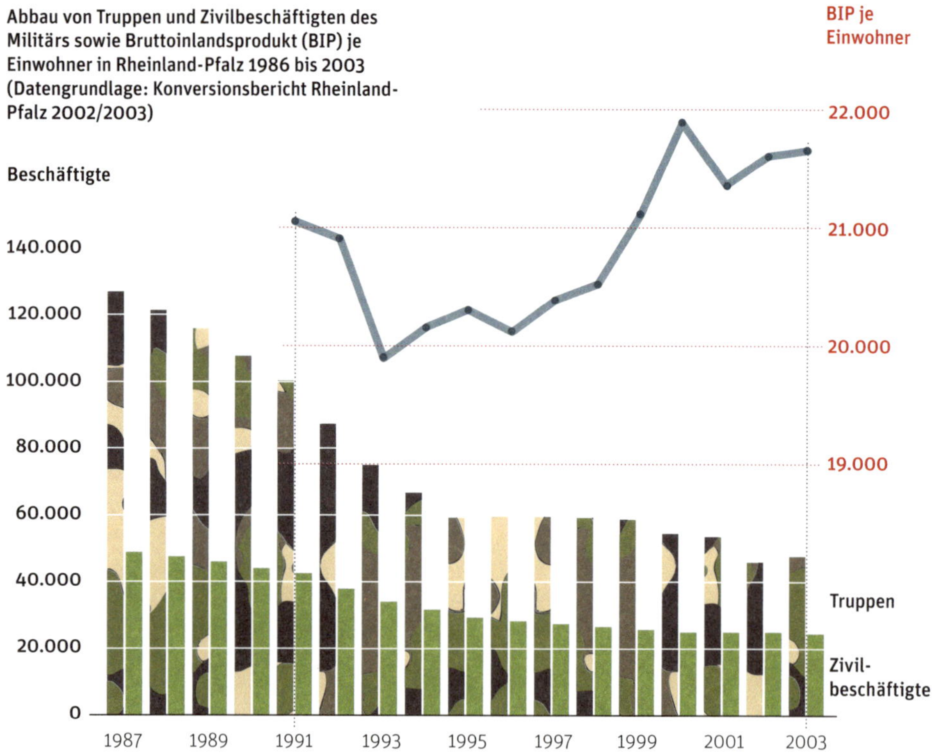

Wanderungssaldorate (Zu- minus Fortzüge je 1.000 Einwohner) der über 50-Jährigen in Rheinland Pfalz, Mittelwert 2000 bis 2002 (Datengrundlage: Statistisches Bundesamt)

über 50-Jährige Zuwanderer je 1.000 Einwohner

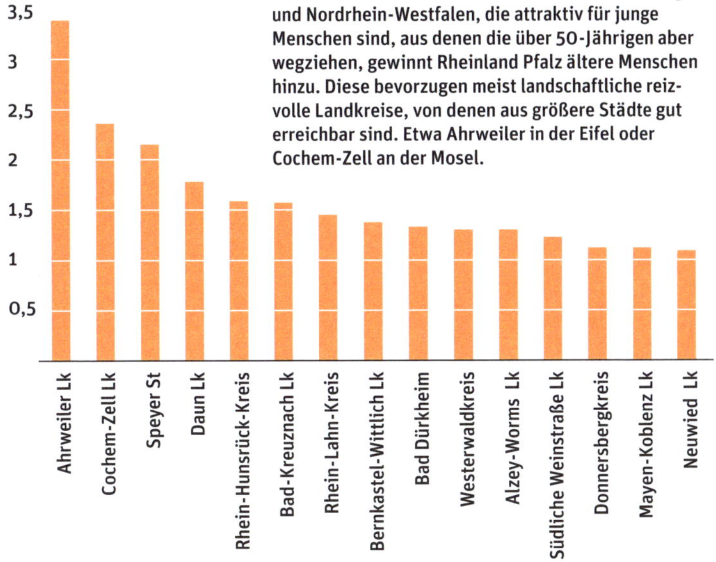

Wohin die Rentner wandern

Rheinland-Pfalz ist beliebt bei Pensionären. Anders als die Nachbarländer Hessen, Baden-Württemberg und Nordrhein-Westfalen, die attraktiv für junge Menschen sind, aus denen die über 50-Jährigen aber wegziehen, gewinnt Rheinland Pfalz ältere Menschen hinzu. Diese bevorzugen meist landschaftliche reizvolle Landkreise, von denen aus größere Städte gut erreichbar sind. Etwa Ahrweiler in der Eifel oder Cochem-Zell an der Mosel.

Die Medienwirtschaft hat eine lange Geschichte, die letztlich bis auf Johannes Gutenberg zurückgeht, der in Mainz um das Jahr 1455 den Buchdruck erfand. Heute fußt der Ruf der Medienstadt auf dem 1961 gegründeten Zweiten Deutschen Fernsehen. Um verschiedene Sender herum haben sich mittlerweile rund 700 Medienfirmen angesiedelt. Etwa 17.000 Mainzer arbeiten in diesem Wirtschaftssektor.[122] Damit gibt es dort anteilsmäßig ähnlich viele Medienschaffende wie in Köln.[123]

Diese Zukunftsbranchen machen Mainz attraktiv für junge Leute. Mit mehr als 41 Prozent unter 35-Jähriger ist Mainz eine der jüngsten Großstädte Deutschlands. Zum Leidwesen der Stadtverwaltung ziehen diese Menschen aber, sobald sie gut verdienen, häufig in die Umlandgebiete außerhalb der Stadt. Um diese Entwicklung näher zu beleuchten, hat die Landeshauptstadt kürzlich eine Studie zu Ursachen und Folgen der Wanderungsbewegungen in Auftrag gegeben. Dabei wurde deutlich, dass die Einnahmen aus der Einkommenssteuer zwischen 1992 und 2003 um 13 Prozent gesunken, in den angrenzenden Landkreisen Alzey-Worms und Mainz-Bingen hingegen um elf Prozent gestiegen sind. Hatten die Mainzer 1980 noch das höchste Pro-Kopf-Einkommen aller Kommunen der Region, so fielen sie bis 2003 auf Platz 30 zurück.[124] Die Stadt-Umland-Studie bemängelt die Regionalplanung der Region. Selbst kleinere Ortschaften, die nach offizieller Auffassung nur Bauplätze für den Eigenbedarf ausweisen sollten, tun dies, um Fremde anzulocken, und entziehen damit der Landeshauptstadt zahlungskräftige Einwohner und damit Mittel, die diese für die Aufrechterhaltung ihrer Infrastruktur dringend bräuchte.

Noch gravierender ist der Widerspruch zwischen Arbeiten und Wohnen in Ludwigshafen, dem Wirtschaftszentrum der Pfalz. Seit 1995 hat die Chemie-Stadt drei Prozent ihrer Einwohner verloren, während der frühere Landkreis Ludwigshafen, der sich mit seinem neuen Namen Rhein-Pfalz-Kreis bewusst von der tristen Kernstadt distanziert, um vier Prozent zugelegt hat. Die Stadt mit dem größten zusammenhängenden Chemieareal der Welt und dem BASF-Konzern, der an seinem Hauptsitz allein 37.000 Mitarbeiter beschäftigt, erwirtschaftet das höchste Pro-Kopf-Bruttoinlandsprodukt von Rheinland-Pfalz. Dennoch ist die Kaufkraft je Einwohner in Ludwigshafen seit 1995 nur um durchschnittlich 1,5 Prozent pro Jahr gewachsen. Dies ist eine der schwächsten Steigerungsraten der Republik. Sie liegt kaum höher als die jährliche Geldentwertung.

Ursache für die Misere ist, neben einem allgemeinen Beschäftigungsabbau, der die Chemiestadt seit 1995 knapp 5.000 Jobs gekostet hat, der Fortzug der besser verdienenden Mittelschicht.[125] Davon profitiert der umgebende Rhein-Pfalz-Kreis, dessen Kaufkraft je Einwohner heute um 3.400 Euro höher liegt als in Ludwigshafen – eine Stadt-Umland-Differenz, die zu den höchsten Deutschlands zählt. Auch Mannheim, gegenüber des Rheines auf badischer Seite gelegen, weist eine um 1.400 Euro höhere Kaufkraft auf. Besonders sichtbar wird das Ausbluten der Industriestadt in der Fußgängerzone Ludwigshafens. In der Ludwig- und Bismarckstraße bieten fast nur noch die Ein-Euro-Discounter und Handyläden ihre Ware feil, während Einzelhändler mit anspruchsvollem Sortiment fast völlig verschwunden sind.

EINE ZUKUNFT FÜR DIE DÖRFER IM WESTERWALD

Früher als andere Bundesländer im Westen hat Rheinland-Pfalz die demografischen Veränderungen ernst genommen. Bereits Anfang 2003 hat die landeseigene „Zukunftsinitiative Rheinland-Pfalz“ das Projekt „Zukunftsradar 2030“ ins Leben gerufen. Es will die demografischen Herausforderungen bewusst machen und Strategien zu deren Bewältigung entwickeln. Seit 2005 vergibt die Initiative einen Preis für Gruppen, die sich offensiv dem demografischen Wandel stellen.

Erster Preisträger der Kategorie „Kommunen“ wurde im September 2005 die Initiative „Leben im Dorf – Leben mittendrin“ der Verbandsgemeinde Wallmerod. Die Bürgermeister des im Westerwald gelegenen Gemeindeverbandes waren es leid, mit anzusehen, wie in der Region die Dorfkerne veröden, während außerhalb der Zentren Einfamilienhäuser aus dem Boden gestampft werden. In den 21 Ortsgemeinden stehen rund 800 Grundstücke und Häuser zur Disposition: Zum einen, weil die Gebäude verfallen, zum anderen, weil junge Menschen fehlen, die neues Leben in die alten Häuser bringen könnten.[126]

Um die verheerende Wirkung der Eigenheimzulage auf die Siedlungspolitik der Vergangenheit umzudrehen, haben die Gemeinden jetzt die Ausweisung von neuem Bauland beschränkt. Dafür fördern sie Bauprojekte, mit denen sich die Dorfkerne wieder beleben lassen. Verbunden ist diese finanzielle Unterstützung mit einer offensiven Werbekampagne für das „Leben im Dorf“. Wer in den Dorfkernen ein altes Haus erwirbt oder saniert, Lücken bebaut oder alte Gebäude abreißt, um Neue zu errichten, für den übernimmt die Verbandsgemeinde fünf Jahre lang zwei Prozentpunkte der auf die Baudarlehen anfallenden Zinsen – bis zu maximal 5.000 Euro. Zudem können die Rückzügler mit planerischer Unterstützung rechnen: Gemeinsam mit mehreren Architektenbüros wurden attraktive Lösungen zum Wohnen in alten Gebäuden erarbeitet. Bis Dezember 2005 waren 18 Projekte bewilligt – kein schlechtes Ergebnis für einen Gemeindeverband, dessen Hauptort nicht einmal 1.500 Einwohner zählt.

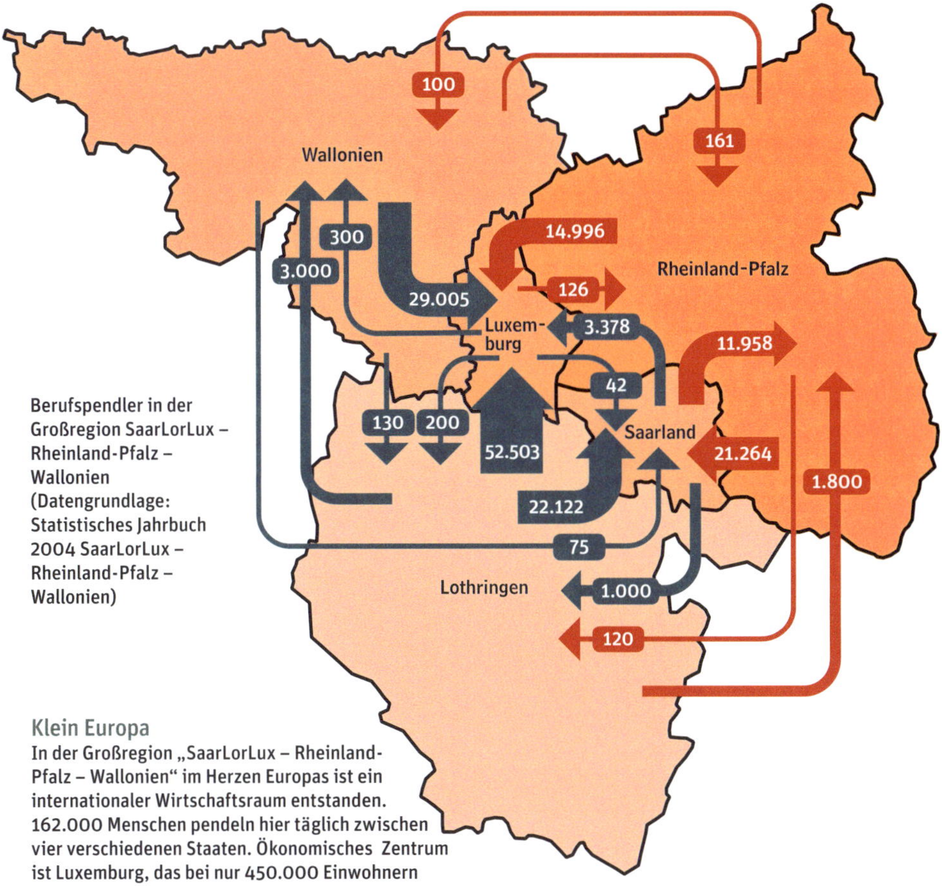

Berufspendler in der Großregion SaarLorLux – Rheinland-Pfalz – Wallonien (Datengrundlage: Statistisches Jahrbuch 2004 SaarLorLux – Rheinland-Pfalz – Wallonien)

Klein Europa

In der Großregion „SaarLorLux – Rheinland-Pfalz – Wallonien" im Herzen Europas ist ein internationaler Wirtschaftsraum entstanden. 162.000 Menschen pendeln hier täglich zwischen vier verschiedenen Staaten. Ökonomisches Zentrum ist Luxemburg, das bei nur 450.000 Einwohnern 100.000 Einpendler anzieht. Zweitwichtigste Zielregion ist das Saarland. Dorthin machen sich jeden Werktag 43.000 Menschen aus Lothringen und Rheinland-Pfalz auf den Weg. Die wirtschaftsschwache Westpfalz ist in diesem Verbund ein Lieferant von Werktätigen.

Kaum Ersatz für Militär und Schuhindustrie

Zugesetzt hat dem rheinland-pfälzischen Arbeitsmarkt im vergangenen Jahrzehnt auch der Rückzug des Militärs.[127] In dem strategisch günstig gelegenen Bundesland waren während der Zeit des Kalten Krieges die größten Truppenkontingente alliierter Streitkräfte in ganz Westdeutschland konzentriert. Durch die Schließung und Verkleinerung von Militärstandorten gingen in Rheinland-Pfalz seit 1989 rund 73.000 militärische und 23.000 zivile Stellen verloren. Hinzu kommt ein Verlust von etwa 50.000 Arbeitsplätzen in indirekt betroffenen Branchen wie Handel, Gastronomie und Handwerk.[128] Vor allem der Westen des Bundeslandes leidet unter dem Rückzug, denn zwischen den Anhöhen der Haardt und der Grenze zum Saarland liegt ein traditionell strukturschwaches Gebiet.

Allein die Stadt Pirmasens hat seit 1990 rund 10.000 amerikanische Anwohner eingebüßt – Soldaten und deren Angehörige. Mit der Kaufkraft der Amerikaner gingen auch etwa 4.000 zivile Jobs verloren. Im benachbarten Zweibrücken belegte das Militär einst ein Drittel der Stadtfläche. Von den Umbrüchen hat sich die Region bis heute nicht erholt. Der Anteil von Arbeitslosen und Sozialhilfeempfängern an der erwerbsfähigen Bevölkerung zwischen 18 und 65 Jahren liegt in Zweibrücken bei zwölf und in Pirmasens bei fast 18 Prozent. Nirgendwo in Rheinland-Pfalz ist die Lage deprimierender. Während es Zweibrücken durch die Gründung einer Fachhochschule, eines Multimedia-Zentrums und durch die zivile Nutzung des einst militärischen Flughafens gelungen ist, seine Einwohnerzahl zu halten, ist Pirmasens seit 1995 um zehn Prozent geschrumpft – einer der stärksten Verluste bundesweit.

In Pirmasens und Zweibrücken, den beiden wichtigen Städten in der Westpfalz, stellte die Schuhindustrie und das Militär lange das Gros der Arbeitsplätze. Die Grenzregion war schon im 18. Jahrhundert reich an Kasernen und Exerzierplätzen. Die Soldaten waren auch der Grund für den Aufbau der Schuhindustrie, welche die Wirtschaft bald einseitig prägte. Noch im Jahr 1960 fertigten in 300 Schuhfabriken 27.000 Beschäftigte Schuhwerk für ganz Deutschland.[129] Billige Konkurrenz aus dem Ausland sorgte dann seit den 1970er Jahren für den Niedergang. Heute ist nur noch ein Zehntel der einstigen Fabriken übrig. Lediglich ein Teil der Zulieferindustrie konnte sich mit technologischen Innovationen am Markt behaupten.

Kaiserslautern, größte Stadt der Westpfalz, verfügt zwar über eine forschungsstarke Universität und mit dem Nähmaschinenhersteller Pfaff und der Opel AG über zwei bedeutende Arbeitgeber, hat aber dennoch mit schweren Strukturproblemen zu kämpfen. Auch hier hinterließ der Abzug von Truppen große Lücken. Die schwache Zuwanderung nach Kaiserslautern kann seit 1998 kaum mehr die Sterbefallüberschüsse ausgleichen. Die gesamte Region wird nach den Prognosen des Bundesamtes für Bauwesen und Raumordnung große Bevölkerungsverluste erleiden. Für Pirmasens erwarten die Statistiker ein Minus von 15, für den umschließenden Landkreis Südwestpfalz einen Schwund von sechs Prozent. Der abgelegene Landkreis Kusel wird auf rund sieben Prozent seiner Einwohner verzichten müssen.

Dass sich die Hinterlassenschaften der Militärs auch einmal als Glücksfall erweisen können,

Bewertung Rheinland-Pfalz

		GESAMTNOTE
AW	Ahrweiler	3,70
AK	Altenkirchen (Westerwald)	3,69
AZ	Alzey-Worms	3,48
DÜW	Bad Dürkheim	3,59
KH	Bad Kreuznach	3,45
WIL	Bernkastel-Wittlich	3,25
BIR	Birkenfeld	3,67
BIT	Bitburg-Prüm	3,55
COC	Cochem-Zell	3,60
DAU	Daun	3,43
KIB	Donnersbergkreis	3,49
FT	Frankenthal (Pfalz)	3,72
GER	Germersheim	3,19
KL	Kaiserslautern Lk	3,68
KL	Kaiserslautern St	3,67
KO	Koblenz	3,78
KUS	Kusel	3,96
LD	Landau in der Pfalz	3,31
LU	Ludwigshafen am Rhein	3,85
MZ	Mainz	3,24
MZ	Mainz-Bingen	3,20
MYK	Mayen-Koblenz	3,71
NW	Neustadt an der Weinstraße	3,64
NR	Neuwied	3,52
PS	Pirmasens	3,89
SIM	Rhein-Hunsrück-Kreis	3,34
EMS	Rhein-Lahn-Kreis	3,42
LU	Rhein-Pfalz-Kreis	3,68
SP	Speyer	3,48
SÜW	Südliche Weinstraße	3,57
PS	Südwestpfalz	3,63
TR	Trier	3,60
TR	Trier-Saarburg	3,73
WW	Westerwaldkreis	3,36
WO	Worms	3,47
ZW	Zweibrücken	3,66

Demografie								Wirtschaft										Integration			Bildung				Familienfr.			
Kinderzahl	Unter 35-Jährige	Frauenanteil	Wanderung	Über 75-Jährige	Prognose 2020	ZWISCHENNOTE	Trend	Verfügb. Einkommen	Bruttoinlandsprod.	Kommunale Schulden	Erwerbstätigkeit	Arbeitsl.+Sozialh.	Erwerbstät./Frauen	Erwerbstät./Ältere	Fremdenverkehr	ZWISCHENNOTE	Trend	Bildungschancen	Ausländer/Arbeitsl.	ZWISCHENNOTE	Ohne Abschluss	Jugendarbeitslosigkeit	Hochqualifizierte	ZWISCHENNOTE	Personen je Wohnung	Baulandpreise	Freifläche	ZWISCHENNOTE
5	4	2	2	6	2	3,5	4,4 ↘	3	5	3	4	2	4	6	3	3,8	4,5 ↘	5	4	4,5	4	2	5	3,7	4	2	3	3,0
5	3	2	2	5	3	3,3	3,4 →	4	4	5	3	2	5	6	5	4,3	4,1 ↘	4	3	3,5	3	2	5	3,3	4	2	4	3,3
4	3	2	2	3	1	2,5	3,6 →	3	5	5	2	2	4	6	6	4,1	3,0 →	3	4	3,5	3	2	6	3,7	3	4	4	3,7
5	5	2	2	5	2	3,5	3,2 →	2	5	4	3	2	4	5	4	3,6	3,0 →	5	2	3,5	2	2	5	3,0	5	5	4	4,7
4	4	1	2	5	2	3,0	3,2 →	3	4	4	3	3	4	5	4	3,8	2,6 ↗	5	3	4,0	3	2	5	3,3	4	3	4	3,7
4	3	3	2	5	2	3,2	3,6 →	4	3	4	3	2	4	6	2	3,5	2,5 ↗	5	3	4,0	2	2	6	3,3	4	1	2	2,3
5	4	2	2	6	3	3,7	3,8 →	4	4	4	3	3	4	6	4	4,0	3,3 →	4	3	3,5	4	3	5	4,0	5	1	2	2,7
4	3	3	2	5	2	3,2	4,2 ↘	6	4	4	5	2	5	6	3	4,4	2,9 ↗	5	3	4,0	3	1	6	3,3	4	1	1	2,0
4	4	3	2	6	3	3,7	3,8 →	4	4	4	3	2	3	6	2	3,5	2,6 ↗	6	5	5,5	3	2	6	3,7	5	1	2	2,7
3	3	3	2	6	2	3,2	4,2 ↘	4	4	5	3	2	4	6	1	3,6	3,1 →	6	4	5,0	2	2	6	3,3	5	1	1	2,3
4	3	2	2	4	2	2,8	3,6 →	4	5	5	2	2	4	5	5	4,0	3,1 →	5	3	4,0	3	3	5	3,7	4	2	3	3,0
5	4	2	2	5	3	3,5	3,2 →	4	2	4	3	3	4	4	5	3,6	4,0 ↘	5	3	4,0	4	3	3	3,3	5	5	4	4,7
5	2	1	2	2	2	2,3	3,4 →	3	2	2	2	2	4	5	6	3,3	2,3 ↗	3	4	3,5	4	2	5	3,7	4	5	4	4,3
5	4	2	2	4	3	3,3	3,4 →	4	6	3	3	2	4	6	5	4,1	1,9 ↑	5	3	4,0	3	2	6	3,7	5	3	3	3,7
5	4	3	2	5	3	3,7	3,0 →	4	1	4	4	3	4	6	5	3,9	3,0 →	5	2	3,5	3	2	3	2,7	6	5	3	4,7
4	4	1	2	6	3	3,3	2,2 ↗	3	1	6	4	3	4	6	4	3,9	3,6 →	5	6	5,5	3	2	3	2,7	6	5	4	5,0
5	4	3	3	6	4	4,2	3,2 →	5	6	5	2	3	4	6	5	4,5	2,8 ↗	5	2	3,5	3	2	6	3,7	5	2	3	3,3
6	3	1	2	5	2	3,2	3,0 →	3	1	3	3	2	4	6	5	3,4	2,4 ↗	6	3	4,5	2	2	4	2,7	5	5	1	3,7
4	3	1	2	4	3	2,8	2,0 ↗	5	1	6	3	4	5	4	5	4,1	4,5 ↘	5	3	4,0	6	3	3	4,0	6	5	5	5,3
6	2	1	2	4	4	3,2	1,2 ↑	2	1	4	2	3	3	4	5	3,0	3,6 →	5	4	4,5	3	1	1	1,7	6	5	5	5,3
5	4	1	1	3	2	2,7	2,8 ↗	1	4	4	2	2	3	5	5	3,3	2,9 ↗	5	4	4,5	3	2	3	2,7	4	4	4	4,0
5	4	2	2	5	2	3,3	3,2 →	3	3	5	3	2	4	6	5	3,9	3,9 →	4	5	4,5	4	2	5	3,7	4	3	4	3,7
4	5	2	2	6	2	3,5	3,6 →	1	2	4	4	2	4	6	5	3,5	2,8 ↗	5	4	4,5	4	2	5	3,7	6	5	1	4,0
3	4	2	2	5	2	3,0	3,2 →	3	3	3	3	3	4	5	5	3,6	4,4 ↘	5	5	5,0	3	2	5	3,3	4	2	4	3,3
4	5	2	3	6	5	4,2	2,8 ↗	3	1	6	4	5	3	6	5	4,1	2,6 ↗	5	1	3,0	4	4	5	4,3	6	2	3	3,7
5	3	2	2	5	3	3,3	3,6 →	4	3	1	3	2	4	6	4	3,4	2,5 ↗	4	5	4,5	3	2	5	3,3	4	2	2	2,7
4	4	2	2	5	2	3,2	2,8 ↗	3	4	4	3	2	4	5	4	3,6	3,3 →	4	4	4,0	4	2	5	3,7	4	2	3	3,0
6	5	2	2	4	2	3,5	4,0 ↘	1	6	3	2	2	3	4	6	3,4	3,3 →	4	4	4,0	3	2	5	3,3	5	5	5	5,0
4	4	1	2	5	2	3,0	3,6 →	3	1	3	3	3	3	4	5	3,1	3,9 →	6	4	5,0	3	2	4	3,0	5	5	4	4,7
6	4	2	2	5	2	3,5	3,4 →	3	5	2	3	2	4	6	3	3,5	3,4 →	5	4	4,5	3	2	5	3,3	4	4	3	3,7
6	5	3	2	4	4	4,0	4,2 ↘	4	6	1	3	2	3	6	5	3,8	3,0 →	6	2	4,0	2	2	6	3,3	4	2	2	2,7
6	2	1	2	6	2	3,2	2,0 ↗	5	1	6	6	3	6	6	4	4,6	3,4 →	3	2	2,5	2	2	3	2,3	6	4	3	4,3
5	3	2	2	4	2	3,0	4,4 ↘	5	6	5	5	2	5	6	3	4,6	4,1 ↘	4	4	4,0	2	2	6	3,3	3	2	3	2,7
4	3	2	2	4	2	2,8	3,6 →	3	3	2	3	2	4	6	5	3,5	3,1 →	5	3	4,0	3	2	6	3,7	4	2	4	3,3
4	3	1	2	5	2	2,8	1,6 ↑	4	2	4	3	3	4	5	5	3,8	2,6 ↗	6	3	4,5	3	3	5	3,7	5	4	3	4,0
5	4	3	2	6	3	3,8	3,6 →	4	1	6	3	3	4	5	5	3,9	3,1 →	5	3	4,0	3	3	4	3,3	5	3	1	3,0

zeigt das Beispiel Hahn. Auf dem Gelände eines ehemaligen US-Luftwaffenstützpunktes im Hunsrück ist hier ein regelrechtes Flughafen-Drehkreuz für Billig- und Frachtflieger entstanden. Der Flugplatz bietet heute über 2.000 Arbeitsplätze und wächst dynamisch: Bis 2012 werden allein bei der Fluggesellschaft Ryanair acht Millionen Passagiere im Jahr erwartet. Größter Vorteil gegenüber dem überlasteten Rhein-Main-Flughafen bei Frankfurt ist, dass im vergleichsweise menschenleeren Hunsrück die Jets Tag und Nacht landen und starten dürfen. Jetzt ist sogar geplant, die lange stillgelegte Hunsrückbahn für den Güter- und Personentransport zum Flughafen wieder zu eröffnen – immerhin eine Investition von 62 Millionen Euro.[130]

HESSEN

Nord-Süd-Gefälle im Zentrum Deutschlands

- **Einwohnerzahl 2004: 6.089.000 2020: 6.133.000**
- **Fläche: 21.115 km²**
- **Landesschulden/ Einwohner: 4.700,– €**

Hessen ist dreigeteilt wie eine Ampel: Im Norden herrscht Stillstand; in der Mitte bleibt die Entwicklung abzuwarten; im Süden läuft es blendend. Während das nordhessische Kassel eine der bundesweit niedrigsten Erwerbstätigenquoten hat, zählt das südhessische Rhein-Main-Gebiet (Regierungsbezirk Darmstadt) zu den reichsten Regionen Europas. Kein Wunder, dass nirgendwo in Deutschland Bauland teurer ist als in der Metropole Frankfurt am Main: Zwischen 2001 und 2003 wurden hier durchschnittlich 814 Euro für einen Quadratmeter bebaubaren Bodens bezahlt – 80 Euro mehr als in München und 340 Euro mehr als in Düsseldorf. Und fünfunddreißigmal so viel wie im nordhessischen Waldeck-Frankenberg. In keinem anderen Bundesland ist das Preisgefälle größer.

Auch die demografische Diskrepanz ist enorm: Seit den 1980er Jahren sterben im gesamten Hessen mehr Menschen als geboren werden. Zusätzlich verschärft durch Abwanderung wird dabei der nordhessische Regierungsbezirk Kassel nach Prognosen des Bundesamtes für Bauwesen und Raumordnung bis 2020 rund 75.000 Einwohner verlieren – sechs Prozent seiner heutigen Bevölkerung. Der boomende Süden kann dagegen seine Sterbefallüberschüsse durch Zuwanderung mehr als ausgleichen. Dank dieses Wachstums bleibt die Bevölkerungszahl Hessens insgesamt stabil, während die Gegensätze zwischen den Regionen immer größer werden.

Im Ballungsraum Frankfurt/Rhein-Main – einem Planungsverband zu dem neben Frankfurt auch Offenbach und weitere 73 Städte und Gemeinden aus den umgebenden Landkreisen zählen – werden mit knapp einer Millionen Beschäftigten fünfzig Prozent der gesamten hessischen Wirtschaftsleistung erbracht.[131] Hier lebt mehr als ein Drittel der sechs Millionen Hessen.

Neben deutschen sind vor allem ausländische Zuzügler Ursache dafür, dass Südhessens Bevölkerung weiter wächst: Mehr als drei Viertel aller Ausländer Hessens leben im Regierungsbezirk Darmstadt. Während der Ausländeranteil im Bundesmittel bei etwa neun und im hessischen Landesdurchschnitt bei etwas über zwölf Prozent liegt, zählen Frankfurt, Wiesbaden und Offenbach zu den Städten mit den bundesweit höchsten Ausländerquoten. Offenbach am Main hält mit mehr als 26 Prozent ausländischer Wohnbevölke-

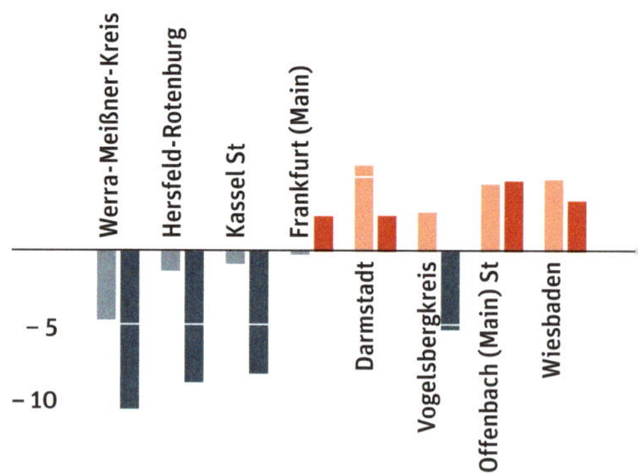

Prognostizierte Bevölkerungsentwicklung 2004 bis 2020 in Prozent

- 14,99 bis - 10
- 9,99 bis - 5
- 4,99 bis 0
0,01 bis 5
5,01 bis 10
10,01 bis 15

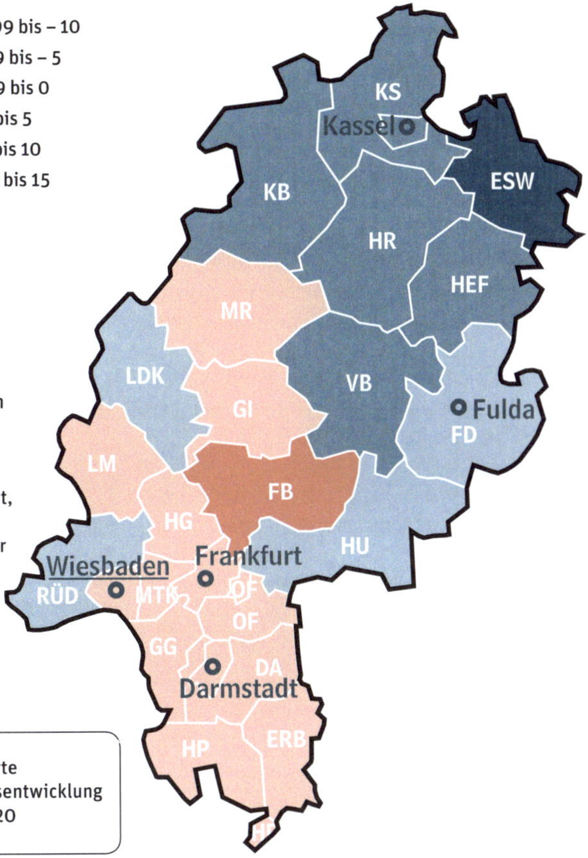

Oben schlecht – unten gut

In Hessen lassen sich alle Erscheinungen des demografischen Wandels en detail studieren: Während der randständige Norden an der Grenze zu Thüringen Bevölkerung verliert und stark überaltert, hat der wirtschaftsstarke Süden auch weiter mit Zuwachs zu rechnen. Mit einer Umkehr dieses Trends ist vorerst nicht zu rechnen.

Bevölkerungsentwicklung 1990 bis 2004 | prognostizierte Bevölkerungsentwicklung 2004 bis 2020

(Datengrundlage: Bundesamt für Bauwesen und Raumordnung)

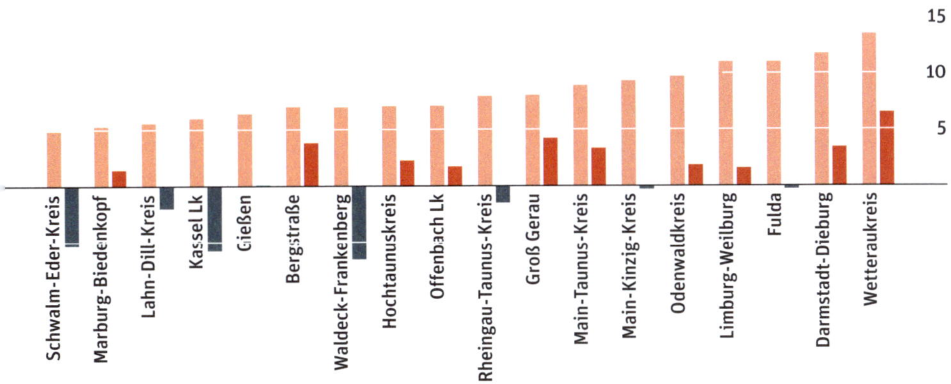

rung (2003) sogar den deutschen Spitzenplatz. Die Zahl der Menschen mit Migrationshintergrund, die auch die eingebürgerten Zuwanderer einschließt, dürfte annähernd doppelt so hoch liegen.

Der hohe Anteil von Menschen mit Migrationshintergrund und der Wegzug älterer Deutscher beschert Offenbach sogar ein natürliches Bevölkerungswachstum, das für deutsche Städte sehr ungewöhnlich ist. Typischerweise sind die Kinderzahlen der Städter deutlich niedriger als auf dem Land. Offenbach aber hat mit 1,53 Kindern je Frau die zweithöchste Geburtenrate aller kreisfreien Städte Deutschlands und damit, bezogen auf die Einwohnerzahl, einen der höchsten positiven Salden aus Geburten und Sterbefällen. Normalerweise wären mehr als 2,1 Kinder je Frau notwendig, um (bei konstanter Lebenserwartung) einen Geburtenüberschuss zu erzielen. In Offenbach aber gibt es so viele junge Menschen, dass es selbst bei der Kinderzahl je Frau von 1,53 mehr Nachwuchs geboren wird, als Personen sterben. Weil Zuwanderer im Schnitt eine höhere Geburtenrate haben, gehen die Statistiker der Stadt davon aus, dass der Ausländeranteil an der Offenbacher Wohnbevölkerung bis zum Jahr 2020 auf über 40 Prozent steigen wird.[132] Im jobarmen und für Migranten wenig attraktiven nordhessischen Werra-Meißner-Kreis dagegen wird mit einem Ausländeranteil von 3,4 Prozent fast ostdeutsches Niveau erreicht.

Rhein-Main auf Platz 13 der wohlhabendsten Regionen

Mit mehr als 150 Prozent des EU-Durchschnitts am Bruttoinlandsprodukt je Einwohner gehört der südhessische Regierungsbezirk Darmstadt zu den reichsten Regionen Europas. In Deutschland stehen nur Hamburg und Oberbayern besser da. Der Regierungsbezirk Dessau in Sachsen-Anhalt, das Schlusslicht in Deutschland, kommt nur auf 66 Prozent des EU-Mittelwertes und landet damit auf Platz 207 von 254 europäischen Regionen.[133]

Die reichsten Regionen der EU 25, BIP je Einwohner in Kaufkraftstandards 2002 (Mittelwert aller Regionen = 100) (Datengrundlage: Eurostat)

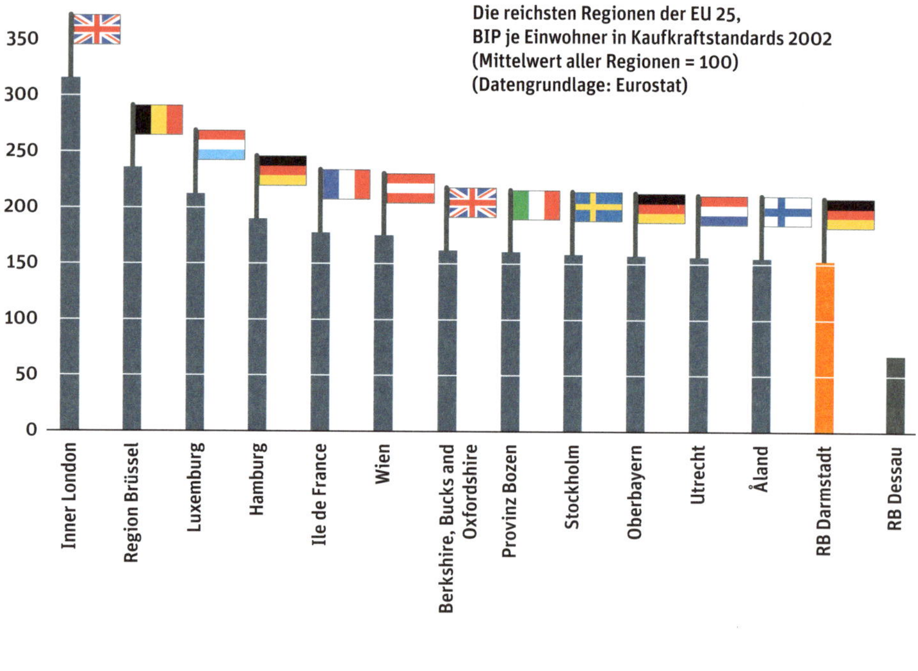

Rhein-Main – Dienstleister der Nation

Mit dem Rhein-Main-Gebiet startete Hessen früher als jeder andere Flächenstaat Deutschlands ins nachindustrielle Zeitalter: Bereits im Jahr 1987 arbeiteten in Hessen mehr Menschen im Dienstleistungssektor als in der Industrie – sechs Jahre früher als im bundesweiten Durchschnitt.[134] Dabei begann die Erfolgsgeschichte des Ballungsraumes an Rhein und Main spät: Erst Ende des 19. Jahrhunderts, als anderswo schon lange die Dampfmaschinen fauchten, siedelte sich hier Industrie an. Frankfurt war zwar schon damals ein mondäner Finanz- und Handelsplatz, doch Fabriken verschmähte man. Deshalb wurde die „Teerfarbenfabrik Meister, Lucius und Co." 1863 in Hoechst, 15 Kilometer mainabwärts gegründet. Die Farbensiederei, die erstmals synthetisches Bunt aus Abfallprodukten der Steinkohle herstellte, legte den Grundstein für die hessische Chemieindustrie und den späteren Weltkonzern Hoechst. Dieser gliederte Mitte der 1990er Jahre zahlreiche Unternehmensteile aus und fusionierte mit Rhône-Poulenc zu Aventis. Heute ist die Rhein-Main-Region eine der wichtigsten Chemie- und Pharmaregionen Deutschlands: Eine ganze Reihe global agierender Firmen ist in dem Dreieck Darmstadt-Frankfurt-Hanau angesiedelt. Im Jahr 2004 waren 60.000 Menschen in der chemischen Industrie Hessens angestellt – nur in Nordrhein-Westfalen, einem Land mit der dreifachen Einwohnerzahl, sind es mehr. Nach einem deutlichen Beschäftigungsabbau Anfang der 1990er Jahre hat sich die Branche mittlerweile stabilisiert und beschäftigt seit 1999 etwa gleichbleibend viele Erwerbstätige.[135]

Zwar ist der Fahrzeugbau am Main nicht so stark vertreten wie in Baden-Württemberg, Niedersachsen oder dem Saarland, doch mit Opel hat auch in Hessen ein wichtiger deutscher Autobauer seinen Sitz. Die Rüsselsheimer Fabrik von Adam Opel, wenige Kilometer von Frankfurt entfernt, war Ende des 19. Jahrhunderts einer der größten Fahrradhersteller Deutschlands, bevor man dort 1899 begann, Motorwagen herzustellen. Gegenwärtig beschäftigt Opel in Rüsselsheim etwa 18.000 Menschen. Allerdings steckt auch Opel voll in der Sanierungsphase. Bis 2010 will die Autoschmiede in Rüsselsheim weitere 2.800 Arbeitsplätze abbauen.[136]

Durch die deutsche Teilung gelangte Frankfurt nach dem Ende des Zweiten Weltkrieges unversehens ins Zentrum der neuen Bundesrepublik. Da viele Ämter, Verbände und Unternehmen Berlin verlassen mussten, entwickelte sich das Rhein-Main-Gebiet zum Verwaltungszentrum Westdeutschlands. Der Bundesrechnungshof wie auch die Zentralverbände der Textil-, Elektro-, Maschinenbau- und Automobilindustrie kamen nach Frankfurt. Die Buchmesse und die Deutsche Bibliothek, die traditionell in Leipzig angesiedelt waren, wurden nun für den Westteil des gespaltenen Landes in Frankfurt neu gegründet. Auch andere Städte der Region profitierten – so erhielt Wiesbaden das Statistische Bundes- und das Bundeskriminalamt, Offenbach die Bundesmonopolverwaltung für Branntwein und des Deutschen Wetterdienstes und Darmstadt das Postzentralamt.

Als heimliche Hauptstadt – die Abstimmung um den Regierungssitz hatte Frankfurt knapp gegen Bonn verloren – brauchte die Main-Metropole einen leistungsfähigen Flughafen. Die Frankfurter Landebahn entwickelte sich bald zum wichtigsten deutschen Luftkreuz: 1957, zwei Jahre nach Wiedergewinnung der Lufthoheit, wurden in Frankfurt erstmals eine Million Fluggäste abgefertigt. Im Jahr 2004 wurden erstmals mehr als 50 Millionen Passagiere befördert und 1,75 Millionen Tonnen Fracht umgeschlagen. Das Flughafengebiet ist heute mit 65.000 Erwerbstätigen die größte lokale Arbeitsstätte in Deutschland. Insgesamt lebt mehr als eine Viertel Millionen Menschen im Rhein-Main-Gebiet direkt oder indirekt vom Flughafen.[137]

Heute gilt Frankfurt am Main als die einzige echte Weltstadt Deutschlands, weil sie aufgrund ihrer Bedeutung für den Banken-, Versicherungs- und Beratungssektor weltweit vernetzt ist. 214 verschiedene Kreditinstitute haben ihren Sitz in Frankfurt, darunter die Europäische Zentralbank und 148 ausländische Banken. Die Branche beschäftigt am Main 73.000 Mitarbeiter – ein Zehntel aller deutschen Bankangestellten.[138]

Doch jahrelanges Wachstum schafft auch Probleme. Führungskräfte der Wirtschaft klagen über einen begrenzten Wohnungsmarkt, exorbitante Preise und die für Autopendler katastrophale Parkplatzsituation. Die kommunalen Steuersätze liegen fast ein Drittel über dem Bundesdurchschnitt, die Büromieten erreichen mit bis zu 32 Euro je Quadratmeter das deutsche Höchstniveau.[139] Zusätzlich haftet der Stadt ein schlechtes Image von Kriminalität und Drogen an. Und auch die Banken sind kein Garant für ewiges

ERLEBNISZENTRUM VERSUS SHOPPINGCENTER

Ein bisschen Las Vegas in Wetzlar – mit diesem Rezept wollen Stadtentwickler die Verödung der Wetzlarer Innenstadt bekämpfen: Die gesamte Fußgängerzone soll zu einem Erlebnisparcours umgestaltet werden, der Besucher in die Gassen und Geschäfte der Altstadt lockt.

Zwar hält sich der Bevölkerungsverlust der 70 Kilometer nördlich von Frankfurt gelegenen 53.000-Einwohner-Stadt im Lahn-Dill-Kreis mit etwa 100 Einwohnern seit 2001 in Grenzen, doch in der Innenstadt stehen zunehmend die Geschäfte leer. Zudem öffnete im Februar 2005 in Bahnhofsnähe das 23.500 Quadratmeter große Forum-Center: Ein Einkaufszentrum mit über 100 Ladenlokalen, in welche Prognosen zufolge ein Fünftel der gegenwärtigen Einzelhandelsumsätze abwandern dürfte.[140] Positiv wird sich das Forum nur dann auswirken, wenn es künftig zusätzliche Kundschaft aus dem Umland anlockt. Doch ob dies gelingt ist fraglich: Denn bereits im Oktober 2005 zog die nur 15 Kilometer entfernte Universitätsstadt Gießen mit dem Shoppingcenter „Neustädter Tor" nach.

Wie vielerorts haben die Stadtväter riskante Entscheidungen zu treffen: Einerseits müssen sie damit rechnen, ihre automobile Kundschaft ganz an benachbarte Städte oder an Shoppingcenter auf der grünen Wiese zu verlieren, wenn sie Einkaufszentren die Genehmigung verweigern. Andererseits können sich viele kleinere Gewerbetreibende nicht gegen die Warenvielfalt der großen Häuser behaupten. Die traditionelle Innenstadt, die einst nicht nur Händler, sondern auch Handwerker, Ärzte oder die Bewohner aus umliegenden Dörfern anzog, droht zu veröden. In Wetzlar versucht man deshalb mit Hilfe eines Immobilienprojektentwicklers der Fachhochschule Holzminden Neues und Altes miteinander zu verbinden. Dieser glaubt, dass sich deutsche Innenstädte mit überraschenden, erlebnisorientierten Ideen gegen die Marktmacht der Freizeit- und Konsumtempel behaupten können: Moderne Menschen wollten nicht nur kaufen, sondern auch etwas erleben. Und das könne man in sterilen Einkaufszentren und austauschbaren Fußgängerzonen kaum. Kreative Inszenierungen sollen daher nicht nur die Zentren verschönern, sondern zum Entdecken alter Orte anregen.[141]

In der Stadt an der Lahn wollen die Projektmacher nun jene Optik inszenieren, die Wetzlars Geschichte geprägt hat: In der Altstadt übernahm Ernst Leitz 1869 ein feinmechanisches Institut, das 1923 mit der Leica die erste international erfolgreiche Serien-Kleinbildkamera baute. Im Jahr 1948 wurde in Wetzlar mit der Minox die erste Kleinstbildkamera „Made in Germany" gefertigt, die über Jahrzehnte fester Bestandteil aller Spionagefilme war. Zukünftig soll ein Erlebnispfad zum Thema „Optik" mit Zerrspiegeln, Kippbildern, Laseranimationen und optischen Täuschungen Besucher vom Forum-Center durch die Innenstadt bis zum Kornmarkt locken, wo als Endpunkt ein „Haus der Optik" entstehen soll.

Gleichmäßige Alterung

Im nordhessischen Werra-Meißner-Kreis werden im Jahr 2020 etwa 34 Prozent aller Einwohner älter als 60 Jahre sein, im wohlhabenden Frankfurter Umlandkreis Main-Taunus nur rund 28 Prozent. Doch obwohl der Main-Taunus-Kreis durch Zuwanderung weiter wachsen und der heute schon überalterte Werra-Meißner-Kreis schrumpfen wird, ist die Geschwindigkeit der Alterung nahezu gleich – denn in beiden Regionen werden gleich wenige Kinder geboren.

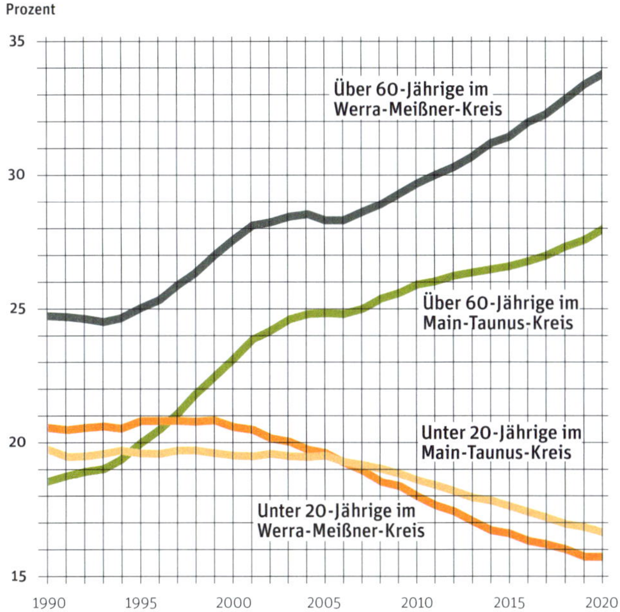

Anteile über 60-Jähriger und unter 20-Jähriger in den Kreisen Main-Taunus und Werra-Meißner 1990 bis 2020 (Datengrundlage: Bundesamt für Bauwesen und Raumordnung)

Wachstum: Seit 2002 haben sie neun Prozent ihrer Stellen abgebaut und in wichtigen Zukunftsbranchen hat Frankfurt zuletzt an Boden verloren. Die Bereiche Forschung und Entwicklung, Management und Beratung wachsen in München mittlerweile stärker als am Main. Die Medienbranche verdient ihr Geld eher in Hamburg und Düsseldorf, unter anderem, weil die Banken am Main ihre Werbeetats kräftig zurückgefahren haben und die Stadt für junge Kreative kaum attraktiv ist. Bei einer Unternehmerbefragung im Jahr 2004 hielt jede zweite Führungskraft die Lebensqualität in der Main-Metropole für eher schlecht: Beklagt wurde fehlende Urbanität, provinzielle Kultur und ein zerrissenes Stadtbild. Die Internationale Handelskammer sieht denn auch für die Region Frankfurt/Rhein-Main die Gefahr, im internationalen Wettbewerb der Metropolen zurückzufallen.[142]

Dennoch liegen alle Spitzenreiter unter den hessischen Kreisen im Umkreis der Metropole Frankfurt: Groß-Gerau, Main-Taunus und Hochtaunus. Sie glänzen vor allem durch Bevölkerungsgewinne, hohe Wirtschaftskraft und Beschäftigungsquote sowie hohes Einkommen. Minuspunkte gibt es jedoch für die exorbitante Verschuldung fast aller hessischen Kommunen – hier stehen die Kreise der Rhein-Main-Region sogar am schlechtesten da.

Studenten verjüngen Mittelhessen

Die hessische Mitte – der Regierungsbezirk Gießen – entwickelt sich längst nicht so dynamisch wie das Rhein-Main-Gebiet: Das Bruttoinlandsprodukt je Erwerbstätigem liegt hier um mehr als ein Fünftel niedriger. Seit Jahren stagniert die Einwohnerzahl bei etwa 1.065.000. Im Jahr 2004 sank sie sogar. Trotz dieser Entwicklung sieht der im Jahr 2000 beschlossene Regionalplan die Einwohnerzahl der mittelhessischen Verwaltungseinheit bis zum Jahr 2010 noch auf 1.129.000 Einwohner anwachsen.

Tatsächlich mangelt es Mittelhessen nicht an Anziehungskraft für junge Menschen: Immerhin gibt es in der Region eine enorme Studentendichte. Gießen hat 30.000, das 20 Kilometer entfernte Marburg 19.000 eingeschriebene Studiosi. Doch die Region nutzt dieses Potenzial zu wenig: Mit rund neun Prozent an hoch qualifizierten Beschäftigten schafft es der Landkreis Gießen nur ins Mittelfeld der hessischen Kreise. Als sich Gießen 2005 beim Stifterverband für die Deutsche Wissenschaft um die Auszeichnung „Wissenschaftsstadt" bewarb, ein Titel, der vor allem für das Zusammenwirken von Wissenschaft, Wirtschaft und Kultur verliehen wird, befand man die Studentenmetropole nicht einmal einer Belobigung für würdig. Tatsächlich ist die Ausstrahlungskraft der Denkfabriken in die Region eher dürftig. Zwar konnte Mittelhessen seine Erwerbstätigenzahl gegenüber 1992 halten – im östlich gelegenen Vogelsbergkreis hat das wirtschaftliche Schrumpfen aber bereits begonnen. Seit zehn Jahren verliert diese Region durchschnittlich 300 Arbeitsplätze pro Jahr.

Nordhessen auf Schrumpfkurs

Noch im Dezember 2005 verkündet die Homepage des Regierungsbezirkes Kassel, dass die Bevölkerung des Werra-Meißner-Kreises zwischen 1987 und 1999 um 2,3 Prozent gewachsen sei.[143] Allerdings verschweigt das Informationsangebot, dass die Einwohnerzahl 1999 bereits im fünften Jahr in Folge rückläufig war, seither weiter gesunken ist und im Jahr 2005 den Wert von 1987 schon deutlich unterschritten hat. Nur vier Jahre

Kinder in Offenbach – Rentner in Werra-Meißner

Offenbach hat einen der höchsten Geburtenüberschüsse in Deutschland – obwohl Großstädte normalerweise mehr Sterbefälle als Geburten verzeichnen. Ursache sind die in Offenbach besonders zahlreichen Ausländer (26 Prozent an der Gesamtbevölkerung), deren Kinderzahlen deutlich über jenen der Deutschen liegen. Der Werra-Meißner-Kreis in Nordhessen hingegen gehört zu den demografischen Schlusslichtern. Je 1.000 Einwohner sterben dort jährlich im Mittel 6,5 mehr Menschen als geboren werden.

Kreise mit den höchsten und niedrigsten natürlichen Saldoraten (Geburten minus Sterbefälle je 1.000 Einwohner) in Deutschland (Datengrundlage: Statistisches Bundesamt)

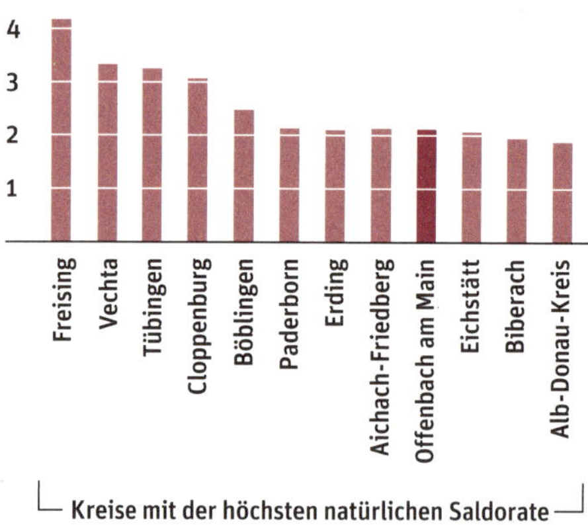

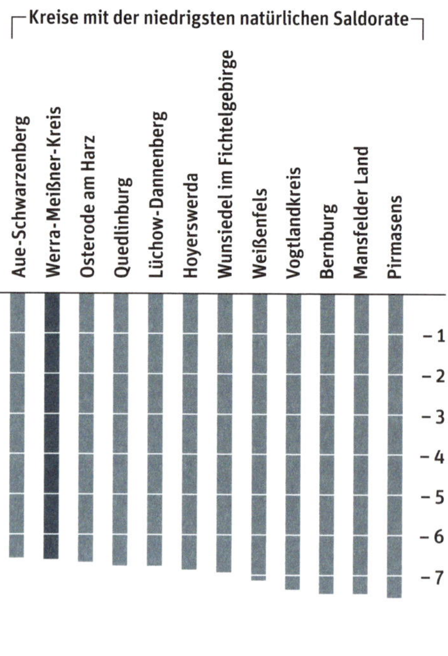

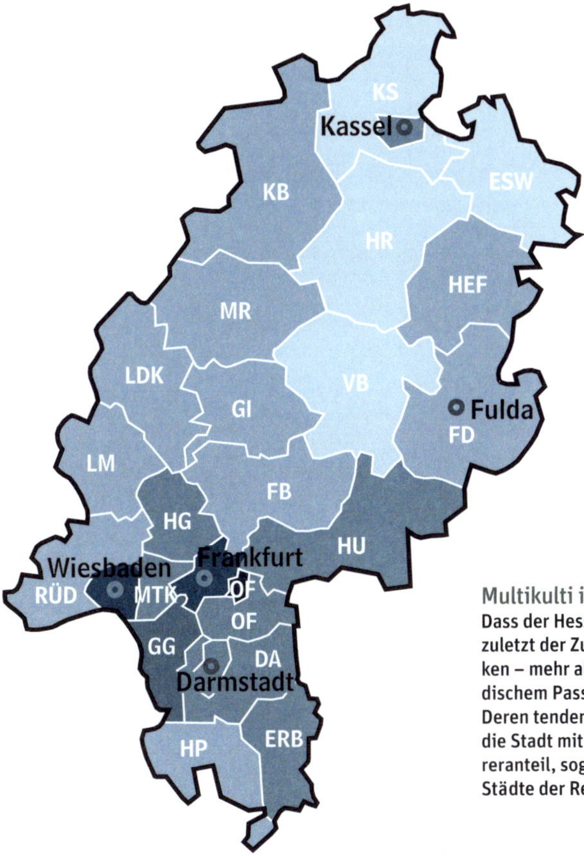

Ausländeranteil in Prozent 2003 (Datengrundlage: Statistisches Bundesamt)

- 5 und weniger
- 5,01 bis 10
- 10,01 bis 15
- 15,01 bis 20
- 20,01 bis 25
- mehr als 25

Multikulti in Offenbach

Dass der Hessische Süden weiter wächst, hat er nicht zuletzt der Zuwanderung aus dem Ausland zu verdanken – mehr als drei Viertel aller Hessen mit ausländischem Pass leben im Regierungsbezirk Darmstadt. Deren tendenziell höhere Kinderzahl macht Offenbach, die Stadt mit dem deutschlandweit höchsten Zuwandereranteil, sogar zu einer der nachwuchsfreudigsten Städte der Republik.

lang konnte der idyllisch im Naturpark Werratal gelegene Landkreis, dessen Ränder einst auf mehr als der Hälfte ihrer Länge von den Grenztruppen der DDR bewacht wurden, vom Fall des Eisernen Vorhangs profitieren. Dann begann seine Einwohnerzahl zu sinken, weil Teile der Wirtschaft zusammenbrachen. Ohne die während des Kalten Krieges gezahlte Zonenrandförderung waren viele Betriebe nicht mehr wettbewerbsfähig.

Die Entwicklung ist symptomatisch für Hessens Norden, der vorwiegend kleine Dörfer in weiträumiger Mittelgebirgslandschaft birgt. Die nordhessischen Kreise Werra-Meißner und Schwalm-Eder, aber auch die Stadt Kassel sind Schlusslichter der hessischen Gesamtbewertung. Hier ist bis zum Jahr 2020 ein Bevölkerungsrückgang zwischen fünf und elf Prozent zu erwarten.

Weitere Probleme drohen mit der bevorstehenden Schließung zahlreicher Bundeswehrstandorte. Landesweit werden insgesamt 5.700 der bislang 14.500 zivilen und militärischen Dienstposten wegfallen. Davon ist Nordhessen mit dem Aus für die großen Standorte Fuldatal-Rothwesten (1.390 Soldaten und Zivilbeschäftigte), Hessisch-Lichtenau (790 Stellen), Schwalmstadt (980), Sontra (780), Wolfhagen und Neustadt (je 550) besonders betroffen.[144]

Nordhessen selbst lobt seine „zentrale Lage" in Deutschland. Doch wirklich profitieren können davon nur wenige Orte. So hat sich das früher im Zonenrandgebiet gelegene Bad Hersfeld zur Logistikdrehscheibe entwickelt. Nachdem sich German Parcel schon vor der Wende im Landkreis niedergelassen hatte, kam bald auch die Deutsche Post, die Spedition Schenker, schließlich die Internetversender Libri und Amazon. Die jüngste Ansiedlung ist das britische Unternehmen RS components, das von Bad Hersfeld aus Werkzeuge und elektronische Bauteile vertreibt. Dank der Autobahnen A4, A5 und A7, die sich bei Bad Hersfeld kreuzen, konnte die Logistikbranche dazu beitragen, dass die Erwerbstätigenzahl im Kreis Hersfeld-Rothenburg in den vergangenen zehn Jahren zumindest stabil geblieben ist – trotz Verlusten im produzierenden Gewerbe. Dennoch büßte Hersfeld-Rothenburg im selben Zeitraum mehr als 4.000 Einwohner ein: Jüngere wandern weiterhin ab und der Landkreis gehört mit fast zehn Prozent über 75-jähriger Bewohner zu jenen mit dem höchsten Anteil alter Menschen in Hessen.

Lediglich der die Documenta-Stadt Kassel umgebende Landkreis konnte seine Einwohnerzahl halten. Bis heute spielt in der einzigen größeren Industriestadt in Hessens Norden der Maschinen- und Fahrzeugbau eine große Rolle. In Kassel-Baunatal beschäftigt Volkswagen 15.000 Menschen und das Betriebswerk der Deutschen Bahn repariert hier Züge für ganz Deutschland. Die Thyssen-Krupp Transrapid GmbH fertigt in Kassel jene Magnetschwebebahn, die seit Januar 2003 Shanghai mit dem 30 Kilometer entfernten Pudong International Airport verbindet. Vor 150 Jahren begann mit der Gründung der Firma Henschel die Geschichte des Lokomotivbaus an der Fulda. Inzwischen wird die Eisenbahn-Tradition durch den Weltmarktführer im Schienenfahrzeugbau Bombardier weitergeführt. Doch wie vielerorts in Deutschland hat die Fertigungsindustrie tausende Arbeitsplätze abgebaut. Zwischen 1992 und 1994, als der Maschinenbau weltweit in eine Krise geriet, sank die Zahl der Erwerbstätigen in Kassel um vier Prozent – 6.000 Menschen verloren ihre Beschäftigung. Seither ist Kassel eine schrumpfende Stadt. Im Jahr 2003 zählte sie 4.000 Einwohner weniger als noch zehn Jahre zuvor.

Zwar hat sich die Wirtschaftslage inzwischen stabilisiert, doch wesentlich erhöhen konnte die Stadt ihre Erwerbstätigenzahl nicht mehr. Heute ist in Kassel ein Fünftel aller Einwohner zwischen 18 und 65 Jahren arbeitslos oder lebt von Sozialhilfe – der mit weitem Abstand schlechteste Wert in Hessen und einer der höchsten der Republik.

Bewertung Hessen

		GESAMTNOTE
HP	Bergstraße	3,54
DA	Darmstadt	3,31
DA	Darmstadt-Dieburg	3,43
F	Frankfurt am Main	3,38
FD	Fulda	3,44
GI	Gießen	3,54
GG	Groß-Gerau	3,14
HEF	Hersfeld-Rotenburg	3,61
HG	Hochtaunuskreis	3,26
KS	Kassel Lk	3,66
KS	Kassel St	4,18
LDK	Lahn-Dill-Kreis	3,46
LM	Limburg-Weilburg	3,58
HU	Main-Kinzig-Kreis	3,55
MTK	Main-Taunus-Kreis	3,15
MR	Marburg-Biedenkopf	3,33
ERB	Odenwaldkreis	3,63
OF	Offenbach am Main	3,60
OF	Offenbach Lk	3,38
RÜD	Rheingau-Taunus-Kreis	3,72
HR	Schwalm-Eder-Kreis	3,89
VB	Vogelsbergkreis	3,76
KB	Waldeck-Frankenberg	3,34
ESW	Werra-Meißner-Kreis	4,08
FB	Wetteraukreis	3,53
WI	Wiesbaden	3,36

Demografie								Wirtschaft										Integration			Bildung				Familienfr.			
Kinderzahl	Unter 35-Jährige	Frauenanteil	Wanderung	Über 75-Jährige	Prognose 2020	ZWISCHENNOTE	Trend	Verfügb. Einkommen	Bruttoinlandsprod.	Kommunale Schulden	Erwerbstätigkeit	Arbeitsl.+Sozialh.	Erwerbstät./Frauen	Erwerbstät./Ältere	Fremdenverkehr	ZWISCHENNOTE	Trend	Bildungschancen	Ausländer/Arbeitsl.	ZWISCHENNOTE	Ohne Abschluss	Jugendarbeitslosigkeit	Hochqualifizierte	ZWISCHENNOTE	Personen je Wohnung	Baulandpreise	Freifläche	ZWISCHENNOTE
5	4	2	2	4	2	3,2	3,2 →	2	3	5	3	2	4	5	5	3,6	2,8 ↗	4	5	4,5	2	2	4	2,7	4	5	5	4,7
5	3	2	2	5	2	3,2	1,4 ↑	2	1	6	3	3	3	4	5	3,4	3,1 →	4	4	4,0	2	2	1	1,7	6	6	4	5,3
5	3	1	2	3	2	2,7	3,6 →	2	4	3	3	2	4	5	5	3,5	2,8 ↗	4	6	5,0	3	2	3	2,7	4	5	5	4,7
6	4	1	3	4	2	3,3	2,2 ↗	2	1	6	3	3	4	4	4	3,4	1,9 ↑	2	4	3,0	3	2	1	2,0	6	6	6	6,0
4	2	2	2	5	3	3,0	3,6 →	3	1	3	3	2	5	6	4	3,4	3,0 →	5	6	5,5	3	2	5	3,3	4	3	3	3,3
6	3	1	2	4	2	3,0	3,0 →	4	1	6	4	3	4	5	5	4,0	2,9 ↗	3	6	4,5	2	2	3	2,3	5	4	4	4,3
4	3	1	2	3	2	2,5	2,0 ↗	3	1	5	1	2	3	3	5	2,9	4,4 ↘	4	5	4,5	3	2	2	2,3	5	5	5	5,0
4	4	3	3	6	4	4,0	3,8 →	4	2	3	4	3	4	6	3	3,6	1,9 ↑	4	6	5,0	2	2	5	3,0	4	2	3	3,0
5	5	1	2	5	2	3,3	2,8 ↗	1	1	6	2	2	3	4	4	2,9	2,5 ↗	4	6	5,0	2	1	1	1,3	5	6	5	5,3
5	5	1	2	5	4	3,7	4,0 ↘	4	4	3	3	3	3	6	5	3,9	2,8 ↗	2	6	4,0	2	2	5	3,0	5	2	4	3,7
6	3	1	2	6	4	3,7	1,8 ↑	5	1	5	6	5	5	6	5	4,8	2,5 ↗	5	5	5,0	6	3	2	3,7	6	4	5	5,0
4	3	2	2	5	3	3,2	3,6 →	2	2	4	3	3	4	5	5	3,5	2,4 ↗	4	5	4,5	4	2	4	3,3	4	3	4	3,7
3	3	2	2	4	2	2,7	3,6 →	3	4	4	3	2	5	6	5	4,0	3,3 →	5	6	5,5	4	2	4	3,3	4	2	4	3,3
5	4	1	2	4	3	3,2	3,2 →	2	2	6	2	2	3	5	5	3,4	2,9 ↗	5	5	5,0	3	2	4	3,0	5	5	4	4,7
5	4	1	2	4	2	3,0	3,2 →	1	1	6	1	2	2	3	5	2,6	2,5 ↗	4	5	4,5	3	1	1	1,7	5	6	6	5,7
6	2	1	2	4	2	2,8	3,2 →	5	2	4	4	2	4	5	5	3,9	2,6 ↗	5	4	4,5	4	1	3	2,7	3	2	4	3,0
4	3	3	2	5	2	3,2	4,0 ↘	4	4	4	3	2	4	5	4	3,8	4,1 ↘	5	4	4,5	3	2	5	3,3	4	4	3	3,7
3	2	1	2	4	2	2,3	1,8 ↑	4	1	6	4	5	4	4	5	4,1	3,6 →	3	4	3,5	6	3	1	3,3	6	6	5	5,7
5	4	1	2	3	2	2,8	3,0 →	1	1	5	2	2	3	4	5	2,9	3,1 →	4	6	5,0	3	2	3	2,7	5	6	6	5,7
6	4	1	2	4	3	3,3	3,2 →	2	5	6	3	2	3	5	4	3,8	3,0 →	5	5	5,0	4	2	4	3,3	4	5	4	4,3
5	4	3	2	5	4	3,8	4,4 ↘	4	4	4	3	3	4	6	5	4,1	3,0 →	4	6	5,0	4	2	5	3,7	4	2	3	3,0
6	4	3	2	6	4	4,2	5,0 ↓	4	4	5	3	3	4	5	5	4,1	3,1 →	4	4	4,0	3	2	5	3,3	3	2	1	2,0
4	3	2	2	5	4	3,3	3,6 →	3	2	4	2	3	3	5	2	3,0	1,6 ↑	5	5	5,0	5	2	5	4,0	5	2	2	3,0
5	5	3	3	6	5	4,5	4,4 ↘	4	4	5	4	3	4	6	4	4,3	3,5 →	4	5	4,5	3	3	5	3,7	5	2	2	3,0
4	4	1	2	4	2	2,8	3,6 →	2	3	5	3	2	4	5	5	3,6	3,1 →	4	6	5,0	3	2	4	3,0	4	5	4	4,3
4	4	1	2	5	2	3,0	1,8 ↑	1	1	5	3	4	3	4	5	3,3	2,9 ↗	5	3	4,0	4	3	1	2,7	6	6	4	5,3

Rhein-Main wächst weiter – Nordhessen verliert

Die Bevölkerungsentwicklung in Hessen verläuft regional sehr unterschiedlich. Während der südhessische Regierungsbezirk Darmstadt seit 1990 sechs Prozent gewonnen hat und bis 2020 weiter wachsen wird, verliert der Norden Hessens bereits heute Einwohner. Bis 2020 wird seine Bevölkerungszahl deutlich unter das Niveau von 1990 sinken. Der mittelhessische Regierungsbezirk Gießen kann bis 2020 bestenfalls mit einer gleich bleibenden Bevölkerungszahl rechnen.

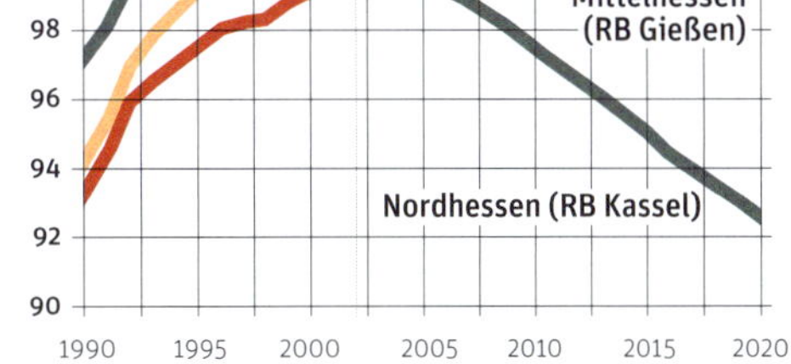

Tatsächliche und prognostizierte (ab 2003) Bevölkerungsentwicklung in den hessischen Regierungsbezirken (2002 = 100 Prozent) (Datengrundlage: Bundesamt für Bauwesen und Raumordnung)

BADEN-WÜRTTEMBERG

Wirtschaftswunder im 21. Jahrhundert

- **Einwohnerzahl**
  2004: 10.717.000
  2020: 11.141.000
- **Fläche: 35.752 km^2**
- **Landesschulden/Einwohner: 3.504,– €**

Wer das bescheiden als „Ländle" bezeichnete Bundesland über den Flughafen Stuttgart erreicht, könnte meinen, in Deutschland blühe noch das Wirtschaftswunder: Auf der Filderhochebene, direkt vor den Abfertigungshallen, drehen sich die Kräne und pflügen die Baumaschinen durch das Erdreich. 600.000 Kubikmeter Beton und 65.000 Tonnen Stahl werden verbaut, damit aus dem Nichts ein gewaltiges Messegelände nebst Kongreßzentrum entstehen kann.[145] Das alte Ausstellungsterrain am Stuttgarter Killesberg ist dem boomenden Baden-Württemberg längst zu klein geworden.

Nahezu alle Indikatoren in Sachen Wirtschaft zeigen in Baden-Württemberg nach oben. Aber auch demografisch schreibt das Land Erfolge: Die Einwohnerzahl des südwestdeutschen Bundeslandes wuchs von 6,4 Millionen Anfang der 1950er Jahre bis auf 10,7 Millionen im Jahr 2004. Allein seit 1989, dem Jahr, in dem der Eiserne Vorhang fiel, hat Baden-Württemberg noch eine Million Einwohner hinzugewonnen und ist damit von allen Bundesländern am meisten gewachsen. Die Attraktivität für Zuwanderer, besonders aus den wirtschaftlich schwachen Teilen der Republik, ist bis heute ungebrochen. Das größte Bevölkerungswachstum eines Jahres erlebte Baden-Württemberg im Jahr der deutschen Wiedervereinigung, als die Zahl seiner Einwohner um mehr als zwei Prozent zunahm. Doch auch im Mittel der Jahre 2000 bis 2003 wuchs die Bevölkerung im Südwesten noch durchschnittlich um 0,5 Prozent pro Jahr.

Im alternden Deutschland hat Baden-Württemberg die jüngste Bevölkerung – 40,7 Prozent der Einwohner sind noch keine 35 Jahre alt. Und es ist das einzige Bundesland, in dem 2004 noch mehr Menschen geboren wurden als starben. Im Jahr 2004 lag der Geburtenüberschuss bei rund 5.000 Menschen. Von heute 10,7 Millionen soll die Zahl der Baden-Württemberger nach Prognosen des Bundesamtes für Bauwesen und Raum-

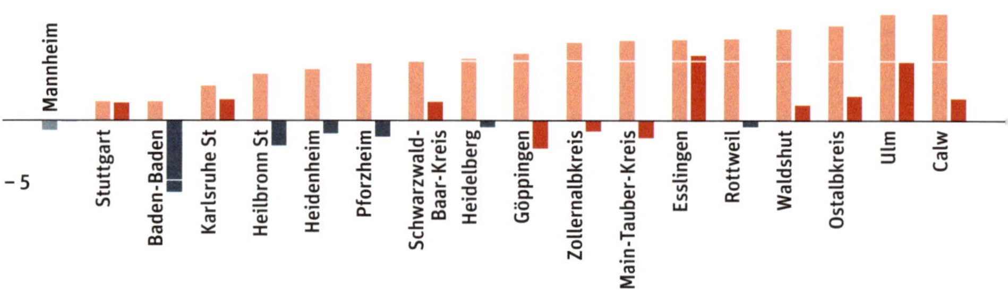

Wo das Wachstum zuhause ist

Aufgrund seiner Wirtschaftskraft kann Baden-Württemberg noch großflächig auf Bevölkerungswachstum hoffen. Besonders zwischen Stuttgart und Heidelberg und in den Regionen Ulm und Freiburg nimmt die Bevölkerung weiter zu. Zum Paradies der reichen Rentner hat sich der Bodenseeraum entwickelt. Lediglich einige Industriestädte, das überalterte Baden-Baden und entlegene Regionen im mittleren Schwarzwald und der Schwäbischen Alb müssen sich bis 2020 auf Schwund einstellen.

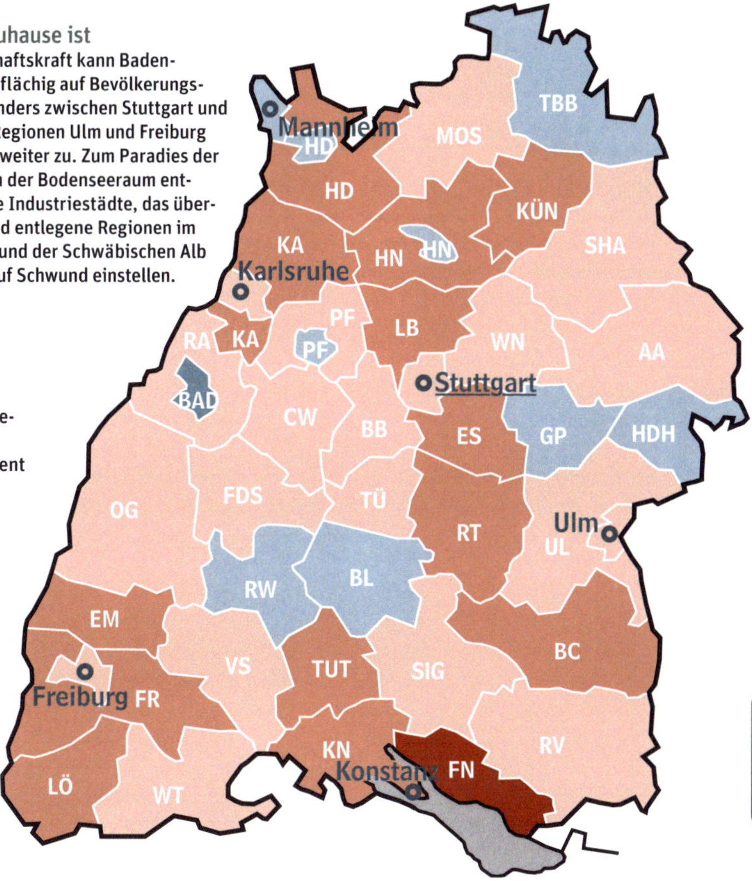

Prognostizierte Bevölkerungsentwicklung 2004 bis 2020 in Prozent

- – 9,99 bis – 5
- – 4,99 bis 0
- 0,01 bis 5
- 5,01 bis 10
- 10,01 bis 15

(Datengrundlage: Bundesamt für Bauwesen und Raumordnung)

BADEN-WÜRTTEMBERG

ordnung bis 2020 um rund 400.000 auf dann 11,1 Millionen steigen.

Noch im 19. Jahrhundert flohen die Menschen aus dem Südwesten Deutschlands. Katastrophale Hungerjahre lösten 1816/17 enorme Auswanderungswellen aus. Zwischen 1815 und 1870 verließen schätzungsweise eine halbe Million Badener und Württemberger ihr Land. Anfangs zog es die Auswanderer hauptsächlich nach Südosteuropa, später wurde Nordamerika das Hauptziel der Landflüchtigen. Zwischen 1846 und 1855 ging die Bevölkerungszahl im deutschen Südwesten jährlich um ein Prozent zurück.[146] Vor allem das Prinzip der Realteilung – alles Land des väterlichen Hofes ging zu gleichen Teilen an die männlichen Nachkommen – ließ den meist zahlreichen Söhnen kaum eine Existenzgrundlage. Erst die Industrialisierung im späten 19. Jahrhundert beendete die Not in Baden und Württemberg.

Arm an Bodenschätzen, nutzten die Menschen schon früh die technische Innovation zur Entwicklung ihres Landes. Zahlreiche Unternehmen, die bis heute das Rückgrat der baden-württembergischen Wirtschaft bilden, entstanden im letzten Drittel des 19. Jahrhunderts, viele von ihnen im Bereich des Maschinen- und Fahrzeugbaus. Als Carl Benz im Jahr 1886 in Mannheim den ersten brauchbaren Motorwagen baute und zum Patent anmeldete, begann die Geschichte des baden-württembergischen Automobilbaus, der die Wirtschaft des Landes bis heute entscheidend prägt. Mit Gottlieb Daimler, Wilhelm Maybach und Wilhelm Lanz wirkten noch weitere Bahnbrecher des mobilen Zeitalters im heutigen Baden-Württemberg. Maschinen- und Fahrzeugbau sind bis heute die wichtigsten Industriezweige des Bundeslandes. Inklusive Zulieferer beschäftigt diese Branche rund 820.000 Erwerbstätige.[147]

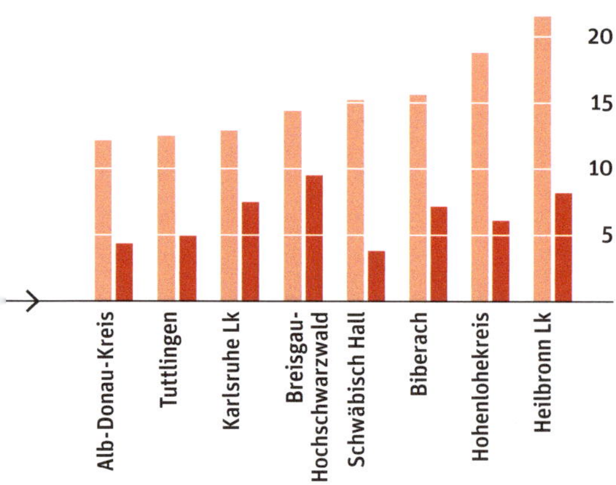

Obwohl Großunternehmen wie DaimlerChrysler, Porsche oder Bosch Baden-Württemberg weltweit bekannt gemacht haben, ist es dennoch ein Land der Mittelständler: In keinem anderen Bundesland gibt es so viele Betriebe mit 50 bis 500 Mitarbeitern. Sie beschäftigen die Mehrzahl der Erwerbstätigen.[148] Die Unternehmen tun Einiges, um technologisch führend zu bleiben – die Pro-Kopf-Ausgaben für Forschung und Entwicklung liegen zwischen Neckar und Bodensee doppelt so hoch wie im Bundesdurchschnitt.

Alle ärmeren Länder im Norden und Osten profitieren vom reichen Baden-Württemberg: Im Jahr 2004 zahlte das Land fast ein Drittel des deutschen Länderfinanzausgleichs. Das verfügbare Pro-Kopf-Einkommen Baden-Württembergs ist mit fast 18.500 Euro (2003) das höchste aller deutschen Flächenländer. Und der materielle Wohlstand sorgt für eine hohe Lebenserwartung. Mit 76,9 Jahren für Männer und 82,5 Jahren für Frauen liegt sie deutschlandweit am höchsten. Im Saarland leben die Frauen und in Mecklenburg-Vorpommern die Männer rund zwei Jahre kürzer.

Das überdurchschnittlich lange Leben wird die Zahl der pflegebedürftigen Menschen stärker steigen lassen als in anderen Regionen. Denn während unter den 80- bis 84-Jährigen etwa jeder Sechste pflegebedürftig ist, muss bei den 85- bis 89-Jährigen jeder Dritte und bei den über 90-Jährigen bereits jeder zweite Mensch die Hilfe Anderer in Anspruch nehmen. Durch das Aufrücken geburtenstarker Jahrgänge in das höhere Lebensalter wird der Pflegebedarf in Baden-Württemberg in den nächsten 20 Jahren enorm ansteigen. Selbst wenn die Lebenserwartung nicht weiter steigen sollte, gäbe es in

Das Ende des Baubooms

Wie ganz Deutschland hat Baden-Württemberg Anfang der 1990er Jahre einen gewaltigen Bauboom erlebt. Danach geriet die Branche in die Krise und hofft seither auf Wiederbelebung. Die aber ist unwahrscheinlich, denn allem Anschein nach gibt es keine Baukonjunktur gegen den demografischen Trend. Denn Anfang der 1990er Jahre waren es die in den 1960ern geborenen Babyboomer, die eine Nachfrage nach Eigenheimen angekurbelt hatten. Da die Gruppe der 25- bis 40-Jährigen mittlerweile und vor allem dauerhaft rückläufig ist, wird auch der Neubau zurückgehen. So kann die Bauwirtschaft nur hoffen, dass die Menschen in immer größeren Wohnungen leben wollen. Aber auch hier gibt es, vor allem aufgrund der gesamtwirtschaftlichen Lage, Grenzen.

Bevölkerung zwischen 25 und 40 Jahren und jährlich neu gebaute Wohnfläche in Baden-Württemberg (Datengrundlage: Statistisches Landesamt Baden-Württemberg)

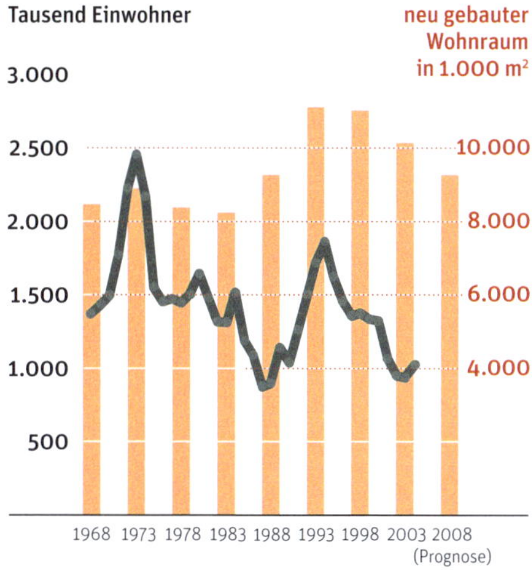

Baden-Württemberg im Jahr 2020 voraussichtlich 310.000 Pflegebedürftige – 100.000 mehr als heute.[149]

Sorgen einer Wachstumsregion

Das anhaltende Bevölkerungswachstum hat Baden-Württemberg zu einem der am dichtesten besiedelten Flächenländer gemacht. 298 Einwohner leben auf einem Quadratkilometer. Nur in den früheren Schwerindustrieregionen Saarland und Nordrhein-Westfalen drängen sich mehr Menschen. Die Baulandpreise haben sich in Baden-Württemberg seit 1980 mehr als verdreifacht und liegen in der Region Stuttgart mit 365 Euro je Quadratmeter am höchsten in ganz Deutschland. Zwar ist das Bundesland angesichts hoher Bevölkerungsdichte und enormer Baukosten längst nicht mehr, wie oft kolportiert, der Einfamilienhäusle-Baumeister der Nation. Dennoch ist der Flächenverbrauch ein drängendes Problem. Von den Bundesländern vergleichbarerer Größe hat nur Nordrhein-Westfalen weniger ländliche, dünn besiedelte Flächen zu bieten. Wegen des bundesweiten Trends zu größeren und komfortableren Wohnungen ist die Versiegelung durch Siedlungs- und Verkehrsbauten in den vergangenen 50 Jahren doppelt so schnell gestiegen wie die Bevölkerungszahl.[150]

Bis heute werden in Baden-Württemberg täglich elf Hektar bebaut – die Fläche von sechs Fußballfeldern.[151] In letzter Zeit weisen vor allem die kleineren Gemeinden vermehrt Bauland aus.[152] Offenbar wollen sich die Kommunen von dem noch zu erwartenden Bevölkerungswachstum im Land einen möglichst großen Teil sichern. Dies ist vermutlich eine Fehlentscheidung, denn aus demografischer Sicht ist der Bauboom längst vorüber. Die Gruppe der 30- bis 40-Jährigen, jenes Alter, in dem die Menschen normalerweise Familien gründen und Häuser bauen, wird auch in Baden-Württemberg auf absehbare Zeit nicht wieder so groß werden, wie sie es noch in den 1990er Jahren war.

Fast das ganze Land verbucht Erfolge

In den vergangenen zehn Jahren haben fast alle Teile Baden-Württembergs aufgrund der guten Wirtschaftsentwicklung Einwohner hinzugewonnen. Am stärksten gewachsen ist der nordbadische Landkreis Heilbronn. Hier ist der Autobauer Audi wichtigster Magnet. Das im Landkreis gelegene Neckarsulm ist, neben Ingolstadt in Bayern, der zweite Standort des Sportwagenherstellers, bei dem in Deutschland insgesamt 45.000 Menschen beschäftigt sind. Wo immer Autos gefertigt werden, lassen sich auch die Zu-

Weniger Eltern – weniger Kinder

1968 wurden in Baden-Württemberg bei etwa 1,4 Millionen Menschen im besten Elternalter (25 bis 35 Jahre) 16 Kinder je 1.000 Einwohner geboren. Der Pillenknick sorgte dann für einen deutlichen Rückgang der Geburtenrate. Durch Zuwanderung und die Generation der Babyboomer, die in den 1990er Jahren im Elternalter war, erhöhte sich die Zahl der potenziellen Mütter und Väter wieder – und mit ihr die absolute Zahl der Neugeborenen. Heute sind die geburtenstarken Jahrgänge über das Elternalter hinaus. Selbst bei gleich bleibender Fertilität muss deshalb die Zahl der Kinder abnehmen. 2008 werden deshalb nur etwa acht Kinder je 1.000 Baden-Württemberger zur Welt kommen – halb so viele wie 40 Jahre zuvor.

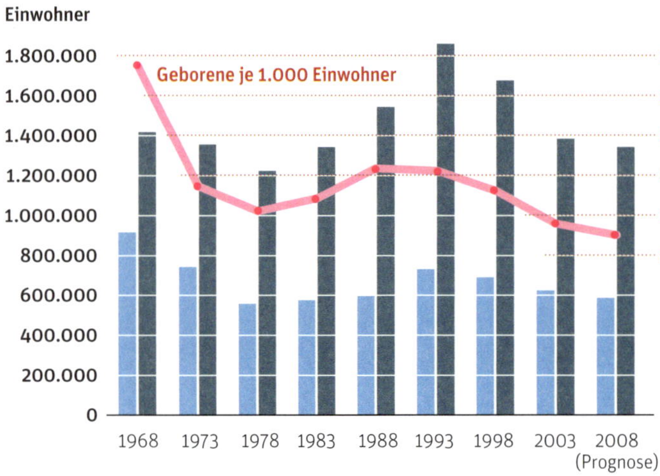

Altersstruktur und Geburtenzahl in Baden-Württemberg (Datengrundlage: Statistisches Landesamt Baden-Württemberg)

lieferer nieder. Allein Bosch ist etwa mit 2.000 Arbeitsplätzen in der Region vertreten. Seit 1995 ist im Landkreis Heilbronn die Zahl der Beschäftigten um fast 16 Prozent gestiegen.

Die Erfolge Baden-Württembergs verteilen sich wegen der gut ausgebauten mittelständischen Struktur nahezu über das ganze Bundesland. Freiburg im Breisgau, nahe am Elsass und an der Schweizer Chemiehochburg Basel gelegen, hat sich zu einer der dynamischsten Dienstleistungsregionen entwickelt.[153] Unternehmen der Biotechnologie, Medizintechnik und Pharmazie profitieren von der Nähe zu hochklassigen Bildungs- und Forschungseinrichtungen der Universitätsstadt. Freiburg ist Teil des „Biovalley Oberrhein" – eines Unternehmensverbundes, der sich über Teile Frankreichs, der Schweiz und Deutschlands erstreckt. Die 1457 gegründete Albert-Ludwigs-Universität liefert nicht nur wissenschaftliches Knowhow, sie hält die Region mit 30.000 Studenten auch jung. In der „jüngsten" kreisfreien Stadt Deutschlands sind fast 44 Prozent der Einwohner unter 35 Jahre. Steuerzahler sind von ihnen allerdings die wenigsten: Mit wenigen Erwerbstätigen und hohen Schulden landet Freiburg trotz hervorragender Noten in Sachen Demografie in der Gesamtwertung nur im Mittelfeld.

Hochdynamisch präsentiert sich Ulm. Die kreisfreie Stadt mit dem höchsten Kirchturm der Welt erwirtschaftet das drittstärkste Pro-Kopf-Bruttoinlandsprodukt in Baden-Württemberg. Ihre Wirtschaftskraft schöpft die Stadt an der Donau vor allem aus der Forschung. Die Zahl der Jobs für Hochqualifizierte ist seit 1998 mehr als doppelt so stark gewachsen wie im Bundesdurchschnitt.[154] In der „Wissenschaftsstadt" auf dem Oberen Eselsberg, einst Fort der Bundesfestung Ulm, haben sich, neben Universität und Klinikum, Denkfabriken großer Unternehmen wie DaimlerChrysler, Siemens und Nokia niedergelassen. Große Pharmafirmen wie Merkle/Ratiopharm, Boehringer Ingelheim oder Rentschler lassen hier produzieren. Die von einer stadteigenen Projektentwicklungs-Gesellschaft ins Leben gerufenen

KINDERLOS ODER ARBEITSLOS?

Wirtschaftlich liegt Baden-Württemberg an der Spitze, aber in Sachen Kinderbetreuung gilt das Land eher als rückständig. Alte Vorurteile haben lange die Diskussion um die Vereinbarkeit von Familie und Beruf geprägt. Noch im Jahr 1998 konstatierte der Familienbericht Baden-Württemberg, dass „der Erziehung in der (kompetenten) Familie in den ersten drei Lebensjahren ... Priorität vor außerfamiliären Betreuungsmaßnahmen einzuräumen“ sei.[155] So konnten im Jahr 2002 denn auch nur zwei von 100 Kindern unter drei Jahren einen Krippenplatz erwarten. Für gerade sieben Prozent aller Drei- bis Sechsjährigen und für zwei Prozent der Schüler gab es eine ganztägige Betreuung.

Dieses unterdurchschnittliche Angebot lässt sich unter anderem auf die Politik des langjährigen Ministerpräsidenten Erwin Teufel zurückführen, der das Land 14 Jahre lang regiert hat. Noch in seiner Abschiedsrede ließ er seine Abneigung gegen externe Kinderbetreuung durchblicken, indem er jenen Menschen seine Hochachtung aussprach, die „noch Freude an Kindern haben und nicht deren Erziehung delegieren“.[156] Doch dieser Wertekonservatismus verträgt sich nicht mit der ökonomischen Realität Baden-Württembergs. Denn die guten Wirtschaftsdaten beruhen auch darauf, dass hier immer mehr Frauen erwerbstätig sind. Der Anteil der Baden-Württembergerinnen zwischen 20 und 60 Jahren, die im Beruf stehen, stieg von 59 Prozent im Jahr 1985 auf 73 Prozent in 2002. Der Anteil der erwerbstätigen Mütter kletterte von etwa 49 auf 68 Prozent. Erst unter dem Druck eines 1996 erlassenen Bundesgesetzes und angesichts des tatsächlichen Bedarfs begann Baden-Württemberg Ende der 1990er Jahre seine Betreuungseinrichtungen auszubauen. Mittlerweile kann das Land jedem Kind zwischen drei und sechs zumindest einen Halbtags-Kindergartenplatz anbieten.

Der im April 2005 zum Nachfolger von Erwin Teufel gewählte Ministerpräsident Günther Oettinger widmete einen ungewöhnlich großen Teil seiner ersten Regierungserklärung der Familienfreundlichkeit. Die Situation zwinge die Menschen „zwischen kinderlos und arbeitslos“ zu wählen, bemängelte der Ministerpräsident. Deshalb wolle er Baden-Württemberg zu einem „Kinderland“ machen. Der Ausbau von Betreuungseinrichtungen für Kinder aller Altersgruppen sei ein Schlüssel dazu.

„Science Parks“ werden mittlerweile durchnummeriert. Zwei dieser Gewerbegebiete für Forschungsinstitute sind bereits in Funktion, Nummer 3 ist in Planung. Der Wissenschaftsstruktur entsprechend ist ein großer Teil der Erwerbstätigen in Ulm hoch qualifiziert. Die Zahl der Arbeitslosen und der Schulabgänger ohne Abschluss ist vergleichsweise gering.

Am Beispiel Ulm zeigt sich, dass eine moderne Industrie- und Forschungskultur sogar familienfreundlich sein kann: Um Ulm herum hat sich der Alb-Donau-Kreis zu einer vergleichsweise nachwuchsreichen Zone entwickelt. Dort gibt es mit 1,58 Kindern je Frau die zweithöchsten Geburtenziffern in Baden-Württemberg (auf Platz 1 steht Tuttlingen mit 1,59). Im insgesamt kinderarmen Deutschland belegt der Kreis einen vorderen Platz bei der Kinderfreundlichkeit. Bemerkenswert ist, dass die hohe Fertilität nicht, wie etwa im westlichen Niedersachsen, mit sehr geringer Frauenerwerbstätigkeit einhergeht. Im Alb-Donau-Kreis sind 55 Prozent der Frauen zwischen 25 und 50 Jahren berufstätig – zehn Prozentpunkte mehr als in den Landkreisen Cloppenburg und Vechta, den kinderreichsten Gebieten der Republik.

Wie man die wirtschaftlichen Potenziale der demografischen Alterung nutzen kann, zeigt die alte Bäderstadt Baden-Baden. Trotz des bundesweit höchsten Anteils über 75-Jähriger – zwölf Prozent – weist die Stadt eine erstaunliche Wirtschaftskraft auf. Das Bruttoinlandsprodukt Baden-Badens übertrifft mit 37.000 Euro je Einwohner deutlich jenes des „jungen“ Freiburg. Die Bürger haben die höchste Kaufkraft in ganz Baden-Württemberg. Allerdings ist Baden-Baden kein Modell für andere alternde Regionen. Die meisten von ihnen, von Osterrode im Harz bis zu Aue im sächsischen Vogtland, haben nicht das Flair einer Kur- und Festspielstadt, kein Casino und keine Galopprennbahn und taugen deshalb weniger als Ruhesitz der gut Betuchten. Der Wohlstand und das Arbeitsangebot im Tourismusgewerbe sind auch der Grund dafür, dass die Stadt trotz schlechtester Werte bei Altersstruktur und Kinderzahl einen sehr hohen Frauenanteil unter der jüngeren Bevölkerung und eine deutliche Zuwanderung verzeichnet – eine einmalige Kombination in Deutschland.

Integration nicht in Sicht

Auch wenn die Wirtschaft Baden-Württembergs boomt, die Ausländerkinder profitieren wenig davon. Während etwa ein Viertel der Deutschen ein Gymnasium besucht, schaffen dies nur sieben Prozent der Ausländer. Dafür liegt der Anteil von Ausländerkindern an Sonderschulen seit 1985 etwa drei Mal so hoch wie von Deutschen.

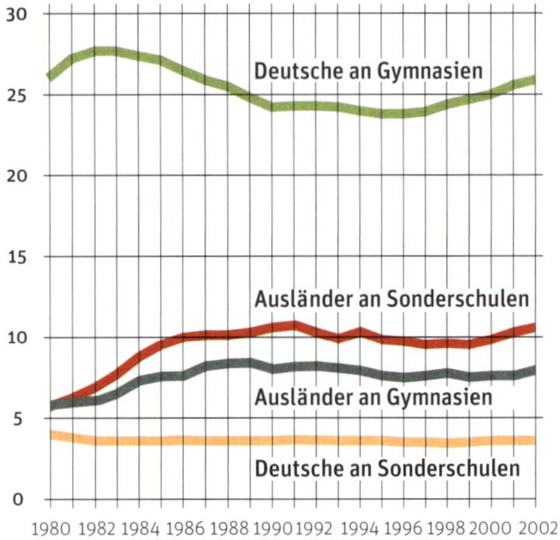

Anteil der Gymnasiasten und Sonderschüler an der Gesamtzahl der deutschen beziehungsweise ausländischen Schüler in Prozent (Datengrundlage: Statistisches Landesamt Baden-Württemberg)

Schaffe, Schaffe, Werte schöpfe

In den Hochburgen der baden-württembergischen Industrie wird Reichtum geschaffen. In Ulm, Stuttgart, Karlsruhe und Mannheim liegt die Pro-Kopf-Wertschöpfung doppelt so hoch wie in Gelsenkirchen und fünfmal höher als in vielen Gebieten der neuen Bundesländer. „Arme“ Gebiete gibt es im „Ländle“ praktisch nicht.

Bruttoinlandsprodukt 2003 in Euro je Einwohnner (Datengrundlage: Arbeitskreis Volkswirtschaftliche Gesamtrechnungen der Länder)

- 18.500 bis 20.000
- 20.001 bis 25.000
- 25.001 bis 30.000
- 30.001 bis 35.000
- 35.001 bis 40.000
- mehr als 40.000

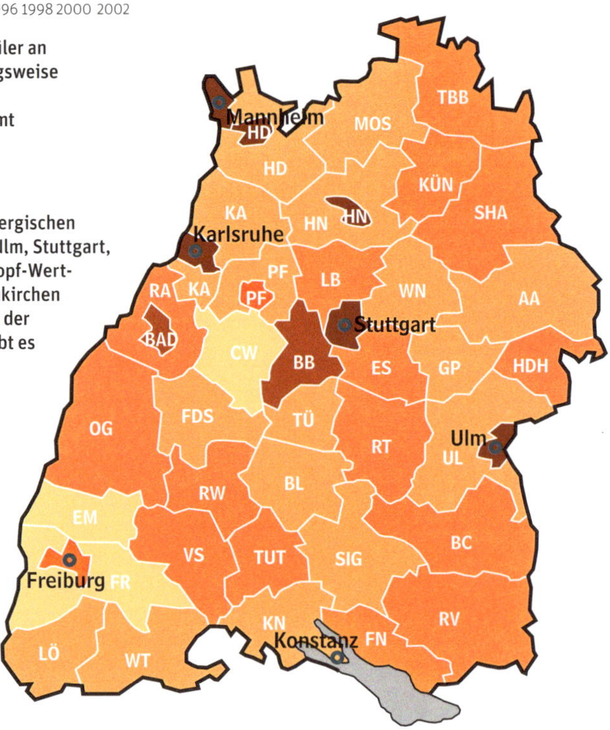

INTEGRATION KOMMT KAUM VORAN

Mit zwölf Prozent hat Baden-Württemberg den höchsten Ausländeranteil aller deutschen Flächenländer. Während der Zeit des Wirtschaftswunders brauchte die Industrie des Südweststaates besonders viele Gastarbeiter. Sie kamen vor allem aus Italien, der Türkei und dem früheren Jugoslawien. Der Ausländeranteil stieg quasi aus dem Nichts im Jahr 1955 bis auf 13 Prozent im Jahr 1996 an. Seitdem ist er leicht rückläufig, weil immer mehr Eingewanderte die deutsche Staatsbürgerschaft erwerben. Die Zahl der Personen mit Migrationshintergrund steigt demnach weiter an. Um wie viele Menschen es sich dabei handelt und wie gut sie integriert sind, lässt sich allerdings nicht sagen, denn zu diesen Punkten erhebt die deutsche Statistik keine Daten.

Demografisch haben sich die Ausländer in den vergangenen 30 Jahren immer mehr den Deutschen angenähert. Waren unter den Zuwanderern Anfang der 1960er Jahre mehr als drei Mal so viele Männer wie Frauen, ist das gegenwärtige Geschlechterverhältnis nahezu ausgeglichen. Bekamen ausländischen Frauen Mitte der 1970er Jahre mit 2,7 Kindern je Frau noch doppelt so viel Nachwuchs wie Deutsche, hatte sich ihre Geburtenrate bis Ende der 1990er Jahre dem niedrigen deutschen Niveau von 1,4 beinahe angeglichen.

In Sachen Bildung und Arbeitsmarkt ist jedoch – wie überall in Deutschland – keine Annäherung zu beobachten – und das, obwohl ein Großteil der heutigen Ausländer in Deutschland geboren ist.[157] Seit Mitte der 1980er Jahre hat sich der Ausländeranteil an baden-württembergischen Gymnasien nicht verändert. Er liegt bei lediglich vier Prozent. Dafür stellen die Ausländerkinder konstant ein Viertel aller Sonderschüler. Die Hauptschule wird in einigen Regionen fast nur noch von Ausländern besucht.

Die schlechte Bildung der jungen Ausländer wirkt im Erwerbsleben weiter. Denn gering Qualifizierte finden nur einfache Jobs, meist in der Produktion. Und gerade davon gibt es immer weniger. So profitieren die Ausländer kaum vom Boom in der Hochtechnologie. Der Anteil deutscher Arbeitnehmer mit Berufsausbildung oder Studium liegt in Baden-Württemberg bei rund 75 Prozent. Ausländische Beschäftigte besitzen nur in 38 Prozent aller Fälle eine solche Qualifikation. Entsprechend ist die Sozialhilfequote unter deutschen Baden-Württembergern zwischen 1996 und 2002 von zwei auf 1,7 Prozent zurückgegangen, während sie unter Ausländern von 4,4 auf 4,6 Prozent angestiegen ist.

Demografische Extreme anderer Art vereint Heidelberg. Die traditionsreiche Universität verschafft der Stadt gleichzeitig den höchsten Frauenanteil und die nach Würzburg zweitgeringste Fertilität der Republik. Je 100 Männer im Alter zwischen 18 und 29 Jahren leben in Heidelberg 122 Frauen. Nachwuchs bekommen diese meist studierenden Frauen in Heidelberg jedoch so gut wie nicht – mit 0,92 Kindern je Frau ist die Geburtenrate geringer als in den nachwuchsärmsten Gebieten Ostdeutschlands. Dies zeigt zum einen, dass die Deutschen selten im Studentenalter Kinder bekommen. Und zum anderen, dass die Vereinbarkeit von Familie und Beruf insbesondere für gut ausgebildete Akademikerinnen ein großes Problem ist. Der sehr hohe Anteil an Hochqualifizierten unter den Erwerbstätigen (17 Prozent) ist geradezu eine Garantie für niedrige Kinderzahlen.

Der einzige Landkreis, in dem auch in Baden-Württemberg schon das Schrumpfen begonnen hat, ist der ostwürttembergische Kreis Heidenheim. Hier sank die Einwohnerzahl zwischen 1997 und 2004 um 1,3 Prozent. Der Landkreis, in dem noch rund 50 Prozent der Erwerbstätigen im produzierenden Sektor arbeiten hat, im Vergleich zu zentrennahen Regionen, deutlich schlechtere Chancen, den Strukturwandel durch den Aufbau einer Dienstleistungswirtschaft zu kompensieren. Seit 1992 sinkt die Zahl der Arbeitsplätze fast kontinuierlich, denn selbst in Baden-Württemberg ist in entlegenen, ländlichen Regionen eine Krise zu spüren. Neben Ostwürttemberg haben auch Teile der schwäbischen Alb und der Nordschwarzwald Jobs eingebüßt: Am schlimmsten hat es das einst als Uhren- und Schmuck-Stadt berühmt gewordene Pforzheim getroffen, das zwischen 1995 und 2004 rund 15 Prozent seiner Beschäftigten verlor. Pforzheim verzeichnet nach Mannheim mit etwa zehn Prozent die zweithöchste Arbeitslosigkeit in dem sonst so wirtschaftsstarken Bundesland.

Frauen verlassen den Herd

Im Jahr 1972 standen über 70 Prozent der 20- bis 25-jährigen Baden-Württembergerinnen im Berufsleben – mehr als heute. In diesem Alter bekam man damals häufig das erste Kind. Viele der Frauen gaben dann ihre Erwerbstätigkeit auf – und zwar für immer. Heute treten die Frauen später, aber häufiger ins Berufsleben ein als früher. Da sich Arbeit und Familie allerdings in Deutschland nach wie vor schlecht vereinbaren lassen, kommt dabei der Nachwuchs zu kurz.

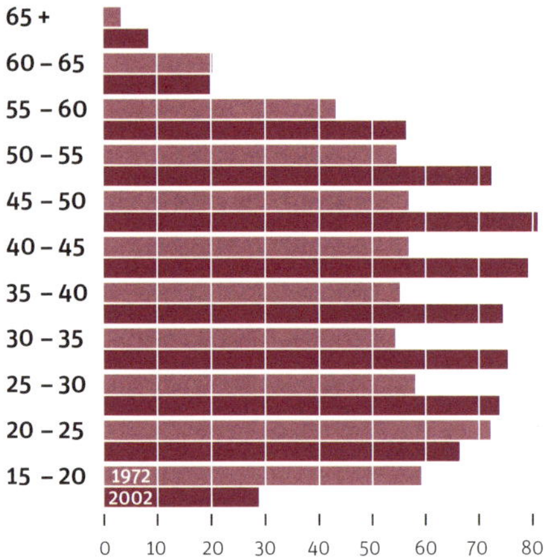

Erwerbstätigenquote von Frauen nach Alter in Baden-Württemberg 1972 und 2002 (Datengrundlage: Statistisches Landesamt Baden-Württemberg)

Bewertung Baden-Württemberg

		GESAMTNOTE
UL	Alb-Donau-Kreis	2,98
BAD	Baden-Baden	3,61
BC	Biberach	2,66
BB	Böblingen	2,81
FN	Bodenseekreis	2,85
FR	Breisgau-Hochschwarzwald	3,17
CW	Calw	3,04
EM	Emmendingen	3,27
PF	Enzkreis	3,13
ES	Esslingen	2,96
FR	Freiburg im Breisgau	3,18
FDS	Freudenstadt	2,83
GP	Göppingen	3,30
HD	Heidelberg	3,06
HDH	Heidenheim	3,31
HN	Heilbronn Lk	3,02
HN	Heilbronn St	3,40
KÜN	Hohenlohekreis	2,85
KA	Karlsruhe Lk	3,16
KA	Karlsruhe St	3,44
KN	Konstanz	3,24
LÖ	Lörrach	3,44
LB	Ludwigsburg	2,83
TBB	Main-Tauber-Kreis	3,28
MA	Mannheim	3,70
MOS	Neckar-Odenwald-Kreis	3,43
OG	Ortenaukreis	2,97
AA	Ostalbkreis	3,18
PF	Pforzheim	3,44
RA	Rastatt	2,97
RV	Ravensburg	2,88
WN	Rems-Murr-Kreis	3,00
RT	Reutlingen	2,92
HD	Rhein-Neckar-Kreis	3,20
RW	Rottweil	2,86
SHA	Schwäbisch Hall	3,11
VS	Schwarzwald-Baar-Kreis	2,95
SIG	Sigmaringen	3,20
S	Stuttgart	3,12
TÜ	Tübingen	2,97
TUT	Tuttlingen	2,77
UL	Ulm	3,09
WT	Waldshut	3,42
BL	Zollernalbkreis	3,16

Demografie								Wirtschaft										Integration			Bildung				Familienfr.			
Kinderzahl	Unter 35-Jährige	Frauenanteil	Wanderung	Über 75-Jährige	Prognose 2020	ZWISCHENNOTE	Trend	Verfügb. Einkommen	Bruttoinlandsprod.	Kommunale Schulden	Erwerbstätigkeit	Arbeitsl.+Sozialh.	Erwerbstät./Frauen	Erwerbstät./Ältere	Fremdenverkehr	ZWISCHENNOTE	Trend	Bildungschancen	Ausländer/Arbeitsl.	ZWISCHENNOTE	Ohne Abschluss	Jugendarbeitslosigkeit	Hochqualifizierte	ZWISCHENNOTE	Personen je Wohnung	Baulandpreise	Freifläche	ZWISCHENNOTE
3	2	3	2	3	2	2,5	3,4 →	1	3	3	1	2	3	4	5	2,8	3,0 →	6	4	5,0	2	2	5	3,0	3	3	3	3,0
6	6	1	1	6	4	4,0	2,2 ↗	1	1	5	3	3	4	5	2	3,0	4,5 ↘	5	6	5,5	2	2	4	2,7	6	6	1	4,3
3	1	2	2	3	2	2,2	3,4 →	2	1	1	1	2	4	3	5	2,4	2,5 ↗	5	4	4,5	2	1	4	2,3	4	3	3	3,3
4	2	1	2	3	2	2,3	3,4 →	1	1	2	1	2	3	3	5	2,3	2,0 ↗	5	5	5,0	3	1	1	1,7	4	6	5	5,0
4	3	2	2	4	1	2,7	2,8 ↗	1	1	3	3	2	4	4	3	2,6	2,5 ↗	4	4	4,0	2	1	1	1,3	5	5	4	4,7
4	3	1	1	4	2	2,5	3,8 →	2	4	2	3	2	4	5	2	3,0	3,4 →	5	5	5,0	2	1	5	2,7	4	5	3	4,0
4	2	2	2	4	2	2,7	3,2 →	2	4	2	1	2	4	3	3	2,6	2,8 ↗	5	3	4,0	3	1	5	3,0	4	5	4	4,3
4	3	2	1	4	2	2,7	3,0 →	2	4	2	2	2	3	4	5	3,0	3,5 →	5	5	5,0	2	2	5	3,0	4	5	4	4,3
4	3	2	2	3	2	2,7	4,4 ↘	1	3	2	1	2	3	3	6	2,6	3,8 →	5	4	4,5	2	1	5	2,7	4	5	4	4,3
5	3	1	2	3	2	2,7	2,8 ↗	1	1	1	1	2	3	3	5	2,1	3,1 →	5	5	5,0	2	1	3	2,0	5	6	5	5,3
6	1	1	1	4	2	2,5	1,4 ↑	3	1	5	6	2	5	6	4	4,0	2,9 ↗	3	3	3,0	2	1	1	1,3	5	6	4	5,0
4	2	2	2	4	2	2,7	3,0 →	1	2	2	1	2	4	3	2	2,1	3,9 →	5	3	4,0	2	2	5	3,0	4	4	3	3,7
5	3	2	2	4	3	3,2	3,6 →	1	2	2	2	2	4	3	5	2,6	3,5 →	5	4	4,5	3	1	5	3,0	4	5	5	4,7
6	1	1	2	4	3	2,8	1,6 ↑	1	1	3	6	2	6	6	4	3,6	2,9 ↗	5	3	4,0	1	1	1	1,0	5	0	4	4,5
4	3	2	3	5	3	3,3	3,4 →	2	2	3	2	2	3	4	5	2,9	4,0 ↘	5	4	4,5	2	2	4	2,7	4	4	4	4,0
4	2	1	2	3	2	2,3	4,0 ↘	2	2	1	1	2	4	3	5	2,5	2,4 ↗	5	5	5,0	2	2	5	3,0	4	5	4	4,3
4	3	2	2	5	3	3,2	1,6 ↑	1	1	1	3	3	4	4	5	2,8	3,9 →	6	4	5,0	4	2	4	3,3	5	6	4	5,0
4	2	2	2	4	2	2,7	3,8 →	1	1	2	1	2	3	3	5	2,3	2,5 ↗	4	5	4,5	2	1	5	2,7	4	4	3	3,7
5	3	2	2	4	2	3,0	4,0 ↘	1	2	2	2	2	3	4	5	2,6	2,8 ↗	5	4	4,5	3	1	3	2,3	4	5	5	4,7
6	3	3	2	5	2	3,5	2,2 ↗	1	1	3	4	3	4	5	5	3,3	2,4 ↗	5	3	4,0	3	2	1	2,0	6	6	5	5,7
6	3	1	1	4	2	2,8	1,8 ↑	2	2	1	5	2	4	6	4	3,3	3,0 →	5	4	4,5	3	1	3	2,3	5	5	4	4,7
6	3	1	2	4	2	3,0	3,2 →	2	2	2	5	2	5	6	4	3,5	3,4 →	5	4	4,5	2	1	4	2,3	5	5	4	4,7
4	3	1	2	3	2	2,5	2,2 ↗	1	1	1	1	2	3	2	5	2,0	2,8 ↗	5	5	5,0	2	1	3	2,0	5	6	5	5,3
4	3	3	2	5	3	3,3	4,0 ↘	3	2	3	2	2	4	4	4	3,0	3,6 →	5	4	4,5	2	2	5	3,0	4	3	2	3,0
6	4	1	2	4	3	3,3	1,6 ↑	4	1	6	4	4	5	5	5	4,3	3,1 →	5	3	4,0	3	2	2	2,3	6	4	5	5,0
4	3	3	2	4	2	3,0	2,8 ↗	4	3	3	3	2	4	5	5	3,6	3,5 →	5	5	5,0	3	2	5	3,3	4	2	3	3,0
4	3	2	2	4	2	2,8	3,2 →	2	1	2	1	2	3	4	4	2,4	2,0 ↗	5	5	5,0	2	2	5	3,0	4	3	4	3,7
4	2	2	2	4	2	2,7	3,4 →	2	2	3	2	2	4	4	5	3,0	3,0 →	5	5	5,0	2	2	4	2,7	4	4	4	4,0
5	3	1	2	5	3	3,2	2,6 ↗	1	1	3	2	3	4	3	5	2,8	4,0 ↘	6	4	5,0	4	3	4	3,7	5	5	4	4,7
5	4	1	2	4	2	3,0	3,0 →	2	1	2	1	2	3	3	5	2,4	2,4 ↗	4	5	4,5	2	1	4	2,3	4	5	4	4,3
4	2	1	2	4	2	2,5	2,8 ↗	2	1	2	3	2	4	4	4	2,8	2,4 ↗	5	4	4,5	2	1	4	2,3	4	4	3	3,7
4	3	2	2	3	2	2,7	3,0 →	1	2	1	1	2	4	3	5	2,4	3,0 →	5	4	4,5	2	1	4	2,3	5	5	5	5,0
4	2	2	2	4	2	2,7	3,4 →	1	1	3	1	2	3	3	5	2,4	2,8 ↗	5	5	5,0	2	1	3	2,0	4	5	4	4,3
5	4	1	2	4	2	3,0	3,0 →	1	2	2	2	2	3	4	5	2,6	2,8 ↗	5	5	5,0	3	2	2	2,3	5	5	5	5,0
3	2	2	2	4	3	2,7	2,2 ↗	1	1	1	1	2	3	4	5	2,3	3,4 →	5	4	4,5	2	2	5	3,0	4	3	4	3,7
3	2	3	2	4	2	2,7	3,4 →	3	2	3	2	2	4	4	5	3,1	3,3 →	5	4	4,5	2	1	5	2,7	4	3	3	3,3
4	3	2	2	5	2	3,0	3,2 →	1	2	2	1	2	3	3	3	2,1	2,5 ↗	5	4	4,5	2	2	4	2,7	5	4	4	4,3
4	2	3	2	4	2	2,8	4,8 ↘	3	3	1	3	2	4	4	5	3,1	2,9 ↗	5	4	4,5	2	2	5	3,0	4	3	2	3,0
6	3	1	2	4	2	3,0	1,6 ↑	1	1	3	3	2	4	3	5	2,8	2,4 ↗	5	3	4,0	3	1	1	1,7	6	6	6	6,0
5	1	1	2	2	2	2,2	2,8 ↗	2	3	2	4	2	4	4	5	3,3	2,4 ↗	5	4	4,5	2	1	1	1,3	4	5	5	4,7
3	2	3	2	4	2	2,7	2,8 ↗	1	1	1	1	2	3	3	5	2,1	2,6 ↗	5	3	4,0	3	2	5	3,3	4	2	4	3,3
5	2	1	2	5	2	2,8	1,6 ↑	1	1	4	3	2	4	4	5	3,0	3,5 →	5	4	4,5	2	2	1	1,7	5	5	4	4,7
5	3	2	2	4	2	3,0	3,8 →	2	3	2	5	2	5	6	3	3,5	3,3 →	5	4	4,5	3	1	5	3,0	5	3	3	3,7
4	3	3	2	4	3	3,2	3,4 →	1	2	2	1	2	3	4	5	2,5	3,4 →	5	5	5,0	2	2	5	3,0	4	3	4	3,7

BAYERN

Boom im weißblauen Bundesland

- Einwohnerzahl 2004: 12.444.000 2020: 12.901.000
- Fläche: 70.549 km²
- Landesschulden/ Einwohner: 1.707,– €

Im Großraum der bayerischen Landeshauptstadt wird bundesweit am meisten verdient. Und von den rund 2.700 bayerischen Einkommensmillionären wohnt über die Hälfte in Oberbayern. Die höchste „Reichendichte“ mit zwölf Millionären je 10.000 Einwohner gibt es im Landkreis Starnberg.[158] Nicht zufällig verzeichnet dieser Kreis auch die höchste Lebenserwartung in Deutschland: Wer wohlhabend ist, lebt gesünder und lässt sich besser medizinisch versorgen.

Dieser Wohlstand zieht immer mehr Menschen an. Eindeutiger Gewinner im Wettbewerb der Regionen um junge Menschen bleibt dabei die Metropolregion München: Zwischen 1997 und 2003 wuchs die Bevölkerung um vier Prozent. Der Landkreis Erding konnte sogar einen Zuwachs von elf Prozent verbuchen – Spitze in Deutschland. Doch längst strahlt die Attraktivität der bayerischen Jobmaschine weit ins Land aus. Von Regensburg im Norden über Augsburg im Westen bis an den Rand der Alpen erstreckt sich die bedeutendste Zuzugsregion Deutschlands.

Von Norden droht Ungemach

In Bayern liegt die bedeutendste Wachstumsregion Deutschlands – der Großraum München. Die Kreise in der Umgebung der Landeshauptstadt gewinnen den Prognosen zufolge bis 2020 noch zwischen zehn und 20 Prozent Einwohner hinzu. Doch der demografische Wandel macht auch vor Bayern nicht halt: Im Frankenwald, dem Fichtelgebirge und der Rhön hat der Schwund längst begonnen – und er setzt sich beschleunigt fort.

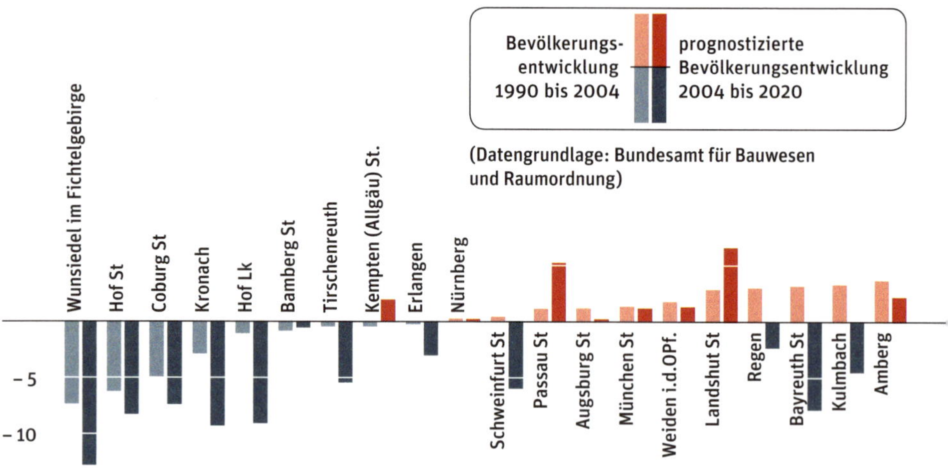

(Datengrundlage: Bundesamt für Bauwesen und Raumordnung)

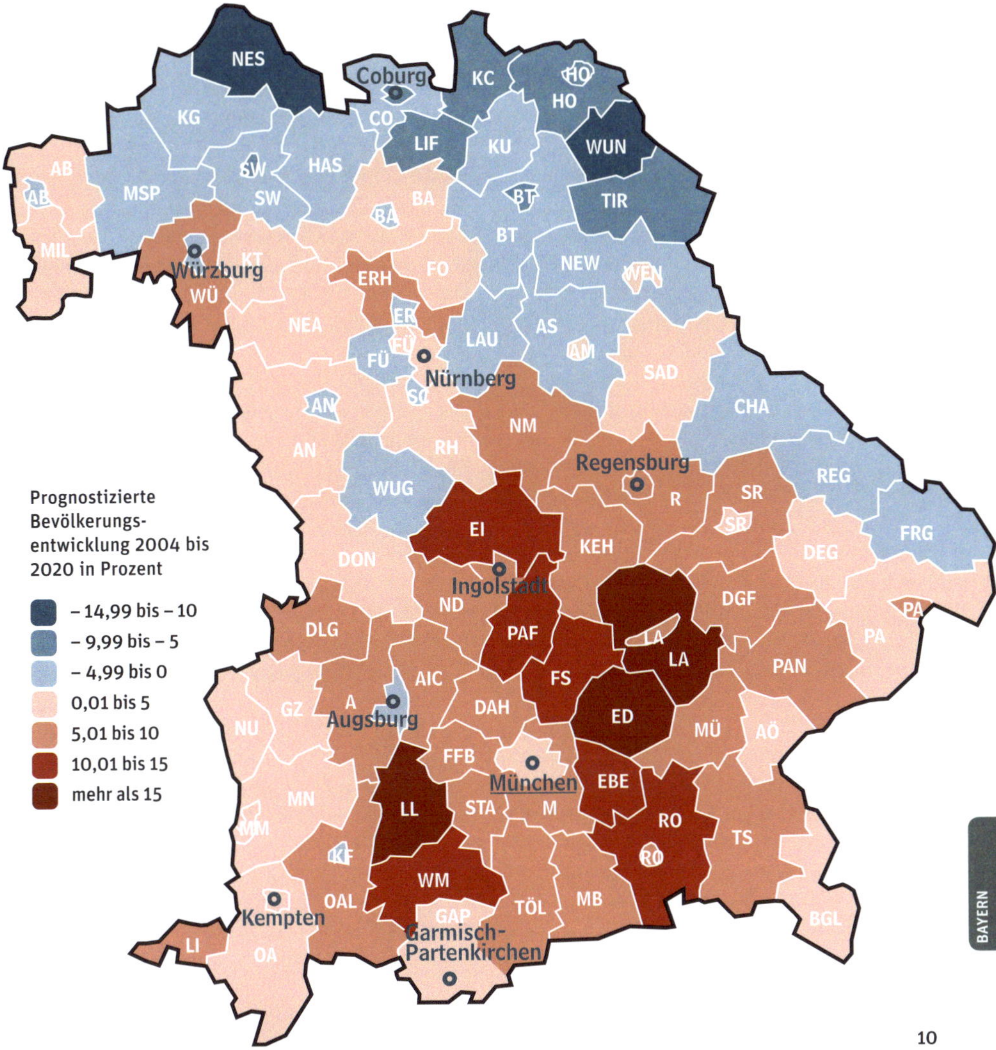
Prognostizierte Bevölkerungs-entwicklung 2004 bis 2020 in Prozent
– 14,99 bis – 10
– 9,99 bis – 5
– 4,99 bis 0
0,01 bis 5
5,01 bis 10
10,01 bis 15
mehr als 15
Coburg
Würzburg
Nürnberg
Regensburg
Ingolstadt
Augsburg
München
Kempten
Garmisch-Partenkirchen
NES
KG
CO
KC
HO
LIF
KU
WUN
AB
MSP
SW
HAS
BA
BT
TIR
MIL
KT
WÜ
ERH
FO
NEW
WEN
ER
FÜ
LAU
AS
AM
NEA
SC
SAD
AN
RH
NM
CHA
WUG
R
SR
REG
EI
KEH
DEG
FRG
DON
ND
DGF
PA
DLG
PAF
LA
PAN
AIC
FS
A
DAH
ED
MÜ
AÖ
NU
GZ
FFB
EBE
MN
MM
LL
STA
M
RO
TS
KF
WM
OAL
GAP
TÖL
MB
BGL
LI
OA

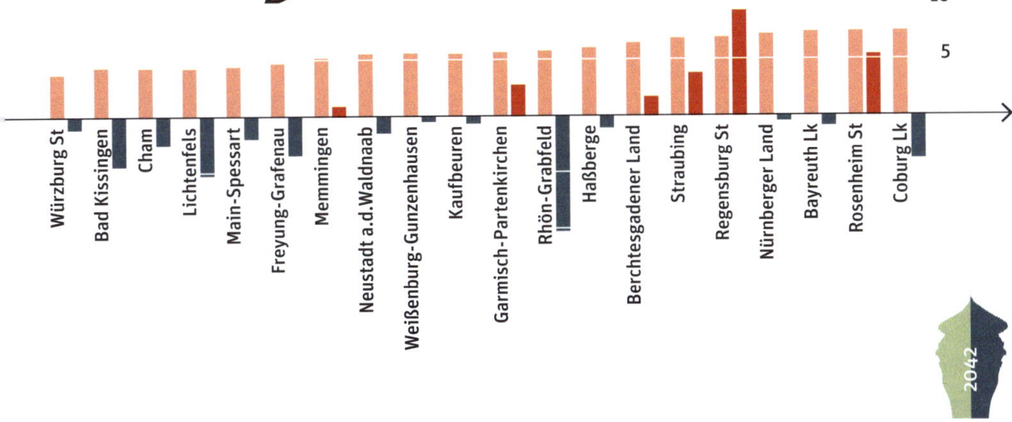
10
5
Würzburg St
Bad Kissingen
Cham
Lichtenfels
Main-Spessart
Freyung-Grafenau
Memmingen
Neustadt a.d.Waldnaab
Weißenburg-Gunzenhausen
Kaufbeuren
Garmisch-Partenkirchen
Rhön-Grabfeld
Haßberge
Berchtesgadener Land
Straubing
Regensburg St
Nürnberger Land
Bayreuth Lk
Rosenheim St
Coburg Lk

Nur Durchschnitt in Sachen Familienfreundlichkeit

Der ständige Zufluss vor allem junger Menschen verhilft den Bayern zu einem relativ niedrigen Durchschnittsalter. Im Freistaat sind gerade mal 16,8 Prozent der Bevölkerung über 65 Jahre alt – nur Baden-Württemberg und die Hauptstadt Berlin sind noch jünger. Sonderlich viele Kinder bekommen die überwiegend katholischen Bayern allerdings nicht. Mit einer Kinderzahl je Frau von 1,36 liegt der Freistaat etwa im deutschen Durchschnitt. Noch bis ins Jahr 2000 wurden in Bayern mehr Kinder geboren als Menschen starben. Heute ist es auch dort mit der positiven natürlichen Bevölkerungsentwicklung vorbei. 2003 belief sich der Verlust aufgrund von Sterbefallüberschüssen bereits auf jährlich mehr als 10.000 Personen. Nur Weißenburg-Gunzenhausen, Neuburg-Schrobenhausen und die kreisfreie Stadt Memmingen zählen mit 1,6 Kindern je Frau zu den kinderreicheren Gebieten der Bundesrepublik.

Ein Grund für den Nachwuchsmangel dürfte die in Bayern traditionell schlechte Kinderbetreuung sein. Mancherorts gibt es bis heute keine Krippenplätze für unter Dreijährige. Wie alle großen deutschen Städte kann auch München nicht als kinderfreundlich bezeichnet werden. Mit 1,26 Kindern je Frau liegt die Stadt gleichauf mit Erfurt und noch hinter Chemnitz. Vor allem die hohen Mieten treiben junge Familien ins billigere Umland. Die Speckgürtelkommunen profitieren ihrerseits von den Steuereinnahmen wie auch von der Ansiedlung mittelständischer Betriebe.

Kein Wunder, dass sich um die Hauptstadt herum mehrere Landkreise mit Spitzenbewertungen gruppieren. Neben dem Landkreis München sind dies Dachau, Erding und Freising. Die drei Letztgenannten hatten im Jahr 2002 mit nur vier Prozent eine der deutschlandweit niedrigsten Arbeitslosenquoten zu melden. Die Regionen Ingolstadt und München verzeichneten zwischen 1997 und 2002, der allgemeinen deutschen Stagnation trotzend, das stärkste Jobwachstum. Die Zahl der Beschäftigten nahm dort um mehr als zehn Prozent zu.

Ingolstadt, etwa hundert Kilometer nördlich der Landeshauptstadt gelegen, kann sich heute fast zum Ballungsraum München rechnen. Die Stadt profitiert vor allem vom Autobauer Audi: Hatte das Unternehmen in den vergangenen Jahren seine Belegschaft noch um fast ein Viertel aufgestockt, konnte es im April 2005 zumindest noch eine Jobgarantie für alle Beschäftigten bis zum Jahr 2011 geben. Ingolstadt und der angrenzende Landkreis Eichstätt, wo viele Audi-Mitarbeiter ihre Eigenheime gebaut haben, gehören bei mehreren Indikatoren zur Spitze in Deutschland. Sie haben nicht nur ein hervorragendes Verhältnis von Beschäftigten zu Einwohnern, sie sind auch attraktiv für junge Leute. Eichstätt hat, nach Freising, den zweithöchsten Anteil an unter 35-Jährigen in Bayern. Ingolstadt und Eichstätt liegen zudem auch bei der Kinderzahl je Frau vorne.

Das bayerische Wirtschaftswunder ist vergleichsweise jung. Denn der Freistaat kann nicht gerade auf eine lange Industrietradition zurück-

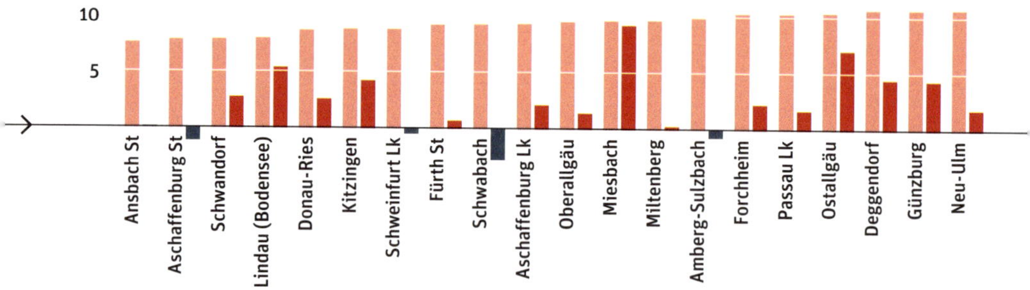

NACH SÜDEN

Immer mehr Menschen zieht es in den Süden Deutschlands – und dies nicht nur des Klimas wegen. Seit dem Ende des schwerindustriellen Zeitalters, als Millionen von Arbeitern in den Bergbauregionen an Saar und Ruhr Beschäftigung fanden, verlagert sich mehr und mehr Bevölkerung in die rohstoffarmen südlichen Bundesländer. Lebten 1961, jenem Jahr, als in Berlin die Mauer gebaut wurde, lediglich 23 Prozent der Deutschen in Bayern und Baden-Württemberg, sind es heute bereits fünf Prozentpunkte mehr. Während sich die Einwohnerzahl Deutschlands (Ost und West) seit 1961 um lediglich zwölf Prozent erhöht hat, ist sie in Bayern um 31, in Baden-Württemberg sogar um 38 Prozent gewachsen. Baden-Württemberg hat seit 1989 noch eine Million Einwohner hinzugewonnen. Nach den Prognosen des Bundesamtes für Bauwesen und Raumordnung, das für Bayern und Baden-Württemberg weiter wachsende, für die meisten übrigen Bundesländer jedoch schrumpfende Einwohnerzahlen vorhersagt, werden sich im Jahr 2020 fast 29 Prozent aller in Deutschland lebenden Menschen in den beiden südlichen Bundesländern versammelt haben.

Wer aus Deutschland oder dem Ausland zuwandert, ist meist vergleichsweise jung. Bayern und Baden-Württemberg erwerben sich so ein Potenzial an Familiengründern, welches auch mittelfristig eine junge Bevölkerungsstruktur garantiert. Nur in diesen beiden Bundesländern liegt der Anteil der unter 35-Jährigen heute noch bei mehr als 40 Prozent.

Die Bevölkerungsstruktur hat einen enormen Einfluss auf die Wirtschafts- und Finanzkraft des Südens. Nicht nur weil die 20- bis 40-Jährigen den Hauptanteil der Innovation tragen und die Gruppe der aktivsten Unternehmensgründer stellen, sondern weil sie vergleichsweise gut gebildet sind und überproportional häufig Beschäftigung finden: 30 Prozent aller deutschen Erwerbstätigen verdienen ihr Geld in Bayern und Baden-Württemberg – dennoch muss die Region nur für 17 Prozent aller deutschen Arbeitslosen aufkommen. Genau umgekehrt ist es in Ostdeutschland. Einschließlich der Bundeshauptstadt Berlin leben dort 19 Prozent aller deutschen Erwerbstätigen – aber 36,5 Prozent aller Arbeitslosen.

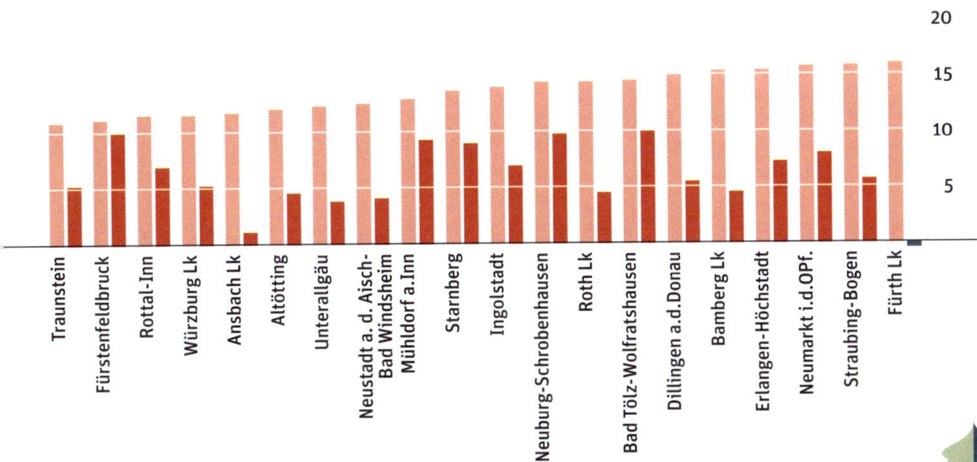

blicken. Zwar startete hier im Dezember 1835 auf einer 15 Kilometer langen Strecke zwischen Nürnberg und Fürth die erste deutsche Eisenbahn – unterstützt von Mitteln eines staatlichen bayerischen Industriefonds. Doch es war damals höchst umstritten, ob der Staat solche technischen Neuerungen und die Industrialisierung vorantreiben sollte. Der damalige bayerische Innenminister Fürst von Öttinger-Wallerstein beschwor noch zwei Jahre nach dem Eisenbahnbau die Abgeordneten, dass die Landwirtschaft die „Hauptnahrungsquelle des Staates" sei und auch bleiben müsse.[159]

Noch gegen Ende des Zweiten Weltkrieges arbeitete ein Drittel aller Bayern in der Landwirtschaft. Nur vereinzelt gab es nennenswerte Industrie. Als die Alliierten entschieden, Zehntausende Flüchtlinge in dem dünn besiedelten Agrarland unterzubringen, wuchs die Einwohnerzahl des Freistaates sprunghaft an. Nach dem Krieg waren etwa zwei Millionen Flüchtlinge nach Bayern gekommen. Weil die rückständige Wirtschaft so vielen Menschen kein Auskommen bieten konnte, wanderten in der ersten Hälfte der 1950er Jahre bis zu 60.000 Menschen jährlich aus Bayern ab, um in den klassischen deutschen Industrierevieren Arbeit zu suchen.

Die Richtung änderte sich um das Jahr 1960. Bedingt durch die deutsche Teilung hatten viele traditionsreiche Unternehmen wie Siemens, Agfa, Osram und Audi ihren Sitz aus Mittel- und Ostdeutschland nach Bayern verlegt. Mit den Flüchtlingen waren qualifizierte Facharbeiter aus dem Sudetenland und Schlesien eingewandert. Das Wissen dieser Fachleute half, den Grundstein für den bis heute anhaltenden wirtschaftlichen Aufstieg Bayerns zu legen. Seit 1960 gab es in Bayern nie mehr einen Wanderungsverlust. 1970 war die Zahl der Einwohner auf 10,5 Millionen angewachsen. 2003 zählte das Land 12,4 Millionen Menschen.

Mittelfranken – Wiedergeburt einer Industrieregion

Die Region um Nürnberg und Fürth, wo die deutsche Eisenbahngeschichte ihren Anfang nahm, war lange ein klassischer Produktionsstandort. Der Niedergang des Elektronikriesen Grundig sowie zahlreicher Maschinen- und Schienenfahrzeugbauer in den 1990er Jahren hat aber auch hier die Abhängigkeit vom produzierenden Gewerbe schmerzlich sichtbar gemacht. Mittlerweile gilt der Standort als Beispiel dafür, wie der Struk-

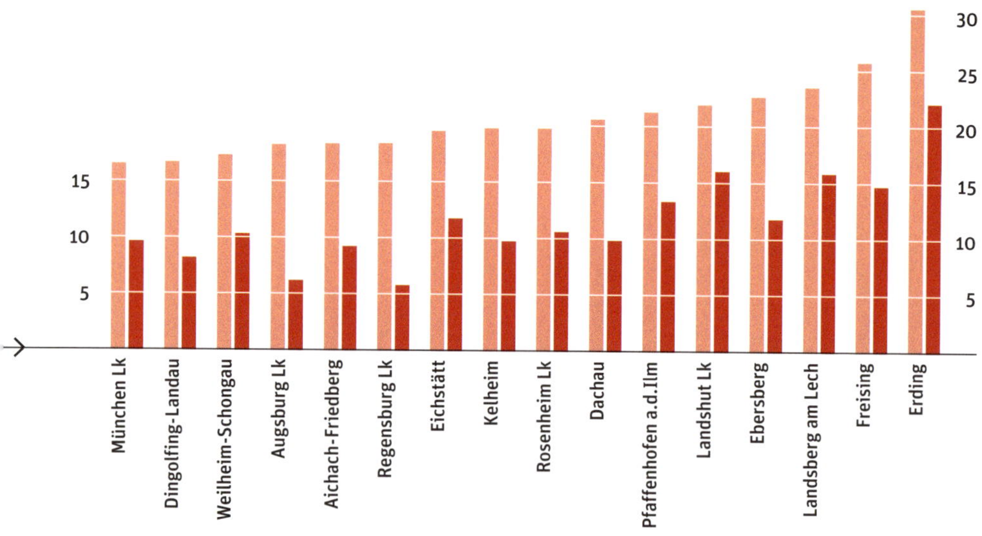

turwandel zu einer modernen Industriegesellschaft gelingen kann. Zwar sind in der Region um Nürnberg, Erlangen und Ansbach noch immer neun Prozent der 18- bis 65-Jährigen arbeitslos oder empfangen Sozialhilfe, doch hat sich dieser Wert seit 1997 bereits verbessert und die Zuwanderung nach Mittelfranken hat zugenommen.

Am stärksten entwickelte sich Erlangen, das sich seine 1996 formulierte Vision, Bundeshauptstadt der Medizintechnik zu werden, weitgehend erfüllt hat: Mit der Verlagerung der Siemens-Medizintechniksparte siedelte die Stadt auf einem sieben Hektar große Areal ein Innovationszentrum für klinische, technische und molekularbiologische Forschung an. Von dem Schub profitiert mittlerweile ganz Mittelfranken. Etwa 250 Unternehmen aus Medizin, Pharma und Gesundheit mit 70.000 Beschäftigten haben sich im „Medical Valley" rund um Erlangen angesiedelt. Es gibt 24 Kliniken, zwei Fraunhofer-Institute und die Universität Erlangen-Nürnberg, die vor allem im Bereich der Optik Spitzenforschung betreibt.[160]

Auch Nürnberg weist heute in jeder Hinsicht wieder eine positive Entwicklung auf. Nicht nur die Elektronikbranche ist hier gut vertreten. Die Stadt ist auch ein Zentrum für Beratungsdienstleistungen und Verbraucherforschung: Kaum jemand kennt die Kaufgewohnheiten der Deutschen so gut wie die die Nürnberger „Gesellschaft für Konsumforschung" (GfK). Die Datev versorgt inzwischen europaweit Steuerberater und Rechtsanwälte mit Datenverarbeitungsprogrammen.[161] In den Call Centern der mittelfränkischen Stadt arbeiten 10.000 Beschäftigte. Im Jahr 1999 konnte der Bevölkerungsverlust in Nürnberg gestoppt werden. Seitdem hat die Stadt 7.000 Einwohner hinzu gewonnen und nähert sich damit wieder der Halbe-Millionen-Grenze.

Erosion am Rande

Dem Wachstum in der Mitte Bayerns und Frankens steht ein Schrumpfen in den Randregionen gegenüber – besonders im Norden und Osten. Besonders betroffen ist Oberfranken im Grenzgebiet zu Thüringen. Wie in vielen früh industrialisierten Regionen ist die Bevölkerung Oberfrankens schon seit längerem überaltert. Der wirtschaftliche Niedergang der von der ehemaligen Zonenrandförderung am Leben erhaltenen Glas-, Keramik- und Textilindustrie hat überdies viele jüngere Menschen in die Abwanderung getrieben. Besonders betroffen ist der Osten des Regierungsbezirkes Oberfranken. Zwischen Hof, Kulmbach und Bayreuth brachen seit 1991 mehr als 43.000 Arbeitsplätze im produzierenden Gewerbe weg. Zwischen 1997 und 2003 verlor die Region um das Fichtelgebirge 1,6 Prozent ihrer Bevölkerung. Im Westen Deutschlands war, abgesehen von einzelnen Schrumpf-Städten wie Kiel oder Pirmasens, nur im Ruhrgebiet der Schwund noch

Der Nordosten leidet

Während die Regionen Ingolstadt und Mittelfranken seit 1970 ein fast ununterbrochenes Bevölkerungswachstum verbuchen, sieht es im Fränkischen und in der Oberpfalz deutlich schlechter aus. In den 1970er und 1980er Jahren sanken oder stagnierten dort die Einwohnerzahlen. Erst die Wiedervereinigung brachte eine Zuzugswelle aus dem Osten. Doch bereits seit Mitte der 1990er Jahre ist es in Oberfranken-Ost mit dem Wachstum vorbei. Denn wo es keine Arbeit gibt, wandern auch keine Menschen zu.

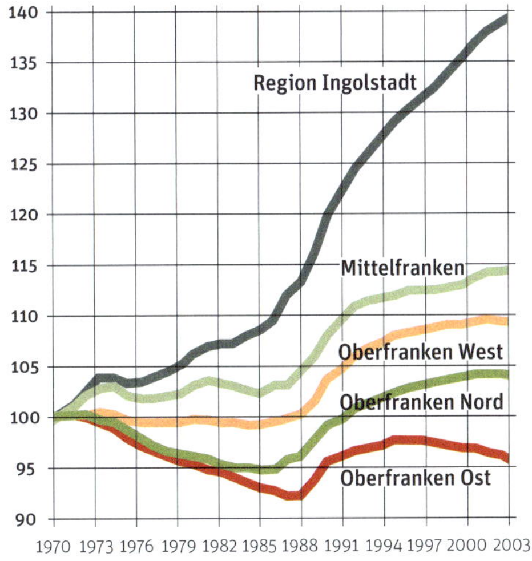

Bevölkerungsentwicklung in bayerischen Regionen (1970 = 100 Prozent) (Datengrundlage: Bayerisches Landesamt für Statistik und Datenverarbeitung)

REVOLUTION DER MÜTTER IN LANDSBERG AM LECH

Bayern war jahrzehntelang Musterland der konservativen Modernisierung: Überwiegend katholisch, dauerhaft CSU-regiert und gleichzeitig innovativ, konnte der Freistaat beste Daten beim Wirtschafts- und Beschäftigungswachstum vorweisen. Erwerbstätige Mütter, Kinderkrippen und Ganztagsschulen gab es eher weniger. Das Familienmodell des „männlichen Ernährers" hatte eine starke Tradition.

Doch die traditionellen Denkmuster passen immer weniger mit der modernen Wirtschaft des Landes zusammen. Die Zuzugswellen der letzten Jahrzehnte haben viele qualifizierte und motivierte junge Frauen ins Land gespült. Mehr als ein Dutzend bayerischer Kreise hat einen deutlichen Frauenüberschuss bei den 18- bis 29-Jährigen. Frauen profitieren vom Bildungsangebot und der Dienstleistungswirtschaft dieser Regionen mehr als Männer. Mittlerweile ist die Frauenerwerbsquote in Bayern die höchste aller westdeutschen Flächenländer – und sie wächst. Allein zwischen 1995 und 2002 hat die Zahl der sozialversicherungspflichtig beschäftigten Frauen um sechs Prozent zugenommen. Und damit steigt der Bedarf an Betreuungseinrichtungen für Kinder, die das Land nicht in ausreichendem Maß zur Verfügung stellt.

In Landsberg am Lech haben findige Mütter deshalb ein „Kinderbüro" gegründet – die bundesweit erste Ausbildungs- und Vermittlungsstelle für Tagesmütter und -väter. Die Initiative qualifiziert interessierte Bewerber in einem achtwöchigen Lehrgang zu Tagespflegerinnen und -pflegern. Gleichzeitig führt das Kinderbüro Eltern und Betreuer zusammen. So ist eine auf die Bedürfnisse der erwerbstätigen Eltern zugeschnittene Kinderversorgung entstanden – unabhängig von Kindergartenstandorten oder Öffnungszeiten. Sieben fest angestellte und etwa 40 selbstständige Tagesmütter stehen mittlerweile bereit. Rund hundert Kinder werden betreut. 200 Bewerber stehen auf der Liste für das Betreuungspersonal – weit mehr, als das Kinderbüro derzeit ausbilden und aufnehmen kann. Dank einer guten Zusammenarbeit mit der Stadt und der Arbeitsagentur liegt der Preis für die Kinderbetreuung bei lediglich vier Euro je Stunde. Anfänglich wurde der Stundensatz durch Spendenzuschüsse nochmals gesenkt. Seit Juli 2005 halten sich die örtlichen Unternehmer, die von dem Projekt ebenso profitieren wie die Eltern, allerdings sehr zurück.

Die meisten wollen nach Bayern

Seit 1996 ist der Freistaat beliebtestes Wanderungsziel der Deutschen. Obwohl Nordrhein-Westfalen 1,5-mal mehr Einwohner hat als Bayern, erreicht es aufgrund seiner schleppenden Wirtschaftsentwicklung seit Jahren nur etwa ein Drittel des bayerischen Zuzugs. In relativen Werten, also bezogen auf die Einwohnerzahl, ist Niedersachsen das attraktivste Zuzugsland der Republik. Die meisten Neu-Niedersachsen sind allerdings Berufspendler, die sich in den Umlandkreisen der großen Städte ein Haus im Grünen bauen und in Bremen und Hamburg, also in einem anderen Bundesland arbeiten.

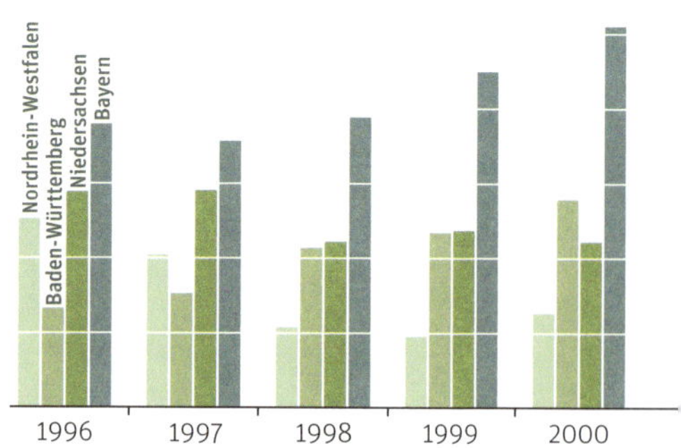

Nettozuwanderung nach Bayern, Baden-Württemberg, Niedersachsen und Nordrhein-Westfalen (nur Deutsche) (Datengrundlage: Bayerisches Amt für Statistik und Datenverarbeitung)

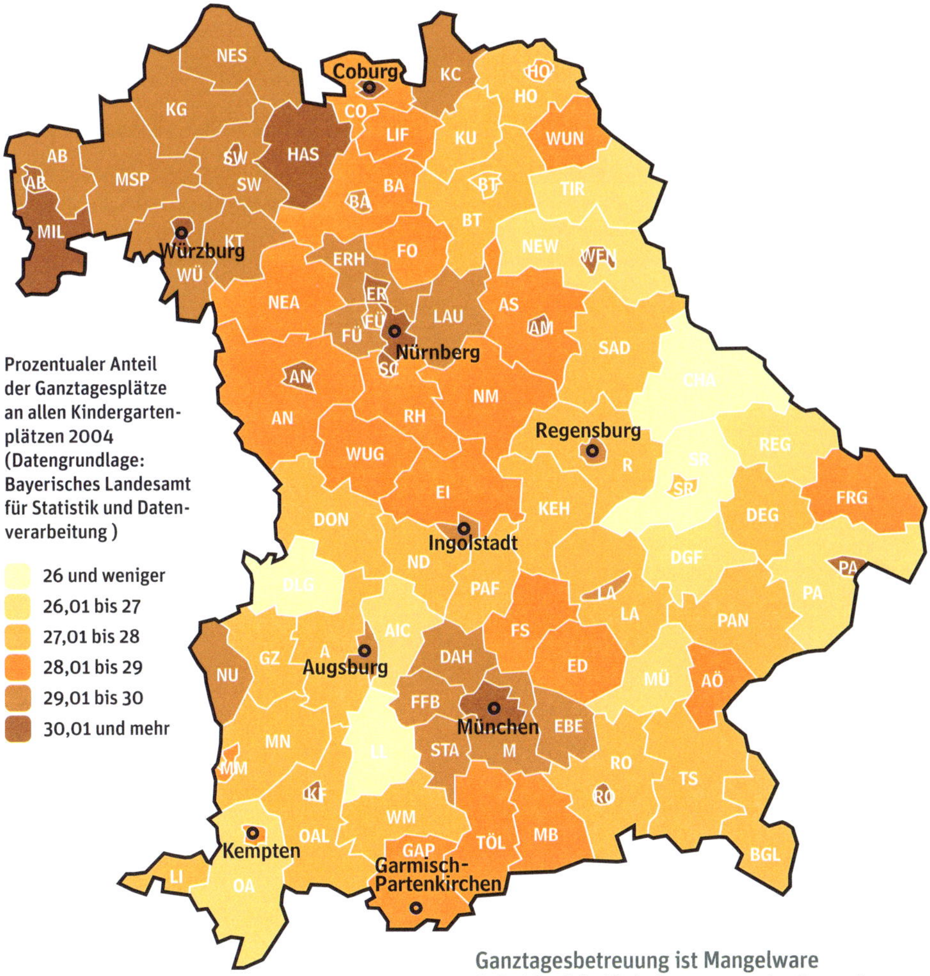

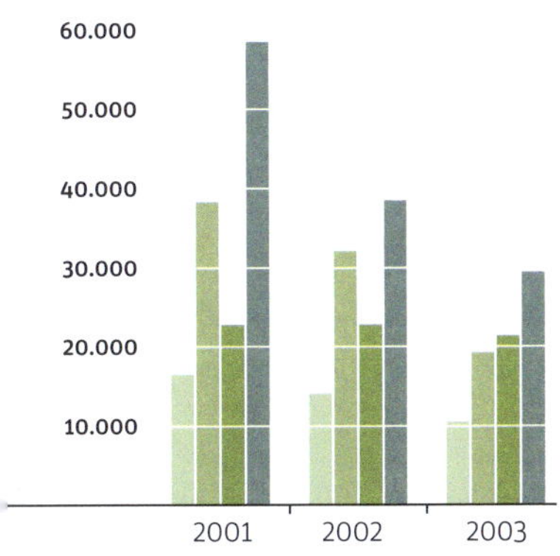

Ganztagesbetreuung ist Mangelware

Außerhäusliche Kinderbetreuung und voll erwerbstätige Mütter waren im konservativen Bayern lange Zeit nicht gut angesehen. Bis heute bieten die meisten Kindergärten nur stundenweise Betreuung. Erwartungsgemäß ist das Angebot an Ganztagesplätzen in den großen Städten besser als auf dem Land, etwa in Bayerisch Schwaben und in der Oberpfalz.

größer. Die Zahl der Erwerbstätigen sank in Ost-Oberfranken zwischen 1997 und 2003 um fast fünf Prozent. Der Arbeitsplatzverlust hat sich seit den 1990er Jahren zwar verlangsamt, gestoppt ist er jedoch nicht. Während sonst in Bayern Arbeitsplatzverluste in der Produktion durch neue Jobs im Dienstleistungsbereich kompensiert werden, ist dies in Fichtelgebirge und Frankenwald nicht der Fall.[162] Zusätzlich stellen die Pendler aus den neuen Bundesländern eine harte Konkurrenz für die Oberfranken dar – für Thüringer ist der Weg kurz und auch eine mäßige Bezahlung noch attraktiv.

Oberfrankens Stärke liegt vorwiegend im Automobilsektor – immerhin arbeiten hier rund 150

Reich, reicher, Bayern

Drei der zehn wohlhabendsten Kreise Deutschlands gehören zum Großraum München. In der bayerischen Millionärshauptstadt Starnberg haben die Einwohner im Durchschnitt fast doppelt so viel Geld zur Verfügung wie im ärmsten deutschen Landkreis Uecker-Randow.

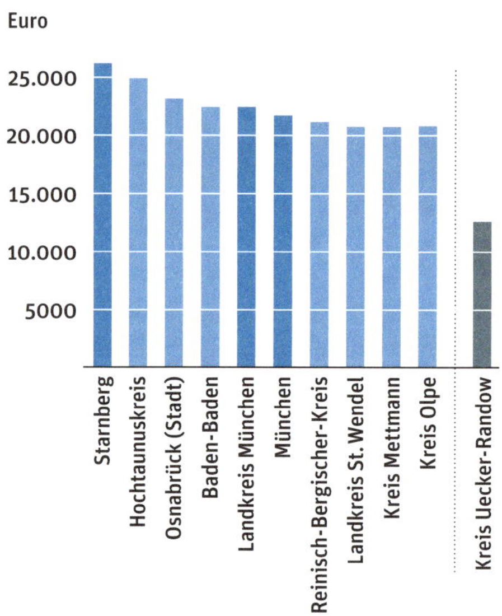

Die zehn Kreise mit dem höchsten verfügbaren Einkommen in Deutschland in Euro je Einwohner 2002 (Datengrundlage: Arbeitskreis Volkswirtschaftliche Gesamtrechnungen der Länder)

Bewertung Bayern (1)

		GESAMTNOTE
AIC	Aichach-Friedberg	3,14
AÖ	Altötting	3,16
AM	Amberg	3,88
AS	Amberg-Sulzbach	3,49
AN	Ansbach Lk	3,24
AN	Ansbach St	3,49
AB	Aschaffenburg Lk	3,51
AB	Aschaffenburg St	3,53
A	Augsburg Lk	3,35
A	Augsburg St	3,49
KG	Bad Kissingen	3,64
TÖL	Bad Tölz-Wolfratshausen	3,04
BA	Bamberg Lk	3,15
BA	Bamberg St	3,43
BT	Bayreuth Lk	3,49
BT	Bayreuth St	3,99
BGL	Berchtesgadener Land	3,60
CHA	Cham	3,41
CO	Coburg Lk	3,51
CO	Coburg St	3,77
DAH	Dachau	2,85
DEG	Deggendorf	3,45
DLG	Dillingen a. d. Donau	3,17
DGF	Dingolfing-Landau	2,85
DON	Donau-Ries	3,07
EBE	Ebersberg	3,06
EI	Eichstätt	2,90
ED	Erding	2,72
ER	Erlangen	3,17
ERH	Erlangen-Höchstadt	2,96
FO	Forchheim	3,24
FS	Freising	2,70
FRG	Freyung-Grafenau	3,72
FFB	Fürstenfeldbruck	3,25
FÜ	Fürth Lk	3,58
FÜ	Fürth St	3,31
GAP	Garmisch-Partenkirchen	3,35
GZ	Günzburg	3,13
HAS	Haßberge	3,53
HO	Hof Lk	3,99
HO	Hof St	4,28
IN	Ingolstadt	3,17
KF	Kaufbeuren	3,64
KEH	Kelheim	2,93
KE	Kempten (Allgäu)	3,33
KT	Kitzingen	3,13
KC	Kronach	3,69
KU	Kulmbach	3,84

Demografie								Wirtschaft										Integration			Bildung				Familienfr.			
Kinderzahl	Unter 35-Jährige	Frauenanteil	Wanderung	Über 75-Jährige	Prognose 2020	ZWISCHENNOTE	Trend	Verfügb. Einkommen	Bruttoinlandsprod.	Kommunale Schulden	Erwerbstätigkeit	Arbeitsl.+Sozialh.	Erwerbstät./Frauen	Erwerbstät./Ältere	Fremdenverkehr	ZWISCHENNOTE	Trend	Bildungschancen	Ausländer/Arbeitsl.	ZWISCHENNOTE	Ohne Abschluss	Jugendarbeitslosigkeit	Hochqualifizierte	ZWISCHENNOTE	Personen je Wohnung	Baulandpreise	Freifläche	ZWISCHENNOTE
4	2	2	2	3	2	2,5	4,2 ↘	1	3	3	2	1	4	5	6	3,1	2,3 ↗	5	3	4,0	3	2	5	3,3	3	5	3	3,7
4	3	2	2	5	2	3,0	2,6 ↗	4	1	3	2	2	4	6	5	3,4	3,3 →	1	3	2,0	3	2	4	3,0	4	4	4	4,0
6	4	3	1	6	2	3,7	3,2 →	3	1	4	4	3	4	6	5	3,8	4,0 ↘	6	4	5,0	4	3	4	3,7	6	3	4	4,3
5	2	2	2	4	3	3,0	5,2 ↓	5	4	5	2	2	4	6	5	4,1	3,6 →	1	3	2,0	4	3	6	4,3	3	3	1	2,3
4	2	2	2	4	2	2,7	5,0 ↓	4	3	3	1	2	3	5	4	3,1	2,8 ↗	6	4	5,0	4	2	6	4,0	3	2	2	2,3
6	4	1	2	6	3	3,7	2,4 ↗	2	1	4	2	3	3	5	5	3,1	3,3 →	6	3	4,5	3	3	5	3,7	6	4	1	3,7
5	3	2	2	3	2	2,8	4,6 ↘	2	3	3	2	2	4	5	5	3,3	3,8 →	5	4	4,5	4	2	5	3,7	4	5	4	4,3
4	3	1	2	5	3	3,0	2,4 ↗	2	1	4	2	3	4	4	5	3,1	3,3 →	6	4	5,0	3	3	4	3,3	6	6	4	5,3
4	3	2	2	3	2	2,7	4,2 ↘	2	3	2	2	2	4	5	5	3,1	3,3 →	4	4	4,0	4	2	5	3,7	4	5	4	4,3
4	3	1	1	6	3	3,0	1,6 ↑	4	1	4	2	3	3	4	5	3,3	4,1 ↘	6	4	5,0	3	3	2	2,7	6	5	5	5,3
4	4	3	2	6	3	3,7	4,2 ↘	4	3	4	2	2	4	6	2	3,4	3,1 →	5	5	5,0	3	3	6	4,0	5	2	2	3,0
5	3	1	2	4	2	2,8	3,0 →	1	2	3	3	2	4	5	2	2,8	2,9 ↗	5	3	4,0	2	2	5	3,0	4	5	2	3,7
5	2	2	2	2	2	2,5	3,8 →	4	5	2	1	2	4	5	5	3,5	2,8 ↗	0	3	3,0	2	2	6	3,3	3	4	3	3,3
6	3	1	1	6	3	3,3	1,6 ↑	2	1	2	4	3	4	6	4	3,3	2,8 ↗	6	4	5,0	1	2	3	2,0	6	5	5	5,3
4	3	2	2	4	3	3,0	4,2 ↘	5	5	5	2	2	3	6	4	4,0	4,6 ↘	5	2	3,5	2	3	6	3,7	4	2	1	2,3
6	2	2	2	6	4	3,7	2,4 ↗	3	1	6	6	3	4	6	4	4,1	5,3 ↓	5	3	4,0	3	2	4	3,0	6	6	4	5,3
6	4	2	1	6	2	3,5	3,8 →	3	3	4	5	2	5	6	1	3,6	4,6 ↘	4	2	3,0	3	1	5	3,0	6	5	2	4,3
5	3	2	2	4	3	3,2	4,2 ↘	5	3	5	3	2	5	6	2	3,9	3,6 →	4	3	3,5	2	2	6	3,3	4	2	1	2,3
5	4	2	2	4	3	3,3	5,4 ↓	2	3	3	1	3	2	4	5	2,9	4,8 ↘	4	3	3,5	4	4	6	4,7	5	2	3	3,3
5	5	1	2	6	4	3,8	3,2 →	2	1	3	3	3	3	4	5	3,0	4,4 ↘	6	3	4,5	5	4	3	4,0	6	5	4	5,0
4	3	1	1	3	2	2,3	2,8 ↗	1	4	3	1	1	3	3	5	2,6	1,6 ↑	5	4	4,5	2	1	4	2,3	3	6	4	4,3
5	3	2	2	4	2	3,0	3,6 →	5	2	3	3	2	5	6	5	3,9	4,3 ↘	3	3	3,0	3	2	5	3,3	4	3	3	3,3
4	1	3	2	4	2	2,7	3,0 →	2	3	5	1	2	4	4	5	3,3	3,1 →	5	4	4,5	3	2	6	3,7	4	2	2	2,7
4	2	3	2	3	2	2,7	2,6 ↗	4	1	2	1	1	4	5	5	2,9	1,8 ↑	6	2	4,0	3	1	6	3,3	3	2	2	2,3
4	2	3	2	4	2	2,8	3,2 →	3	1	3	2	1	4	5	5	3,0	3,5 →	5	4	4,5	3	1	5	3,0	4	2	2	2,7
5	3	1	2	3	1	2,5	3,0 →	1	3	2	2	1	4	4	5	2,8	3,4 →	5	3	4,0	3	1	4	2,7	4	6	4	4,7
3	1	2	2	3	1	2,0	3,8 →	4	4	1	1	1	5	5	4	3,1	2,8 ↗	6	3	4,5	2	1	5	2,7	2	5	2	3,0
5	1	1	1	2	1	1,8	3,6 →	2	4	2	1	1	3	4	5	2,8	2,6 ↗	3	4	3,5	2	1	6	3,0	2	5	3	3,3
6	2	1	2	5	3	3,2	2,6 ↗	1	1	4	2	2	3	3	5	2,6	2,4 ↗	5	3	4,0	3	2	1	2,0	6	6	5	5,7
5	3	2	2	2	2	2,7	4,4 ↘	1	3	3	1	1	3	3	5	2,5	2,6 ↗	4	2	3,0	4	2	3	3,0	4	5	4	4,3
4	3	2	2	3	2	2,7	4,6 ↘	2	5	4	1	2	3	5	5	3,4	2,3 ↗	4	3	3,5	3	2	4	3,0	4	5	3	4,0
4	1	1	1	2	1	1,7	3,8 →	2	1	4	1	1	3	3	5	2,5	2,9 ↗	5	3	4,0	3	1	3	2,3	3	6	4	4,3
5	3	2	2	4	3	3,2	4,4 ↘	6	5	5	3	2	6	6	1	4,3	4,9 ↘	4	4	4,0	3	3	6	4,0	4	2	1	2,3
5	4	1	2	3	2	2,8	2,2 ↗	1	4	3	2	2	3	4	5	3,0	3,9 →	5	4	4,5	1	1	4	2,0	5	6	5	5,3
5	5	2	2	3	3	3,3	3,4 →	1	5	2	2	2	3	4	6	3,1	2,6 ↗	5	4	4,5	3	2	6	3,7	5	5	5	5,0
4	3	1	2	4	2	2,7	2,8 ↗	1	1	6	1	3	2	4	5	2,9	2,8 ↗	5	4	4,5	4	3	3	3,3	6	5	5	5,3
5	4	1	2	6	2	3,3	3,2 →	2	3	4	4	2	4	6	1	3,3	5,3 ↓	5	2	3,5	1	1	5	2,3	6	5	1	4,0
3	2	3	2	4	2	2,7	2,8 ↗	3	1	2	1	2	4	5	5	2,9	2,4 ↗	6	4	5,0	4	2	5	3,7	4	3	3	3,3
4	3	3	2	4	3	3,2	4,0 ↘	5	3	3	2	2	4	6	5	3,8	3,8 →	6	3	4,5	3	3	6	4,0	3	2	2	2,3
5	5	1	2	6	4	3,8	4,6 ↘	3	3	5	2	3	3	6	4	3,6	5,1 ↓	6	4	5,0	4	4	5	4,3	6	2	3	3,7
5	5	1	3	6	4	4,0	3,2 →	4	1	6	4	4	3	6	5	4,1	4,5 ↘	6	5	5,5	4	5	5	4,7	6	3	4	4,3
4	2	2	1	4	2	2,5	1,8 ↑	3	1	4	1	2	4	5	5	3,1	2,3 ↗	6	3	4,5	3	3	3	3,0	5	6	3	4,7
6	4	1	1	6	3	3,5	2,8 ↗	3	1	3	2	3	3	4	5	3,0	4,5 ↘	6	4	5,0	3	3	4	3,3	6	5	4	5,0
4	2	2	1	3	2	2,3	2,8 ↗	3	3	2	1	2	4	5	3	2,9	2,6 ↗	5	4	4,5	2	2	5	3,0	4	4	2	3,3
4	4	1	2	6	2	3,2	1,8 ↑	2	1	2	2	3	3	4	5	2,8	2,1 ↗	6	4	5,0	4	2	4	3,3	6	5	4	5,0
4	2	1	2	4	2	2,5	2,8 ↗	3	3	4	2	2	4	5	4	3,4	2,3 ↗	5	4	4,5	2	2	5	3,0	4	3	3	3,3
5	4	3	3	5	4	4,0	4,2 ↘	3	2	6	1	3	2	5	5	3,4	4,3 ↘	5	3	4,0	4	3	5	4,0	5	2	2	3,0
6	4	2	3	5	3	3,8	4,0 ↘	3	2	5	2	3	3	6	5	3,6	4,3 ↘	5	3	4,0	4	4	6	4,7	5	3	2	3,3

Zulieferer. Dennoch läuft die Region Gefahr, den Anschluss an die Wirtschaftsentwicklung Bayerns zu verlieren. Beim Bruttoinlandsprodukt je Erwerbstätigen, einem wichtigen Indikator für die Arbeitsproduktivität, liegt Oberfranken-Ost am Ende aller elf bayerischen Regionen – 1991 hielt es noch Platz fünf. In der Gesamtbewertung finden sich sämtliche ost-oberfränkischen Kreise am unteren Ende wieder. Die wichtigste Folge der Wirtschaftsschwäche: Junge Menschen kehren Oberfranken weiter den Rücken. Die Abwanderungsraten von Wunsiedel und Hof sind die höchsten im ganzen Bundesland. In beiden Kreisen leben mittlerweile weniger unter 35-Jährige als in der Altersresidenz Starnberg. Dafür ist jeder Zehnte älter als 75 Jahre. Für Wunsiedel wird bis 2020 ein Einwohnerschwund von 15 Prozent, für den Landkreis Hof von zehn Prozent prognostiziert.

Doch auch andere bayerische Randgebiete, wie Rhön-Grabfeld im nördlichsten Zipfel Bayerns oder Regen an der Grenze zu Tschechien müssen mit zum Teil erheblichen Bevölkerungsverlusten rechen. In allen diesen Kreisen ist am geringen Anteil junger Frauen an der Gesamtbevölkerung schon heute der Verlust der demografischen Zukunft ablesbar.

Dass es an bayerischen Landesgrenzen auch anders geht, zeigt der Wallfahrtskreis Altötting, wo das Geld eher mit moderner Industrie als mit dem Kreuz Christi verdient wird. Im „bayerischen Chemiedreieck“, das sich vom Inn bis an die Salzach am Rande Österreichs erstreckt, leben rund 25.000 Menschen von der chemischen Industrie. Mit Wacker, Linde und Borealis sitzen hier die Großen einer Branche, die sich auf wissensintensive Spezialprodukte verlegt haben. Mit mehr als sieben Prozent hoch qualifizierten Beschäftigten wird Altötting nur von Hightech-Regionen wie München oder Mittelfranken übertroffen. Beim Bruttoinlandsprodukt je Einwohner spielt der Kreis in der bundesdeutschen Oberliga. Die Zahl der Arbeitslosen und Sozialhilfeempfänger hat sich zwischen 1998 und 2003 um knapp neun Prozent reduziert. Zumindest mittelfristig deutet dies auf beste Wirtschaftsaussichten hin.

Bewertung Bayern (2)

		GESAMTNOTE
LL	Landsberg a. Lech	3,35
LA	Landshut Lk	2,99
LA	Landshut St	3,43
LIF	Lichtenfels	3,55
LI	Lindau (Bodensee)	3,36
MSP	Main-Spessart	3,23
MM	Memmingen	3,19
MB	Miesbach	3,32
MIL	Miltenberg	3,64
MÜ	Mühldorf a. Inn	3,46
M	München Lk	2,83
M	München St	3,07
ND	Neuburg-Schrobenhausen	2,99
NM	Neumarkt i. d. Oberpfalz	3,27
NEA	Neustadt a. d. Aisch-Bad Windsheim	3,23
NEW	Neustadt a. d. Waldnaab	3,39
NU	Neu-Ulm	3,07
N	Nürnberg	3,86
LAU	Nürnberger Land	3,34
OA	Oberallgäu	3,12
OAL	Ostallgäu	3,25
PA	Passau Lk	3,38
PA	Passau St	3,61
PAF	Pfaffenhofen a. d. Ilm	3,08
REG	Regen	3,62
R	Regensburg Lk	3,30
R	Regensburg St	3,57
NES	Rhön-Grabfeld	3,47
RO	Rosenheim Lk	3,14
RO	Rosenheim St	3,58
RH	Roth	3,44
PAN	Rottal-Inn	3,38
SC	Schwabach	3,66
SAD	Schwandorf	3,40
SW	Schweinfurt Lk	3,57
SW	Schweinfurt St	3,74
STA	Starnberg	3,15
SR	Straubing	3,63
SR	Straubing-Bogen	3,19
TIR	Tirschenreuth	3,70
TS	Traunstein	3,38
MN	Unterallgäu	3,12
WEN	Weiden i. d. Oberpfalz	3,63
WM	Weilheim-Schongau	3,14
WUG	Weißenburg-Gunzenhausen	3,28
WUN	Wunsiedel i. Fichtelgebirge	4,25
WÜ	Würzburg Lk	3,32
WÜ	Würzburg St	3,70

Demografie								Wirtschaft										Integration			Bildung				Familienfr.			
Kinderzahl	Unter 35-Jährige	Frauenanteil	Wanderung	Über 75-Jährige	Prognose 2020	ZWISCHENNOTE	Trend	Verfügb. Einkommen	Bruttoinlandsprod.	Kommunale Schulden	Erwerbstätigkeit	Arbeitsl.+Sozialh.	Erwerbstät./Frauen	Erwerbstät./Ältere	Fremdenverkehr	ZWISCHENNOTE	Trend	Bildungschancen	Ausländer/Arbeitsl.	ZWISCHENNOTE	Ohne Abschluss	Jugendarbeitslosigkeit	Hochqualifizierte	ZWISCHENNOTE	Personen je Wohnung	Baulandpreise	Freifläche	ZWISCHENNOTE
5	3	3	1	3	1	2,7	3,0 →	2	3	5	4	1	5	6	5	3,9	3,4 →	5	3	4,0	3	1	4	2,7	3	5	3	3,7
4	2	2	1	3	1	2,2	3,6 →	4	3	2	2	1	4	5	5	3,3	2,3 ↗	5	4	4,5	3	1	5	3,0	3	4	2	3,0
5	4	1	1	6	2	3,2	1,4 ↑	1	1	6	2	2	3	5	5	3,1	4,0 ↘	5	5	5,0	2	2	4	2,7	6	6	3	5,0
6	3	2	2	4	4	3,5	4,4 ↘	3	2	5	2	3	3	5	3	3,3	4,8 ↘	5	3	4,0	2	3	6	3,7	4	3	3	3,3
5	3	2	1	6	2	3,2	3,0 →	2	2	5	3	1	4	5	2	3,0	4,6 ↘	5	3	4,0	2	1	4	2,3	6	5	4	5,0
5	3	2	2	4	3	3,2	4,4 ↘	3	1	4	1	2	3	5	5	3,0	3,0 →	6	3	4,5	3	2	4	3,0	4	3	2	3,0
2	3	1	2	6	2	2,7	3,0 →	1	1	2	2	2	3	4	5	2,5	3,5 →	6	3	4,5	5	3	5	4,3	6	4	2	4,0
5	4	1	1	5	2	3,0	2,8 ↗	1	3	6	3	2	4	6	1	3,3	3,9 →	5	3	4,0	2	2	4	2,7	5	6	2	4,3
4	2	2	2	4	2	2,7	4,4 ↘	3	3	4	2	2	4	5	5	3,5	4,0 ↘	6	4	5,0	4	3	6	4,3	4	4	4	4,0
5	3	2	1	4	2	2,8	2,6 ↗	3	2	4	2	2	5	6	5	3,6	4,4 ↘	5	3	4,0	4	2	5	3,7	4	4	3	3,7
5	4	3	1	3	2	3,0	2,6 ↗	1	1	1	3	1	3	4	4	2,3	2,3 ↗	5	3	4,0	1	1	1	1,0	5	6	5	5,3
6	3	1	1	4	2	2,8	1,4 ↑	1	1	6	1	2	2	3	4	2,5	4,4 ↘	5	3	4,0	3	1	1	1,7	6	6	6	6,0
2	2	3	2	3	2	2,3	2,6 ↗	4	2	2	2	1	4	5	6	3,3	3,1 →	5	3	4,0	2	1	5	2,7	3	4	3	3,3
4	2	2	2	3	2	2,5	4,8 ↘	4	3	2	2	2	5	6	5	3,6	3,6 →	5	3	4,0	3	2	5	3,3	3	3	2	2,7
4	3	3	2	4	2	3,0	4,0 ↘	4	4	4	1	2	3	5	4	3,4	2,6 ↗	5	3	4,0	3	2	6	3,7	4	2	1	2,3
4	2	3	2	4	3	3,0	5,0 ↓	3	4	4	2	2	4	6	5	3,8	3,4 →	3	4	3,5	3	2	6	3,7	4	2	1	2,3
3	3	2	2	3	2	2,5	2,6 ↗	2	2	3	1	2	3	4	5	2,8	3,0 →	5	3	4,0	3	2	5	3,3	4	5	4	4,3
6	4	1	2	5	2	3,3	1,4 ↑	2	1	6	3	4	3	5	5	3,6	4,3 ↘	5	5	5,0	5	3	2	3,3	6	6	6	6,0
5	4	2	2	4	3	3,3	3,8 →	1	3	2	2	2	3	5	5	2,9	3,3 →	5	3	4,0	3	2	5	3,3	4	4	4	4,0
5	3	1	2	4	2	2,8	3,2 →	2	3	6	2	2	3	6	1	3,1	3,6 →	1	3	2,0	2	2	5	3,0	6	5	2	4,3
4	2	2	2	5	2	2,8	3,8 →	3	2	6	2	1	4	6	2	3,3	3,1 →	4	4	4,0	3	2	5	3,3	5	3	2	3,3
5	3	2	2	4	2	3,0	3,8 →	5	4	5	3	2	5	6	1	3,9	3,4 →	1	3	2,0	3	3	6	4,0	4	2	3	3,0
6	4	1	2	6	2	3,5	2,0 ↗	3	1	6	6	3	5	6	3	4,1	3,6 →	4	2	3,0	3	2	3	2,7	6	4	3	4,3
4	2	2	2	3	1	2,3	4,2 ↘	2	2	1	2	2	4	6	5	3,0	1,8 ↑	5	3	4,0	4	2	6	4,0	2	5	3	3,3
5	3	3	2	4	3	3,3	4,4 ↘	5	4	5	4	2	5	6	1	4,0	4,4 ↘	6	1	3,5	3	2	6	3,7	5	2	1	2,7
5	2	2	2	3	2	2,7	4,0 ↘	3	5	3	2	2	4	6	5	3,8	2,1 ↗	2	3	2,5	3	2	6	3,7	3	5	3	3,7
6	3	1	1	5	2	3,0	1,4 ↑	2	1	6	4	3	4	6	4	3,8	3,4 →	5	4	4,5	3	2	2	2,3	6	6	5	5,7
3	2	3	2	4	5	3,2	4,2 ↘	5	3	3	2	3	4	6	3	3,6	3,1 →	5	5	5,0	3	3	5	3,7	4	2	1	2,3
4	3	1	1	4	1	2,3	3,2 →	2	3	3	3	2	4	6	3	3,3	4,3 ↘	4	3	3,5	3	2	5	3,3	3	5	3	3,7
5	3	1	2	5	2	3,0	1,6 ↑	2	1	4	4	2	4	5	5	3,4	4,3 ↘	6	3	4,5	3	2	4	3,0	6	6	5	5,7
5	3	2	2	3	2	2,8	4,4 ↘	2	4	3	2	2	4	5	5	3,4	3,1 →	5	4	4,5	3	2	6	3,7	3	5	3	3,7
4	3	2	2	5	2	3,0	3,0 →	4	3	3	2	2	5	6	3	3,5	4,1 ↘	5	4	4,5	4	2	6	4,0	4	2	1	2,3
6	4	2	2	5	3	3,7	2,6 ↗	1	1	4	2	2	3	5	6	3,0	3,3 →	6	4	5,0	4	2	5	3,7	5	6	4	5,0
4	3	2	2	4	2	2,8	3,2 →	5	2	3	2	2	4	6	5	3,6	3,4 →	6	3	4,5	3	2	6	3,7	4	3	2	3,0
5	3	2	2	4	3	3,2	4,8 ↘	4	5	2	1	2	3	5	6	3,5	2,4 ↗	0	4	4,0	6	2	6	4,7	4	3	3	3,3
4	4	1	2	6	4	3,5	2,4 ↗	3	1	6	3	4	4	5	5	3,9	1,4 ↑	6	2	4,0	3	4	3	3,3	6	5	5	5,3
5	5	1	2	5	2	3,3	2,8 ↗	1	1	2	4	1	4	6	4	2,9	3,9 →	5	3	4,0	2	1	1	1,3	4	6	4	4,7
5	4	3	1	6	2	3,5	1,4 ↑	3	1	6	3	3	3	6	5	3,8	2,8 ↗	5	4	4,5	3	2	5	3,3	6	5	2	4,3
4	2	2	2	3	2	2,5	3,2 →	5	4	3	2	2	5	6	3	3,8	3,4 →	5	3	4,0	4	1	6	3,7	3	2	1	2,0
5	3	2	3	5	4	3,7	3,8 →	5	4	4	2	2	4	6	5	4,0	3,9 →	4	3	3,5	3	3	6	4,0	5	2	1	2,7
4	4	2	2	5	2	3,2	3,2 →	3	2	4	3	2	4	6	2	3,3	3,9 →	4	3	3,5	3	2	5	3,3	5	5	2	4,0
3	2	2	2	5	2	2,7	3,2 →	3	3	3	2	1	4	5	3	3,0	4,8 ↘	5	4	4,5	2	2	5	3,0	4	3	2	3,0
5	4	1	2	6	2	3,3	2,4 ↗	2	1	4	3	3	3	6	5	3,4	3,8 →	5	5	5,0	3	3	5	3,7	6	5	2	4,3
4	3	2	1	4	1	2,5	3,0 →	3	2	3	3	1	4	6	5	3,4	3,4 →	4	3	3,5	3	1	4	2,7	4	5	3	4,0
2	3	2	2	5	3	2,8	2,6 ↗	3	3	3	2	2	4	5	4	3,3	3,0 →	5	5	5,0	3	2	6	3,7	4	3	2	3,0
5	6	2	4	6	5	4,7	4,0 ↘	4	3	6	3	3	3	6	5	4,1	5,0 ↓	5	4	4,5	3	4	5	4,0	6	2	3	3,7
5	3	2	2	3	2	2,8	4,6 ↘	4	4	2	2	2	3	4	5	3,3	2,1 ↗	4	4	4,0	3	1	6	3,3	4	5	3	4,0
6	2	1	1	5	3	3,0	1,8 ↑	3	1	6	6	2	5	5	4	4,0	4,9 ↘	6	3	4,5	3	1	3	2,3	6	5	5	5,3

INDIKATOREN, BENOTUNG UND IHRE KRITERIEN

Wie aus Daten Bewertungen werden – das Indikatorensystem des Berlin-Instituts

Statistiker erheben zu allen möglichen Kenngrößen Daten. Etwa zur Einwohnerzahl und zur Wirtschaftskraft, zum Wohnungsangebot oder zur landwirtschaftlichen Produktion. Diese Zahlen sind notwendig, um Veränderungen rechtzeitig wahrnehmen und vernünftig planen zu können. Mittels Indikatoren, die Angaben zur demografischen, wirtschaftlichen oder sozialen Entwicklung auf eine Grundgröße beziehen (Einwohner je Quadratkilometer oder Bruttoinlandsprodukt je Einwohner), entsteht ein regional abgestuftes Bild, das sich in Karten oder Tabellen darstellen lässt und einen Vergleich der Regionen ermöglicht.

Das Berlin-Institut für Bevölkerung und Entwicklung hat im April 2004 mit der Studie „Deutschland 2020 – die demografische Zukunft der Nation" erstmals eine auf statistische Indikatoren gestützte Bewertung aller deutschen Landkreise und kreisfreien Städte vorgelegt, mit der sich die demografische und wirtschaftliche Zukunftsfähigkeit bewerten lässt. Seither haben andere Institute weitere Studien mit unterschiedlichen Indikatorensystemen erstellt. Diese nutzen zum Teil andere Indikatoren oder gewichten diese unterschiedlich. Deshalb kommen sie mitunter zu anderen Ergebnissen.

Ökonomen neigen dazu, wirtschaftlichen Indikatoren ein größeres Gewicht zuzuschreiben als demografischen oder sozialen. Sozialwissenschaftler führen häufig Befragungen durch, um aus den gesammelten Meinungen ein Abbild der Wirklichkeit zu zeichnen. Subjektive Einschätzungen stimmen allerdings nicht immer mit objektiv messbaren Kriterien überein. Deshalb stützt sich das Berlin-Institut bei seiner Einschätzung der Zukunftsfähigkeit auf ein breites Spektrum demografischer, ökonomischer und sozialer Indikatoren.

Die Wechselwirkungen zwischen Wirtschafts- und Bevölkerungsentwicklung sind komplex. So schafft eine günstige Wirtschaftslage Arbeitsplätze und verursacht Zuwanderung. Wo sich viele Menschen niederlassen, entstehen weitere Jobs im Dienstleistungsbereich. Umgekehrt geraten jene Regionen, die in einer wirtschaftlichen Schwächephase ihre motivierten und gut ausgebildeten Einwohner durch Abwanderung verlieren, leicht in einen Abwärtsstrudel: Es fehlen die jungen Familien, weniger Kinder werden geboren und langfristig verschlechtert sich das Verhältnis von Leistungsträgern, Produzenten und Konsumenten zu Renten- und Pensionsempfängern.

Demografische und ökonomische Indikatoren nehmen deshalb in dieser Studie einen breiten Raum ein. Zusätzlich sind Daten über die Integration von Zuwanderern, den Bildungsstand der Bevölkerung und die Attraktivität der Wohnorte in die Bewertung aufgenommen. Alle haben einen Einfluss auf die Zukunftsfähigkeit der jeweiligen Regionen. Ingesamt umfasst das Modell 22 Indikatoren, die aus Daten der amtlichen Statistik stammen und bis auf Kreisebene verfügbar sind.

Gegenüber der Vorgängerstudie „Deutschland 2020“ ist das Bewertungssystem weiterentwickelt worden. Manche Indikatoren wurden ergänzt, andere durch neue, aussagekräftigere ersetzt:

Statt der „Wohnungsbau-Aktivität“ werden jetzt die „Baulandpreise“ zum Vergleich herangezogen. Denn während eine starke Bautätigkeit die günstige Wirtschaftsentwicklung einer Region abbildet (die bereits in anderen Indikatoren berücksichtigt ist), sagen die Baulandpreise mehr über die Attraktivität für potenzielle Zuwanderer aus.

Statt des „Anteils der unter 20-Jährigen“ ist jetzt der „Anteil unter 35-Jähriger“ berücksichtigt. Junge Erwachsene sind eher ein Zeichen für die Attraktivität und einen guten Arbeitsmarkt der Regionen als Jugendliche und Kinder, die ihrerseits bereits in dem Indikator Kinderzahl je Frau berücksichtigt werden. Deshalb entfällt auch der in „Deutschland 2020“ verwendete Indikator der „prognostizierten natürlichen Saldorate“, der ebenfalls stark mit der „Kinderzahl je Frau“ korreliert.

Einige Indikatoren wurden in ihrer Berechnungsgrundlage geändert, so dass sie schärfere Aussagen treffen. Die Anzahl der Erwerbstätigen sowie der Arbeitslosen und Sozialhilfeempfänger ist nicht mehr auf die Gesamtbevölkerung bezogen sondern lediglich auf die Gruppe der potenziell erwerbsfähigen 18- bis 65-Jährigen. Dadurch lässt sich die regionale Arbeitsmarktsituation unabhängig von der jeweiligen Anzahl der Kinder und Rentner abschätzen, die auf dem Arbeitsmarkt selten eine Rolle spielen.

An Stelle des Anteils der Singlehaushalte tritt jetzt die Zahl der Personen je Haushalt, um das Zusammenleben in Familienverbünden und anderen Lebensgemeinschaften zu berücksichtigen. Der neue Indikator kann unmittelbar aus den Daten der amtlichen Statistik berechnet werden, während die Zahl der Singlehaushalte aus den Befragungen im Rahmen des so genannten Mikrozensus geschätzt werden müssen.

Um die Handlungsfähigkeit der Kommunen zu bewerten, ist die frühere „Gestaltungsquote“, die das Verhältnis aus Einnahmen zu Schulden beschreibt, durch den Indikator „Kommunale Schulden je Einwohner“ ersetzt. Dieser zeigt ein besseres Bild der tatsächlichen kommunalen Finanzkraft, da in der Gestaltungsquote auch die Mittel aus dem kommunalen Finanzausgleich berücksichtigt sind, die als Subventionen zu werten sind.

Um einen besseren Einblick in die Arbeitsmarktchancen der nachwachsenden Generation zu erhalten, ist der Indikator „Ausbildungsplatzdichte“, der lediglich die beim Arbeitsamt gemeldeten Ausbildungsplätze sowie die Nachfrager berücksichtigt, gegen die „Jugendarbeitslosigkeit“ ausgetauscht.

Neu aufgenommen wurden zwei Indikatoren, die zusätzliche Aspekte der wirtschaftlichen und demografischen Zukunftsfähigkeit beleuchten: Die „Altersbeschäftigung“, die den Anteil der älteren Werktätigen an der Volkswirtschaft beschreibt. Und die „Frauenerwerbsquote“, die zeigt, wie gut das Potenzial der heute generell gut qualifizierten weiblichen Arbeitnehmerschaft genutzt wird.

Eine wichtige Neuerung im Bewertungssystem des Berlin-Institutes ist die Aufnahme zweier Trend-Indikatoren. Dabei werden die Daten in den Bereichen Demografie und Wirtschaft über einen längeren Zeitraum betrachtet. Umfang und Richtung der Veränderung werden mit einer Trend-Note bewertet, die in den Tabellen zusätzlich durch einen Pfeil dargestellt ist. Bei diesen Indikatoren schneiden Kreise mit einer schlechten wirtschaftlichen Ausgangslage, die in relativ kurzer Zeit große Fortschritte machen, häufig besser ab als solche, die auf hohem Niveau stagnieren. Insgesamt zeigen die Trend-Noten an, wie sich in der jüngeren Vergangenheit die einzelnen Regionen in Relation zu anderen entwickelt haben.

Wie werden sich die 439 deutschen Landkreise und kreisfreien Städte bis zum Jahr 2020 demografisch verändern? Wie gut sind sie für den prognostizierten Wandel gerüstet?

Um die „Zukunftsfähigkeit" vergleichbar zu bewerten, hat das Berlin-Institut für Bevölkerung und Entwicklung 22 Indikatoren ausgewählt: zu den Bereichen Demografie und Wirtschaft, Ausländerintegration, Bildung und Familienfreundlichkeit. Hierfür wurden die Rohdaten aus den aktuellsten, auf Kreisebene verfügbaren amtlichen Statistiken ermittelt, beziehungsweise errechnet und einem jeweils definierten Notenschlüssel unterworfen. Die Benotung entspricht jener des Schulsystems, mit einer 1 als bestem und einer 6 als schlechtestem Wert. Die einzelnen Bewertungen wurden für die verschiedenen Bereiche zu Zwischennoten zusammengefasst. Zusätzlich wurde eine Gesamtnote aus dem Durchschnitt aller Indikatoren gebildet. Die Noten sind in einer Deutschlandkarte dargestellt (Seite 14) und für alle Indikatoren in den entsprechenden Bundesland-Kapiteln aufgeführt.

Die Kreise und kreisfreien Städte, die bereits in der Studie „Deutschland 2020" aus dem Jahr 2004 den Maximal- oder Minimalwert bei den einzelnen Indikatoren erzielt haben, also unverändert an der Spitze respektive am Ende der Wertungen aller Kreise stehen, sind **fett gedruckt**.

BEREICH DEMOGRAFIE

Demografische Daten bergen eine Aussage über die Zukunft. Wo heute wenige Kinder geboren werden, wo ein Mangel an jungen Menschen, insbesondere an potentiellen Müttern herrscht, muss die nächste Generation schrumpfen. Dafür fallen die Alten mehr ins Gewicht. Diese Entwicklung wird noch verstärkt, wo mehr junge Menschen ab- als zuwandern.

1. Kinderzahl

Bei gleich bleibender Lebenserwartung bleibt eine Gesellschaft stabil, wenn jede Frau im Mittel 2,1 Kinder bekommt. Unterhalb dieses Wertes würde eine Bevölkerung schrumpfen, es sei denn die Lebenswartung steigt oder Menschen aus dem Ausland wandern zu.

Benotungsschlüssel	
1,91 und mehr	1
1,61 bis 1,90	2
1,51 bis 1,60	3
1,41 bis 1,50	4
1,31 bis 1,40	5
1,30 und weniger	6

Maßeinheit: Anzahl der Kinder, die eine Frau durchschnittlich im Laufe ihres Lebens bekommen würde, wenn die Geburtenraten für alle Altersgruppen zwischen 15 und 45 Jahren so blieben wie zum Zeitpunkt der Berechnung 2003. Diese Gesamtfertilitätsrate (TFR) wird häufig vereinfachend mit der durchschnittlichen Kinderzahl pro Frau gleichgesetzt.

Die Spanne reicht von 0,91 Kindern pro Frau im bayerischen Würzburg bis zu 1,79 Kindern pro Frau im niedersächsischen **Cloppenburg.** (Datengrundlage: Statistisches Bundesamt, eigene Berechnungen)

2. Unter 35-Jährige

Ein hoher Anteil unter 35-Jähriger an der Bevölkerung ist ein Zeichen dafür, dass in den entsprechenden Regionen auf längere Sicht ausreichend Erwerbsfähige wie auch potenzielle Familiengründer vorhanden sind.

Benotungsschlüssel	
43,01 und mehr	1
41,01 bis 43	2
39,01 bis 41	3
37,01 bis 39	4
35,01 bis 37	5
35 und weniger	6

Maßeinheit: Prozentualer Anteil der unter 35-Jährigen an der Gesamtbevölkerung im Stichjahr 2003.

Die Spanne reicht von 31,95 Prozent im sächsischen Hoyerswerda bis 47,12 Prozent im niedersächsischen Cloppenburg. (Datengrundlage: Statistisches Bundesamt, eigene Berechnungen)

3. Frauenanteil

Da in strukturschwachen Regionen eher Männer eine Beschäftigung finden, verlassen mehr junge Frauen als Männer diese Gebiete. Damit fehlen dort potenzielle Mütter, was ein Frühindikator für weitere Bevölkerungsverluste ist. Da generell mehr Jungen als Mädchen geboren werden, liegt das Geschlechterverhältnis in Deutschland in dieser Altersgruppe normalerweise bei 98 Frauen gegenüber 100 Männern.

Benotungsschlüssel	
98,01 und mehr	1
94,01 bis 98	2
90,01 bis 94	3
86,01 bis 90	4
82,01 bis 86	5
82 und weniger	6

Maßeinheit: Anzahl Frauen je 100 Männer in der Altersgruppe der 18- bis 29-Jährigen im Stichjahr 2003.

Die Spanne reicht von 74,09 in **Uecker-Randow** in Mecklenburg-Vorpommern bis 122,54 im baden-württembergischen **Heidelberg**. Der hohe Wert für Heidelberg beruht auf dem Fächerangebot der Universität, welches überwiegend von Frauen favorisiert wird. (Datengrundlage: Statistisches Bundesamt, eigene Berechnungen)

4. Wanderung

Wie viele Menschen in eine Region einwandern beziehungsweise sie verlassen, ist ein Zeichen für deren Attraktivität. Je höher der Wanderungs-Saldo, desto beliebter die Region. Da vor allem 20- bis 40-Jährige wandern, verjüngen Wanderungsgewinne die Bevölkerung, bei Verlusten bleiben insbesondere Ältere zurück. Zudem sind Qualifizierte mobiler, weshalb Wanderungsbewegungen auch Auswirkungen auf die Wirtschaft haben.

Benotungsschlüssel	
7,51 und mehr	1
0,01 bis 7,5	2
– 2,51 bis 0	3
– 5,01 bis – 2,5	4
– 10,01 bis – 5	5
– 10 und weniger	6

Maßeinheit: Saldo aus Zu- und Abwanderungen (Zu- minus Abwanderungen) je 1.000 Einwohner, Mittelwert 2001 bis 2003. Bei allen Werten unter Null handelt es sich um Wanderungsverluste.

Die Spanne reicht von 16,46 Zuwanderern pro 1.000 Einwohner im nordrhein-westfälischen Aachen, bis zu 31,77 Abwanderern im sächsischen **Hoyerswerda**. (Datengrundlage: Statistisches Bundesamt, eigene Berechnungen)

5. Hochbetagte

Oberhalb eines Alters von 75 Jahren steigt die Wahrscheinlichkeit, pflegebedürftig zu werden. Dies belastet kommunale Haushalte und Sozialkassen.

Maßeinheit: Prozentualer Anteil der über 75-Jährigen an der Gesamtbevölkerung im Stichjahr 2003.

Benotungsschlüssel	
5 und weniger	1
5,01 bis 6	2
6,01 bis 7	3
7,01 bis 8	4
8,01 bis 9	5
9,01 und mehr	6

Die Spanne reicht von 5,25 Prozent im bayerischen Freising bis 12,11 Prozent im baden-württembergischen **Baden-Baden**. (Datengrundlage: Statistisches Bundesamt, eigene Berechnungen)

6. Bevölkerungsprognose 2004 – 2020

Die Prognose berücksichtigt die Entwicklung der Fertilität, der Lebenserwartung sowie die Zu- und Abwanderungen innerhalb Deutschlands und über die Grenzen.

Benotungsschlüssel	
10,01 und mehr	1
0,01 bis 10	2
– 5,01 bis 0	3
– 10,01 bis – 5	4
– 15,01 bis – 10	5
– 15 und weniger	6

Maßeinheit: Prognostizierter Gewinn oder Verlust an Einwohnern im Zeitraum 2004 bis 2020 in Prozent.

Die Spanne reicht von – 29,98 Prozent im sächsischen Hoyerswerda bis 21,90 Prozent im bayrischen Landkreis Erding. (Datengrundlage: Bundesamt für Bauwesen und Raumordnung. Das Bundesamt für Bauwesen und Raumordnung startet seine Prognose mit der tatsächlichen Einwohnerzahl aus dem Jahr 2002. Als Indikator wurde die prognostizierte Bevölkerungsveränderung zwischen dem bereits aus der Fortschreibung stammenden Jahreswert für 2004 und der prognostizierten Einwohnerzahl des Jahres 2020 verwendet.)

BEREICH WIRTSCHAFT

Wirtschaftlich erfolgreiche Regionen ziehen Menschen an, strukturschwache Gebiete, in denen ganze Branchen sterben und Arbeitsplätze abgebaut werden, fallen demografisch zurück. Da die kommunalen Haushalte von Bevölkerungszahl und Steueraufkommen abhängen, erlauben Wirtschaftsdaten wie verfügbares Einkommen und das Bruttoinlandsprodukt Aussagen über die Zukunftsfähigkeit von Kreisen und Städten.

7. Verfügbares Einkommen

Die Lebensqualität der Regionen hängt auch vom Einkommen der privaten Haushalte ab. Das verfügbare Einkommen gibt an, wie viel Geld einer

Person für den Konsum, zur Investition und zur Anlage pro Jahr im Mittel zur Verfügung steht.

Benotungsschlüssel	
18.001 und mehr	1
17.001 bis 18.000	2
16.001 bis 17.000	3
15.001 bis 16.000	4
14.001 bis 15.000	5
14.000 u. weniger	6

Maßeinheit: Durchschnitt aller Nettoeinkünfte in Euro pro Kopf im Stichjahr 2003.

Die Spanne reicht von 12.701 Euro in Uecker-Randow in Mecklenburg-Vorpommern bis 26.207 Euro im bayerischen Starnberg. Für die kreisfreie Städte Bremen und Bremerhaven liegen bei dem Arbeitskreis Volkswirtschaftliche Gesamtrechnungen der Länder keine glaubhaften Ergebnisse vor. (Datengrundlage: Arbeitskreis Volkswirtschaftliche Gesamtrechnungen der Länder)

8. Bruttoinlandsprodukt

Das Bruttoinlandsprodukt (BIP) gibt den gesamten Wert der wirtschaftlichen Leistung an, der aus Produktionstätigkeit im Kreis resultiert.

Benotungsschlüssel	
26.001 und mehr	1
23.001 bis 26.000	2
20.001 bis 23.000	3
17.001 bis 20.000	4
14.001 bis 17.000	5
14.000 u. weniger	6

Maßeinheit: Wert der im Inland hergestellten Waren und Dienstleistungen (Wertschöpfung), soweit diese nicht als Vorleistungen für die Produktion anderer Waren und Dienstleistungen verwendet werden, je Einwohner in Euro im Stichjahr 2003.

Die Spanne reicht von 11.338 Euro im Kreis Südwestpfalz in Rheinland-Pfalz bis 78.018 Euro im bayerischen **Landkreis München**. Die Benotungen für verfügbares Einkommen je Einwohner und Bruttoinlandsprodukt können sich in Einzelfällen sehr unterscheiden – etwa in der kreisfreien Stadt Ludwigshafen und dem angrenzenden Rhein-Pfalz-Kreis. In der Stadt ist das Bruttoinlandsprodukt aufgrund des großen Chemieunternehmens BASF sehr hoch, das verfügbare Einkommen jedoch recht niedrig, weil die meisten Gutverdiener lieber außerhalb der wenig attraktiven Stadt leben wollen. Der Landkreis wird dadurch zu einem Schlafkreis mit extrem niedrigem Bruttoinlandsprodukt – bei gleichzeitig hohen verfügbaren Einkommen. (Datengrundlage: Arbeitskreis Volkswirtschaftliche Gesamtrechnung der Länder, eigene Berechnungen)

9. Kommunale Schulden je Einwohner

Eine hohe Verschuldung bindet den Kommunen die Hände, in die Zukunft zu investieren. Diese Kommunen müssen an „freiwilligen Leistungen" sparen, wozu viele Angebote im Jugend-, Sport- und Kulturbereich sowie für die Integration von Migranten gehören.

Benotungsschlüssel	
500 und weniger	1
500,01 bis 750	2
750,01 bis 1.000	3
1.000,01 b. 1.250	4
1.250,01 b. 1.500	5
1.500,01 u. mehr	6

Maßeinheit: Kommunale Schulden je Einwohner im Stichjahr 2003.

Die Spanne reicht von 21,88 Euro im niedersächsischen Wilhelmshaven bis 2.965,51 Euro im bayerischen Passau. (Datengrundlage: Statistisches Bundesamt, eigene Berechnungen)

10. Erwerbstätigkeit

Der Indikator gibt an, wie viele Menschen sozialversicherungspflichtig beschäftigt sind, also Steuern und Sozialabgaben an die öffentlichen Haushalte entrichten.

Benotungsschlüssel	
56,01 und mehr	1
53,01 bis 56	2
50,01 bis 53	3
47,01 bis 50	4
44,01 bis 47	5
44 und weniger	6

Maßeinheit: prozentualer Anteil der sozialversicherungspflichtig Beschäftigten an allen Einwohnern zwischen 18 und 65 Jahren (am Wohnort) im Stichjahr 2003.

Die Spanne reicht von 40,24 Prozent im baden-württembergischen Heidelberg bis 59,74 Prozent im thüringischen Sonneberg. Kreise in den neuen Bundesländern schneiden vergleichsweise gut ab, weil dort relativ viele Frauen erwerbstätig sind. In Sonneberg leben viele Pendler, die außerhalb ihres Heimatkreises Arbeit finden. Kreise in Grenzregionen, in denen die Menschen im benachbarten Ausland arbeiten, schneiden schlechter ab, weil die Statistik diese Erwerbstätigen am Wohnort generell nicht berücksichtigt. (Datengrundlage: Statistisches Bundesamt, eigene Berechnungen)

11. Arbeitslose und Sozialhilfeempfänger

Wo wenig Menschen Arbeit finden und viele Arbeitslose und Sozialhilfeempfänger leben, werden entsprechend wenig Steuern und Sozialabgaben gezahlt und den Kommunen fehlen wichtige Einnahmen.

Maßeinheit: Summe der Arbeitslosen und Sozialhilfeempfänger je 100 Einwohner zwischen 18 und 65

Benotungsschlüssel	
5 und weniger	1
5,01 bis 9	2
9,01 bis 13	3
13,01 bis 17	4
17,01 bis 21	5
21 und mehr	6

Jahren im Stichjahr 2003. Seit dem 1. 1. 2005 hat die „Hartz IV" genannte Arbeitsmarktreform zu einer erheblichen Veränderung der Zahlen von Arbeitslosen und Sozialhilfeempfängern geführt. Viele frühere Sozialhilfeempfänger, die als arbeitsfähig eingestuft wurden, gelten fortan als arbeitslos und erhalten „Arbeitslosengeld II". An der Summe aus Arbeitslosen und Sozialhilfeempfängern hat die Reform jedoch nichts geändert. Somit gewährleistet der Indikator „Arbeitslose und Sozialhilfeempfänger" eine gute Vergleichbarkeit im Zeitverlauf.

Die Spanne reicht von 3,84 im bayerischen Eichstätt bis 25,34 in Demmin in Mecklenburg-Vorpommern. Bei diesem Indikator schneiden (im Gegensatz zu Indikator 10, Erwerbstätigkeit) jene Kreise gut ab, in denen relativ viele Studenten leben und viele Frauen keine Arbeit suchen und sich stattdessen der Familie widmen. (Datengrundlage: Statistisches Bundesamt, eigene Berechnungen)

12. Frauenerwerbstätigkeit

Im Licht des demografischen Wandels ist es wichtig, dass möglichst viele Erwerbsfähige tatsächlich einer Erwerbstätigkeit nachgehen. Eine hohe Erwerbsbeteiligung von Frauen ist aus dieser Sicht zukunftsfähig.

Benotungsschlüssel	
65,01 und mehr	1
60,01 bis 65	2
55,01 bis 60	3
50,01 bis 55	4
45,01 bis 50	5
45 und weniger	6

Maßeinheit: Anteil sozialversicherungspflichtig beschäftigter Frauen an der Gesamtzahl der Frauen zwischen 25 und 50 Jahren am Wohnort im Stichjahr 2003.

Die Spanne reicht von 38,69 Prozent im niedersächsischen Leer bis 69,73 Prozent im thüringischen Sonneberg. (Datengrundlage: Statistisches Bundesamt, eigene Berechnungen)

13. Altersbeschäftigung

Aufgrund der seit über 30 Jahren sinkenden Kinderzahlen werden die Deutschen künftig länger arbeiten müssen, um die Sozialsysteme zu finanzieren. Die Beschäftigungsquote der über 50-Jährigen zeigt deshalb an, ob eine Region gut für die Zukunft gerüstet ist.

Benotungsschlüssel	
45,01 und mehr	1
42,51 bis 45	2
40,01 bis 42,5	3
37,51 bis 40	4
35,01 bis 37,5	5
35 und weniger	6

Maßeinheit: Anteil sozialversicherungspflichtig Beschäftigter im Alter von 50 bis 65 Jahren an der Gesamtzahl der Einwohner zwischen 50 und 65 Jahren am Wohnort im Stichjahr 2003.

Die Spanne reicht von 26,49 Prozent im niedersächsischen Leer bis 45,43 Prozent im thüringischen Jena. (Datengrundlage: Statistisches Bundesamt, eigene Berechnungen)

14. Fremdenverkehr

Strukturschwache, dünn besiedelte Regionen können von ihrer Menschenleere und Natur profitieren – sofern sie touristisch attraktiv sind.

Benotungsschlüssel	
20,01 und mehr	1
10,01 bis 20	2
7,01 bis 10	3
4,01 bis 7	4
1,01 bis 4	5
1 und weniger	6

Maßeinheit: Übernachtungszahlen im Fremdenverkehr je Einwohner pro Jahr, Mittelwert 2001 bis 2003.

Die Spanne reicht von 0,25 Übernachtungen im nordrhein-westfälischen **Herne** bis 73,04 Übernachtungen auf **Rügen** in Mecklenburg-Vorpommern. Weil die Übernachtungszahlen pro Einwohner gemessen werden, schneiden bevölkerungsarme Gebiete gut ab, touristisch interessante Städte wie Berlin, Lübeck oder München aber relativ schlecht. In Städten verteilen sich die Einkünfte aus dem Tourismus auf eine große Bevölkerung. (Datengrundlage: Statistisches Bundesamt, eigene Berechnungen. Die Durchschnittswerte für manche Kreise in Rheinland-Pfalz sind aufgrund mangelnder Daten aus weniger als drei Jahren berechnet.)

BEREICH AUSLÄNDER-INTEGRATION

In Deutschland leben derzeit 7,3 Millionen Ausländer. Die Zahl der Personen mit Migrationshintergrund, also von Personen mit ausländischem Pass und Personen mit deutschem Pass, die oder deren Eltern im Ausland geboren sind, liegt allerdings um einiges höher und wird auf rund 14 Millionen[163] beziffert. Aufgrund weiterer Zuwanderung und der höheren Fertilität von Migranten ist davon auszugehen, dass sich der Anteil der Personen mit Migrationshintergrund weiter und auf lange Sicht sogar deutlich erhöhen wird. Diese Menschen in die Gesellschaft zu integrieren, sie mit Sprachkenntnissen und Ausbildung zu versorgen und das Entstehen von Parallel-Gesellschaften zu verhindern, ist eine der wichtigsten Aufgaben für die Zukunft. Nicht nur, weil eine moderne Gesellschaft nur funktioniert, wenn alle Mitglieder zumindest theoretisch gleiche Chancen haben, sondern auch weil schlecht integrierte Ausländer häufig keine Arbeit finden, also keine Steuern und Sozialabgaben zahlen und zu einem Kostenfaktor für die öffentlichen Haushalte werden.

15. Bildungschancen für Ausländer

Dieser Indikator ist ein Maßstab für die Chancengleichheit von Ausländer-Kindern. Bei perfekter Integration müsste der Anteil ausländischer Kinder an Gymnasien ebenso groß sein wie ihr Anteil an der Gesamtzahl der Zehn- bis 18-Jährigen.

Benotungsschlüssel	
0,81 und mehr	1
0,66 bis 0,8	2
0,51 bis 0,65	3
0,36 bis 0,5	4
0,21 bis 0,35	5
0,2 und weniger	6

Maßeinheit: Verhältnis des Anteils der Zehn- bis 18-jährigen Ausländer an der Bevölkerung zum Anteil der Ausländer an Gymnasien im Stichjahr 2003. Ein Wert von 1 bedeutet, dass Ausländerkinder die gleichen Chancen haben wie jene von Einheimischen. Ein Wert von 0,5 besagt, dass die Chancen der Ausländer nur halb so groß sind.

Die Spanne reicht von 0,02 im thüringischen Jena bis 3,91 im bayerischen **Amberg-Sulzbach**. Der extrem gute Wert für Amberg-Sulzbach beruht auf der Existenz eines Europäischen Gymnasiums im Kreis. Ebenfalls überdurchschnittlich gut schneiden manche Grenzkreise wie Uecker-Randow und Franfurt an der Oder ab, weil dort Jugendliche aus dem benachbarten Ausland die Gymnasien besuchen. (Datengrundlage: Statistisches Bundesamt, eigene Berechnungen. Die Landkreise Schweinfurt und Bamberg haben keine Gymnasien und erhielten keine Bewertung.)

16. Arbeitslosigkeit und Sozialhilfe unter Ausländern

Ausländer leiden vielerorts überproportional unter Arbeitslosigkeit und beziehen Sozialhilfe. Chancengleichheit würde bestehen, wenn ihre Arbeitslosen- und Sozialhilfequote jener von Deutschen entspräche.

Benotungsschlüssel	
1 und weniger	1
1,01 bis 1,5	2
1,51 bis 2	3
2,01 bis 2,5	4
2,51 bis 3	5
3,01 und mehr	6

Maßeinheit: Verhältnis der Arbeitslosen- und Sozialhilfeempfängerquote unter Ausländern zu jener unter Deutschen im Stichjahr 2003. Bei perfekter Integration sollte der Anteil von Ausländern an den Arbeitslosen und Sozialhilfeempfängern genauso hoch liegen wie deren Anteil an der Gesamtbevölkerung, entsprechend einem Wert von 1. Ein Wert von 2 bedeutet, dass Ausländer doppelt so häufig keine Arbeit finden wie Einheimische. Werte unter 1 entstehen, wo Ausländer bessere Chancen am Arbeitsmarkt haben als Einheimische.

Die Spanne reicht von 0,46 im sächsischen Löbau-Zittau bis 3,80 im hessischen Landkreis Offenbach. Kreise in den neuen Bundesländern erhalten häufig gute Noten, weil es bei generell hoher Arbeitslosigkeit relativ wenig Ausländer gibt. Ausländer siedeln sich in diesen Gebieten häufig nur an, wenn sie Aussicht auf eine Stelle haben. (Datengrundlage: Statistisches Bundesamt, eigene Berechnungen)

BEREICH BILDUNG

Das wichtigste Kapital eines rohstoffarmen Hochindustrielandes ist die intellektuelle Leistungsfähigkeit seiner Bürger und die Verfügbarkeit von Fachkräften. Ohne ausreichenden Bildungsstand kann ein Industrieland im internationalen Wettbewerb nicht bestehen.

17. Schulabgänger ohne Abschluss

Wer die Schule ohne jeglichen Abschluss verlässt, hat wenig Chancen auf Arbeit und gesellschaftliche Anerkennung. Im Bundesdurchschnitt trifft dies etwa zehn Prozent aller Schulabgänger.

Maßeinheit: Prozentualer Anteil aller Schulabgänger, die nicht einmal einen Hauptschulabschluss erreichen, im Stichjahr 2003.

Benotungsschlüssel	
5 und weniger	1
5,01 bis 7,5	2
7,51 bis 10	3
10,01 bis 12,5	4
12,51 bis 15	5
15,01 und mehr	6

Die Spanne reicht von 4,07 Prozent im baden-württembergischen Heidelberg bis 19,05 Prozent in Bernburg in Sachsen-Anhalt. (Datengrundlage: Statistisches Bundesamt, eigene Berechnungen)

18. Jugendarbeitslosigkeit

Ein hoher Anteil jugendlicher Arbeitsloser deutet auf deren niedrige Qualifikation und/oder einen geringen Bedarf an Nachwuchs im Berufsleben hin. Regionen, in denen Jugendliche geringe Chancen auf einen Arbeitsplatz haben, sind künftig kaum mehr wettbewerbsfähig und von Abwanderung bedroht.

Benotungsschlüssel	
5 und weniger	1
5,01 bis 7,5	2
7,51 bis 10	3
10,01 bis 12,5	4
12,51 bis 15	5
15,01 und mehr	6

Maßeinheit: Prozentualer Anteil Arbeitsloser an der Bevölkerung zwischen 18 und 25 Jahren im Stichjahr 2003.

Die Spanne reicht von 2,46 Prozent im baden-württembergischen Heidelberg bis 16,83 Prozent in Demmin in Mecklenburg-Vorpommern. Der gute Wert für Heidelberg beruht auf dem hohen Anteil an Studenten im Alter zwischen 18 und 25 Jahren. Dasselbe gilt für alle kleineren Universitätsstädte. (Datengrundlage: Statistisches Bundesamt, eigene Berechnungen)

19. Hochqualifizierte

Arbeitskräfte mit sehr hohem Ausbildungsstand sind ein Maß für das Vorhandensein von Arbeitsplätzen in zukunftsfähigen Wirtschaftsbereichen.

Benotungsschlüssel	
5 und weniger	1
5,01 bis 7,5	2
7,51 bis 10	3
10,01 bis 12,5	4
12,51 bis 15	5
15,01 und mehr	6

Maßeinheit: Prozentualer Anteil der sozialversicherungspflichtig Beschäftigten mit Abschluss an Hochschule, Fachhochschule oder höherer Fachschule an allen sozialversicherungspflichtig Beschäftigten (am Arbeitsort) im Stichjahr 2003.

Die Spanne reicht von 2,38 Prozent im bayerischen Landkreis Ansbach bis 23,38 Prozent im bayerischen Erlangen. (Datengrundlage: Statistisches Bundesamt, eigene Berechnungen. Für Sachsen-Anhalt liegen keine Daten vor. Alle Kreise in Sachsen-Anhalt haben den Durchschnittswert für Ostdeutschland (ohne Berlin) enthalten. Dieser entspricht der Note 3.)

BEREICH FAMILIENFREUNDLICHKEIT

Eine stabile Gesellschaft braucht Nachwuchs. Und dieser benötigt ein familienfreundliches Umfeld mit einem ausreichenden Angebot an Kinderbetreuung und gut erreichbaren Schulen, an angemessenem Wohnraum sowie Spielkameraden in der gleichen Altersklasse. Ein wichtiger Indikator für Familienfreundlichkeit ist die Verfügbarkeit von Krippenplätzen für die unter Dreijährigen. Auf Grund fehlender aktueller Daten konnte dieser Indikator in dieser Ausgabe nicht eingesetzt werden. Die letzte bundesweite Erhebung stammt aus dem Jahr 2002. Seitdem hat sich jedoch durch die öffentliche Diskussion um eine familienfreundliche Gesellschaft so viel getan, dass die alten Daten nicht mehr aussagekräftig sind.

20. Personen je Wohnung

Eine geringe Anzahl an Personen je Wohnung ist ein Hinweis auf viele alleinstehende ältere und/oder jüngere Menschen, die ohne Kinder oder Partner leben. Umgekehrt ist eine hohe Zahl von Personen je Haushalt ein Zeichen für viele Familien und andere Lebensgemeinschaften.

Benotungsschlüssel	
3,01 und mehr	1
2,81 bis 3	2
2,61 bis 2,8	3
2,41 bis 2,6	4
2,21 bis 2,4	5
2,2 und weniger	6

Maßeinheit: Durchschnittliche Personenzahl je Wohnung. Weil in allen Kommunen auch Wohnungen leer stehen, dieser Umstand aber nichts über die Sozialstrukturen aussagt, wurden die nur auf Bundeslandebene bekannten Leerstandsquoten pauschal auf alle Kreise der jeweiligen Bundesländern angerechnet.

Die Spanne reicht von 1,83 Personen je Wohnung im sächsischen Görlitz bis 3,15 Personen je Wohnung im niedersächsischen Cloppenburg. (Datengrundlage: Mikrozensus 2003, Statistisches Bundesamt, eigene Berechnungen)

21. Baulandpreise

Niedrige Preise für Bauland machen eine Region attraktiv für Familien und signalisieren damit einen Standortvorteil für die Kommunen.

Benotungsschlüssel	
20 und weniger	1
20,01 bis 50	2
50,01 bis 75	3
75,01 bis 100	4
100,01 bis 250	5
250,01 und mehr	6

Maßeinheit: Durchschnittliche Baulandpreise je Quadratmeter in Euro, Mittelwert 2001 bis 2003.

Die Spanne reicht von 4,24 Euro in Demmin in Mecklenburg-Vorpommern bis 814,33 Euro im hessischen Frankfurt am Main. (Datengrundlage: Statistisches Bundesamt, eigene Berechnungen. Für die Kreise Hamburg, Mühlheim an der Ruhr, Düren, Bottrop, Heidelberg, Wismar und Delitzsch liegen keine Daten vor. Diese Kreise erhielten keine Bewertung.)

22. Freifläche

In einem stark zersiedelten Land gewinnen Naturräume einen besonderen Wert. Vor allem für Stadtbewohner, die dort Ruhe und Weite finden. Urbane Zentren können diese Werte häufig kaum mehr bieten.

Benotungsschlüssel Landkreise	
10.001 und mehr	1
7.501 bis 10.000	2
5.001 bis 7.500	3
2.501 bis 5.000	4
1.001 bis 2.500	5
1.000 u. weniger	6

Benotungsschlüssel Städte	
1.401 und mehr	1
1.101 bis 1.400	2
801 bis 1.100	3
501 bis 800	4
201 bis 500	5
200 und weniger	6

Maßeinheit: Für die Bevölkerung und den Naturhaushalt zur Verfügung stehender Regenerationsraum (Wald, Gewässer, Naturschutzgebiete) je Einwohner in Quadratmeter im Stichjahr 2000. Für Städte und Landkreise wurden jeweils eigene Benotungsschlüssel definiert.

Städte: Die Spanne reicht von 96 Quadratmeter im nordrhein-westfälischen **Herne** bis 2.325 Quadratmeter im baden-württembergischen **Baden-Baden**.
Landkreise: Die Spanne reicht von 539 Quadratmeter im nordrhein-westfälischen **Mettmann** bis 23.343 Quadratmeter im Landkreis **Müritz** in Mecklenburg-Vorpommern. (Datengrundlage: Bundesamt für Bauwesen und Raumordnung, INKAR 2003. Der neu geschaffene Kreis Region Hannover, der sich aus dem ehemaligen Landkreis und der kreisfreien Stadt Hannover zusammensetzt, hat als Note eine 3 enthalten, den Mittelwert aus den ehemaligen Einzelnoten 5 und 1.)

TRENDNOTEN

23. Trendnote Demografie

Für die Bewertung der Zukunftsfähigkeit einer Region ist nicht nur der gegenwärtige Zustand relevant, sondern auch die Entwicklung in den vergangenen Jahren. Für die Trendnote Demografie wurden deshalb die statischen Indikatoren 1 (Kinderzahl je Frau), 2 (Anteil unter 35-Jähriger), 3 (Frauenanteil), 4 (Wanderung) und 5 (Hochbetagte) jeweils für die Zeiträume 1998 bis 2000 sowie 2001 bis 2003 errechnet. Zur Benotung wurde der Entwicklungstrend zwischen beiden Zeiträumen für alle Kreise Deutschlands in sechs numerisch gleich große Gruppen geteilt, wobei die erste Gruppe mit der Note 1 bewertet wurde, die zweite mit der Note 2, etc. Der Mittelwert aller fünf einzelnen demografischen Trend-Noten ergibt letztlich die Trendnote Demografie. Die Pfeile in den Tabellen der Länderkapitel zeigen an, wie sich die demografische Lage eines Kreises im Vergleich zu den restlichen Kreisen Deutschlands verändert hat.

24. Trendnote Wirtschaft

Zur Ermittlung der Trendnote Wirtschaft wurden die statischen Indikatoren 7 (verfügbares Einkommen), 8 (Bruttoinlandsprodukt), 9 (kommunale Schulden), 10 (Erwerbstätigkeit), 11 (Arbeitslose und Sozialhilfeempfänger) und 14 (Fremdenverkehr) jeweils für die Zeiträume 1998 bis 2000 sowie 2001 bis 2003 errechnet. Da für die Indikatoren 12 (Frauenerwerbstätigkeit) und 13 (Altersbeschäftigung) in der amtlichen Statistik erst Daten ab 1999 vorliegen, wurden hier die Zeiträume 1999 bis 2000 sowie 2001 bis 2003 zugrunde gelegt. Die Benotung erfolgte entsprechend jener von Indikator 23. Der Mittelwert aller acht einzelnen ökonomischen Trend-Noten ergibt letztlich die Trendnote Wirtschaft.

ANMERKUNGEN UND QUELLEN

[1] Deutsches Zentrum für Alternsforschung: Die Heidelberger Hundertjährigen-Studie. online: www.dzfa.uni-heidelberg.de
[2] Robert Bosch Stiftung (2005): Starke Familie – Bericht der Kommission Familie und demographischer Wandel, S. 47 ff.
[3] 1991 bis 2000 Wanderungssaldo der alten Bundesländer einschließlich Berlin-West mit den neuen Bundesländern und Ost-Berlin. Ab 2000 Wanderungssaldo der alten Bundesländern mit den neuen Bundesländern (ohne Berlin)
[4] Bundesagentur für Arbeit. online: www.sozialpolitik-aktuell.de
[5] Institut für Arbeitsmarkt- und Berufsforschung der Bundesagentur für Arbeit: Höhere Bildung schützt auch in der Krise vor Arbeitslosigkeit. Kurzbericht Ausgabe Nr. 9 vom 13. 6. 2005. online: http://doku.iab.de
[6] Bundesamt für Migration und Flüchtlinge. Die Datenlage im Bereich der Migrations- und Integrationsforschung. Working papers 01/2005
[7] Bundesamt für Migration und Flüchtlinge. Illegalität von Migranten in Deutschland. Working papers 02/2005
[8] Birg, Herwig (2003): Die demographische Zeitenwende. Der Bevölkerungsrückgang in Deutschland und Europa
[9] Deutsches Institut für Altersvorsorge. online: www.dia-vorsorge.de
[10] Deutsches Historisches Museum. online: www.dhm.de
[11] Frankfurter Allgemeine Zeitung vom 3. 11. 2005: Weitere 2,8 Milliarden Euro sollen die Rente retten
[12] Robert Bosch Stiftung (2005): Starke Familie – Bericht der Kommission Familie und demographischer Wandel, S. 27
[13] Robert Bosch Stiftung (2005): Starke Familie – Bericht der Kommission Familie und demographischer Wandel, S. 88
[14] Eine ausführliche Darstellung der BBR-Prognose findet sich in der „Raumordnungsprognose 2020/2050" in der Reihe „Berichte" des BBR, Band 23. Die Prognoseergebnisse wie auch Prognosen zu den privaten Haushalten, zu den Erwerbspersonen und zum Wohnungsmarkt sind auch auf CD-Rom beim Selbstverlag des BBR erhältlich. Siehe auch: www.bbr.bund.de
[15] Hannemann, Christine: Schrumpfende Städte in Ostdeutschland – Ursachen und Folgen einer Stadtentwicklung ohne Wirtschaftswachstum. Aus Politik und Zeitgeschichte, Bd. 28/2003. online: www.bpb.de
[16] http://selbstnutzer.de
[17] www.luchsprojekt.de
[18] www.bertelsmann-stiftung.de
[19] Herrmann, Hayo: Das Wirtschaftsprofil Schleswig-Holsteins. In: Baedecker Reiseführer Schleswig-Holstein
[20] Hänsch, Wolfgang: Vortrag auf dem Workshop: Die Bundeswehr geht, was nun? am 16./17. 6. 2005 in Bonn
[21] http://landesregierung.schleswig-holstein.de
[22] Statistisches Landesamt Schleswig-Holstein
[23] Kieler Nachrichten vom 31. 8. 2005: Dreigliedriges Schulsystem: Auf Fehmarn gibt es dafür nicht ausreichend Schüler
[24] Niebuhr, Annekatrin / Stiller, Silvia (2003): Norddeutschland im Standortwettbewerb
[25] Schleswig-Holstein 2020. Demografie-Report regional. online: dsn-projekte.de
[26] Statistisches Landesamt Hamburg: 500 Jahres-Zeitreihen seit 1970
[27] Hamburger Abendblatt vom 3. 8. 2005: Hamburger Senat stellt Flächen für 7.500 Wohnungen zur Verfügung
[28] Taz vom 3. 9. 2005: Zukunftsrat kritisiert Senat
[29] Hamburger Abendblatt vom 11. 6. 2005: Schrumpft die „wachsende Stadt"?
[30] www.wachsende-stadt.hamburg.de
[31] http://fhh.hamburg.de
[32] Beratungsstelle für seemäßige Verpackung. online: www.bfsv.de
[33] www.mi.niedersachsen.de
[34] Niedersächsisches Ministerium für den ländlichen Raum (2004): Regionalmonitoring Niedersachsen
[35] Dorbritz, Jürgen: Wo die Krippen noch voll sind – Demografisch erfolgreiche Länder und Städte unter der Lupe. Resümee eines Seminars der KAS vom 15./16. 4. 2005. online: www.kas.de
[36] Hamburger Abendblatt vom 1. 2. 2005: Gorbatschow-Village in Cloppenburg
[37] www.mw.niedersachsen.de
[38] Arbeitnehmerkammer Bremen (2003): Nachhaltige Finanzkrise des Stadtstaates Bremen bewältigen: Stärkung der effektiven Finanzkraft und kooperative Politik in der Region. online: www.arbeitnehmerkammer.de
[39] Arbeitnehmerkammer Bremen (2005): Arbeitsplatzgewinne in der Beschäftigungskrise: Die Entwicklung von höher qualifizierten Arbeitsplätzen in Bremerhaven 1998 bis 2004
[40] Kampagne: MV tut gut. online: www.manetmail.de
[41] Wirtschaftsministerium des Landes Mecklenburg-Vorpommern (2002): Verkehr in Mecklenburg-Vorpommern. online: www.wm.mv-regierung.de
[42] Sozialministerium MV: Kurzfassung des Gesundheitsberichtes 2002/2003, S. 20
[43] Seitz, Helmut (2005): Benchmarking-Report Mecklenburg-Vorpommern. Öffentliche Aufgabenerfüllung im Ländervergleich

[44] Niebuhr, Annekatrin / Stiller, Silvia (2003): Norddeutschland im Standortwettbewerb
[45] Gesellschaft für Wirtschafsförderung MV. online: www.gfw-mv.de
[46] IHK Schwerin: Kamps AG startet Großansiedlung in Nordwestmecklenburg. online: www.schwerin-city.de
[47] Regionales Entwicklungskonzept für den Landkreis Uecker-Randow. Teil 1 (2002): Analyse der Stärken und Schwächen. online: www.lkuer.de
[48] www.rostock-port.de
[49] Bundesagentur für Arbeit
[50] Tourismusverband MV. online: www.tmv.de
[51] Max-Planck-Institut. online: www.ipp.mpg.de
[52] Deutsche Bank Research 03/2005
[53] www.gruene-fraktion-berlin.de
[54] Deutsche Bank Research 03/2005
[55] Enquetekommission: Eine Zukunft für Berlin, Wortprotokoll der Rede von Senator Sarrazin, 5. 3. 2004 www.parlament-berlin.de
[56] Landesregierung Brandenburg (2005): Demografischer Wandel in Brandenburg – Erneuerung aus eigener Kraft
[57] Enquetekommission: Eine Zukunft für Berlin, Wortprotokoll der Rede von Senator Sarrazin, 5. 3. 2004 www.parlament-berlin.de
[58] Deutsche Bank Research Nr.318, 1. 4. 2005
[59] Sonderbeilage der Financial Times Deutschland vom 30. 11. 2004: Brandenburg – Wirtschaftsregion im Profil/ Potsdamer Neueste Nachrichten vom 17. 12. 2002: Die Chipfabrik wird gebaut
[60] www.pds-brandenburg.de
[61] www.stadtumbau-ost.de
[62] www.stadtumbau.com
[63] FAZ Verlagsbeilage „Innovatives Sachsen“ vom 9. 11. 2004: Netzwerk der Superlative. Das ‚Silicon-Saxony' ist ein High-Tech-Cluster von Weltrang
[64] FAZ Verlagsbeilage „Innovatives Sachsen“ vom 9. 11. 2004: Anschluss gefunden. Die Wirtschaftsregion Chemnitz-Zwickau
[65] Bartow, Swetlana: Erwerbstätigenrechnung 1991 – 2000, Statistik in Sachsen 1/2001
[66] KMK: Veröffentlichungen Nr. 173 01/2005
[67] Schulgesetz des Freistaates Sachsen §4a
[68] Kopetsch, Thomas (KBV) (2005): Studie zur Altersstruktur- und Arztzahlentwicklung: Daten, Fakten, Trends. 3. aktualisierte Auflage. Bundesärztekammer
[69] Kopetsch, Thomas (KBV) (2003): Dem deutschen Gesundheitswesen gehen die Ärzte aus!
[70] www.bundesaerztekammer.de
[71] Sächsische Landesärztekammer, Meldung vom 10. 12. 2004: Förderung zur Sicherstellung der hausärztlichen Versorgung beschlossen
[72] ifo Schnelldienst 14/2004
[73] Grundig, Beate / Pohl, Carsten (2004): Die Auswirkungen des demografischen Wandels auf den Arbeitsmarkt in Sachsen. Analyse und Gegenstrategien. In: ifo-Schnelldienst 14/2004, S. 5-14
[74] www.cesifo-group.de
[75] Thüringer Landeszentrale für Politische Bildung
[76] GEO – Beilage zu den demografischen Perspektiven Deutschlands 05/2004, S. 18
[77] Von Jena nach Mainz – und zurück. online: www.schott.com
[78] Landesentwicklungsgesellschaft Thüringen. online: www.leg-thueringen.de
[79] Die Zeit vom 24. 2. 2005: Robotrons Erben
[80] Bericht der Kommission (2000): Wohnungswirtschaftlicher Strukturwandel in den neuen Bundesländern
[81] Thüringer Ministerium für Bau und Verkehr. online: www.thueringen.de
[82] Begleitforschung Stadtumbau Ost in Thüringen (2004): Ausgangsgutachten. online: www.begleitforschung-stadtumbau-thueringen.de
[83] Pressemitteilung des Thüringer Landesamtes für Statistik vom 14. 9. 2005: Regionale Unterschiede der Geburtenentwicklung in Thüringen
[84] Berufsbildungsbericht Thüringen 2005. online: www.th-online.de
[85] www.magdeburg-jk.de
[86] Bullerjahn, Jens (2004): Sachsen-Anhalt 2020. Einsichten und Perspektiven, S. 31
[87] Statistisches Landesamt: Wohnungsbestand 2003: 1.332.470; Liebmann, Heike (2005): Neue Anforderungen an Planung und Stadtforschung im Zusammenhang mit Schrumpfung und Stadtumbau. In: Europäische Zeitschrift für Städtebau
[88] Landesverwaltungsamt Sachsen-Anhalt
[89] Dienel, Christiane et. al. (2004): Zukunftschancen junger Frauen in Sachsen-Anhalt. Abschlussbericht. online: www.menschen-fuer-sachsen-anhalt.de
[90] Zieman, Michael J.: The sins of the fathers. online: www.spu.edu
[91] www.iba-stadtumbau.de
[92] Bullerjahn, Jens (2004): Sachsen-Anhalt 2020. Einsichten und Perspektiven
[93] Bullerjahn, Jens (2004): Sachsen-Anhalt 2020. Einsichten und Perspektiven
[94] Bertelsmann-Stiftung (2004): Schuldenmonitor
[95] Westdeutsche Allgemeine Zeitung vom 15. 6. 2005: Das Ende, aber „sozialverträglich“
[96] www.kohlenstatistik.de
[97] Umweltbundesamt (2003): Hintergrundpapier: Abbau der Steinkohlensubventionen – Ergebnisse von Modellrechnungen
[98] Regionalverband Ruhr: Regionalinformation Ruhrgebiet 8/2005
[99] RWI: Aktuelle Vorschläge zur Revitalisierung des Ruhrgebiets und ihre Bewertung. In: Materialien Heft 20
[100] Neue Zürcher Zeitung vom 25. 6. 2004: Laboratorium einer alternden Gesellschaft?
[101] Strohmeier, Klaus Peter / Kersting, Volker (2003): Segregierte Armut in der Stadtgesellschaft. Problemstrukturen und Handlungskonzepte im Stadtteil. In: Informationen zur Raumentwicklung 3-4/2003
[102] Strohmeier, Klaus Peter: Das Zusammenleben in den Ballungsgebieten in NRW – Eine perspektivische Betrachtung aus der Sicht der Stadtsoziologie
[103] Frankfurter Allgemeine Sonntagszeitung vom 24. 4. 2005: Dortmund geht baden

[104] www.bistum-essen.de
[105] Die Welt vom 30. 11. 2005: Jede zehnte Kirche steht zum Verkauf
[106] Powerpointvortrag zum Zukunftskonzept: Der Ruhestand für Priester beginnt ab dem 75. Lebensjahr. online: www.bistum-essen.de
[107] Die Welt vom 18. 4. 2005: Eine Sonderwirtschaftszone
[108] Regionalverband Ruhr (2005): Kommunalfinanzbericht Ruhrgebiet 2004
[109] FAZ vom 20. 5. 2005: Gesichter eines Landes
[110] Dieckmann, Bärbel (2005): Bonn erfindet sich neu – Von der Bundeshauptstadt zur UNO-Stadt In: Meffert, Heribert / Steinbrück, Peer (2005): Trendbuch NRW – Perspektiven einer Metropolregion
[111] Die Rheinpfalz vom 1. 4. 2005: Gefühle werden wir nicht entschädigen
[112] www.kohlenstatistik.de
[113] www.saarland.ihk.de
[114] Max-Planck-Institut. online: www.mpi-sb.mpg.de
[115] Statistisches Jahrbuch 2004: SaarLorLux – Rheinland-Pfalz – Wallonie
[116] Gesundheitsberichterstattung des Bundes. online: www.gbe-bund.de
[117] Bayrisches Staatsministerium für Arbeit und Sozialordnung. online: www.stmas.bayern.de
[118] www.statistik.saarland.de
[119] www.bildungsserver.saarland.de
[120] Statistisches Jahrbuch der Grossregion (2004): online: www.grossregion.lu
[121] Statistisches Landesamt Rheinland-Pfalz (2005): Rheinland Pfalz – ein Ländervergleich in Zahlen
[122] Handelsblatt vom 27. 7. 2004: 'Mainz bleibt Mainz' ist schon lange überholt
[123] Dressler, Heike (1999): Situation, Perspektiven und Handlungsleitlinien für die Stadt Mainz. Diplomarbeit. online: www.fh-mainz.de
[124] Stadt-Umland-Studie Mainz-Rheinhessen (2004): online: www.mainz.de
[125] Statistisches Landesamt Rheinland-Pfalz. online: www.infothek.statistik.rlp.de
[126] Bermes, Christian: Wallmerod: Initiative bringt Leben zurück ins Dorf. online: www.innovative-verwaltung.de
[127] IHK Pfalz: Wirtschaftsraum Pfalz in Zahlen und Fakten
[128] Konversionsbericht Rheinland Pfalz 2000/2001
[129] www.pfalz.ihk24.de
[130] www.hahn-airport.de
[131] Planungsverband Ballungsraum Frankfurt/Rhein-Main, Regionales Monitoring 2005
[132] Qualitative Erhebung zum Bestand und Bedarf an Integrationsangeboten für Zuwanderer in Hessen und Empfehlungen zur Förderung von Integration. online: www.sozialnetz.de
[133] Statistisches Monatsheft Baden-Württemberg 4/2005: Stuttgart und Karlsruhe im Spitzenfeld der wirtschaftsstärksten Regionen Europas. online: www.statistik.baden-wuerttemberg.de
[134] Freund, Bodo (2002): Hessen. Perthes Länderprofile, S. 87
[135] Verband der chemischen Industrie: Chemiewirtschaft in Zahlen 2005
[136] Financial Times Deutschland vom 16. 12. 2005: Bei Opel droht weiterer Stellenabbau
[137] Statistik Hessen: Hessen im Wandel – Begleitheft zur Posterserie. online: www.statistik-hessen.de
[138] www.bundesbank.de
[139] IVD-Gewerbeimmobilien-Preisspiegel 2005
[140] Gießener Anzeiger vom 21. 7. 2005: Der Einzelhandel legt zu
[141] www.ipem.de
[142] IHK Frankfurt am Main (2004): Gutachten Wirtschaftsstandort Frankfurt am Main
[143] Regierungspräsidium Kassel. online: www.rp-kassel.de
[144] Abmarsch aus Hessen. online: www.hr-online.de
[145] Beilage in der FAZ vom 11. 11. 2005: Immobilienstandort Baden-Württemberg
[146] Waßner, Manfred (2002): Kleine Geschichte Baden-Württembergs. Stuttgart
[147] Prognos AG: Baden-Württemberg – Erfolg durch Wettbewerbsfähigkeit. online: www.l-bank.de
[148] Beilage in der FAZ vom 29. 3. 2005: Baden-Württemberg. Wirtschaft, Technik und Kultur
[149] Statistisches Landesamt Baden-Württemberg: Abschätzung des künftigen Pflegebedarfs. Pflegebedürftige – aktuelle Situation und Projektion bis 2020
[150] Modellvorhaben zur Eindämmung des Landschaftsverbrauchs. online: www.melap-bw.de
[151] Nachhaltigkeitsrat der Landesregierung Baden-Württemberg (2004): Neue Wege zu einem nachhaltigen Flächenmanagement in Baden-Württemberg. Sondergutachten
[152] Betzholz, Thomas (2004): Zukünftige Flächennutzung in Baden-Württemberg. Statistisches Monatsheft Baden-Württemberg 7/2004
[153] www.kompetenznetze.de
[154] Handelsblatt vom 30. 7. 2004: Ulms Aufstieg vom Sanierungsfall zur Wissenschaftsstadt
[155] Sozialministerium Baden-Württemberg (1998): Familien in Baden-Württemberg. Familienbericht 1998. online: www.statistik-bw.de
[156] Abschiedsrede Erwin Teufel 16. 4. 2005. online: www.baden-wuerttemberg.de
[157] Sozialministerium Baden-Württemberg (2004): Migration und Migrantenfamilien in Baden-Württemberg. Familienbericht. Teil 2
[158] Pressemitteilung des Bayerischen Landesamtes für Statistik vom 27. 6. 2005
[159] Mauersberg, Hans: Geschichte der bayerischen Wirtschaft vom 19. Jahrhundert bis zur Gegenwart. online: www.stmwivt.bayern.de
[160] www.uni-protokolle.de
[161] www.statistik.nuernberg.de
[162] 15. Raumordnungsbericht des Bayerischen Staatsministeriums für Wirtschaft
[163] Bericht der Beauftragten der Bundesregierung für Migration, Flüchtlinge und Integration über die Lage der Ausländerinnen und Ausländer in Deutschland, 2005

ÜBER UNS

Erkenntnis stiften

Das Berlin-Institut für Bevölkerung und Entwicklung ist ein unabhängiger Think tank, der sich mit Fragen globaler demografischer Veränderungen und der Entwicklungspolitik beschäftigt. Das Institut wurde 2000 als gemeinnützige Stiftung gegründet und hat die Aufgabe, das Bewusstsein für den demografischen Wandel zu schärfen, nachhaltige Entwicklung zu fördern, neue Ideen in die Politik einzubringen und Konzepte zur Lösung demografischer und entwicklungspolitischer Probleme zu erarbeiten.

Das Berlin-Institut erstellt Studien, Diskussions- und Hintergrundpapiere, bereitet wissenschaftliche Informationen für den politischen Entscheidungsprozess auf und betreibt ein Online-Handbuch zum Thema Bevölkerung.

Weitere Informationen, wie auch die Möglichkeit, den kostenlosen regelmäßigen Online-Newsletter „Demos" zu abonnieren, finden Sie unter **www.berlin-institut.org**.

Das Berlin-Institut finanziert sich über Projektzuwendungen, Spenden und Forschungsaufträge. Das Institut ist als gemeinnützig anerkannt und erhält keinerlei öffentliche Grundförderung. Spenden an das Berlin-Institut sind steuerlich absetzbar.

Spendenkonto:
Bankhaus Hallbaum
BLZ 250 601 80
Konto 20 28 64 07

Bei Überweisungen bitte unbedingt Name und Adresse angeben,
damit eine Spendenquittung zugestellt werden kann.

Kontakt:
Berlin-Institut für Bevölkerung und Entwicklung
Schillerstraße 59
10627 Berlin
Telefon 030 22324845
Telefax 030 22324846
E-mail: info@berlin-institut.org

Berlin-Institut für Bevölkerung und Entwicklung

www.traktorimnetz.de